RECHERCHES

HISTORIQUES ET ARCHÉOLOGIQUES

SUR

LA VILLE D'ISSOUDUN.

Aix. — Imp. de Nicot et Pardigon. — 1847.

FRONTISPICE.

RECHERCHES

HISTORIQUES ET ARCHÉOLOGIQUES

SUR

LA VILLE D'ISSOUDUN

PAR

ARMAND PÉRÉMÉ,

Notaire, ex-rédacteur en chef du *Courrier des États-Unis*,
Correspondant de la Société d'Antiquités, d'Histoire et de
Statistique du Cher.

> L'Historien doit se défier de ses sympathies
> autant que de ses répulsions ; il doit
> conserver l'impassibilité d'un juge, ou
> plutôt...... celle d'un greffier.

À Paris, Chez B. DUPRAT, Libraire de la Société Asiatique.
Issoudun, chez COTARD et BREILLAT, Imprimeurs-Lib.
Châteauroux, chez NURET, Libraire.
Bourges, chez VERMEIL, Libraire, au Grand Bourdaloue.

1847.

Ce livre paraît dix ans trop tard. Ainsi l'a voulu le sort :
Habent sua fata libelli.

Le navigateur sait quand il s'embarque ; il ne sait pas quand il abordera. Souvent, en vue du port, un calme perfide le retient au large, ou une bourrasque inattendue le précipite sur des écueils, et quand sa cargaison arrive, il se trouve que des concurrents plus habiles ou plus heureux ont inondé la place des produits dont il comptait apporter l'étrenne.

C'est ce qui m'arrive. Lorsqu'en 1833, je m'avisai d'entreprendre, au pied de la tour d'Issoudun, des fouilles d'où sortirent plusieurs documents curieux pour l'histoire de cette ville, je m'étais promis de rédiger une notice sur ces monuments.

Mais la tour, la petite basilique exhumée, les vestiges romains, n'étaient que les principaux jalons d'une histoire perdue dont il fallait retrouver les lambeaux, dispersés en mille endroits divers. C'était matière à de longues et pénibles recherches pour un travail sans profit et sans gloire ; je ne l'entrepris pas moins avec dévouement, avec amour. Mais malheureusement j'avais peu de loisirs et des devoirs impérieux m'imposaient de tout autres occupations. Les années se sont ainsi écoulées, et le grelot que j'avais attaché, a éveillé à la longue l'attention des amateurs d'archéologie dont le nombre va croissant comme les lumières. Les esquisses, les notices, les histoires se sont multipliées, m'a-t-on dit, car je ne les ai pas vues. On a tiré plus ou moins parti de ces matériaux sans s'inquiéter comment ils avaient été découverts ; ce qui est certain, c'est que celui qui, le premier les avait mis en lumière, est resté dans le plus profond oubli ; je ne sache pas que personne en ait fait mention.

Quant à moi, je n'ai point perdu la mémoire, et ma ville natale que j'étais condamné à ne pas revoir au moins de longtemps, n'a pas cessé d'être l'objet de mes pensées, sur tous les points du globe où il a plu au ciel de me conduire. Ceci est dans l'ordre des choses : le pays peut vous oublier ; mais on n'oublie jamais son pays.

C'est donc à ma ville natale que je dédie ce livre. Heureux si, après tant d'autres écrits infailliblement plus complets et meilleurs, on peut encore trouver quelque intérêt dans une rapsodie faite à bâtons rompus et à de longs intervalles.

NOTE.

Je comprends très bien que, en parlant d'une découverte, on s'abstienne de m'entionner celui qui l'a faite ; mais ce que je ne puis comprendre, c'est qu'on s'attribue sans scrupule l'œuvre d'autrui ou qu'on attribue à d'autres ce à quoi ils n'ont jamais songé.

Chacun sait, au moins à Issoudun, qui a fait les fouilles de la butte. Une regrettable discussion, avec un homme que je n'ai pas pour cela cessé d'aimer et d'estimer et qui est restée consignée dans les colonnes du *Journal de l'Indre*, l'a suffisamment fait connaître. Les grands journaux de Paris et le livre d'un auteur célèbre l'ont constaté depuis.

On n'ignore pas davantage qui a mis en lumière les inscriptions hébraïques de la tour. A l'époque même où j'entrepris les fouilles, j'explorai avec une scrupuleuse attention le vieil édifice alors dans l'oubli. Les inscriptions en question, dont l'existence même était complétement ignorée, se trouvaient, par l'absence des divisions d'étages, à 10 ou 12 mètres au-dessus du sol. Il fallut que je me fisse attacher sous les bras et suspendre en quelque sorte à la grille de l'une des fenêtres du deuxième étage pour prendre le *fac-simile* de ces caractères étranges qui ont fait pendant longtemps le désespoir des linguistes de Paris. On voyait bien dans ces figures, différentes pour chaque inscription, une ressemblance éloignée avec les signes graphiques de l'hébreu ou du chaldéen, mais on ne pouvait affirmer qu'ils appartinssent à l'un ou à l'autre de ces idiomes.

Ce ne fut qu'au bout de près d'une année de recherches et d'investigations que je parvins à dépister le seul homme peut-être en France qui fût en état de rétablir ces inscriptions et de les expliquer. Je veux parler du savant et modeste auteur de la traduction littérale de la Bible, M. Cahen, directeur de l'école Israélite de Paris, homme versé dans tous les textes et tous les dialectes de l'antique langue des Hébreux, et initié à toutes les phases du langage et de l'histoire de la nation juive. Il y mit autant de promptitude que de désintéressement et, deux jours après avoir reçu mon manuscrit, il m'écrivit cette lettre simple et sans prétention que j'aime à reproduire :

Paris, ce 14 juillet 1834.

Monsieur,

« Ci-contre vous trouverez, conformément à votre désir, la trans-
« cription exacte de l'inscription d'Issoudun que vous m'avez con-
« fiée; je ne me suis pas permis d'y changer quoique ce soit; j'ai
« seulement écrit exactement les mots et les lettres souvent indi-
« qués seulement par un point ou un trait dans votre copie. J'y ai
« mis une traduction littérale avec des chiffres de renvoi.

« Je désire que vous soyez satisfait, monsieur, et en vous offrant
« de nouveau mes services, j'ai l'honneur, etc. »

S. CAHEN,
traducteur de la Bible,
Vieille rue du Temple, n° 76.

Enchanté d'un succès sur lequel je n'osais plus compter, mon premier soin fut d'envoyer cette traduction au *Journal de l'Indre*, qui l'inséra, en mentionnant le nom de son auteur, et je remis moi-même le *fac-simile* de ces inscriptions et la copie du texte hébraïque rectifié par M. Cahen, avec la traduction française en regard, au secrétariat de la mairie d'Issoudun, afin qu'elle fût à la disposition de quiconque voudrait s'occuper des antiquités de notre ville.

Au moment où ce livre est sous presse, je viens enfin de me procurer un ouvrage dont le mérite, justement apprécié par l'Institut, a été proclamé par toute la France, l'*Histoire du Berry*, par M. Louis Raynal. Je l'ai parcouru avec un empressement facile à concevoir; mais je n'ai pu me défendre d'un sentiment tout particulier en y trouvant, au-dessous de la traduction de nos inscriptions hébraïques, traduction qui est mot pour mot celle que j'ai déposée à la mairie d'Issoudun, la note suivante, note d'ailleurs communiquée :

« Ces inscriptions ont été levées AUX FRAIS DE M. PIGNOT, MÉDE-
« CIN A ISSOUDUN, rétablies en caractères hébraïques usuels et tra-
« duites PAR M. QUATREMÈRE DE QUINCY, de l'Institut (1) ! »

Ma foi, je ne m'attendais guère
A voir ces noms en cette affaire !

---

(1) Hist. du Berry. — T. II, pag. 263 et 264.

Si l'ombre du Dr Pignot, qui doit être décédé il y a quelque vingt ans, a rencontré par hasard celle de l'illustre Quatremère aux rives de l'Achéron, ces deux ombres auront dû échanger un singulier sourire. Elles n'auront pas manqué de saluer l'ombre de Virgile et de lui dire : O cygne de Mantoue, vos paroles sont des oracles, vos axiômes sont de tous les temps; c'est vous qui l'avez dit le premier :

Sic vos non vobis...

Pauvre Cahen, nous ne sommes pourtant plus au temps où les israélites étaient impunément dépouillés. Voilà donc comme on écrit l'histoire !

J'ignore dans quel intérêt M. l'avocat général Raynal a été ainsi induit en erreur; mais, par état, il doit avoir pour maxime le *suum cuique*, et je compte assez sur la droiture et l'élévation de son caractère pour être certain qu'à la première occasion il s'empressera de rendre à César ce qui appartient à César, et à M. Cahen, ce qui n'a jamais appartenu à M. Quatremère !

Aix, ce 3 octobre 1847.

RECHERCHES

HISTORIQUES ET ARCHÉOLOGIQUES

SUR

LA VILLE D'ISSOUDUN.

―――◦≪✦≫◦―――

CHAPITRE Ier.

Mystère historique. — Point de départ. — Origine des villes. — Dénominations. — Le DUN Gaulois. — Etymologies. — Opinions diverses. — Armoiries. — Isis.

Un mystère profond plane sur l'origine de presque toutes les cités. A l'exception des colonies fondées de parti pris et tout d'une pièce par des peuples déjà civilisés, telles que Carthage et Marseille dans l'antiquité, et les villes de l'Amérique dans les temps modernes, telles aussi que quelques bourgades dont la cause est indiquée par le nom même qu'elles portent, ainsi que nous le dirons ci-après, il est impossible d'assigner le point précis où une ville a commencé; il faudrait pour cela remonter au principe même des sociétés, c'est-à-dire à des temps antérieurs à tout document historique et même à toute tradition.

Mais il a dû y avoir analogie, sinon complète identité, dans la formation de tous les centres de population autochtone.

L'instinct de sociabilité qui pousse l'homme vers ses semblables, autant que le besoin de la défense commune, fut le principe de toutes les agglomérations d'individus. Ces agglomérations, d'abord nomades, tant qu'elles furent rares et clair-semées sur un vaste territoire, éprouvèrent le besoin de s'arrêter et de se fixer pour le mieux, à mesure que de toutes parts elles vinrent se heurter contre d'autres peuplades errantes, par suite de la multiplication des races.

Deux circonstances principales durent influer sur le choix d'une position fixe : l'*eau*, d'abord, premier élément de la subsistance, et l'*abri*, soit contre les vents réguliers, soit contre les attaques de l'ennemi.

Le bord des rivières eut donc naturellement la préférence sur tout autre emplacement, et, lorsqu'à la circonstance du cours d'eau se joignit celle d'une éminence de terrain, d'un marais ou d'une forêt protectrice, les conditions requises pour un établissement se trouvèrent généralement remplies.

Telle est, à peu près sans exception, la situation de toutes les villes primitives, et leur nom fut dérivé de cette situation, suivant la combinaison de ces diverses circonstances ou la prédominance de l'une d'elles.

Les noms des villes de la Gaule où domine la considération des eaux se reconnaissent aux racines celtiques *ac*, *ar*, *bri* (pont), *dour*, *dur*, *ec*, *ex*, *is*, *ess*, *ri*, *ru*, etc.

Ceux qui ont dû leur formation principalement ou en partie à la présence d'une élévation de terrain affectent les racines *dun*, *pau*, *peu*, *pi*, *pic*, *pis*, *po*, *poch*, *poet*, *puech*, *puy*, *puys*, etc.

Ces désignations furent latinisées, traduites et quelquefois changées ou modifiées par les Romains : latinisées, comme *Avaricum*, *Lutetia*, *Genabum*; traduites, comme *Nemausus*; modifiées comme *Cæsarodunum*, *Augustodunum*; et enfin changées, comme *Aurelianum*.

Plus tard, une politique dont nous n'avons point ici à examiner les causes, fit adopter aux conquérants de nouvelles désignations pour les principales villes de la Gaule ; ainsi *Lutetia* devint *civitas Parisiorum*, puis simplement *Parisii*; de même *Avaricum* devint *Bituriges*: *Cæsarodunum* devint *Turones*, etc.

Enfin, le christianisme vint opérer une autre métamorphose et fut le principe d'une nouvelle nomenclature. Plusieurs localités perdirent leur dénomination celtique pour adopter le nom du saint patron dont elles avaient recueilli les reliques, ou en l'honneur de qui elles avaient construit quelque temple célèbre. C'est ainsi que la ville de *Vermand* ne fut bientôt plus connue que sous le nom de *St-Quentin*; *Ernodurum* en Berry prit le nom de *St-Ambroise* ou *Ambroix*; etc.

Du 4e au 12e siècle, une foule de lieux changèrent de la sorte leur nom primitif et un certain nombre aussi durent à la fois leur nom et leur origine à de pieuses fondations en l'honneur des saints et des martyrs. Des églises, ou le plus souvent des monastères élevés au milieu de la campagne, attirant de toutes parts la piété des fidèles, des hôtelleries s'établirent près du sanctuaire, pour héberger la foule des pélerins ; aux hôteliers se joignirent les marchands ambulants et les compagnons de métiers ; ainsi se forma le noyau de quelques villes, bourgs et villages, qui empruntèrent leur nom du saint lui-même ou de son église. Telle est l'origine du nom d'*Abbeville*; telle est celle de divers noms de lieux puisés dans le martyrologe: *St-Denis, St-Martin, St-Benoît*, ou dérivés des temples du culte, comme *Neuve-Eglise, La Chapelle, La Chapelaude* (Chapelle Aude), *St-Pierre-le-Moutier, Marmoutier, Noirmoutier, Monestier, Montierchaume, Monnay (Monasterium), Ménetou (Monastellum), Ménétréol (Monasteriolum), Montipouret (Monasterium pauper), Basle (Basilica), Barzelle (Basilicella) Lourouer, Loroy (Oratorium), La Chaise, Chaise-Dieu (Casa Dei), le Chézeau, les Chézeaux, Chézal-Benoît, Chézelle (Casale,* italien *chiesa,* église*), Nau, Noue, La Berthenoue (Navis, Nef), Celle, la Celle, Selles, la Cellette (Cella,* cellule, ermitage, monastère*), Ville-Dieu, Lieu-Dieu, Diou,* etc.

Les camps retranchés que les Romains établirent sur la surface des Gaules et les châteaux-forts dont se hérissèrent tous les points culminants du sol pendant le moyen-âge attirèrent aussi autour de leurs enceintes des populations qui s'y établirent, soit dans des vues de négoce, soit pour chercher protection contre les bandes dévastatrices dont le pays ne cessa d'être infesté pendant six ou sept siècles. De là la dénomination de *Bourg (Burg,* allem. *fort, forteresse),* de là aussi les noms de lieux composés de *mont, motte, roque, ferté (feritas), manoir, ménil, castre, chastre, castel* et *château (castra, castrum, castellum),* d'où viennent les noms de *La Châtre, Château-Neuf* et *Châteauroux,* villes dont l'origine date des temps féodaux.

Ainsi, à la simple inspection du nom d'une ville, on peut généralement indiquer l'époque à-peu-près certaine de sa fondation et son degré d'ancienneté. Mais celles dont le nom contient des racines celtiques sont évidemment d'origine gauloise, et parmi ces racines l'une des plus communes est sans contredit celle de *Dun* ou *Dunum*.

Les philologues sont unanimement d'accord sur la signification de ce mot dans le sens de *mont* ou *éminence*. Un seul, l'illustre La Tour-d'Auvergne, qui avait fait son étude favorite des origines celtiques et qui savait à fond le bas-breton, sa langue maternelle, est d'une opinion diamétralement opposée. « La terminaison *dunum* ou
« *don*, dit-il, qui est celle de plusieurs anciennes cités
« de l'Europe et de l'Asie, est prise, par le plus grand
« nombre des étymologistes, dans le sens du français,
« *élevé* et désigne, dans leur opinion, des villes situées
« sur des hauteurs. Mais, *comme les fautes des savants*
« *sont contagieuses*, et qu'il est *des erreurs* qu'il est im-
« portant de relever pour l'avantage de l'histoire, *j'ob-*
« *serverai* ici que la terminaison latine *dunum* se rap-
« porte *toujours* au primitif celtique *don* ou *doun*, gallois
« *dwfn*, latin *profundus*. » Il cite à l'appui de son opinion un certain nombre de villes dont l'appellation est formée de ce radical et qui ne sont point situées sur des hauteurs, entre autres, *Cæsarodunum*, Tours, sur la Loire, et *Regiodunum*, Dun le Roi, sur l'Auron. « Si nous nous
« arrêtons à l'étymologie du mot *Lugdunum*, Lyon,
« poursuit-il, nous découvrons que cette ville, située,
« pour l'avantage de son commerce, au confluent du
« Rhône et de la Saône, ne fut pas bâtie dans l'origine
« sur une hauteur, comme on l'a avancé par erreur ;
« mais dans un lieu bas, enfoncé. Sa dénomination,
« celle de *Lugdunum* se rapporte évidemment au celto-
« breton *loc-don*, en latin *locus profundus*. »

Le brave La Tour-d'Auvergne, homme honnête et consciencieux, s'il en fut, nous paraît s'être fourvoyé ici par amour pour le bas-breton, et avoir donné lui-même dans une de *ces erreurs* qui heureusement ne sont plus contagieuses aujourd'hui. Il confond le radical *dun* avec *don* ou *down*, deux significations entièrement opposées. Mais, si la langue bretonne n'a pas gardé le mot *dun* ou l'équivalent dans le sens d'*élévation*, ce mot s'est parfaitement conservé chez les celtes d'outre-manche, c'est-à-dire dans le pays de Galles, l'Irlande et une partie de l'Ecosse. Là aussi *don* ou *down* signifient *en bas*, un *lieu bas*, une *vallée* et même une *rivière*; mais le mot *dun* excessivement commun comme nom de places sur toute la surface des trois royaumes, indique toujours une *hauteur*, une *colline*, une *forteresse*. On en peut citer comme exemple frappant la ville de *Dunbarton* ou *Dunbriton*, ainsi nommée de ce qu'elle servit de retraite aux bretons qui s'y maintinrent pendant plus de 300 ans contre les Pictes, les Ecossais et les Anglo-Saxons. C'était la plus forte place de l'Ecosse, à cause de sa situation *sur un rocher haut et escarpé*. L'Irlande abonde en châteaux dont le nom est formé du même radical, et qui tous sont bâtis sur le sommet de rochers à pic, tels que *Dunluce, Dun-Given, Dundrum, Dunloe, Duninny, Dunmaol*, etc. Le manoir de *Dun-Robin-Castle*, dans le comté de Sutherland, en Angleterre, qui conserve le nom de son fondateur, Robert ou Robin, est dans une situation semblable, et l'auteur anglais qui en donne la description, ajoute que « being built upon a round hill *as the* « *word Dun imports*, it was hence called *Dun-Robin-* « *Castle*, » son nom lui vient de la *Colline Ronde* sur laquelle il est bâti.

Mais, en France même, combien ne trouverait-on pas d'exemples semblables : la ville de Laon, *Laudunum*, n'est-elle pas assise entièrement sur la croupe d'une montagne? Châteaudun est situé de même. Enfin, pour chercher moins loin nos exemples, Dun-le-Roi, primitivement *Dunum*, (puis *Regiodunum* ou *Dunum Regis*) est, quoiqu'en dise La Tour-d'Auvergne, bâtie en partie sur une éminence (1) et, dans le département de la Creuse, le bourg de Dun-le-Palleteau était, dès l'an 506, une forteresse importante qui soutint un long siège contre les troupes visigothes et romaines.

Sans doute toutes les localités dans le nom desquelles on remarque le radical *dun* ne sont pas bâties sur des éminences; mais il n'est pas indispensable qu'il en soit ainsi pour justifier l'étymologie; il suffit qu'elles soient situées *au pied* ou *auprès* d'une éminence, comme c'est le cas pour le plus grand nombre. Telle fut même généralement, ainsi que nous l'avons fait observer, leur situation primitive, et ce ne fut que plus tard qu'elles se réfugièrent sur les hauteurs. Ainsi, *Cæsarodunum*, Tours, sur la Loire, est en même temps au pied d'un côteau assez rapide; *Augustodunum*, de même. Quant à *Lugdunum*, Lyon, qu'il ait été primitivement établi en haut ou en bas de la montagne, ceci ne change rien à la valeur du radical qui, de tout temps, a été interprété de la même manière; car cette traduction du mot *dun* n'est

---

(1) La situation de Dun-le-Roi est exactement la même que celle d'Issoudun. Voici la description qu'en donne Chaumeau : « Elle est assize... en païs plat, sauf du costé de la rivière qu'elle est un peu élevée au regard de la plaine; estant bien close et environnée de murailles, tours et fossez. »

pas nouvelle, et il faut que La Tour d'Auvergne, qui était judicieux et instruit, ait été en proie à une étrange préoccupation pour résister à tant de preuves accumulées.

Le *livre des Fleuves*, attribué à Plutarque, traduit d'après Clitophon, *Lugdunum* par *Mont-du-Corbeau* (1); Eric, dans la vie de St-Germain, l'interprète *Mont-Lumineux* :

Lucduno celebrant Gallorum flamine nomen
Impositum quondam, quòd sit Mons-Lucidus idem.

D'autres, *Mont-de-Lucius* ou de *Lugdus*. Suivant d'anciennes notes sur l'itinéraire de Bordeaux, ce serait *Mont-du-Désir*, *Mons-Desideratus*. Pelloutier veut que ce soit *Mont-des-Auspices*.

Bède et les anciens écrivains anglais traduisent le mot *dun*, fréquemment usité dans la langue primitive du pays, par *Montagne*.

Chorier, dans son histoire de Vienne, dit que le mot *puy* a succédé au mot *dun*, du pur langage gaulois, et signifie une montagne et *toute sorte d'éminence*.

Duchesne (*Antiquités des villes de France*) s'exprime ainsi : « Les Gaulois avoient coustume de pratiquer et bastir leurs forts *joignant les rivières* et sur telles croupes de montagnes moyennement hautes, toutes fois d'assez difficile accez » et plus loin : « Joinct que *dun* en vieil françois signifie *roche et montagne* et que toutes les villes eslevées si haut sur la superficie de la terre comme de grandes reines des basses campagnes, sont enrichies de

---

(1) Λούγον γὰρ τῇ σφῶν διαλέκτῳ τὸν κόρακα καλοῦσιν δοῦνον δὲ τὸν ἐξέχοντα.

cette qualité de *dun* à la fin de leurs noms pour une grande marque de leur solennité et hautesse. »

Le mot *dun*, suivant La Thaumassière, signifie un *fort relevé de terre* ou *un château* et est commun à plusieurs villes.

« Une remarque qui vous frappera, dit M. de Caumont (1), dans l'examen de la carte et de l'itinéraire, c'est que la terminaison *durus* ou *durum*, employée dans les noms des anciennes villes, comme dans *breviodurus*, indique ordinairement le passage d'une rivière, tandis que *dunum* annonce une *position élevée*. »

Enfin, la vraie signification du mot *dun* est suffisamment consacrée dans le mot français *dunes*, en flamand *duynen*, par lequel on désigne ces monticules ou côteaux de sable que les vents ont amoncelé sur les bords de la mer et auxquels la ville de Dunkerque doit son nom. Il répond donc, non point précisément à une montagne, dans l'acception la plus large de ce mot, mais à un *monticule* isolé, à une *éminence* de peu d'élévation, une colline, un mamelon, une roche plus ou moins escarpée.

Joint à quelqu'autre racine modificative, ce mot est entré dans la composition du nom d'un grand nombre de lieux. Il forme la base du nom d'Issoudun et nous montre déjà que cette ville est d'origine celtique; mais quant au modificatif qui en a déterminé la signification complexe, il est difficile de l'induire du nom primitif de la ville, attendu que rien n'est moins certain que l'ortographe de ce nom qu'on trouve écrit d'une foule de manières différentes dans les livres, chartes et manus-

---

(1) Cours d'Antiquités monumentales, II, 72.

crits qui sont parvenus jusqu'à nous : *Exoldunum*, *Exsoldunum*, *Exolidunum*, *Exuldunum*, *Exelodunum*, *Exilidunum*, *Exildunum*, *Exolidinum*, *Ixolidunum*, *Exoldunium*, *Uxellodunum*, *Uxsellodunum*, *Ursellodunum*, *Eussodunum*, *Essodunum*, *Eisoldunum*, *Essoldunum*, *Essoldinum*, *Issoldunum*, *Issuldunum*, *Auxellodunum*, *Auxeliodunum*, *Yssoldunum*, *Yssodunum*, *Ypsilodunum*, *Seldunum*, *Sodunum*, *Xoldunum*, *Soldunum* (1).

L'origine de ce nom n'a pas laissé d'exercer la sagacité des commentateurs. Le plus ancien que nous connaissions, Chaumeau, érudit du XVIe siècle, qui a versé à flots, dans son *Histoire de Berry*, ce filandreux fatras familier aux écrivains de son temps, s'est livré aux hypothèses les plus hasardées sur l'étymologie du nom d'Issoudun. « Et pour ce que communément en tous les « anciens et publiques monumens de ladite ville on « trouve cette lettre Y grande et bien élevée en taille, « aucuns ont voulu qu'elle avoit prins son nom de « ladite lettre ypsilon. » Il est vrai qu'alors et depuis on écrivit *Yssoudun*, *Yssouldun* et même *Ypsoldun* (2). Nous ne savons d'où vient cet Y que les écrivains des 16e et 17e siècles ont introduit dans le nom d'Issoudun, si ce n'est de la manie qu'on avait alors d'en mettre partout. Nous ne pouvons pas nous expliquer davantage si l'Y qu'a vu Chaumeau sur tous les monuments de cette ville était le *pairle* qui forme la

---

(1) Quelques géographes, tels que Baudrand, ajoutent encore *Ernodurus* ou *Ernodurum*; mais il est reconnu aujourd'hui que cette dénomination appartient à St-Ambroix-sur-Arnon, le véritable *Ernodurus* de l'itinéraire d'Antonin.

(2) Baudrand, Chaumeau, La Thaumassière, etc.

pièce principale de ses armoiries, ou si ce pairle lui-même n'était que la représentation similaire de l'Y d'Issoudun. Le fait est que, si quelques *héraldistes* donnent pour armes à la ville d'Issoudun un pairle simple, La Thaumassière, Pallet et le P. Ménétrier, qui fait autorité en pareille matière, lui donnent un *pairle alezé* ou *alaisé*, c'est-à-dire ne touchant point les bords de l'écu et ressemblant par conséquent à un Y, auquel Philippe-Auguste ajouta trois fleurs de lys. Les vraies armoiries d'Issoudun sont *d'azur au pairle alezé d'or, accompagné de trois fleurs de lys de même, une au chef et deux ès flancs.* (V. le frontispice, fig. 2.) C'est même tout-à-fait un Y et non un pairle qu'on voit figuré sur les écussons qui décorent les pièces d'artillerie de la ville.

« Les autres, ajoute Chaumeau, disent qu'elle a esté
« ainsi nommée des Silodins qui estoyent anciennement
« en Gaule hommes très prudens et sages..... Les autres
« ont voulu dire que la ville d'Issoudun estoit ancien-
« nement divisée en deux : car il y avoit un fort chas-
« teau qui s'appeloit *Dun*, vocable barbare et corrompu,
« signifiant anciennement l'habitation et demeure du
« seigneur ou des nobles et riches bourgeois : et d'autre
« costé estoit la ville ou le bourg assez loing du chas-
« teau et habité du commun populaire, nommé *Ys* sous
« *Dun*..... Laquelle ville et chasteau furent brulez par
« les Berruyers mêmes, lorsque Jules César mit son siège
« devant Avaricum..... Depuis fut le chasteau de rechef
« basti et reconstruit et la ville qui en estoit séparée, ac-
« coustée et joincte audit chasteau..... Ainsi firent-ils
« conjonction de leurs murs a sçavoir *Ys* et *Dun* et l'ap-
« pelèrent *Yssoudun*, comme l'on peut le voir et lire en
« ce plaisant romant de Lancelot du Lac. Laquelle opi-

« nion nous a semblé plus approcher de la vérité : joinct
« que *par plusieurs panchartes antiques* nous est apparu
« ladicte ville avoir esté anciennement appelée *Ys*.

Il est fâcheux que ces *panchartes* ne soient pas parvenues jusqu'à nous, ou qu'au moins Chaumeau ne nous en ait pas transmis des extraits. En tout cas, il est probable que cet auteur crédule mais sincère, qui ajoute une foi explicite à « ce plaisant roman de Lancelot du Lac » a réellement lu ce qu'il rapporte; seulement il a fait une étrange confusion du roman avec l'histoire, du réel avec le merveilleux. Ce qui lui manque surtout, c'est la critique; mais nous sommes convaincu que ses divagations renferment un fond de vérité, ainsi que nous essaierons de le démontrer.

Catherinot, autre érudit moins ancien d'un siècle, mais non moins aventureux, prétend que le nom d'Issoudun vient d'un certain *Auxilius*, qui aurait été le fondateur ou le restaurateur de cette cité, vers l'an 350 de notre ère, et que *Exoldunum* n'est que la corruption de *Auxiliodunum*. Ceci est assez précis et la date ainsi déterminée porte une apparence d'authenticité. On trouve, en effet, un Auxilius mentionné par le poète Ausone, qui vivait au IVe siècle; une des épîtres de St-Augustin est aussi adressée à un Auxilius. Mais sur quels indices attribuer à ce personnage la fondation d'Issoudun? Catherinot revient plusieurs fois sur ce point dans ses nombreux opuscules, et il s'appuie, de son côté, sur des documents de huit siècles! Il cite même expressément une charte de 984 (1) où cette ortographe est consignée.

---

(1) C'est la charte d'Emenon et Adhénaure, rapportée dans notre chronique, où le nom d'Issoudun est écrit *Auxeliodunum*.

Bullet, dans son dictionnaire celtique, fait venir le nom d'Issoudun de *Y-Kill*, signifiant *presqu'île entre deux rivières*, (ce qui n'est pas la position de la ville.) *Y-Kill-Dun, mont dans une presqu'île*.

M. Pierquin de Gembloux, sur sa *Carte Géo-monétaire du Berri*, indique, d'après quelques monnaies gauloises, la racine celtique XOL comme celle du nom d'Issoudun, mais il n'en donne pas la signification. Selon lui, *Xoldun* était tantôt la rivale, tantôt l'alliée d'*Avaric* et ses monnaies portaient, comme celles des Bituriges en général, un sanglier pour symbole et pour marque distinctive un X, signe particulier à cette nation, de même que OL ou Déols avait un O ou une *roue*, Dun-le-Roi un *monticule* figuré par un demi-cercle, Sancerre, des *bâtons-auguraux*, Vierzon, une *palme* ou une *feuille de vigne*, etc. Nous ne sommes pas assez versés dans la numismatique gauloise pour entreprendre de discuter cette opinion, et nous ne connaissons pas assez les motifs qui ont porté l'auteur de l'*Histoire monétaire du Berri* à attribuer à Issoudun cette croix ou cet X pour en contester la valeur.

On a quelquefois parlé d'un temple d'Isis, qui aurait fourni à la ville une partie de son nom : *Isis-Dunum*. Cette étymologie est plausible; elle est justifiable. Le culte d'Isis reçut une grande extension dans la Gaule, et les Celtes choisissaient de préférence, pour la célébration de leurs rites, quelque roche élevée ou d'autres éminences au pied desquelles passait un courant d'eau.

Notre *Dun* pourrait être une de ces éminences consacrées, et les vestiges d'architecture trouvés au même endroit, pourraient, s'ils étaient complétés par de nouvelles découvertes, donner quelque fondement à cette opinion; c'est ce que nous examinerons avec l'impartialité de l'historien qui se défie des opinions préconçues et qui se borne à interroger les faits dans l'unique intérêt de la vérité.

Nous devons seulement faire observer, dès à présent, que, dans le nom d'Issoudun, le constitutif *is* est relativement moderne et que, selon l'orthographe la plus ancienne et la plus généralement adoptée : *Exoldunum*, la syllabe *ex* devrait être considérée comme le vrai radical. La difficulté serait levée à cet égard, si l'on venait à retrouver l'autre moitié de l'inscription romaine, découverte sur la butte même, et qui contient bien évidemment une partie du nom latin des habitans d'Issoudun ; mais, comme si cette question était condamnée par le sort à un doute éternel, la portion de cette inscription qui nous a été révélée ne donne que la fin du nom que nous cherchons.

A la rigueur, la difficulté n'en est peut-être pas une. Suivant Baxter, le même mot se prononçait, selon les différents dialectes de la langue Celtique, *Ix*, *Ex*, *Ax*, *Ox*, *Is*, *Iss*, *Ess*, *Ass*, etc. De là peut-être la diversité des radicaux donnés à cette première partie du nom d'Issoudun et les diverses manières de l'écrire (1).

Ys ou *Is* n'a sans doute pas été, ainsi que le prétend Chaumeau, le nom primitif de la ville; mais le mot *Is*, dans le celtique, comme aujourd'hui encore dans le bas-

---

(1) Le moine Hermann, lib. I de miraculis St-Mariæ Laudunensis, appelle Issoudun *Issuldunum* : « *In pago Bituricensi Castellum quoddam vocatur Issuldunum.* » Adrien de Valois, Notice des Gaules, explique comment, par une transformation commune, on a fait d'*Exoldunum*, successivement *Essoldunum*, *Issoldunum*, *Issuldunum*, par la corruption usuelle de l'*e* en *i* de l'*x* en *ss*, et de l'*o* en *u*.

breton et les autres idiômes gaëliques, signifie *bas, inférieur, sous, au-dessous* (1). *Is-dun* répondrait tout simplement à *sous-dun*, c'est-à-dire, situé au-dessous du *Dun* et, en effet, la ville était primitivement située au pied de la colline et sur les deux rives de la rivière dont elle est aujourd'hui éloignée; c'est ce que dénote l'emplacement de sa plus ancienne église et de son hôpital, sans compter les autres considérations dont nous nous appuierons par la suite.

Avant d'entrer dans une discussion historique plus étendue sur cette ville dont les commencements sont si problématiques, nous devons dire comment le hasard nous a fait retrouver d'une manière certaine des traces de son existence à des époques très-reculées.

---

(1) Les premiers émigrants Edues, Arvernes et Bituriges s'établissent en Lombardie et prennent le nom de *Is-Ambra* *. Is-Ombriens, Insubriens; c'était le nom de ces anciens Galls, ou *Ambra*, ou Umbriens que les Etrusques avaient assujétis.

(*) *Is, ios,* bas, inférieur.— *Is-Ombria*, Basse-Ombrie. (Michelet, Histoire de France.) *Is*, par extension, signifiait aussi *rivière*, parce que les cours d'eau sont toujours situés dans les lieux bas.

CHAPITRE II.

Fouilles au pied de la Tour d'Issoudun. — Découvertes qui en sont résultées. — Temple chrétien. — Ruines romaines. — Inscription.

Si l'histoire des villes en général est obscure, on peut dire que celle d'Issoudun est enveloppée des plus épaisses ténèbres. D'une part, les nombreux incendies qui sont venus périodiquement la détruire de fond en comble, de l'autre, le vandalisme malheureusement inséparable des cataclysmes politiques et qui a signalé la réformation religieuse du XVIe siècle, aussi bien que la révolution du XVIIIe, ont fait disparaître à peu près toute trace historique de ses archives (1).

On en était donc réduit aux conjectures appuyées de quelques citations d'écrivains des trois derniers siècles, relativement à l'antiquité et à l'importance passée de cette ville. Sa vieille tour dégradée, démantelée, cadavre mutilé dont le front triste et sourcilleux répand sur les habitations qu'elle domine la teinte mélancolique d'un autre âge, était seule pour attester un passé moins insignifiant que le présent, lorsqu'en 1835, au pied de cette même tour et dans le sein de la butte qui la supporte, des fouilles firent découvrir les indices irrécusables d'une haute antiquité.

---

(1) La seule charte qui subsiste à la mairie d'Issoudun porte au dos une mention constatant qu'elle a été sauvée par le sieur Morat, avocat archiviste, *du brûlement ordonné par le décret du 17 juillet 1793.*

Cette butte forme le point culminant de l'éminence sur laquelle est bâti le château et une partie de la ville, éminence presque insensible du côté du Nord et de l'Est, mais abrupte vers le Sud et le Sud-Ouest. Exhaussée artificiellement à diverses époques, elle a pris la forme d'un mamelon ou cône tronqué d'une hauteur variable de vingt à trente mètres, à partir de sa base.

C'est au sommet de ce cône qu'est bâtie la Grosse-tour d'Issoudun, qui aura son chapitre spécial, et dont la fondation nous a paru remonter, d'une manière certaine, au XIIe siècle. A cette tour se rattachaient plusieurs traditions populaires, alors que les traditions n'avaient pas été entièrement effacées. Ces traditions, vivaces encore à l'époque où M. d'Alphonse écrivait sa statistique de l'Indre, nous les avions recueillies dans notre enfance, avec un intérêt avide, de la bouche de quelques octogénaires pleins des souvenirs antérieurs à la révolution et qui, morts aujourd'hui, en furent sans doute les derniers échos. Il en était une, commune du reste à presque toutes les forteresses féodales, qui attribuait à la tour une entrée secrète, un passage souterrain communiquant avec la campagne (1).

Comme la tour n'a pas d'issue de plain-pied dans son ordonnance, et qu'elle ne comporte pas d'ouverture

---

(1) En parlant de la haute tour du château de Chalusset en Limousin, M. Mérimée fait l'observation ci-après : « Suivant une ancienne tradition, il aurait existé à l'intérieur du château un passage souterrain qui conduisait de l'autre côté de la Bréance. Je crois la tradition fausse de tout point ; mais n'est-il pas surprenant d'en rencontrer partout de semblables ? Il faut en conclure que ces souterrains qui débouchent au loin dans la campagne ont été communs dans le moyen âge. » (Notes d'un voyage en Auvergne.)

moins élevée que cinq à six mètres à partir de sa base apparente, il y avait quelque raison de croire à l'exactitude de la tradition. Ce qui la rendait surtout vraisemblable, c'était un arceau semblant appartenir à des substructions visibles au nord de la tour, dont le sommet avait été mis à nu par l'éboulement des terres et qu'on pouvait raisonnablement prendre pour une porte enfouie. (V. le plan Pl. II. n° 8.)

Le désir et l'espoir de retrouver l'entrée présumée ou d'arriver peut-être dans quelque souterrain mystérieux fut le motif de la fouille qui fut entreprise et qui commença par le déblai de l'arceau ou porte supposée. Le travail en fut d'autant plus facile, qu'on ne rencontrait sous le pic qu'une terre mêlée de pierres, excessivement meuble et ne présentant aucune résistance. Mais on ne tarda pas à reconnaître que ce cintre sans profondeur, faisant corps, d'un côté, avec la tour, appuyé, de l'autre, sur un mur différent d'aspect et d'appareil, n'était autre chose qu'une arcade de soutènement destinée sans doute à supporter des constructions que le temps a depuis fait disparaître.

Presqu'immédiatement au-dessous de cet arceau, au delà duquel la fouille se faisait désormais à ciel ouvert, la tour cessait d'offrir une surface unie et laissait voir le blocage informe de ses fondations, tandis que, de l'autre côté, le mur sur lequel il s'appuyait se continuait indéfiniment sous terre, présentant toujours un parement régulier.

Un nouveau mur transversal qui s'était rencontré un peu plus loin (voir le plan des fouilles, pl. II, n° 2.), formait avec le précédent et les fondations de la tour une enceinte irrégulière et sans débouché A, qui semblait mettre un terme à nos recherches, lorsqu'après l'enlévement de quelques mètres de terre, afin de reconnaître la base de ces murs, apparut dans celui de l'est le sommet d'une nouvelle arcade (n° 6 du plan, et de l'élévation Pl. III) qui, cette fois, se trouva être une véritable porte formée d'une double baie et de deux arceaux à plein cintre, en retraite l'un sur l'autre et d'une nature toute différente de celle de la première arcade déblayée.

D'un côté, les fondations de la tour étaient déjà à découvert de quatre à cinq mètres, et de l'autre, nous nous trouvions de plain-pied avec un édifice dont la porte était devant nous, mais hermétiquement bouchée par une masse de terres et de gravois qui paraissait en combler l'intérieur.

Dès-lors, il était évident que l'entrée que nous cherchions n'existait pas ou qu'au moins nous n'étions pas sur sa trace, puisque nous nous trouvions au-dessous du niveau des fondements de la tour. Mais un autre but de recherche s'offrait à nous et ces constructions inférieures à la tour, sous laquelle elles paraissaient engagées, qui accusaient par conséquent une date antérieure à celle de la tour même, étaient de nature à exciter vivement la curiosité publique; aussi une souscription spontanée des habitants nous fournit-elle bientôt les moyens de pousser les fouilles, et en peu de temps on eut mis à découvert toutes les constructions qui figurent en noir sur le plan.

D'abord, une deuxième enceinte B de forme triangulaire, dans laquelle existe une citerne 13 et qui n'a d'autre issue que la porte 6 dont nous venons de parler.

Ensuite, une troisième enceinte C, où l'on ne put pénétrer que par la fenêtre 5, qui servit à l'extraction d'une partie des matériaux de comblement, toute la surface de cette troisième portion étant recouverte d'une croûte de mortier de 60 à 80 centimètres d'épaisseur et d'une excessive dureté.

Enfin, en abaissant, à l'extérieur de ces constructions, le terrain au niveau de l'intérieur déblayé, on isola la portion de murs comprenant les enceintes B et D. Cette dernière, étroite et allongée, avait été remplie de moëllons unis par du sable ou par un faible ciment, de manière à former de ce prolongement un gros mur propre à supporter quelqu'ouvrage de fortification.

L'enceinte C ayant la forme d'un parallélogramme, dont le plan de la tour a coupé un angle, en supprimant la porte qui devait exister à l'ouest, se terminait à l'est par un enfoncement semi-circulaire ou hémicycle 2, percé d'une fenêtre 3.

Aux deux points de section de cet hémicycle 4, se trouvaient deux colonnes isolées et portées sur l'angle du mur en retraite, dont le fût cylindrique et formé de plusieurs tronçons inégaux, était garni à la base de deux tores ou boudins et surmonté d'un chapiteau affectant les dispositions de l'ordre corinthien, mais considérablement altéré. (V. l'élévation, pl. III, n° 4.)

A droite et à gauche de l'hémicycle, les deux angles formés par sa saillie à l'extérieur se trouvent occupés par deux petites pièces voûtées, l'une, au nord 1, éclairée d'une petite lucarne ou meurtrière évasée 10 et dont le fond est occupé par une niche cintrée contenant un autel 9. La pierre de cet autel est creusée au milieu d'une ouverture d'environ 20 cent. carrée et garnie d'une feuillure intérieure.

La pièce correspondante, au sud 5, n'a point d'autel. Le cintre qui en fait le fond est percé d'une fenêtre aussi cintrée 12 donnant, comme celle de l'hémicycle, sur la cour B.

La hauteur de ces deux petits réduits est d'environ 2^m 50 du sol au sommet de la voûte, leur largeur de 1^m 40 à 1^m 60, leur profondeur irrégulière de 1^m 50 à 2^m. On y pénètre, de chaque côté, par une porte basse, carrée, dont l'amortissement est formé d'une seul linteau de pierre. (V. l'élévation, Pl. III, fig. 1, n°s 1 et 5.).

Vis-à-vis de l'entrée de la pièce 5, et pratiquée dans l'épaisseur du mur, se trouve, à hauteur d'appui, une niche carrée 10 d'environ 40 cent. de côté sur une profondeur de 1^m 40, et s'élargissant brusquement à angle droit vers le tiers de sa longueur. Les feuillures qui règnent autour de l'entrée indiquent qu'elle fut garnie d'un vantail.

La citerne 13 qu'on voit dans la cour B présente extérieurement une margelle en maçonnerie et intérieurement une ouverture à peu près carrée, formée de quatre pierres grossièrement assemblées. Le fond de cette citerne paraît avoir été garni d'une dalle dont il reste des fragments engagés dans les parois à la profondeur d'environ 1 mètre.

L'enceinte allongée D, dont l'aire est de 60 c. environ plus élevée que celle de la cour B, avait eu pour unique entrée la porte 7 murée postérieurement. Elle n'était éclairée que par une petite lucarne 14 placée vis-à-vis de la porte. Vers le point 16, le mur est revêtu intérieurement d'un parement en briques disposées en zig-zag et encadré par deux montants en pierres de taille à fleur de mur. A droite de ce revêtement, au point 15, subsiste le reste d'un conduit en pierre traversant le mur à la hauteur d'environ 60 c. au-dessus de l'aire.

Cette enceinte paraît avoir été voûtée, ainsi que l'indique le cintre tracé sur le mur à l'une de ses extrémités, et constituait une galerie couverte de 6^m de long sur 1^m 50 c. de large et 2^m 30 c. de haut. La partie 17 plus élevée que le reste de l'aire, est une sorte de marche, haute de 20 cent.

La bâtisse de toutes ces constructions est formée d'un mélange de petit et de grand appareil. Les angles et arrêtes des murs sont en pierres de taille, séparées les unes des autres par une couche de mortier ou mastic d'environ 4 cent. d'épaisseur. L'amortissement des portes, fenêtres et niches est ou à angle droit ou à plein cintre formé de voussoirs cunéiformes, symétriques, également espacés entre eux par une couche de mortier.

Le parement extérieur du mur de l'enceinte C, du côté de la cour B, est tout en pierres de taille. La portion circulaire est flanquée de deux contreforts droits, se terminant en biseau, d'environ 20 c. de saillie, et montant jusqu'à l'origine de la calotte de l'hémicycle. Tout le reste n'est qu'un *opus incertum* composé de pierres noyées dans le mortier.

Les voûtes des petites pièces 1 et 5 sont faites grossièrement de ce mélange de pierres et de mortier où l'on voit encore l'empreinte des planches d'échafaudage.

Ce qui frappe d'abord dans ces constructions, c'est l'absence d'art et de régularité. On y reconnaît l'imitation d'un plan consacré, mais exécuté par des mains inhabiles.

Nulle symétrie dans la distribution; point de parallélisme dans les lignes. Les deux colonnes de l'hémicycle n'étaient point entièrement conformes entre elles et ne différaient pas moins par la disposition des tores de la base que par la hauteur du fût. Ce fût était composé de pierres sans aplomb, rattachées ensemble tant bien que mal, mais toujours par la couche de mortier.

A l'exception des chapiteaux de ces colonnes, imitation éloignée ou réminiscence imparfaite du chapiteau corinthien, absence complète d'ornementation dans toutes les parties de l'édifice.

Nulle trace de pavage; point de seuil aux portes ni de pierre d'assise aux fenêtres dont les pieds droits reposent sur la maçonnerie en béton de la muraille.

Ces fenêtres, évasées en biseau d'une face à l'autre du mur, ne comportent, ainsi que les portes, ni feuillures propres à recevoir des chassis, ni traces de gonds ou de fermeture quelconque.

En considérant ces détails et en les rapprochant du caractère de l'architecture qui est toute romaine, quoique appartenant à une époque de dégénérescence avancée, sans cependant comporter aucune des innovations du style byzantin; en examinant le plan de l'édifice qui est celui des premières basiliques chrétiennes (1), mais dans des dimensions extrêmement exiguës; en tenant compte d'ailleurs du caractère sacré constaté par l'autel trouvé dans ces ruines, on ne pouvait méconnaître un monument voisin de l'ère gallo-romaine, un petit oratoire chrétien du IVe ou du Ve siècle, mais certainement non postérieur au VIe.

Par qui fut fondé cet édifice, c'est ce que nous examinerons dans un chapitre particulier. Il suffit de consta-

---

(1) Mémoire de l'auteur sur *les Temples chrétiens primitifs*, présenté à l'académie des inscriptions.

ter, quant à présent, qu'à la tour du XII⁰ siècle succède déjà, en remontant l'échelle chronologique, un monument contemporain du berceau de la monarchie française.

Mais d'autres indices devaient, sur le lieu même, tout en précisant davantage la date de ce petit monument, nous reporter bien plus avant dans le passé.

Parmi les matériaux employés à la construction de cet oratoire, se trouvaient plusieurs pierres sculptées; une, entre autres, de grande dimension, qui représentait un rinceau élégant et un oiseau d'une facture rappelant les beaux temps de l'art romain. Cette pierre, encastrée dans un mur, présentait l'oiseau la tête en bas, ce qui rendait difficile d'en apprécier l'espèce; mais autant qu'il nous souvient, il appartenait au genre des palmipèdes.

Une autre pierre, employée comme moëllon et trouvée dans le déblai, contenait une portion d'inscription latine dont les mots tronqués n'ont pu être interprétés d'une manière certaine. Cette pierre, aujourd'hui perdue (1), est représentée au frontispice, fig. 3. En voici le contenu :

M. NI ?
M. ET. DE
.VSIBVSC
VNESSIVM
RVM. CIRC
ORNAMEN
1. DEDIT. GAL ?

---

(2) Cette pierre, dont nous avions heureusement pris le dessin, est devenue subitement invisible et toutes les recherches faites pour la retrouver ont été infructueuses. Au moment où nous nous disposions à dessiner la pierre au rinceau dont il est question ci-dessus, nous nous aperçûmes qu'elle avait été descellée et arrachée

S'il était permis d'essayer une explication sur des éléments aussi incomplets, nous dirions que certains mots semblent indiquer une fondation d'utilité publique, (USIBUS), en même temps que d'embellissement (ORNAMEN....*to*), octroyée (DEDIT) par un prince, un proconsul, un président de province, aux citoyens (C..ivium?) d'Issoudun (*Exold....* UNESSIUM? pour *Exoldunensium*) et des environs (CIRC...., *à, circiter, circumstantium ?*). Nous n'osons admettre qu'il puisse être ici question d'un *cirque*. La ville d'Issoudun, qui n'est pas même située sur une voie romaine, dont aucun itinéraire ne fait mention, aurait-elle été assez considérable sous les romains pour posséder un établissement qu'on ne trouvait que dans les principales villes de l'empire ?

Quelle aurait donc été la nature et la forme de ce monument? Nous n'apercevons dans l'inscription aucun mot qui soit propre à nous éclairer sur ce point. La syllabe GAI ou GAL est-elle le commencement du mot *Gallia* ou de *Gallus, Gaius, Galenus, Galianus, Galba ?* Ici le champ des conjectures est infini (1).

Le terminatif *unessium* qui, dans sa forme syncopée, a tous les caractères d'un qualificatif, et qui cependant ne saurait être rapporté à aucun adjectif connu, appartient

---

du mur pendant la nuit, opération qui a dû coûter des peines infinies. Par qui, pourquoi, à quel titre et dans quel but ces pierres ont-elles été enlevées? Nous n'avons pu nous en rendre compte. Dieu seul peut connaître et juger les intentions de l'auteur ou des auteurs de cette double soustraction ; toutefois il nous est permis de douter qu'elle eût pour mobile l'intérêt de l'art ou de la science.

(1) Un honorable membre de l'Académie des Inscriptions, M. Hase a bien voulu donner un instant d'attention à cette difficile énigme ; mais avec toute la réserve que comporte un document

évidemment à un nom de peuple et les circonstances ne permettent pas de douter qu'il réponde à celui des habitants d'Issoudun. Peut-être, un jour, en retrouvant l'autre partie de cette inscription, finira-t-on par lever tous les doutes à ce sujet.

Quoiqu'il en soit, nous reconnaissons ici les traces, les débris d'un monument romain, et nous en pouvons induire d'abord que l'édifice, dans la construction duquel sont entrés ces matériaux antiques, appartient à cette période pendant laquelle, d'une part, le christianisme triomphant renversait sans pitié, pour servir à ses propres constructions, tout ce qui avait appartenu au paganisme, et, de l'autre, les peuples de la Gaule, menacés par l'irruption des barbares, employaient pour se fortifier jusqu'aux chefs-d'œuvre de la sculpture et de l'architecture romaines, période qui embrasse les IVe et Ve siècles de notre ère.

En second lieu, ces vestiges de l'art romain, quel que soit le monument auquel ils aient appartenu, rapprochés de découvertes déjà faites à diverses époques, attestent d'une manière décisive l'existence d'Issoudun pendant

---

aussi imparfait. Voici, d'après ce savant, un des divers rétablissements auxquels cette inscription peut se prêter :

Peut-être ? ? ?
Meta [M. NE] ptuni ? ?
F. C. (*) [Marcus. ET. DE] cius... consulentes [VSIBVS C] ivium
Exelod [VNESSIVM] et incola [RVM. CIRC] i nova [ORNAMEN] ta sua impens [A. DEDIT. Caius. AD] urius ? ?

(*) Faciendam Curaverunt.

la période gallo-romaine. Voici donc le troisième degré dans cette voie rétrospective.

Mais, si nous considérons que le tout repose sur cette butte, dont les flancs nous ont conservé tant d'intéressants souvenirs, qui n'est autre chose elle-même que le *Dun* celtique auquel la ville doit son nom et qui fut peut-être primitivement surmontée d'un autel druidique, d'un fort ou d'un monument quelconque de la période gauloise, ne pouvons-nous pas dire que nous avons trouvé dans cette fouille, accumulés sur un seul point, tous les titres de notre antiquité nationale ?

Nous jetterons un coup-d'œil sur chacune de ces phases selon l'ordre de la chronologie, en commençant naturellement par la période celtique ou anté-historique.

CHAPITRE III.

Que pourrait être Issoudun dans la période Gauloise ? — Silence de César. — Villes brulées par les Gaulois. — Station romaine. — Vestiges d'antiquité. — Faubourg de Rome. — Tombeaux et vases funéraires des Cordeliers.

Le plus ancien et le plus authentique document qui subsiste touchant l'histoire des Gaulois, ce sont sans contredit les *Commentaires de César*. Mais ce livre, au style bref et sec comme un bulletin d'armée, ne nous a transmis que des détails fort incomplets sur la statistique et l'organisation politique de la Gaule à l'époque de la conquête.

S'il existait, comme on prétend que la numismatique nous l'a révélé, une *nation* de Xoldunenses, leur *Oppidum* fut, selon toute apparence, une de ces vingt villes que les Bituriges eux-mêmes incendièrent en un seul jour, afin d'affamer l'armée de César (1), si toutefois l'*urbs* ou l'*oppidum* gaulois était autre chose qu'un clan ou un campement (2).

Duchesne affirme sans hésiter, ainsi que Chaumeau, qu'Issoudun fut une de ces villes. « Encores a elle au-

---

(1) *Omnium consensu, hâc sententiâ probatâ, uno die ampliùs XX urbes Biturigum incenduntur; hoc idem fit in reliquis civitatibus. In omnibus partibus incendia conspicuuntur...* (Cæs. de Bello Gallico, l. VII, c. 15).

(2) « Quelques savants ont même douté que leurs *Oppida*, au temps de César, fussent autre chose que des lieux de refuge.»
(Michelet, *Hist. de France.*)

jourd'hui, ajoute-t-il, maintes remarques et vestiges d'antiquité. » Ces vestiges d'antiquité ne prouveraient nullement que la ville a été incendiée au temps des Gaulois; ils prouveraient plutôt que la ville a existé du temps des Romains. Cependant cette opinion est éminemment probable : Issoudun n'étant distant de Bourges que de huit lieues, se trouvait nécessairement dans le rayon des places sacrifiées au salut d'Avaric et à la sûreté générale.

Ce qui est certain, c'est que César ne fait nulle part mention d'*Exoldunum*, silence qui d'ailleurs s'explique, puisqu'au moment où il arrive à Bourges par *Noviodunum* (Nouhans), c'est-à-dire du côté opposé, Issoudun et les autres villes du Berri étaient déjà réduites en cendres (1).

Que devint-elle après la conquête? Les écrivains de l'empire et du bas-empire sont tout aussi muets que César à l'endroit de cette ville. Néanmoins, nous voyons qu'elle a existé pendant la période d'occupation, puisque les vainqueurs y ont laissé des marques de leur séjour. Outre les indices découverts au pied de la tour et mentionnés au chapitre précédent, des médailles romaines y ont été fréquemment trouvées tant dans la ville que dans les environs. La fouille même a produit une médaille en bronze presqu'entièrement oxidée, qui a été reconnue pour une monnaie des Antonins. Et sans doute, avant l'incendie de 1651, on y voyait encore ces « vestiges d'antiquité » dont parle Duchesne.

Catherinot, en faisant le dénombrement des antiquités

---

(1) Issoudun n'a donc pu figurer sur la première carte de l'empire qui fut dressée sous le consulat de César et d'Antoine.

du Berri, parle de celles d'Issoudun. « La dixième anti-
» quité, dit-il, consiste aux urnes d'Issoudun. J'en ai
» vu une qui fut à M. Bernard, sieur de la Bafarderie,
» avocat à Issoudun. Elle est d'un verre fort épais et
» verdâtre. Les cendres du payen y restent encore. Feu
» M. Tillier, médecin à Bourges, en avait deux de terre
» rouge cuite et figurée, mais ses héritiers ne sachant
» le prix de ces pots, les jettèrent de haut en bas par les
» fenêtres de sa bibliothèque. M. Dorsanne de Coulons
» en avait cinq que je vis à Issoudun dans son cabinet,
» en 1659.

» L'une des urnes de M. Tillier représentait une vigne
» avec ses grappes de raisin et un chasseur portant sur
» ses épaules un lièvre pendant à un bâton et ce chasseur
» menait un chien en laisse.

» Toutes ces urnes et plusieurs autres au nombre de
» trente furent trouvées, en mars 1632, dans un champ
» derrière le monastère des Cordeliers d'Issoudun. M. le
» président de Mesme, qui fut relégué à Issoudun, y en
» fit chercher.

» Ces urnes, ces reliques profanes sont anciennes de
» plus de douze siècles; car on cessa de brûler les corps
» sous l'empire des Antonins et sous celui de Théodose. »

Le sujet dont parle ici Catherinot est commun sur les
vases en terre cuite de l'époque romaine, qui font partie
des collections de Rome, de Naples et de Paris.

Ainsi plus de doute sur l'occupation d'Issoudun par les
Romains. Mais cette ville n'aurait donc eu qu'une faible
importance pendant cette période, puisqu'aucun des
itinéraires postérieurs n'en fait mention et que la voie
romaine qui faisait communiquer Argenton avec Bourges,
n'en passait pas à plus d'une lieue, sans qu'Issoudun eût

semblé digne qu'on en fît fléchir la ligne (1) en sa faveur.

Est-ce qu'en renaissant de ses cendres, plus ou moins longtemps après la prise d'Avaric, cette ville n'aurait eu que d'humbles commencements sous ses nouveaux maîtres ?

C'est en 350 que Catherinot en place la fondation ou la restauration par Auxilius ; elle aurait donc ainsi dormi près de quatre siècles sous la cendre. Mais cette date ne peut que rappeler l'époque où la crainte des invasions de barbares de toutes parts imminentes firent élever partout des fortifications hâtives. Ce serait donc la date de sa première enceinte de murailles. Dès l'an 355, suivant Ammien Marcellin, Sens et plusieurs autres villes étaient entourées de murs. « A cette époque, dit M. de Caumont, les troupes romaines ne prenaient plus leurs quartiers d'hiver que dans les villes fermées. »

Issoudun ne fut probablement d'abord qu'une de ces stations militaires, un de ces *castra stativa*, dont les Romains avaient semé la Gaule, qui étaient généralement placés sur des hauteurs, et d'où leurs armées, « juxta-posées et non fondues à la population, surveillaient leur conquête. » Tout semblerait le prouver.

---

(1) « L'itinéraire d'Antonin paraît devoir être rapporté à la 2ᵉ moitié du IVᵉ siècle, et ne peut, malgré sa dénomination, convenir à aucun des Antonins : car il y est fait mention de *Constantinople*, de *Maximianopolis*, etc., villes qui n'ont reçu les noms sous lesquels elles sont désignées que longtemps après la mort de ces empereurs.— Manuert pense avec beaucoup d'autres savants que l'éditeur de l'itinéraire est Æthicus, qui vivait dans la 2ᵉ moitié du Vᵉ siècle et dont la cosmographie se trouve jointe aux plus anciens manuscrits de l'itinéraire. »

(Edition de l'itinéraire donné par D. Bouquet.)

La forme aigüe de l'enceinte exhumée au sommet de l'éminence et qui constitue la portion B du plan (pl. 2), enceinte formée de murs dont la base est évidemment plus ancienne que la partie supérieure et nécessairement contemporaine des Romains, cette forme en pointe, disons-nous, qui n'est nullement justifiée par les constructions qu'elle enserre, qu'elle étouffe (1), en quelque sorte, ne peut convenir qu'à une fortification.

Ce fut là vraisemblablement la tête, le *Prétoire* (2) de leur camp ou l'ouvrage avancé d'où ils dominaient la peuplade gauloise établie au sud de la butte, sur les bords de la rivière. Le nom qu'a conservé le faubourg de *Rome*, combiné avec la position qu'occupaient les tombes et urnes cinéraires citées par Catherinot, tout près de ce faubourg, le nom même de *champs-d'amour* (3) que portent encore les champs où furent trouvées ces antiquités et qui est sûrement une dénomination païenne, prouvent que les deux populations étaient en effet bien distinctes : l'armée romaine d'occupation était au nord ouest et sur la

---

(1) On peut voir sur le plan que l'axe de la petite pièce 1, à gauche de l'hémicycle, diverge sensiblement de celui de la basilique, disposition forcée par la préexistence du mur inférieur 18.

(2) « A l'extrémité de ce camp (le camp de l'Etoile.— Somme), existe une petite éminence de forme ovale entourée d'un fossé particulier que M. d'Allonville a considérée comme le prétoire du camp. » — « Si cette enceinte était véritablement le prétoire, elle nous offrirait déjà l'élément de ces mottes ou éminences qui, dans le moyen âge, ont supporté des donjons ou tours féodales. »
(M. de Caumont. *Cours d'antiquités monumentales*, IV, 333.)

(3) Le couvent des Cordeliers, derrière lequel ont été trouvés les vases et urnes cinéraires en 1632, occupait l'emplacement dit de l'ancien cimetière, entre la place de Vouet, les Champs-Elysées, dont il est séparé par la rue de l'*Ancien-Cimetière* et la rue dite des *Champs-d'Amour*.

hauteur, tandis que les Gaulois étaient au sud est et dans la partie basse (1).

Si maintenant l'on admet que les Romains, suivant leur usage constant, aient établi sur ce lieu élevé une fondation religieuse et qu'au lieu d'une *Meta Neptuni*, ce monument ait été une *Meta Isidis*, ou même qu'au lieu d'une pyramide ou d'un simple autel, il ait existé sur la butte un de ces *Ædicula*, si communs dans l'antiquité païenne, un de ces temples en miniature comme il y en avait une si grande quantité à Rome et comme on en voit encore un assez grand nombre à Pompéï, et que cet édicule ait été consacré à Isis, nous retrouverions là la source véritable de l'étymologie du nom d'Issoudun, et l'*Isidis dunum* viendrait corroborer l'opinion de ceux qui veulent que notre ville doive son nom à cette déesse, également en honneur chez les Gaulois et chez les Romains.

Cette opinion déjà ancienne (2) n'est point la nôtre, mais nous n'aurions aucune objection à ce qu'elle préva-

---

(1) Le nom de *Champ-fort (Campus fortis)*, que porte un clos de vignes situé sur un côteau près de la ville, rappelle évidemment le séjour des Romains et l'emplacement d'un de leurs camps ou retranchements. Les conquérans de la Gaule vivaient dans une continuelle appréhension de l'ennemi vaincu; ils évitaient avec grand soin de se mêler aux populations indigènes et les surveillaient de loin, dans des positions avantageuses et fortifiées. Ce clos est le plus ancien et le meilleur du crû d'Issoudun; peut-être date-t-il de l'introduction de la vigne en Gaule par les Romains. Une petite rivière appelée la *Tournemine*, dont le cours hors nature passe à mi-côte au-dessous de ces vignes, dans un canal fait de main d'homme et vient se jeter dans la Théols au pont de St-Denis, est probablement un de leurs ouvrages.

(2) « Plusieurs habitations celtiques portaient le nom d'Isis, telles que *Faloïsia*, Falaise, *Issoldunum*, Issoudun, etc.

(L'abbé Langevin.— Histoire de Falaise.)

lût. Le silence, systématique peut-être, qu'ont gardé les écrivains latins sur l'histoire de la Gaule, ne nous permet pas d'insister sur une époque où tout ne peut être que doute et hypothèse. Mais, puisque les monuments seuls peuvent répondre à nos investigations, c'est par les monuments que nous allons essayer de suivre la trace de notre vieille cité à travers les ténèbres de l'histoire.

CHAPITRE IV.

Ere chrétienne. — IV° et V° siècles. — Issoudun aurait été déjà considérable. — Sur quels indices. — Silence de Grégoire de Tours. — Premiers temples chrétiens. — Reclus. — Tradition de l'abbaye. — St. Thalaze et St. Baïe. — Martyrologe. — Destruction d'Issoudun.

Le silence des historiens à l'égard d'Issoudun se continue avec une persistance désespérante pendant les Ve, VIe et VIIe siècles. Et pourtant nous retrouvons encore des traces manifestes non-seulement de son existence, mais du rôle assez important qu'elle a dû jouer à l'époque des persécutions contre le Christianisme. Ici même, le témoignage des monuments est appuyé de ce qu'on appelle, en style de palais, un commencement de preuve par écrit.

Les chroniqueurs de la première race ne sont pas plus explicites à ce sujet que les auteurs latins. Grégoire de Tours, qui vivait au VIe siècle, qui parcourut et visita le Berri et qui cite avec les plus minutieux détails tout ce qui peut avoir rapport à l'histoire religieuse de son temps ; Grégoire de Tours, qui donne une description du tombeau de St-Ludre à Déols, dont on peut encore aujourd'hui vérifier l'exactitude, qui a écrit la vie de tous les saints de Bourges et fait une liste complète de toutes les églises et oratoires, de tous les ermites et reclus célèbres par l'austérité de leur vie, Grégoire de Tours ne mentionne même pas le nom d'Issoudun. Cependant ce lieu devait se recommander à plus d'un titre, à son attention, comme nous allons le voir.

Ce qui touche de plus près aux ruines romaines, ce qui leur succède immédiatement dans l'ordre des dates, c'est sans contredit l'édifice construit sur leur emplacement et avec leurs débris. Nous avons déjà dit que cet édifice avait la forme et le plan des premières basiliques chrétiennes. C'était en effet une *basilique*, nom magnifique et qui contraste étrangement avec l'exiguité de ses dimensions, mais qui se rapportait à la *forme* et non à l'*étendue*, ainsi que nous l'avons expliqué ailleurs (1). C'était ce qu'on appela plus tard un *oratoire*, c'est-à-dire un lieu consacré à la prière et propre à la méditation solitaire.

Expliquons la présence d'un oratoire en ce lieu.

A l'issue des persécutions contre la foi, à cette époque où les massacres, les supplices et les tortures d'innombrables victimes n'avaient fait que porter jusqu'au délire l'enthousiasme religieux parmi les chrétiens, le calme qui suivit cette longue tourmente ne pouvait convenir à l'ardeur de certains esprits exaltés qui avaient rêvé le martyre. Ils ne pouvaient se résoudre à renoncer à cette palme immortelle qui ouvrait les portes du paradis, et, les bourreaux manquant, ils entreprenaient de se martyriser eux-mêmes. S'abusant sur le véritable mérite du martyre et s'exagérant les devoirs et les obligations du chrétien, ils croyaient bien mériter du ciel en imitant la patience et la résignation du Christ, en renouvelant sur eux-mêmes le long supplice de la passion.

---

(1) Mémoire sur les *Temples chrétiens primitifs*.

Il devint commun, pour qui se sentait une vocation suffisante, de se consacrer pour toujours au culte de quelque saint, confesseur ou martyr, à qui l'on bâtissait un petit oratoire sur le lieu même de sa sépulture ou sur celui de son supplice, lorsque les circonstances le permettaient, sinon au fond de quelque désert, au milieu des ruines, sur un rocher à pic, sur un écueil dans la mer ou dans quelque lieu sauvage et écarté. Et là on se dévouait, dans la solitude, à une vie de jeûnes et de macérations. Il était même assez ordinaire de voir des hommes s'enterrer vivants dans d'étroites cellules dont ils faisaient murer la porte et où ils accomplissaient ensuite à loisir et par une combinaison de tortures raffinées, le plus épouvantable de tous les suicides !.....

« En ce temps d'une piété si fervente et d'une foi si
» vive, a dit un écrivain moderne, qu'à notre époque
» de raison sceptique et de croyances molles nous ne
» pouvons plus les comprendre, il n'était point étonnant
» de voir des chrétiens faire des vœux qui condamnaient
» leur vie aux pratiques les plus austères, aux privations
» les plus dures. Certains fidèles se faisaient enfermer
» dans d'étroites cellules, *pratiquées pour l'ordinaire dans*
» *l'épaisseur d'un mur*. Ils n'avaient pour lit que la pierre froide, pour nourriture que les aliments que leur
» jetait par une petite lucarne la charité publique. Ils
» passaient ainsi cinq, dix, quinze, vingt années, une
» vie entière et on n'ouvrait la cellule que pour retirer
» un cadavre. »

Ceux-ci s'appelaient les *reclus*. Ils étaient réputés saints de leur vivant; on leur attribuait le don des miracles. On allait en pèlerinage écouter le murmure de leurs prières et leurs lugubres psalmodies; heureux qui revenait avec leur bénédiction, plus heureux encore qui avait pu apercevoir leur vénérable visage, toucher leurs vêtements, effleurer des lèvres le bout de leurs doigts. Aussi leur renommée de sainteté faisait tourner la tête aux ferventset le nombre des aspirants à la réclusion devint si grand que les évêques furent obligés de mettre des bornes au débordement de cette aberration de l'esprit humain.

Les écrits de Grégoire de Tours sont pleins d'histoires de ce genre et quelques-unes de ses descriptions se rapportent avec tant de ressemblance à notre localité, qu'on dirait que c'est elle qu'il a eu en vue dans plusieurs endroits. Tantôt, c'est St Caluppan enfermé dans une cellule, *sur une roche escarpée*. Il n'en sortait jamais et ne se laissait jamais voir, si ce n'est lorsqu'il étendait la main par sa petite lucarne *(fenestellam)*, pour donner sa bénédiction. Quand on venait le visiter, il se prêtait à la conversation, en s'approchant de ce trou *(ad hanc accedens speculam)* (1). Tantôt, c'est un nommé Lupicin, occupant un réduit *bâti au milieu d'anciennes murailles*, afin de se séquestrer de la vue de tous les hommes, ne consentant à recevoir de la piété des fidèles qu'un peu de pain et d'eau, maigre provision qui lui suffisait pour trois jours. L'eau lui arrivait par un petit canal *(per canale parvulum)*. Sa lucarne était fermée par un voile. L'une et l'autre de ces ouvertures étaient si bien bouchées que personne ne pouvait apercevoir sa bienheureuse face. C'est dans cette étroite prison que, jour et nuit, tout en chantant des psaumes en l'honneur de Dieu, il s'appli-

---

(1) Grég. Tur. in vitâ patrum, ch. XI.

quait à mortifier le plus possible son faible corps par les tourments *(tormentum sibi quod corpusculum plus gravaret adhibuit)*, se souvenant des paroles de l'apôtre : « Les souffrances de ce siècle ne sont pas comparables à la gloire future qui nous sera révélée. » Il se promenait tout le jour dans sa cellule, portant sur sa tête une pierre énorme qui aurait fait la charge de deux hommes, et, pendant la nuit, pour ajouter à ses mortifications et de crainte de succomber au sommeil, il avait fixé à une baguette qu'il tenait à la main, deux bâtons taillés en pointe, dont il plaçait le bout sous son menton *(desuper acumina parans quæ ad mentum suum ne somnum caperet supponebat)*. Enfin, vers les derniers temps, épuisé, brisé sous le poids de son fardeau *(corrupto pectore a pondere saxi)*, il commença à rendre le sang par la bouche et il le rejetait au dehors par les ouvertures de la muraille (1). C'est encore le bienheureux Senoch, qui bravait les rigueurs de l'hiver sans aucune chaussure, portant une chaîne de fer aux pieds, aux mains et au col et qui passait dans sa cellule le jour et la nuit en veilles et en prières *non interrompues (sine ambiguitate perdurans)*. (2) Enfin, c'est un enfant de 12 ans, nommé Anatole, qui resta huit années consécutives dans une petite cellule murée où un homme aurait eu peine à se tenir *(cellula parva de quadratis lapidibus clausa in quâ vix unus homo recipit possit)* (3).

En présence de ce qui précède, si l'on jette un coup

---

(1) Grég. Tur. in vitâ patrum. Ch. XIII.
(2) Ibid. Ch. XV.
(3) La France était couverte de ces *recluseries*. (V. Chorier, Hist de Vienne.) Quelques-uns se faisaient descendre dans des citernes profondes ou dans des puits, d'où leurs psalmodies semblaient sortir de terre. Telle est l'origine du *Puits qui parle* dont on retrouve le souvenir dans plusieurs villes.

d'œil attentif sur le plan de nos fouilles, après avoir constaté que le petit édifice qui fait la partie la plus saillante de ces ruines, ne peut être qu'un oratoire ou petite basilique chrétienne, si l'on se demande ce que peut être cette enceinte oblongue D, accolée à ce temple et qui, s'avançant en éperon sur la déclivité de la montagne, était, dans son état primitif, comme suspendue dans les airs, est-il possible de n'y pas reconnaître l'appendice en quelque sorte inséparable des premiers oratoires (1), c'est-à-dire une cellule et *une cellule de reclus?*

Rien n'y manque en effet des détails constitutifs de ces terribles *in pace*: la position élevée et abrupte, la forme rétrécie et allongée d'*un mur creux*, où le patient avait tout juste la faculté de faire quelques pas; la lucarne étroite 14 pour le passage d'un peu de lumière *(fenestellam)*; le petit conduit pour les eaux *(canale parvulum)* 15; ajoutons cette sorte de marche 17, qui sans doute servait de siège au reclus pendant le jour et d'oreiller pendant la nuit, et enfin, comme circonstance décisive, cette porte 7, la seule issue de ce triste réduit et qui a été retrouvée *murée!* (Pl. 3, fig. 1, et pl. 4, fig. 5.)

Quelques traces de charbons remarquées lors de la fouille au pied du revêtement en briques 16, feraient supposer que cette place formait l'âtre d'un foyer où le reclus entretenait peut-être quelques tisons pour résister aux rigueurs les plus cruelles de l'hiver. Sans doute une ouverture dans la voûte y correspondait pour donner passage à la fumée. Ce revêtement nous paraîtrait inexplicable autrement. (Pl. 4, fig. 5, n° 16.)

---

(1) Dans Grégoire de Tours, ces mots sont presque toujours accouplés: *Cellula oratorii*, *Oratorium cellulæ*.

Quant à la citerne 13, qui encombre l'enceinte B où elle est si singulièrement placée, quelle a pu être sa destination? Si la porte 7 de la cellule ne fût point murée dès le principe, si la libre pratique existait entre la cellule et l'enceinte B, peut-être cette citerne contenait-elle l'eau nécessaire à l'habitant de cette position escarpée. Mais, si cette porte a toujours été condamnée, il ne reste qu'une explication possible. Nous la trouvons dans l'usage primitif d'établir auprès de tous les temples un bassin destiné à l'ablution de ceux qui venaient y prier. Ces bassins, qui servaient quelquefois au baptême, furent l'origine de nos bénitiers.

Maintenant, si nous admettons la justesse de ces inductions, il nous restera à rechercher quel a été le héros de ce *sacrifice humain*, et quel est le martyr en mémoire duquel il a été accompli.

La première de ces questions est insoluble par le silence absolu de l'histoire, par l'absence de tout document écrit et de toute tradition. Il faut que quelque grande révolution en ait fait perdre le souvenir.

Quant à la deuxième partie du problême, quelle que soit l'épaisseur du voile qui la recouvre, nous essaierons cependant de le percer.

Il n'est presque pas de ville qui n'ait eu ses martyrs ou ses saints: Bourges en compte par douzaines; Vatan, Déols, Levroux, Argenton ont eu les leurs. Pourquoi Issoudun n'aurait-il pas eu les siens? Nous n'en serions sans doute pas réduit à une supposition sur ce point, si tant d'incendies et de bouleversements n'avaient détruit jusqu'au dernier lambeau des archives de nos chapitres et de nos monastères.

Toutefois une faible lueur vient poindre au milieu de

ces ténèbres, pour nous guider peut-être vers la vérité. Un passage court, informe, incomplet, commencé en français, achevé en latin et tombé comme par distraction de la plume de son auteur, semble devoir nous mettre sur la trace de cette mystérieuse histoire. Issoudun aurait eu positivement, non-seulement ses héros, mais ses demi-dieux, non-seulement ses reclus, mais aussi ses martyrs. Voici ce passage, extrait de l'Histoire de Berry de La Thaumassière :

« On estime à Yssoudun que, dans la même église (celle de l'Abbaye), en un cercueil de bois, au-dessus d'une muraille de neuf pieds de haut, à côté droit du chœur en entrant, reposent les corps des saints martyrs *Thalasius et Baïus, quorum primus senator Exolduni, alter verò archipresbyter in eodem martyrisati, hâc quoque in abbatiâ sunt canonisati, sanguinis que suorum effusione protectores dati.* — Le martyrologe de la même abbaye porte : *In territorio bituricensi castro Exoliduno Sanctorum Martyrum Thalasii et Baii :* la fête s'en fait double au même endroit le 30 octobre. »

Ainsi l'abbaye possédait les reliques de deux saints martyrs, Thalase et Baïus, le premier, sénateur d'Issoudun, l'autre, archiprêtre, martyrisés au même lieu, canonisés dans cette même abbaye et devenus par l'effusion de leur sang les protecteurs célestes de leurs concitoyens.

Voilà tout ce qui est parvenu jusqu'à nous au sujet de ces saints compatriotes et tout ce qui subsiste des premiers temps de notre histoire. Les cataclysmes qui ont passé sur cette ville ont donc été bien profonds, puisqu'ils ont effacé les souvenirs de son ancienne splendeur, de son ancien nom et jusqu'à celui de ses patrons, tandis que partout ailleurs, du moins le culte des saints du lieu a survécu à toutes les révolutions.

Le rapport de La Thaumassière paraît être pris en partie dans la tradition populaire, en partie sur l'inscription du tombeau de ces saints, en partie dans les archives de l'abbaye; et ce lambeau de citation est probablement tout ce qui reste des nombreux documents que devait autrefois posséder cette communauté.

Nous avons vainement compulsé tous les martyrologes, tous les recueils de légendes, toutes les vies des saints, Surius, Baillet, Godescard, Fleurs de la solitude, etc., etc., nous n'avons trouvé nulle part trace de saint Baïus. Par suite de cette fatalité toute spéciale à l'histoire de notre ville, le recueil des Bollandistes, ce monument si vaste, si complet de l'hagiologie chrétienne, si riche en renseignements et qui n'a malheureusement pas été terminé, s'arrête précisément au 15 octobre, et le martyre de nos saints est du 30 !

Toutefois, St. Thalasius est un peu moins inconnu que son compagnon. Le *Martyrologe Universel* de Claude Chastelain contient ce qui suit :

EXOLDUNI. — THALASSIUS. —	XXX octobre. A Issoudun en Berry. S. Thalaze, corévêque en Auvergne, dont le corps est conservé par les religieuses de S.-Laurent de Bourges.

Ceci n'est pas entièrement conforme à la citation de La Thaumassière. St-Thalaze, de sénateur d'Issoudun se trouve transformé en chorévêque d'Auvergne (sorte d'évêque de la campagne ou de vicaire épiscopal, dont les attributions sont aujourd'hui mal définies) et au lieu d'être enseveli dans notre abbaye, il repose à St-Laurent de Bourges.

Catherinot, dans son *Sanctuaire de Berry*, est d'accord avec Chastelain. Entre autres saints qui reposent à St-Laurent de Bourges, il cite St-Thalaze, *évêque de Clermont*. « On y célèbre, dit-il, leur translation le 12 may, « et en particulier..... le 30 octobre, St-Thalaze. »

L'*Hagiologion Franco-Galliæ* du P. Labbe, contient les extraits suivants du martyrologe de l'abbaye St-Laurent de Bourges :

Maius.

Kalendis. — *Quarto.* — *In territorio Bituricensi translatio sanctorum Florentii, Davidis,* Thalazii *et Asclipii episcoporum*, — avec cette observation : *Recentissimâ manu.* (Page 16.)

Thalassius Andegavensis episcopus. (Ibid.) Ici, il est évêque d'Angers.

Patriarch. Biturig.— Ch. XII, in fine — De Leone XII° Bitur. Archiep., on lit :

« *Thalassius peccator hanc diffinitionem dominorum meorum ab ipsis ad me transmissam in civitaculâ meâ relegi, subscripsi et consensi.* » (Ibid) (¹).

S. Thalazius seu Thalassius episcopus. (Pag. 699.)

October.

Idibus — *Tertio* — *Nivernis civitate exceptio brachii sancti Cirici martyris* — *Bituricas castro Exiliduno sancti Thalazii episcopi* (Pag. 704.)

(1.) Ceci est la formule par laquelle les évêques donnaient leur adhésion à un acte quelconque. Il paraît s'agir ici d'une définition, de l'interprétation de quelqu'article de foi soumise à son approbation. *Civitacula*, indique une bourgade, une petite ville où il faisait sa résidence, ou peut-être la retraite qu'il s'était choisie. Léon, archevêque de Bourges, qui rapporte ici cette adhésion de St. Thalase, vivait vers le milieu du V° siècle.

C'est tout ce que nous avons pu recueillir sur St-Thalase. Tous ces renseignements quoique divers ne sont point cependant contradictoires. Ils s'expliquent et se concilient : Thalase, sénateur, c'est-à-dire membre d'une famille patricienne d'Issoudun (¹), entré dans les ordres, serait devenu par suite chorévêque, ou évêque de Clermont ou d'Angers, peu importe. Peut-être même a-t-il commencé par être chorévêque d'Issoudun avant d'être évêque de Clermont, puis évêque d'Angers. Ramené par les persécutions dans sa ville natale, il y aurait subi le martyre avec Baïus, archiprêtre de la même ville.

A cette époque, comme pendant tout le moyen âge, il était d'usage que les exécutions publiques se fissent hors des villes et sur des lieux élevés. On en pourrait citer mille exemples tirés des légendes ; citons seulement l'éminence voisine de Paris, où furent décapités St-Denis et ses compagnons et qui en a pris le nom de Montmartre (*Mons-Martyrum*), ainsi que Montfaucon où furent pendant si longtemps les fourches patibulaires (²).

A Issoudun, la butte où gît la tour, le *dun* gaulois, était un lieu dans les conditions voulues pour servir de théâtre au double martyre de nos saints Thalase et Baïe, et c'est probablement là qu'ils auront été mis à mort (³).

---

(1) Afin de consommer la fusion de la Gaule dans l'empire, la politique des empereurs avait été d'appeler aux charges et aux honneurs les principales familles Gauloises. Sous Claude surtout, qui était Gaulois, le titre de sénateur devint assez commun ; mais ce n'était guères qu'un titre honorifique. Il y avait tel sénateur qui n'avait jamais vu Rome et qui ne parlait même pas le latin.

(2) Rappelons-nous qu'alors la ville était sur les bords de la Théols, sur l'emplacement du faubourg de St. Paterne. La butte en était éloignée et séparée par la rivière.

(3) On pourrait citer encore, auprès d'Issoudun même, la colline

Comme, d'une autre part, les traditions invariables du christianisme portaient les fidèles à élever des basiliques ou oratoires sur la sépulture ou sur le lieu du supplice de ceux qui mouraient pour la foi, par une déduction fondée sur toute sorte de vraisemblance, on peut donc dire que l'oratoire trouvé dans la fouille n'est sans doute pas autre chose que le monument élevé en mémoire du martyre de St-Thalase et St-Baïe, au service desquels quelque pieux enthousiaste aura consacré son existence, en bâtissant et l'oratoire et la cellule où probablement il aura fini ses jours.

Par la succession des temps et après la ruine de cet oratoire, les moines de l'abbaye, remplis d'un zèle pieux, auront entrepris de transporter dans leur église les restes de ces martyrs, dont ils auront obtenu la canonisation. Suivant un usage commun au moyen âge, une partie de ces restes aura été transférée dans l'abbaye de St-Laurent de Bourges et sans doute échangée contre d'autres reliques. Ces échanges étaient alors fréquents, d'autant qu'on ne consacrait point un autel sans y mettre des reliques; on donnait volontiers le bras d'un confesseur pour la jambe d'un martyr (1). Ainsi s'expliqueraient les faits divers consignés dans les documents

---

appelée le *Maupas* (le *mauvais pas* ou peut-être le *haut pas*) où une croix indique encore la place du supplice de plusieurs criminels, qui étaient l'objet d'une légende populaire.

(1) Le commerce des reliques était même devenu l'objet d'une spéculation très-étendue. On peut remarquer, dans les notes de l'*Hagiologion* précitées, que la ville de Nevers dispose du bras de St. Cyr, *(Exceptio brachii S. Cirici)*, en même temps, le même jour qu'Issoudun de celui de St. Thalase, le 3 des Ides d'octobre. N'est-ce point là l'effet d'un échange, et n'est-ce pas cette relique venue de Nevers qui a servi à la consécration de l'église de St.-Cyr d'Issoudun ?

ci-dessus. Ajoutons que la *Géographie des Légendes* de Claude Jouanneaux, compte Issoudun (*Exoldunum*) parmi les villes *citées dans les martyrologes*.

Essayons de concilier d'autres contradictions apparentes. La ville d'Issoudun existait donc au temps des persécutions dans la Gaule, c'est-à-dire aux 3ᵉ et 4ᵉ siècles, puisqu'elle a eu des martyrs; elle avait donc de l'importance, puisque l'un de ces martyrs, en même temps l'un de ses citoyens, était *sénateur*, puisqu'elle comptait dans son sein des familles patriciennes, et qu'elle avait un archiprêtre et peut-être un chorévêque, ce qui suppose un nombreux clergé. Mais alors pourquoi ce silence des écrivains et des géographes? Pourquoi ne figure-t-elle sur aucune carte, sur aucune voie romaine? Comment Grégoire de Tours, ce *grand dénicheur de saints*, qui a enregistré avec soin, et à une époque voisine de ces faits, tout ce qui avait rapport à l'histoire religieuse de la Touraine et du Berri, ne fait-il aucune mention ni de nos martyrs, ni de notre reclus, ni de notre oratoire, ni même de notre ville?

Il y a lieu de croire qu'Issoudun, détruite au temps de César, fut longtemps à se relever de ce désastre, ce qui fit que les premières cartes dressées par l'ordre des empereurs n'eurent point à s'en occuper et les ingénieurs chargés du tracé des voies pavées entre les villes d'un certain ordre n'en prirent aucune note.

Mais peu à peu sans doute l'avantage du site et la fécondité du sol y rappelèrent la population, et l'établissement d'un camp romain concourut à son développement au point d'en faire une ville considérable. C'est ce qu'on doit inférer des monuments rapportés ci-dessus, de la qualité élevée de ses citoyens martyrs et du fragment d'inscription qui indique clairement que le gouvernement romain se préoccupait de son bien-être (VSIBVS) et de son agrément (ORNAMENTO) (¹).

Cette splendeur disparut-elle dans quelque nouvelle tourmente, peu de temps après les persécutions? Il le faut bien, puisqu'un anachorète vient paisiblement s'y installer comme dans un désert et y bâtir une cellule au milieu des ruines. Cette deuxième destruction coïnciderait soit avec l'insurrection des Gaulois dite *des Bagaudes*, au 5ᵉ siècle, soit avec l'irruption des Vandales unis aux Suèves et aux Alains qui, suivant Zozime, se jetèrent sur la Gaule transalpine qu'ils dévastèrent et vinrent se heurter contre les armées de la Bretagne sous les ordres de Constantin. Cette rencontre dut avoir lieu précisément vers nos plaines du Berri et il y fut fait un immense carnage.

Si la ville d'Issoudun se releva de cet échec ou si elle ne périt qu'à moitié, de nouveaux fléaux ne tardèrent pas à passer sur elle et à l'effacer tout-à-fait du nombre des cités.

L'historien Zozime nous apprend encore qu'au commencement du Vᵉ siècle les Gaulois, mais particulièrement les Bretons-Armoriques et les Bituriges-Cubes, entreprirent de secouer le joug de la domination romaine et de revenir au régime politique et religieux de leurs ancêtres. Aussitôt les forces de l'empire employées à défendre les frontières de la Gaule contre l'invasion des hordes germaniques, se retournèrent contre l'insurrec-

---

(1) Si l'on admettait le rétablissement proposé par M. Hase et que la ville eût possédé un cirque, c'eût été une ville de 2ᵐᵉ ou de 3ᵉ ordre.

lion. Les Bretons, dans leur presqu'île, bravèrent le danger et maintinrent leur indépendance; mais les Bituriges furent écrasés. Peut-être Issoudun disparut-il dans cette réaction; mais si ce ne fut pas alors, ce fut probablement dans la révolte des Berruyers qui eut lieu en 563, ainsi que nous l'apprend Grégoire de Tours.

Les Aquitains étaient restés insoumis et hostiles à la domination des Francs. Chilpéric brûlait de se venger des habitants du Berri qui avaient fait de grands dégats en Touraine; il avait juré de les soumettre ou de les exterminer. Il envoya contre eux Bérulfe à la tête d'une armée, qui entra par le nord, tandis que deux autres chefs, Didier, comte de Toulouse, et Bladaste, comte de Bordeaux, arrivaient par le midi. Les Berruyers, au nombre de 15,000, rencontrèrent Didier près de Château-Meillant. Il y eut là une bataille sanglante où périrent plus de 7,000 hommes de chaque côté. Les Berruyers, obligés de céder aux forces réunies de leurs ennemis, se replièrent sur Bourges poursuivis par les trois chefs qui mirent tout à feu et à sang sur leur passage, ne laissant ni maisons, ni arbres, ni vignes, brûlant, détruisant même les églises, faisant une dépopulation *telle qu'on n'en ouït jamais de semblable depuis les temps les plus anciens* (1) et ne laissant derrière eux que des ruines.

---

(1) « *Biturici verò cum M. D. ad Mecledonense Castrum confluunt, ibique contrà Desiderium Ducem confligunt. Facta est ibi strages magna ità ut de utroque exercitu ampliùs quàm septem millia cecidissent. Duces quoque cum reliquá parte populi ad civitatem pervenerunt, cuncta diripientes vel devastantes. Talisque depopulatio inibi acta est qualis nec antiquitùs est audita fuisse, ut nec domus remaneret nec vinea nec arbores, sed cuncta succiderent, ncenderent, debellarent. Nam et ab eclesiis auferentes sacra ministeria ipsas incenso cremabant.* » (Greg. Tur. Hist. L. VI, ch. 31.)

Grégoire de Tours nous dit encore que, vers l'an 580, des bandes de brigands, Poitevins, Nantais, Angevins, Tourangeaux portèrent la dévastation dans plusieurs contrées et ravagèrent notamment toutes les villes et bourgades *situées entre Tours et Bourges.* Mais alors, sans doute, ainsi que nous l'avons dit, Issoudun était déjà effacé du nombre des cités.

Quand et comment ressuscita-t-il, c'est ce que nous ne saurions dire; ce n'est que deux siècles plus tard qu'il est fait mention d'Issoudun pour la première fois, si cependant le document dont il s'agit se rapporte bien à cette ville. Ce document est la chronique du continuateur de Frédégaire que nous allons citer.

« L'année suivante (763) ayant convoqué tous les guer-
« riers Francs, et passant par les villes de Troyes et
« d'Auxerre, il (Pépin) se rendit à Nevers et là tint,
« avec tous ses grands, son plaid du champ de Mai.
« Passant ensuite la Loire, il entra en Aquitaine, s'a-
« vança jusqu'à Limoges, dévasta toute la contrée et fit
« surtout incendier les domaines de Waïfer. Beaucoup
« de monastères furent dépeuplés par ses ravages. Mar-
« chant de là sur *Issoudun,* le roi prit et ravagea la par-
« tie de l'Aquitaine où il y avait le plus de vignes. Ainsi
« le pays d'où l'Aquitaine toute entière, les monastè-
« res comme les églises et les pauvres comme les riches
« avaient coutume de tirer du vin, fut occupé et pillé
« par les Francs. Waïfer, rassemblant alors une grande
« armée formée surtout des Gascons qui habitent au-
« delà de la Garonne et portaient autrefois le nom de
« Basques, marcha contre Pépin; mais, selon leur cou-
« tume, tous les Gascons tournèrent le dos, et beaucoup
« tombèrent sous les coups des Francs. Le roi fit pour-

« suivre Waïfer jusqu'à la nuit, et il échappa à grande
« peine avec quelques-uns des siens. » (¹).

Nous avons emprunté à dessein la traduction de M. Guizot qui a rendu *Hisando* par *Issoudun*, et qui a été suivi en cela par plusieurs écrivains. Mais est-ce bien d'Issoudun qu'il est ici question ? Pépin entre en Aquitaine et marche sur Limoges. De là il se rend à *Hisando;* mais s'il s'agissait d'*Issoudun*, il faudrait dire qu'il retourne sur ses pas, puisqu'en partant de Nevers, cette ville se trouve de quarante lieues au moins en deçà de Limoges, (²) tandis que le chroniqueur dit, au contraire, qu'il poursuit *jusque là, usque Hisandonem veniens.* Ensuite, cette ville si riche en vignes, est-elle bien Issoudun, dont les vins pouvaient être appréciés à cette époque comme ils le furent au XII° siècle, mais qui ne pouvait certainement en fournir *à toute l'Aquitaine*. M. Michelet paraît penser que les vignobles dont il s'agit ici sont ceux du Querci. Quant à la ville d'*Hisando*, Henri de Valois estime, dans sa *Notice des Gaules*, que c'est la même qu'*Issando, Exaudo* ou *Exando*, nom d'une localité située dans le comté de Limoges, sur les bords de la Vésère (³) peut-être Exideuil ou Donzenac.

---

(1) « *Iterum sequenti anno, commoto omni exercitu Francorum per Trecas unde Autisiodorum usque ad Nivernum urbem cum omni exercitu veniens, ibique cum Francis et Proceribus suis placitum suum campo Madio tenens. Postea Ligere transacto Aquitaniam pergens usque ad Lemovicas accessit totam regionem illam vastans, villas publicas, quæ ditionis Waifarii erant, totas igne cremare præcepit. Totá regione illá penè vastatá, monasteriis multis depopulatis,* USQUE HISANDONEM *veniens, unde maximam partem Aquitaniæ ubi plurimum vinearum erat cepit ac vastavit.* (Fredeg. Chron.)

(2) Issoudun n'est qu'à 15 ou 18 lieues de Nevers à l'ouest, en ligne droite, et n'est pas sur la route de Nevers à Limoges.

En tout cas, il n'est nulle part ailleurs question d'Issoudun, et, de cette époque jusqu'au XII° siècle, période pendant laquelle le Berri est resté dans une obscurité relative, il n'est plus parlé de notre ville, si ce n'est dans les chartes locales, dont il ne nous reste guère malheureusement que l'intitulé; mais ces chartes devaient témoigner glorieusement en sa faveur, à en juger par ce qu'en disent tous les auteurs qui se sont occupés de l'histoire d'Issoudun, « la mémoire de laquelle, dit Chaumeau, a « esté de tout temps et d'ancienneté et iusques en notre « eage tres celebre et insigne. » Baudrand la désigne sous le titre de *Præclarum oppidum Galliæ Celticæ* et le P. Labbe l'appelle *non incelebre oppidum*.

CHAPITRE V.

Régime féodal. — IX°, X° et XI° siècles. — Princes de Déols. — Princes et seigneurs d'Issoudun. — Pact d'affranchissement. — Le seigneur de Chârost. — Richesse et piété des seigneurs d'Issoudun. — Croisades. — Conciles.

La deuxième race de nos rois finit, comme la première, dans l'abâtardissement et l'impuissance. Au X° siècle, tout avait péri, la langue, les institutions, les mœurs. Semblable à la mousse qui pousse sur les ruines, la barbarie trônait sur les débris épars de la civilisation romaine. Il n'existait plus qu'un droit, celui du plus fort. L'anarchie s'organisa sous le nom de féodalité. Comme dans toute société qui se forme, chacun chercha un appui près d'un plus fort que soi; chacun se fit protecteur envers de plus faibles, par un de ces éternels contrats dont on retrouve le principe jusque chez les peuplades sauvages. Des titres purement administratifs et temporaires devinrent héréditaires et définitifs. Chacun resta propriétaire de ce qu'il possédait, n'importe à quel titre. Les circonscriptions territoriales se changèrent en domaines et en fiefs que les grands s'arrogèrent en propre, moyennant certains devoirs envers le chef nominal de l'Etat.

Les seigneurs de Déols, issus, à ce qu'on croit, du sang de ce Léocade que Grégoire de Tours décore du titre de sénateur et gouverneur de la première Aquitaine, sous les empereurs romains, s'étaient rendus de plus en plus puissants et, sans s'arrêter aux titres de comtes, de marquis ou de ducs (1), qui ne désignaient encore que des officiers de la couronne, ils s'intitulèrent fièrement princes ou toparques du Bas-Berri. Ils tinrent un rang élevé parmi les grands feudataires, s'allièrent plusieurs fois aux familles royales et firent même la guerre aux rois.

La principauté déoloise s'étendait depuis le Cher jusqu'à la Gartempe et à l'Anglin, comprenant plus de la moitié du Berri, une partie de la Touraine, de la Marche et du Poitou. « Ebbes de Déols, dit Chaumeau, avait « au-dedans de ladite terre dix-sept cents fiefz sans les « villes closes qui estoient à luy et entre autres la ville et « chastel d'Yssoudun, où il faisoit tenir ses grands jours « et y venoit le peuple de toutes ses terres par appel « comme en la plus celebre ville de sa subiection (2). » Issoudun était donc dès lors la plus importante place de cette principauté, et là était le siége principal de la justice seigneuriale, ce qui fit qu'elle conserva par la suite un ressort si étendu. C'est aussi pourquoi Issoudun, de tout temps rivale de Bourges, se qualifiait capitale du Bas-Berri.

Le premier de ces princes qui soit mentionné depuis le temps de Léocade dont il se disait issu, est Lambert, qui fut un des plus redoutables guerriers de son temps et

---

(1) Tout le monde connaît la fameuse devise des seigneurs de Coucy : — « Je ne suis roi, ne duc, prince, ne comte aussi,
    Je suis le Sire de Coucy.
Et celle plus orgueilleuse encore des Rohan : —
    « Roi je ne suis, Prince ne daigne ; etc. »
(2) *Gloriosus Princeps Nobilis Ebbo maximam partem pagi bituricensis sub ditione suâ tenebat, si quidem a Caro fluvio usque ad Vertempam et Engliam potentissimè principabatur.*
    (L'auteur de la translation de St-Gildas.)

qui se rendit célèbre, à la tête des milices du Berri, dans les guerres que fit Charlemagne contre les Sarrasins d'Espagne. Après la déposition de Louis-le-Débonnaire par ses fils, Eudes, comte d'Orléans, Guillaume, son frère, comte de Blois, et Guy du Mans, partisans des princes, assemblèrent des forces considérables afin de fermer les passages de la Loire aux Aquitains toujours affectionnés au bon Louis qui avait été leur roi. Lambert leva promptement une armée de Berruyers, et, accompagné de Bertfried, brave seigneur du pays, il partit pour porter ses services au malheureux empereur. Ils trouvèrent les deux comtes en embuscade avec un renfort de troupes bourguignonnes qui venaient de les rallier. Sans calculer le nombre de ses ennemis, Lambert se jeta sur eux et les tailla en pièces; les deux frères y perdirent la vie. Lambert fut le boulevard de nos contrées contre les déprédations de ces terribles pirates danois, connus sous le nom de *Normands*, qui furent le fléau de la France occidentale, sous les successeurs de Charlemagne.

Après Lambert, la filiation devient incertaine et impossible à constater dans l'obscurité de ces temps barbares. Laune, Ebbes, Raoul, furent-ils ses descendants et descendirent-ils les uns des autres? C'est ce que nous ne pouvons dire. Besly, dans son Histoire du Poitou, prétend qu'ils étaient cadets des comtes de Poitou, ducs d'Aquitaine.

Ce fut ce fameux Raoul, surnommé le *Large*, ou le *Généreux*, à cause de sa munificence envers les églises, qui bâtit le Château-Raoul, noyau de la ville de Châteauroux, et transporta à Issoudun les reliques de Saint-Paterne.

Raoul le *Grand*, son fils, lui succéda comme prince

de Déols et d'Issoudun et à celui-ci Eudes, dit *l'Ancien*, qui fit la guerre au roi Robert et fit partie de la première Croisade. Nous renvoyons à la fin de ce volume la généalogie de ces princes.

Cependant, dès le règne de Lothaire, on trouve des seigneurs particuliers d'Issoudun qui prennent aussi le titre de princes. La Thaumassière les croit cadets des princes de Déols; selon l'abbé de Longuerue (1), ils auraient appartenu à la maison de Lusignan (2). Le plus ancien qui nous soit connu est Roger, surnommé *Taillefer*, mentionné dans une charte dont il sera question en parlant de l'abbaye.

Dans une charte, datée de l'an 30 du roi Lothaire, ce qui revient à 984, Emenon, Adhenaure, sa femme, et Foulques, leur fils, se qualifient, par la grâce de Dieu, Princes et Seigneurs du château d'Issoudun (3).

Par cette charte ils donnent à Aeterius ou Hiterius, (Ithier?) abbé de Ste-Marie d'Issoudun toutes les *coutumes*, c'est-à-dire les droits seigneuriaux sur leurs *hommes* ou *manans* du bourg de St-Paterne, lesques sont exemptés du ban de guerre, du droit de *tonnage* et autres droits envers tous autres que les moines, leurs nouveaux seigneurs. Ils leur donnent en outre tous les droits de justice

---

(1) Description historique et géographique de la France.

(2) Dans la généalogie de la maison de Lusignan, Raoul Ier, 4e fils d'Hugues VIII de Lusignan, et frère de Guy Ier et Amaury Ier, rois de Chypre et de Jérusalem, est désigné comme seigneur d'Issoudun et comte d'Eu, par sa femme; mais il s'agit évidemment ici du bourg d'Issoudun situé dans le département de la Creuse, qui a donné lieu à de nombreux *quiproquo* par rapport à la maison d'Issoudun.

(3) *Misericordiâ Dei principatum Auxelioduni Castri tenentes.*

et d'impôt, ainsi que nous le verrons à l'article spécial de l'abbaye.

A Foulques succède Ebrard, dit *Du Four*, prince d'Issoudun, seigneur de Vatan, de Romorantin et de Celles-sur-Cher, qui épousa Sybille, probablement de la maison de Lusignan, et se fit moine à l'abbaye de La Vernusse, après avoir partagé ses fiefs entre ses enfants.

Eudes, l'aîné, porta toutefois les mêmes titres que son père. On ignore s'il fut marié et s'il eut des enfants; mais, après lui, la principauté d'Issoudun rentre dans la famille de Déols. Ces seigneurs d'Issoudun, qui possédaient encore Mareuil et Châteauneuf-sur-Cher, tenaient un rang élevé dans la province et n'avaient de pairs que ceux de Déols et les comtes de Sancerre, qui se disaient, de leur côté, *Princes du Haut-Berri*.

Eudes l'*Ancien*, baron de Châteauroux, réunit encore une fois dans une seule main, les principautés de Déols et d'Issoudun; mais, dès 1040, Eudes dit de Déols, son fils, était, du vivant de son père, prince d'Issoudun, Vatan, Mareuil et Châteauneuf, et six princes lui succédèrent sans interruption jusqu'à Raoul III (1), qui épousa Marguerite de Courtenay, fille aînée de ce Pierre de Courtenay, devenu depuis empereur de Constantinople.

Parmi ces princes se distinguent Eudes II et Eudes III; Eudes II, qui fit le *pact (Pactionem) d'affranchissement avec les bourgeois d'Issoudun (cum burgensibus Exolduni),*

---

(1) *Radulphus Exoldunensium princeps.* (Chart. du chap. de salles, citée par La Thaumassière.)

Il fut un des garants du traité conclu à Messine, entre Philippe-Auguste et Richard Cœur-de-Lion, en route pour la Croisade. — *Dominus Issonduni vel hæres ejus cum toto feodo suo.* (Rigord.)

et il faut bien remarquer ces mots qui indiquent non point une concession, mais un accommodement, un traité de puissance à puissance. Déjà les habitants d'Issoudun se prévalaient de ce nom de Bourgeois, qui était un titre d'indépendance et le principe d'une immense révolution sociale, et ils comptaient avec leurs seigneurs.

Cette pi ce ne nous est point parvenue ; mais elle est reproduite dans la charte de confirmation que donna en 1190, Eudes III, son fils, avant de partir pour la Croisade, et dont le *vidimus*, dressé en 1311 par Jean de Barmond, garde des sceaux de la prévôté d'Issoudun, a été conservé aux archives du royaume. Nous donnerons l'analyse de ce titre que La Thaumassière se plaint de n'avoir pu se procurer, et qu'il serait impossible de traduire littéralement à cause des inexactitudes et des lacunes que les copistes y ont introduites.

« Au moment d'entreprendre le voyage de Jérusalem, Eudes, seigneur d'Issoudun, fait savoir à tous présents et à venir, qu'il a, du consentement d'Adèle, sa femme, et avec elle, donné, confirmé et juré le pact que son père a fait avec les Bourgeois du Château d'Issoudun, et par lequel : les habitants sont exempts de toute *collecte et rapine* (1). Il leur est permis de disposer d'eux et de leurs biens, ainsi qu'à ceux qui viendront s'y établir dans l'intérêt de la ville, pourvu qu'ils soient aptes à le faire légalement. Il est permis à tous les habitants, tant en santé qu'en maladie, de donner leurs biens *(par testament)*; à défaut de testament, ces biens reviendront au plus proche héritier ; s'il n'y a ni testament ni héritier, ils reviendront au seigneur, après toutefois l'acquit des

---

(1) Il ne s'agit ici sans doute que d'un impôt ou contribution ; mais le mot est expressif.

droits de l'église pour les funérailles du défunt. Les seigneurs d'Issoudun n'auront plus de *ban-vin*, c'est-à-dire de privilége pour la vente du vin, si ce n'est de celui de leurs propres vignes, pourvu qu'il ne soit pas *aigre* et qu'il se vende au prix commun. Le vin débité au détail ne sera pas sujet au ban ; et même pendant le ban on pourra vendre le vin *bouté* et celui dont le tonneau aurait une fuite impossible à arrêter. Aucun bourgeois ne pourra être retenu en prison. La garde ou le guet se fera, comme par le passé, par des gens honnêtes, qui prêteront préalablement serment de ne recevoir aucune récompense et de ne donner l'alarme sans juste motif. Tous les bourgeois iront en expédition ou enverront un client ou remplaçant capable ; mais, si l'affaire se passe assez près pour que les combattants soient vus et les cris entendus du château, tous, tant patrons que cliens, devront marcher au secours et défense de la patrie. Pour l'observation perpétuelle de ces stipulations, les Bourgeois paieront annuellement, à la fête de la Toussaint, douze deniers de rente par chaque arpent de vigne dont ils auront la possession depuis quatre ans au moins, et par chaque maison d'habitation, douze deniers et un setier d'avoine ; et, si dans une même maison il y a plusieurs familles ou ménages séparés, chaque famille paiera la taxe ci-dessus. Quiconque aura recueilli sans en avoir le droit ou soustrait quelque chose desdites taxes, ou quiconque n'aura pas obéi à la sommation de faire le guet, d'aller ou d'envoyer en expédition, paiera, outre la restitution, l'amende de cinq sols. »

A ces dispositions de la charte de son père, Eudes III ajoute de son propre mouvement les suivantes : « Pour la perception de l'avoine, il sera élu quelqu'un parmi les bourgeois qui, après avoir prêté serment, la recevra dans l'égal intérêt du seigneur et des bourgeois. Le ban des vendanges cessera d'avoir lieu, sans aucune condition de rachat. S'il est perçu d'autres sommes que celles que stipulera l'ordre exprès du seigneur, il n'y aura lieu à accusation qu'autant que cette perception indue pourra être prouvée par deux témoins légaux. Lorsque quelqu'un sera accusé de faits entraînant l'amende de soixante sols, s'il peut être convaincu par deux témoins légaux et connus, il paiera l'amende, autrement, non. Les courtiers *(cursatores)*, c'est-à-dire ceux qui conduisent les marchands, en quelque nombre qu'ils soient, ne pourront être empêchés ni par le seigneur ni par autres. Si quelque marchand vient en la ville d'Issoudun, pour acheter soit des vivres, soit quelque autre denrée, il ne pourra être empêché et il ne sera sujet à aucun droit. Le prévôt d'Issoudun ni ses sergents ne pourront se faire payer le *droit de tonnage* pour le vin. Le vin vendu pourra n'être payé que huit jours après la vente, sans donner lieu à des poursuites. » Viennent les signatures des témoins, ainsi qu'on le verra dans le texte ci-dessous rapporté (1); et l'acte est daté de l'an de l'Incarnation 1190.

---

(1) *Noverint universi præsentes pariter et futuri quod ego Odo Dominus Exolduni iter jherosolimitanum arrepturus donavi et confirmavi et propria manu juravi Adela uxore mea concedente* (A) *et eodem juramento jurante pactionem illam quam pater meus cum Burgensibus Exolduni castri habuit, hanc videlicet : Exolduni castrum liberum esse et omnes habitantes in eo ab omni collectá et rapiná.*

(A) *Uxore meá concedente.* — C'était l'usage de faire consentir aux contrats la femme et les enfants, la femme à cause de son douaire, les enfants comme héritiers, parce que, d'après le droit romain, on ne pouvait aliéner sans le consentement de l'héritier.

Quelques années plus tard, en 1194, Gautier II, seigneur de Chârost, vassal de celui d'Issoudun, accorde aussi *à ses bourgeois* le *pact (pactionem illam)* qu'Eudes a fait avec les bourgeois d'Issoudun. Sa charte est littéralement copiée sur celle que nous venons d'analyser. Les seules différences qu'on y remarque sont celles-ci : Gautier accorde aussi le droit de donation et de testament, mais seulement en faveur de personnes dépendantes de son

---

Concessit siquidem eis quòd nec cos nec res eorum dùm justitiam exequi voluerint et potuerint neque etiam eos nec res eorum qui pro communi villæ utilitate quacumque de causa ibi venerint, omnibus que in eo habitantibus tam in sanitate quam in ægritudine corporis constitutis res suas dum vixerint cuicumque voluerint dare licebit et si morte præoccupati fuerint propinquior consanguineus qui res illas jure hæreditario possidere debuerit possideat; et nisi vivens res suas disposuerit vel ordinaverit nullusque fuerit cui jure hæreditario res eveniant ditioni meæ subjiciantur et redigantur, hoc videlicet modo ut pro exequiis eorum ecclesiastica jura persolvantur. Iterum concessit eis quod nullus Dominus Exolduni aliquod vinum pro banno (B) *vendat nisi propriarum vinearum suarum et illud pulsatum* (C) *non sit sed eo pretio quo cætera vina vendentur, et si vinum intabernatum* (D) *priùs fuerit non cessabit a venditione pro banno, interea quoque vinum tornatum* (E) *vendere poterunt et vinum cujus dolium adeò defluet quòd restringi non possit. Nullum quoque burgensem a modo in carcere captum servabunt. Excubiæ*

(B) *Vinum pro banno vendat.* — On appelait Ban-vin (*Bannum vini*), l'édit qui prohibait la vente publique du vin pendant que le seigneur vendait le sien. Mais ce droit était dégénéré en monopole et les seigneurs abusaient de ce privilége exclusif pour accaparer le commerce du vin. C'est cet abus qu'Eudes veut réformer en restreignant le bénéfice du ban à la vente du produit de ses propres vignes.

(C) *Vinum pulsatum.* — Vin chaud ou aigre. Il ne pouvait être vendu au préjudice du bon vin et pendant le ban.

(D) *Intabernatum.* — Vin mis en taverne, vendu au détail. Il jouissait d'une exemption en faveur des classes pauvres qui ne pouvaient l'acheter qu'au pot ou à la bouteille. C'était le contraire de ce qui se passe aujourd'hui.

(E) *Vinum tornatum.* — Vin tourné ou *bouté*. Chacun pouvait le vendre même pendant le temps du Ban-vin.

— 74 —

fief *(cuicumque sub dominio ipsius domini Karoffii posito)*, tandis que la charte d'Eudes ne fait pas de distinction, et il stipule que tous ses bourgeois, chacun selon ses moyens, l'aideront d'un subside lorsqu'il mariera sa fille, qu'il entreprendra le voyage de Jérusalem, ce que sans doute ses moyens ne lui permettaient guères, ou qu'il sera fait prisonnier de guerre. C'était ce qu'on appelait la *taille aux quatre cas,* dont le riche seigneur d'Issoudun

---

autem more quo prius fient, admonitu tamen boni viri fidelitate ab eo præstita ut nullum ab eis pretium extorqueat sed sicut justum fuerit admoneat. Omnes in expeditionem ibunt aut clientem idoneum pro se mittent, sed si negotium tam propinquum fuerit quòd clamor aut visus a castro percipiatur omnes pariter tam clientes quam domini in auxilium et tuitionem patriæ properabunt. Pro eis quoque in perpetuum observandis dederint burgenses annuatim in festo Omnium Sanctorum reddendos in unoquoque arpento vinearum suarum duodecim denarios ex quo quatuor peregerint annos et in unaquaque domo habitabili duodecim denarios et unum sextarium avenæ; et si in una domo mansiones multæ sint (F) *et divisæ pro unaquàque familia consuetudo prænominata reddetur et si de eis datis Burgensibus consuetudinibus aliquis nescius? aliquid substraxerit aut semel admonitus in excubias aut in expeditionem ire aut mittere noluerit remissa reddet cum satisfactione quinque solidorum. Præterea ad pactionem a patre meo factam hæc addidi. Quandò recipietur avena* (G)

(F) *Si in unâ domo mansiones multæ sint et divisæ.* — C'était ce qu'on appelait le *fouage (focagium),* droit qui se payait par feu. Les pauvres familles se réunissaient plusieurs sous le même toit, pour n'avoir qu'un feu et ne payer qu'un droit.

(G *Quandò recipietur avena.* — Il faut remarquer comme un fait curieux cet impôt qui se payait en avoine. Il en prit le nom d'*avenage*. Ce droit était inhérent à la bourgeoisie. Il se maintint jusqu'à la révolution. «Les chanoines de la chapelle de *Taillefer* ont longtemps plaidé contre les habitants d'Issoudun pour semblable droit d'avenage qu'ils prétendaient sur une partie des maisons de cette ville. Les chanoines ont enfin perdu leur procès par arrêt du Parlement, en 1759.»(V. le *Traité des droits seigneuriaux* par M⁰ J. Renaudon, avocat au Baillage Royal d'Issoudun, in 4°, 1765, p. 435.)»

pouvait affranchir ses vassaux et dont trois seulement sont ici stipulés. Le quatrième était lorsque le seigneur recevait l'ordre de chevalerie. Il n'est pas question, dans la charte de Gautier, des *jurés* pour la réception de l'avoine, non plus que de l'amende pour perception infidèle

---

eligetur quidam de Burgensibus qui præstito juramento recipiet eam ad utilitatem domini et Burgensium. De vindemiis non fiet bannum neque aliqua capietur redemptio: Si alia moneta accepta fuerit quam ea quæ ex mandato domini Exolduni promulgata fuerit nisi legitimis duobus testibus qui eam viderint accepisse probari poterit nullus accusabitur. Si quis accusatus fuerit de his injuriis quæ satisfacere sexaginta solidos exigunt si duobus legitimis testibus et cognitis devinci poterit satisfactionem persolvet aliter non. Cursatores (ii) *id est hi qui mercatores ducunt quotquot esse voluerint poterunt nec a domino vel ab alio prohibebuntur. Si aliquis mercator ad villam Exolduni venerit pro annona vel pro alia merce emenda non prohibebitur nec aliquid ab eo exigetur* (i). *Præpositus Exolduni non mittet nec alius serviens ad aliquem qui vendat vinum nuntium suum ut ei de vino tribuat botagium* (j). *Vinum quod venditum fuerit nisi octo dies post venditionem vini sine pœna persolvi poterit. Hujus autem rei testes sunt idonei M. Comitissa Tornodori,* (k) *G. prior Exolduni.* (l)

(ii) *Cursatores.*—Courtiers, ceux qui faisaient venir les marchands, les escortaient et les protégeaient. Le commerce ne se faisait guère alors que par les marchands ambulans et en quelque sorte par caravanes.

(i) *Non prohibebitur nec aliquid ab eo exigetur.* — C'est une des preuves de la protection et de la faveur dont étaient entourés tous ceux qui voulaient entreprendre le commerce dans ces temps de désordres et de violences. Il n'y avait guères que les juifs qui osaient le tenter, et c'est là sans doute le secret de leur existence au milieu de populations qui professaient pour eux une haine fanatique et brûlaient de les exterminer. Ils n'étaient protégés que par les seigneurs et les bourgeois éclairés ou intéressés.

(j) *Bottagium.*—Tonnage, droit de vente pour un tonneau, *Botta*. Ce droit était de 5 pintes à Linières.

(k) *M. Comitissa Tornodori.* — Mahault de Bourgogne, comtesse de Tonnerre. — C'était la mère d'Eudes III, alors remariée en 4es noces et répudiée.

(l) *Prior Exolduni.* -- C'était sans doute le Prior Claustral de Notre-Dame, celui qui gouvernait l'abbaye en place de l'abbé.

des taxes. Probablement le noble seigneur de Chârost faisait ses affaires lui-même.

En Raoul, qui mourut l'an 1212, sans postérité, s'éteignit la 2ᵉ maison d'Issoudun, dont on verra la généalogie à la fin de ce volume.

Mahault ou Mathilde, sœur de Raoul, hérita de la principauté d'Issoudun et la reporta encore une fois dans la maison de Déols, par son mariage avec Guillaume de Chauvigny, baron de Châteauroux et de Déols.

La terre déoloise était elle-même tombée en quenouille, en 1176, à la mort de Raoul VI. Denise, sa fille, et sa seule héritière, l'avait portée dans la maison de Chauvigny, de l'illustre famille des comtes de Flandres, en épousant André de Chauvigny, chevalier fameux, qui se rendit célèbre en Terre-Sainte, où il fut surnommé le *preux des preux*.

Ce fut Guillaume Iᵉʳ, de Chauvigny, fils d'André, qui commença la troisième maison d'Issoudun; mais elle finit aussitôt, Mahault, sa femme, étant décédée sans enfants.

La propriété d'Issoudun tomba alors aux mains d'héritiers collatéraux desquels le roi Philippe-Auguste la racheta par portions, pour la réunir à la couronne, ainsi que nous le verrons dans un des chapitres suivants.

Les seigneurs d'Issoudun étaient renommés pour leur richesse (1) aussi bien que ceux de Déols, et comme

---

Aldebertus Dux et Odo de Lineriis. Amenon de Terragio. Ebbo Gaubet. Bartholomæus frater ejus. Reginaldus Pelliscanis. Hugo Renart. Johannes Capra, Bernardus Fulcherius. Moricius Arnulphus Piscis. Arbertus tunc præpositus Exolduni. Radulphus capellanus Domini Exolduni. Anno verbi incarnati millesimo centesimo Octogesimo decimo.

(1) *Hujus castelli Dominus vir ditissimus Gaufridus.*
(Hermann. Mon. de Miraculis S. Mariæ Laud.)

eux, ils se distinguèrent par une piété profonde et exaltée. Il en est peu d'entre eux qui n'aient entrepris un, deux et jusqu'à trois pèlerinages en Terre-Sainte. Ils prirent part aux Croisades et Raoul III d'Issoudun, se signala dans la malheureuse expédition contre les Albigeois. « Il ne se trouve point de maison en France, dit La
» Thaumassière à propos des seigneurs de Déols et
» d'Issoudun, qui ait tant bâti, construit, doté et fondé
» d'églises, abbayes et monastères. On leur doit la fon-
» dation des abbayes de Déols, de St-Gildas, d'Issoudun,
» des Pierres, de la Prée, les chapitres de Levroux, La
» Châtre, Neuvy St-Sépulchre, les prieurés de St-Patier-
» lez-Issoudun, de Villedieu, de St-Marcel-lez-Argenton,
» de St-Chartier, de St-Génitor du Blanc, l'Hôtel-Dieu
» de St-Gildas, les monastères des Cordeliers de Châ-
» teauroux, d'Argenton, d'Issoudun et de Bourges en
» partie et plusieurs autres, y ayant peu d'églises en
» cette province qui ne porte des marques de leur ma-
» gnificence et de leur piété. »

La ville d'Issoudun dut posséder de nombreux monuments de cette magnificence avant ses désastres; nous verrons ce qu'il en reste encore, en parlant des fondations charitables et religieuses de cette ville.

On sait quelle place tient l'histoire ecclésiastique dans l'histoire générale du moyen-âge. Toutes les lumières étaient concentrées dans le clergé et les moines; eux seuls tenaient note des faits contemporains; eux seuls par conséquent écrivaient l'histoire et ils l'écrivaient presqu'exclusivement au point de vue des intérêts de l'église. Aussi sommes-nous bien mieux instruits des mœurs du cloître et du sacerdoce que de celles des bourgeois des villes et des habitants de la campagne.

Nous connaissons toutes les translations de reliques, toutes les fondations d'églises et de monastères, tandis que nous ignorons la plupart des faits importants pour l'histoire des institutions civiles et militaires de la France.

Quoiqu'Issoudun ne fût point évêché, cette ville était assez considérable pour que plusieurs conciles y aient été tenus. Le plus remarquable, ou du moins celui dont il nous soit resté plus ample notion, fut celui de 1081, qui fut présidé par Hugues de Die, évêque de Valence, vicaire du S¹-Siège et légat apostolique, le 15 des Calendes d'Avril (16 mars), suivant la chronique de S¹-Pierre-le-Vif de Sens. A ce concile assistaient les archevêques de Bourges, Sens, Tours et Bordeaux, et les évêques de Collioure, Autun, Auxerre, Châlons, Beauvais, Orléans, Clermont, Limoges, Oléron, Nevers, Laon, Noyon et Paris(1). On n'est pas bien fixé sur le but de cette imposante réunion des principaux prélats du royaume. Il paraît qu'il s'agissait dans ces conciles de choses d'une haute importance alors, et dont l'intérêt nous échappe aujourd'hui. On y

---

(1) L'archevêque de Bourges, Richard, figure en tête de ces prélats ; il souscrit du consentement de ses clercs, c'est-à-dire des chanoines et prêtres de S¹-Étienne de Bourges, dont les signatures viennent après celles des évêques. Voici cette liste de noms qu'il est assez curieux de conserver :

LÉGATS.
Hugo, Romanæ ecclesiæ legatus.
Amatus, Ellerencis episcopus.

ARCHEVÊQUES.
Richardus, Bituricensis.
Richerius, Senonensis.
Rodulfus, Turonensis.
Gauscelinus, Burdegalensis

ÉVÊQUES.
Hagano, Eduensis.
Rotbertus, Autissiodorensis.

Rotgerius, Catalaunensis.
Guido, Belvacensis.
Rainerius, Aurelian.
Durandus, Arvern.
Wido, Lemov.
Hugo, Nivern.
Helinandus, Laudun.
Ratbodus, Noviom.
Gauffredus, Parisiac.

CHANOINES ET PRÊTRES
Odo, Decanus.
Humbaldus, archidiac.
Arraldus,   id.
Rotgerius,   id.

Iterius de Borbone.
Stephanus, sacerdos.
Bernardus, archipresb.
Andreas, archidiac.
Vivianus, sacerdos.
Arraldus, id.
Petrus, Gyraldus,
Eldebrandus, Arnulfus,
Itemque   Arnulfus,
Wibodus, sacerdos.
Humbaldus, Mainardus,
Paganus, Constantius,
Arnulphus, Garnerius,
Erardus.

termina des différends existant entre plusieurs communautés religieuses, notamment entre l'abbaye de Déols et divers monastères, entre le prieur de St-Martin de Bourges et l'abbaye de Marmoutier, entre les moines de St-Lucien de Beauvais et l'abbaye de Vézelay. Issoudun fut choisi sans doute comme un terrain neutre, n'étant point intéressé dans ces diverses contestations (1).

Suivant la chronique du Moine d'Auxerre, dans un 2e concile qui aurait été tenu à Issoudun en 1082, Hugues de Die se serait permis d'ordonner un certain Robert évêque de Meaux, au mépris des droits de l'archevêque de Sens, métropolitain, qui ne voulut jamais reconnaître Robert, l'excommunia et nomma un autre évêque en sa place (2).

Il est certain que d'autres conciles furent tenus à Issoudun entre celui de 1081 et l'année 1096. C'est ce qui résulte de quelques citations d'ailleurs assez vagues empruntées soit du Cartulaire de Nogent-le-Rotrou, où il est fait mention d'un *autre* concile : *ad aliud concilium quod fuit Selduni*, soit de la chronique du moine d'Auxerre, soit enfin des lettres 181 et 268 d'Yves, évêque de

---

(1) Yves de Chartres. — Labbe. — Hardouin. — Dacherii Spicil. Veter. Script.

(2) *Anno Domini MLXXX, magnus terræ motus cùm gravi terræ mugitu factus est VI Calend. Aprilis, primâ horâ noctis. Sequenti anno apud Exoldunum Castrum quod est in Biturià situm celebratum est concilium. Anno autem altero defuncto Meldensi episcopo, venerabilis Hugo Diensis episcopus et apostolicæ sedis legatus apud eamdem urbem concilium habuit et Robertum ecclesiæ Resbacensis abbatem episcopum ordinavit. Quod Richerius Senonensis archiepiscopus sine assensu suo et præsentiâ indignans fieri, eumdem Robertum excommunicavit aliumque postea in ejus loco episcopum ordinans subrogavit.* (Chron. Mon. Autissiod.)

Chartres, qui dit pouvoir rendre témoignage de ce qui s'est passé à l'égard des moines de Beauvais, au concile d'Issoudun, *où il était présent* (1), avec plusieurs de ses clercs, et nous ne voyons son nom figurer ni parmi les évêques, ni parmi les chanoines qui ont souscrit le concile de 1081. Ce fut à l'un de ces conciles qu'Amat, l'un des légats, et depuis archevêque de Bordeaux, fulmina une sentence d'excommunication contre l'église de Tours qui ne lui avait pas rendu des honneurs assez grands ; sentence qui fut depuis levée par le Pape en 1097 (2).

En dehors des faits relatifs à la religion et aux ecclésiastiques, nous ne trouvons plus rien sur Issoudun qui soit digne d'être mentionné, jusque vers le milieu du XIIe siècle.

---

(1) *Sed quia monachi S.-Luciani rem quamvis suam absque judicibus ab invasoribus acceperunt in concilio Exolidunensi adjudicata est Vigeliacensibus sola vestitura usque ad tempus legitimæ discussionis......... Hugus negotii ordinem utopte, Belvacensis ità processisse cognovi ; et qui in Exoldunensi concilio huic discussioni interfui, hæc si præsens essem, vera esse probare possem* (Yvo Carnut. Ép.-Épist. 181.)

Il dit encore, Épist. 268. — *Hæc enim causa præcepto Domini Hugonis Diensis episcopi, quondam sedis apostolicæ legati in concilio Exoldunensi me præsente et audiente cum quibusdam aliis carnotensibus clericis præcisa est.* Il n'est question au concile de 1081 que des chanoines de St-Étienne.

(2) *Et quià filius noster Amatus Burdegalensis archiepiscopus unus erat de legatis Romanæ ecclesiæ, à Gregorio septimo prædecessore nostro in Galliam destinatus, non ab hac ecclesiâ processionis solemnitate susceptus. Undè etiam graviter contrà eosdem clericos commotus in Exoldunensi concilio eos excommunicatione perfoderat, etc. Dat. Turonis, ann. Dom. Incarnationis* MXCVII.

CHAPITRE VI.

XIIe Siècle. — Guerres avec les Anglais. — Louis VII. — Henri Plantagenet. — Eléonore d'Aquitaine. — Philippe-Auguste. — Richard-Cœur-de-Lion. — Marchader. — Guerres et traités concernant la ville d'Issoudun. — Mort de Richard.

Au XIIe siècle, la ville d'Issoudun sort enfin de ses ténèbres ; pour elle commence la véritable période historique ; elle va avoir une existence certaine ; elle va même jouer un grand rôle et des documents authentiques témoigneront de sa richesse et de sa puissance. Mais cette célébrité lui coûtera cher : les sièges, les assauts, le pillage, l'incendie, la profanation, la famine, tous les fléaux de la guerre vont peser sur elle.

Louis-le-Gros avait fait un acte de haute et habile politique en mariant Louis VII, son fils, avec Eléonore, héritière des ducs d'Aquitaine, dont il réunissait ainsi les vastes possessions à la couronne, soudant ensemble la Gaule du Nord et la Gaule du Midi, presque toujours hostiles l'une à l'autre. Malheureusement le fils ne sut point consolider l'œuvre du père, et ce mariage eut des conséquences diamétralement opposées à celles qu'on en devait espérer.

Le 18 mars 1152 fut un jour fatal pour la France. Louis-le-Jeune, fatigué des infidélités de sa femme, qui avait, dit-on, mené une conduite scandaleuse en Palestine, ne sut point sacrifier son ressentiment à la prospérité de son royaume. Il fit la faute de la répudier et eut l'imprudente générosité de lui restituer sa dot. Il avait espéré sans doute qu'elle irait au fond de quelque cloître déplorer ses faiblesses; c'était trop présumer de celle qui n'avait pas su respecter la majesté du bandeau royal (1). Deux mois après, jour pour jour, le 18 mai, la volage Eléonore portait sa main et ses riches domaines à Henri Plantagenet, comte d'Anjou, qui était beaucoup plus jeune qu'elle. Elle ne pouvait faire un choix mieux combiné pour l'ambition et pour la vengeance. Henri, fils de Mathilde d'Angleterre, laquelle avait épousé en premières noces l'empereur Henri V, était, par sa mère, héritier présomptif de la couronne d'Angleterre et du duché de Normandie; il possédait, du chef de son père, l'Anjou, le Maine et la Touraine. L'Aquitaine, que lui apportait Eléonore, s'étendait depuis le Cher jusqu'aux Pyrénées et comprenait la Guienne et les provinces intermédiaires entre Bourges et Bordeaux.

Henri II, en montant sur le trône d'Angleterre, était donc possesseur de plus de la moitié de la France, et le vassal devenait ainsi plus puissant que son suzerain. Situation anormale et pleine de périls, qui devait, du froissement incessant des susceptibilités royales, faire jaillir l'incendie d'interminables discordes, couvrir pendant quatre siècles le pays de sang et de ruines, et conduire la France à deux doigts de sa perte.

Louis VII, à la nouvelle de ce mariage, ne fut pas à se repentir de sa faute; il en conçut une haine mortelle contre Henri, et son dépit se trahit en agressions et en

---

(1) Suivant Olgaray, dans son Histoire de Foix, liv. 4, p. 66, Robert-le-Gros, comte de Foix, qui accompagna Éléonore jusqu'à Poitiers, par ordre de Louis-le-Jeune, rapporta que : « par tout le chemin elle n'entretint son train que de menaces contre l'authorité et la puissance du Roy. »

tracasseries sans nombre. Ayant affaire à un ennemi trop puissant pour qu'il espérât de le vaincre par la seule force des armes, il descendit, il faut le dire, à une politique d'intrigues qui lui réussit d'autant mieux qu'il trouva des auxiliaires dans la propre famille de son adversaire.

Henri II, d'un caractère violent, avide, adonné à toutes les sensualités, à tous les vices, fut d'une incroyable faiblesse pour ses enfants, enfants du reste bien dignes de lui, jeunes louveteaux qui n'attendaient que leurs premières dents pour déchirer le sein paternel. Excités à la révolte par leur propre mère, qui ne pouvait pardonner à Henri ses nombreuses galanteries, dès qu'ils furent en âge de manier une épée, ils ne laissèrent ni paix ni trêve à l'infortuné monarque, et, jusqu'à la fin de ses jours, il n'eut presque pas d'autre occupation que de les combattre, de les vaincre et de leur pardonner.

Cédant à leurs ambitieuses exigences, il avait associé Henri, l'aîné, au trône, et l'avait fait couronner de son vivant,(mais il n'avait pas fait couronner en même temps Marguerite de France, fille de Louis VII, à laquelle le jeune prince était marié ; c'était un des griefs de Louis.) Richard, le deuxième, reçut en apanage le Poitou et quelques autres places en Aquitaine ; Geoffroy, le troisième, fut uni à l'héritière de Conan et devint duc de Bretagne ; le dernier, Jean, étant encore trop jeune, ne reçut aucun apanage et on l'appela plaisamment Jean-sans-Terre, sobriquet qu'il porta toute sa vie.

De ces quatre princes, sans en excepter même Geoffroy, à qui les historiens ont prêté quelques vertus, il est difficile de dire quel fut le plus perfide, le plus ambitieux, le plus féroce. Le sang de Plantagenet ne se démentit point dans les enfants de l'assassin de Thomas Becket, qui finit par mourir de chagrin en combattant pour leur épargner un parricide.

Louis VII mit à profit ces discordes, en soutenant ces princes contre leur père. Il était le protecteur naturel de Henri, son gendre, et il caressa de même le farouche Richard, justement surnommé *Cœur-de-Lion*, l'arma chevalier et le fiança avec Alix sa deuxième fille. C'était lui qui les excitait à la guerre et qui s'opposait à la paix. (1).

Heureusement pour Henri II, il possédait de grands trésors, fruits de sa rapacité. Il s'en servit utilement pour payer des auxiliaires qui firent toujours pencher la balance en sa faveur et le rendirent maître de la position. Il avait ramené du pays des Galles une armée de montagnards sauvages, qui lui formaient une sorte de garde du corps. Il prit en outre à sa solde des hordes connues sous le nom de *Brabançons*, de *Cottereaux* et de *Routiers* (2). C'était un ramassis de gens sans aveu, lie de toutes les nations, mais venus en partie du Brabant et de l'Allemagne ou des montagnes de la Navarre et de la Biscaye, obéissant à des chefs qu'ils se donnaient et toujours prêts à dévaster le pays au profit de qui voulait les payer ou de qui les payait le plus cher. Ils étaient surtout redoutés pour leur impiété sacrilége, car, loin de respecter les lieux saints, ils s'attachaient de préférence à piller les églises et les monastères, proie facile

---

(1) Henri II faisait à ses fils toutes sortes de promesses pour obtenir la paix ; *sed non fuit de consilio regis Franciæ ut filii regis hanc pacem cum patre suo facerent.*

(Rog. de Hoveden.)

(2) *Braibanceni, Cotarelli, Ruptarii.*

et assurée, profanant sans scrupule tout ce qui faisait alors l'objet de la vénération des peuples.

C'est à l'aide de ces stipendiaires, au nombre de vingt mille (1), qu'Henri fit tête à la coalition de ses fils avec le roi de France et les barons de Normandie, d'Aquitaine, de Bretagne et d'Anjou. Il remporta même sur eux une victoire signalée, leur prit un grand nombre de chevaliers sous les murs de Déols, et se rendit maître de Châteauroux et d'Issoudun, qui étaient du fief de Richard (2).

Cette victoire fut suivie d'une trève, conclue en 1174, entre le roi d'Angleterre, d'une part, et, de l'autre, ses fils et le roi de France, à l'exclusion toutefois de Richard (3) qui était occupé à guerroyer vers Limoges. C'était le plus indiscipliné, le plus fougueux des enfants de Henri II, et il était haï et redouté de ses alliés et de ses frères eux-mêmes. Se voyant isolé et traqué de près, il fut obligé de s'humilier devant un père toujours disposé à l'indulgence et qui poussa même, en cette oc-

---

(1) *Habuit enim secum viginti millia Braibancenorum qui fideliter servierunt illi, et non sine magnâ mercede quam eis dedit.*
(Rog. de Hoveden.)

(2) Suivant quelques-uns, les bourgeois d'Issoudun, eux-mêmes, offrirent à Henri II la garde du château d'Issoudun, pendant l'absence d'Eudes III, leur jeune seigneur, mineur que Hugues III, duc de Bourgogne, son tuteur, faisait élever à sa cour, et après avoir chassé Mahaud de Bourgogne, comtesse de Tonnerre, mère d'Eudes, qui en était à son quatrième mari. Cependant, on voit la comtesse de Tonnerre souscrire l'acte d'affranchissement, donné en 1190, par Eudes III à ses bourgeois d'Issoudun, et rapporté plus haut.

(3) *Quod scilicet Richardus comes Pictaviæ excluderetur à treuguis illis; et quòd rex Franciæ et rex Angliæ filius nullum succursum ei facerent.*
(Rog. de Hoveden.)

casion, la faiblesse jusqu'à lui faire de nouvelles concessions. (1).

Mais Richard ne tarda pas à faire pacte lui-même avec les Cottereaux ; ils étaient faits pour le servir, il était digne de les commander. Marchader, leur chef, que les écrivains anglais nomment *Marchadeus, Marchades,* (2), *Marchad*, et les chroniqueurs français *Marchaderus, Merchader, Merchadier*, le farouche Marchader devint bientôt l'ami intime, le lieutenant, le bras-droit de Richard. Édifiante fraternité, dont les résultats sont marqués en traits de sang dans nos annales.

Si le souvenir de Richard n'a pas laissé de traces dans la tradition de notre pays, le nom de Marchader y subsiste dans la mémoire du peuple, sous la forme corrompue de *Marche-à-terre*, et celui des Anglais, confondus avec les Routiers, Cottereaux et Brabançons (3), est resté odieux dans nos contrées de toute l'animadversion accumulée pendant quatre siècles de ravages et de désolation.

La ville d'Issoudun, qui faisait partie de l'apanage de Richard, était la première place et la clé de l'Aquitaine au Nord (4). Elle formait en quelque sorte la frontière

---

(1) *Richardo etiam filio suo obtulit medietatem reddituum Aquitaniæ et quator castella in eâdem terrâ idonea, etc.* Henri II se montra d'une si lâche condescendance en cette occasion, que Robert, comte de Leicester, l'accabla d'invectives, et porta même la main à son épée pour en frapper le Roi.

(2) *Marchades princeps nefandæ gentis Braibancenorum.*
(Rog. de Hoveden.)

(3) Les noms de *Mercadier, Cottereau* et *Brabançon* ou *Barbanson*, sont encore portés par plusieurs familles du Berri. C'étaient, dans l'origine, des sobriquets qui sont devenus des noms propres.

(4) Philippe-Auguste partant de Bourges pour venir à Issoudun, entre en Aquitaine : *Aquitaniæ penetrat fines.* (Guillaume le Breton.)

des deux empires et le boulevard des possessions de l'Anglais ; aussi fut-elle le théâtre constant de la guerre et le point de mire des parties belligérantes.

Les Anglais paraissent l'avoir possédée sans contest jusqu'en 1187. La couronne de France était alors, depuis 1181, passée, par la mort de Louis VII, sur la tête de Philippe, son fils, enfant chéri de sa vieillesse, que pour cette raison il avait nommé *Dieudonné*, nom que ses historiographes ont changé en celui plus pompeux d'*Auguste*, parce qu'il était né en Août.

Philippe, élevé dans les principes chevaleresques de son temps et dans l'exercice des armes, brûlait de se signaler et cherchait tous les prétextes de guerre avec la fougue de son âge. Couronné à 15 ans, il fit ses premières armes contre les hérétiques et quelques hordes de brigands qui infestaient le royaume. Après ces expéditions, il songea à faire revivre les griefs de son père contre les princes anglais.

Il commença par faire sommer Richard de venir lui faire hommage pour les fiefs de l'Aquitaine et du Poitou, et comme celui-ci ne se pressait pas d'obéir, Philippe lève une armée en Berri, se jette sur l'Aquitaine, traverse Reuilly, s'empare d'Issoudun et de Graçay et court assiéger Richard et Jean enfermés dans Déols et le Château-Raoul (1). A cette nouvelle, le roi d'Angleterre

---

— Rigord.) L'ancienne métropole de l'Aquitaine, Bourges, n'en faisait plus partie.

(1) C'est à cette époque que les chroniqueurs placent le miracle du Bourg-Dieu. Voici comment Chaumeau le rapporte : « Puis » (Philippe) alla mettre le siége devant la ville du Bourg de Déolz, ou » estoit une riche abbaye d'ancienne fondation : pour laquelle def- » fendre le roy avait envoyé grand nombre desdits Cothereaux

accourt au secours de ses fils, et une grande bataille allait être livrée, lorsque le légat du S¹-Siège intervint avec les évêques et ménagea par l'ordre du Pape (1), la conclusion d'une nouvelle trève.

Cette intervention nous explique comment on ne voit jamais de bataille décisive entre deux adversaires brûlant d'une égale animosité, et comment tant de trèves et de traités de paix se succèdent avec rapidité, sans cesse violés et sans cesse renouvelés. Le S¹-Siège, les regards tournés vers l'Orient et le Midi, voyait avec effroi l'islamisme, déjà maître de la Terre-Sainte et de l'Espagne, menacer d'envahir l'Europe, et il appliquait sa politique à empêcher toute guerre sérieuse entre les princes chrétiens, de peur qu'ils ne se laissassent distraire du but important des Croisades. Aussi le pape entretenait-il en France un cardinal-légat à poste fixe, pour veiller au maintien de la paix, en rappelant sans cesse aux princes et aux rois qu'un motif plus noble et plus saint que de misérables querelles réclamait la force de leurs bras.

La trève était de deux années pendant lesquelles Philippe-Auguste gardait la ville d'Issoudun (2) en garantie de l'observation du traité. Si l'on en croit Guillaume-le-Breton, cette ville était alors riche et

---

» susnommez et autres pillardz ramassez, qui durant le siège
» jouaient aux dez : l'un desquelz perdant blasphema le nom de
» Dieu horriblement et rompit desesperement l'image de Nostre-
» Dame et de son enfant, dont sortit effusion de sang miraculeuse-
» ment comme recitent les histoires et panchartes de l'abbaye de
» Bourdieux ; au moyen de quoi le blasphémateur forcena et par
» iuste iugement de Dieu, mourut ce même iour enragé. »

(2) *Per mandatum summi pontificis Urbani.* (Rog. de Hoveden.)

(3) *Uxselloduna sibi retinens sola pacis in arram.* (Guil. Armor.)

florissante (1), quoiqu'elle eût été, dès 1135, détruite par un incendie.

Le jeune roi avait alors 22 ans ; c'était la première fois qu'il se trouvait en présence de Richard ; et, soit que sa mine noble et fière et son ton résolu eussent séduit le farouche guerrier, soit par un de ces phénomènes sympathiques qu'on n'explique point, Richard s'éprit d'une violente amitié pour Philippe et leur intimité devint si grande, que *chaque jour ils mangeaient à la même table et dans la même assiette et, la nuit, ils partageaient le même lit* (2). Richard ne voulait plus quitter Philippe, quelles que fussent les représentations de Henri II qui, surpris et effrayé d'un si fougueux attachement, envoyait à son fils courriers sur courriers pour le rappeler près de lui. Richard, qui gardait rancune à son père de ce que celui-ci ne voulait pas l'associer au trône à la place de son frère aîné, décédé, parut enfin obtempérer aux désirs du roi, et il se rendit à Chinon ; mais ce fut pour s'emparer des trésors que Henri y avait déposés, après quoi il alla se fortifier dans ses châteaux du Poitou.

Les excès de Richard et son orgueil intolérable ne tardèrent pas à soulever contre lui Raymond, comte de

---

(1) *Collecto exercitu in pago bituricensi intravit fines Aquitanicos et cepit per vim Oppidum florentissimum nomine* Ursellodunum *quod vulgò dicitur* Eussodunum. (Guill. Armor. in chron.) et dans sa Philippide : *Radulios penetrat fines et nobile castrum* Uxselloduni *sibi subdit, etc.*

(2) *Quòd singulis diebus in und mensá ad unum catinum manducabant et in noctibus non separabat eos lectus, et propter vehementem illum amorem qui inter illos esse videbatur Rex Angliæ nimio stupore arreptus, mirabatur quid hoc esset et præcavens sibi in futurum frequenter misit nuntios suos in Franciam ad revocandum Richardum filium suum.* (Rog. de Hoveden.)

Saint-Gilles, Aymar, comte d'Angoulême, Geoffroy de Rancogne, Geoffroy de Lusignan, et presque tous les grands vassaux du pays circonvoisin. Il leur fit la guerre, les battit et envahit les terres du comte de St-Gilles, qui fit appel à son suzerain, le roi de France.

Philippe rentra aussitôt en Aquitaine et s'empara de Châteauroux qui lui ouvrit ses portes, ainsi que de Buzançais, Argenton, Levroux (1) et de tout le Berry, jusqu'à Loches. Il prit Montrichard, dont il détruisit *la tour très-fortifiée*, et y fit cinquante chevaliers prisonniers. Il prit encore un grand nombre de Châteaux en Auvergne et se saisit de Montluçon. En vain, le vieux roi d'Angleterre, effrayé de ses progrès, lui envoya-t-il représenter qu'il n'était pas cause de la forfaiture de son fils. Philippe-Auguste ne voulait rien entendre. Ces expéditions terminées, il donna à Guillaume des Barres la garde de Châteauroux et rentra *en France*.

Il se porta ensuite sur la Normandie, prit en passant Vendôme et brûla Dreux. Il allait vider la question du Vexin qu'il ne cessait de réclamer comme formant la dot de Marguerite, sa sœur, veuve de Henri, fils aîné du roi d'Angleterre, et qui devait, après la mort de ce prince, revenir à la couronne de France. La restitution de Gisors, capitale du Vexin, et la possession d'Issoudun paraissent avoir été les deux objets principaux de Philippe-Auguste pendant toutes ces guerres (2).

---

(1) C'est alors qu'eut lieu, suivant les chroniqueurs, le miracle de Levroux. A la prière de Philippe-Auguste, un ruisseau desséché se mit à couler pour désaltérer ses troupes et se tarit aussitôt après.
(Rigord.)

(2) *Henricus autem rex misit ad regem Franciæ petens ab eo sibi fieri restitutionem damni, etc. Quibus rex Franciæ respondit quòd*

Sur ces entrefaites (1188), la nouvelle de la prise de Jérusalem, par Saladin, se répandit en Europe. Thibaud, comte de Flandre, et la plupart des seigneurs guerroyans, déposèrent les armes et firent vœu de ne les reprendre que pour la délivrance de la ville sainte. Philippe-Auguste et Henri II eurent alors une entrevue entre Gisors et Trie, où furent posés des préliminaires de paix. Richard rendrait au comte de St-Gilles ce qu'il lui avait pris ; le roi de France restituerait également ses conquêtes faites depuis la rupture de la trève ; Alix, sœur de Philippe, élevée à la cour d'Angleterre, épouserait enfin Richard, qui ferait hommage directement au roi de France pour tous ses fiefs. Henri II ne voulut point accéder à ces dernières conditions et ses motifs, à peine ose-t-on les reproduire, c'est que ce roi sans frein, sans pudeur, n'avait pas craint de déshonorer la fiancée de son fils et en avait fait sa maîtresse.

Richard n'en fit pas moins, sans le consentement de son père, foi et hommage à Philippe qui lui rendit à ce titre Châteauroux et Issoudun, *cum toto honore*, c'est-à-dire avec tous les fiefs en dépendant. Le légat du Pape, cardinal d'Albano, voyant que sa médiation n'avait pas eu un meilleur succès, excommunia Richard, qu'il considérait comme le seul obstacle à la conclusion de la paix et se retira en Flandre.

Cette année, sept mille Cottereaux furent exterminés près de Bourges par les habitants de la ville. Ce fait est rapporté de deux manières. Voici comment, d'après nos chroniqueurs, Chaumeau raconte cette expédition :

---

ipse à cœptis non desisteret, donec tota Berria et totum Vogesin Normannicum sibi et regno suo subjicerentur. (Rog. de Hovèden.)

« Nicolas Giles dit que l'an 1183, ils estoyent (les
» Cottereaux) confédérés avec les hérétiques. Je croi
» que c'estoyent les Albigeois. Ils se iettèrent sur le
» Berry et vers la cité de Bourges ou ils firent maux
» infinis, tuans et emprisonnans hommes, forçans fem-
» mes leurs maris présens, pillans eglises et bruslans les
» edifices : dont ceux de Bourges le mandèrent au Roy
» qui leur envoya gens par qui furent les Cothereaux
» deffaitz en Berry au nombre de sept mille. »

Roger de Hoveden dit qu'en passant près de Châteauroux, Philippe-Auguste y rencontra une bande de Brabançons allemands (1), auxquels il proposa de les prendre
à sa solde, promettant de les bien payer (2); que, les ayant
ainsi attirés jusqu'auprès de Bourges, il se jeta sur eux
à l'improviste et les dépouilla de tout ce qu'ils avaient,
même de leurs chevaux ; qu'ensuite les habitants de
Bourges avertis se ruèrent sur ces misérables désarmés et
en massacrèrent sept mille. Quelle que fut l'exaspération
des Berruyers contre ces brigands et l'exécration produi-
te par leur excès, qui pouvaient justifier leur mise au
ban des nations, ces détails nous paraissent incompatibles
non seulement avec les lois de la chevalerie, mais même
avec les simples droits de la guerre. Cette bataille ou
cette exécution eut lieu le 30 juillet.

L'année suivante, diverses tentatives furent faites pour
amener la paix, sans plus de succès. Le cardinal d'Agnani,
légat, alla jusqu'à menacer Philippe-Auguste de mettre
le royaume en interdit ; mais celui-ci lui répondit assez
sèchement que les affaires du roi de France ne regar-

---

(1) *Rictam Braibancenorum teutonicam.*
(2) *Promittens eis benè stipendia sua.*

daient pas la cour de Rome. Quant à Richard, qui en voulait aux légats depuis son excommunication, il se mit dans une telle fureur que, si on ne l'eût retenu, il aurait massacré le cardinal (1). Philippe, en témoignage de son indépendance, prit d'affilée la Ferté-Bernard, Montfort, Malestable, Beaumont, Trie, Montoire, Château du Loir, Chaumont, Amboise et une foule d'autres places et châteaux. Il arriva jusqu'à Tours qu'il emporta d'assaut et y fit prisonniers quatre-vingts chevaliers et cent écuyers ou sergents *(servientes)* qui y étaient enfermés.

Henri II demanda alors la paix et se rendit à une entrevue près de Tours, au lieu dit le *Colombier* (2). Pendant le colloque, la foudre vint à éclater et tomba près des deux rois. Henri, dont l'esprit était affaibli par les remords, par les débauches et par les chagrins, fut tellement effrayé de ce présage, qu'il se mit entièrement à la discrétion de Philippe-Auguste, demandant seulement qu'on lui remît la liste de ceux qui l'avaient trahi. Profondément affecté de lire en tête de cette liste le nom de Richard, et surtout celui de Jean, son bien-aimé, il les maudit et appela sur eux la colère du ciel. Puis, se sentant défaillir, il se fit porter à l'église de Chinon, devant l'autel, où, après avoir fait une confession publique, il reçut les derniers sacrements et expira sans avoir voulu rétracter l'anathème qu'il avait prononcé contre ses fils, malgré les supplications des évêques et des religieux qui assistèrent à ses derniers moments.

---

(1) *Comes etiam Ricardus vix se continuit vixque magnatum manibus retentus est quin extracto gladio in ipsum cardinalem furibundus irrueret.* (Mathieu Paris.)

(2) *Columbarium*, que Du Tillet traduit par *Coulommiers*.

A la nouvelle de cette mort, dont il était la principale cause, et de la malédiction paternelle qui pesait sur lui, Richard, soit hypocrisie, soit remords, donna les démonstrations d'une grande douleur. Il vint chercher le corps de son père, qu'il trouva seul et abandonné dans l'église, personne n'ayant osé rester près du feu roi, par l'opinion qu'on se faisait des sentiments de son fils. Il le conduisit à sa dernière demeure, versant des larmes amères, les premières peut-être de sa vie, et si rudes au passage, que pendant tout le trajet il ne cessa de rendre des flots de sang par les narines. Henri II fut enseveli à l'abbaye de Fontevrault, dans le chœur des nonnes, avec tous les honneurs royaux.

Toutefois la douleur ne fit point oublier à Richard le soin de ses intérêts. Ces devoirs à peine remplis, il fit saisir Étienne de Tours, sénéchal d'Anjou, et le plongea dans un cachot, chargé de chaînes, pour l'obliger par la terreur à livrer intégralement les trésors de Henri II qu'il avait sous sa garde.

La paix fut cimentée entre Richard Cœur-de-Lion, devenu roi, et Philippe-Auguste, qui lui rendit les villes de Tours et du Mans, ainsi que Châteauroux et les fiefs en dépendant. Il reçut en retour à perpétuité Issoudun avec toutes ses dépendances (1), ainsi que *tout ce qu'il pourrait prétendre et obtenir en Auvergne par la force des armes*, stipulation curieuse et digne de celui qui ne con-

---

(1) *Et restituit ei Philippus civitates Turonensem et Cenomannem et Castrum Radulfi cum toto feodo, et idem Richardus quittavit eidem Philippo regi et successoribus ejus in perpetuum* Essoldunum *cum omnibus pertinentiis suis et quidquid juris poterat in Arverniá reclamare quæ tamen omnia jure belli sibi poterat retinere Rex Philippus.* (Guill. Armo.)

naissait d'autre droit que le droit de la force. Ces stipulations, où Philippe semble donner beaucoup plus qu'il ne reçoit, prouvent assez combien ce prince attachait de prix à la possession d'Issoudun. Il est évident, par la fréquente rétractation de cette concession, que Richard n'y tenait pas moins.

Richard, après s'être assuré de la Normandie, passa en Angleterre pour s'y faire couronner. Suivant Roger de Hoveden, c'est à cette occasion qu'il donna pour épouse à André de Chauvigny Denise, fille de Raoul de Déols, veuve de Baudouin, comte de Rivers, et l'investit du fief de Châteauroux en Berri. Ce mariage fut célébré à Salisbury, en présence de la reine Éléonore (1).

L'an 1190, les deux rois conclurent, au gué de Saint-Remi, un traité de paix garanti par des seigneurs et des évêques des deux royaumes, et par une formule d'anathème contre quiconque tenterait de la violer tant que durerait la croisade, pour laquelle un rendez-vous général fut fixé à Vézelay, le jour de la Saint-Jean-Baptiste.

« Estant la finance courte pour telle expédition, » Philippe établit un impôt du dixième sur les revenus ecclésiastiques, qu'on appela la *dîme de Saladin*, et la mort de son épouse, Isabelle de Hainault, ne l'empêcha pas de se trouver au jour dit à Vézelay, d'où les deux rois prirent la route de Lyon. Mais, en traversant le Rhône, le pont se rompit sous le poids du roi de France et de sa suite; ils se trouvèrent ainsi séparés. Philippe

---

(1) *Dedit Andreæ de Chaveneni filiam Radulfi de Dols cum honore Castri Radulfi in Berria quæ fuerat uxor comitis Baldvini de Rivers et statim fecit eos desponsari apud Sarisberiam in præsentia Alienor Reginæ.* (Rog. de Hoveden.)

poursuivit sa route sur Gênes, et Richard se dirigea vers Marseille.

Nous ne suivrons pas ces princes à la croisade, pendant laquelle André de Chauvigny se distingua par son extrême bravoure. Il fut l'un des principaux chefs, chargés d'appliquer au bénéfice des pèlerins moitié de la succession des croisés qui mourraient pendant l'expédition. Il paraît avoir joui à un égal degré, ainsi qu'Eudes, seigneur d'Issoudun, de la confiance des deux rois. Ceux-ci, comme on le prévoit, ne furent pas longtemps d'accord. Le caractère indisciplinable de Richard abreuva Philippe de tant de dégoûts, qu'au bout d'une année ce dernier se décida à revenir en France, malgré tout ce qu'on put lui dire sur la sainteté de ses serments dont il eut soin de se faire relever par le pape, en passant à Rome.

Pouvant, en Orient, se livrer sans contrainte à son ardeur pour le carnage, Richard était devenu la terreur des Sarrasins, qui pâlissaient à son nom seul (1). Les excès de tout genre qu'il commit, tant pendant son voyage qu'après son arrivée, avaient été tels, que Roger de Hoveden, quoique anglais, dit qu'il avait dépassé toutes les bornes de la dissolution et de la licence (2) et il le compare à l'Anté-Christ.

Philippe, de retour, mit le temps à profit. Il envahit la Normandie, prit Gisors et tout le Vexin, puis tout le

---

(1) « Quant les chevaus aus Sarrasins avoient paour d'aulcun bisson, leurs mestres leur disoient : Cuides-tu que ce soit le roy Richard d'Angleterre ? Et quant les enfants aus Sarrasines bréoient, elles leur disoient : Tay-toi, tay-toi, ou je irai querre le roy Richard qui te tuera. » (Joinville.)

(2) *Vepres enim libidinum excesserant caput illius et non erat eradicantis manus.* (Rog. de Hoveden.)

Val de Rueil, en munit les places, et fortifia Evreux qu'il donna avec mille marcs d'argent à Jean-sans-Terre (1) devenu son allié et son complice pour dépouiller Richard absent. Cette conduite de Philippe-Auguste, malgré le congé du Pape, ressemblait fort à une félonie ; elle fut vue d'un assez mauvais œil par les comtemporains et assez sévèrement jugée par les vieilles chroniques du Berri, si l'on en croit Chaumeau ; car, après avoir esquissé cette partie du règne de Philippe-Auguste, il ajoute « Je croy bien volontiers ceste histoire pour ce que
» beaucoup s'y accordent : toutes fois ie trouve dans les
» vieux livres qui sont ez colleges et conventz de Berry
» escritz à la main l'histoire tout aultrement escrite et
» en fort rude langaige, de la quelle i'ay tiré le plus brief
» que i'ay peu ce chapitre. » Il est inutile d'ajouter que l'écrivain anglais flétrit énergiquement la conduite du roi de France, ce qu'il fait d'ailleurs en toute occasion.

Néanmoins Richard ne tarda pas à suivre les traces de Philippe, soit qu'il eût été averti, soit qu'il se défiât des projets de son adversaire. Par malheur pour lui, il fit naufrage sur les côtes de la Dalmatie, et, lorsqu'il traversait les États du duc d'Autriche, ce dernier, qu'il avait outragé en Syrie, ayant découvert le roi d'Angleterre, malgré son déguisement, saisit cette occasion de se venger ; il fit arrêter Richard et le livra à l'empereur d'Allemagne, qui le garda deux années et ne lui rendit la liberté que contre un grosse rançon.

Pendant ce temps, Jean-sans-Terre qui, d'après les promesses de l'empereur, comptait, ainsi que Philippe-Auguste, que la captivité de Richard serait perpétuelle,

---

(1) Du Ti

s'était emparé du pouvoir et fait reconnaître pour souverain par une partie des vassaux d'Angleterre et de Normandie. Quand on apprit la délivrance de Richard, Philippe écrivit à Jean de prendre garde à lui, que le diable était déchaîné (1). Jean ne se le fit pas dire deux fois et il se hâta de passer sur le continent, ne se souciant pas d'attendre en Angleterre le retour du lion. On en sera peu surpris quand on saura qu'il avait promis à l'empereur une contribution de mille livres d'argent par mois, tant que durerait la captivité de Richard. On dit que le roi de France avait garanti ce marché et avait même offert, de son côté, cent mille marcs pour que le prisonnier lui fût livré.

Richard Cœur-de-Lion arriva dans son royaume en 1194, et le trouva dans un état assez peu rassurant pour qu'il s'empressât, malgré ses griefs, de renouveler la paix avec Philippe-Auguste. La plupart de ses vassaux avaient pris parti contre lui et il ne fallait pas moins que la terreur que leur inspirait sa présence pour les faire rentrer dans le devoir.

Cette paix ne dura pas long-temps, et Richard n'eut pas plutôt remis le pied dans ses possessions du continent que les défis orgueilleux, les insolentes bravades et les brusques aggressions recommencèrent entre les deux antagonistes avec plus de vigueur que jamais. Ce fut dans une de ces escarmouches que Richard, aidé de Marchader, s'empara, près de Vendôme, des bagages de Philippe-Auguste, parmi lesquels se trouvait le trésor des Chartes que ce prince avait fait commencer (2).

---

(1) *Ut sibi caveret quia diabolus jam solutus erat* (Rog. de Hov.)
(2) «Ledit roy Richard passant par Beaumont-le-Rogier, tirant en

Jean-Sans-Terre fit sa paix avec son frère au prix d'une infâme trahison. Ayant réuni dans un banquet trois cents chevaliers français qui formaient la garnison d'Évreux, il les fit tous égorger et livra à Richard la ville que Philippe-Auguste lui avait généreusement donnée pour retraite.

Enfin, une nouvelle trêve fut conclue et l'on désigna, de part et d'autre, les arbitres auxquels devaient être soumis les différends à venir. Ces arbitres de la trêve (*dictatores*) devaient se réunir entre Issoudun et Châteauroux (*inter Exodunum et Castellum Rodulfi*), pour toutes les violations qui auraient lieu en deçà de la Loire. On en prévoyait sans doute beaucoup.

L'année suivante (1195), Richard se plaignit que des assassins lui eussent été dépêchés à Chinon par le roi de France, pour attenter à ses jours. L'empereur, au contraire, devenu l'ami de Richard, lui envoya une couronne d'or avec offre d'assistance contre Philippe. Pendant ce temps, les deux partis mettaient tout à feu et à sang.

Ces ravages sont suivis d'un nouveau colloque au château du Val de Rueil, pendant lequel les murs s'écroulent tout-à-coup. Des deux parts, on crie à la trahison, et Richard, rompant l'entretien, se jette furieux

---

Berry, fut suivi par ledit Roy Philippes, lequel le Roy Richard surprint durant son disner dans un village entre Fresteval et Blois, ruant jus le bagage et entre autres meubles furent perdus les scelz, chartres et titres dudit Roy Philippes, qui fut grande perte, encores que Gautier le jeune, chambrier à ce commis, en restituat après ce qu'il put. » (Du Tillet.)

Le trésor des chartes avait été commencé par le conseil de l'évèque de Senlis, chancelier de France, sous Philippe-Auguste. Depuis ce moment, il fut déposé à la Grosse-Tour du Louvre et cessa de suivre le Roi.

sur les troupes de Philippe qui, prises à l'improviste, sont culbutées jusqu'à un pont qui cède sous le faix. Philippe-Auguste, tombé dans la Seine, parvint à grand peine à gagner l'autre rive à la nage. Il est difficile de ne pas voir dans la réunion de ces circonstances un piège médité avec une profonde scélératesse par Richard, quoique Roger de Hoveden, attribue la trahison à Philippe, qui avait, dit-il, fait miner les murs du château.

Richard, sans désemparer, envahit le territoire du roi de France, coupant les moissons encore vertes, arrachant les vignes et les arbres, brûlant les maisons, massacrant sans distinction tout ce qui se trouvait sur son passage.

On apprit alors que le Miramolin d'Espagne venait de remporter une éclatante victoire sur Alphonse, roi de Castille, et menaçait la chrétienté. Aussitôt les légats s'entremettent par l'ordre du pape et parviennent à obtenir une paix cimentée par un projet d'union entre Louis, fils du roi de France, et la sœur d'Arthur, comte de Bretagne, nièce de Richard, lequel rendit enfin à Philippe, sa sœur Alix, dont il ne voulait plus. Rendez-vous fut donné pour une croisade en Espagne ; mais Richard n'ayant point été exact au jour dit, Philippe lui fit porter un défi, le taxant de félonie et de parjure, et, entrant en Normandie, il prit et brûla Dieppe.

Sur ces entrefaites, ayant appris que Marchader, chef des Cottereaux, s'était rendu maître d'Issoudun, dont il avait ruiné un des faubourgs, et l'avait fortifié pour le compte de Richard (1), il s'y rendit avec son armée,

---

(1) *Eodem anno* (1195) *qui imperat Ruptuariis et cotarellis Marchaderus* Essoldinum *capit et munit ad opus Richardi Regis.* (Guill. Armor.)

Marchaderius tunc dux cotarellorum existens cum suis in pago

s'empara de la ville et mit le siége devant le château. De son côté, Richard, qui était en Normandie, laissa toute autre affaire et accourut à marches forcées, *faisant le chemin de trois journées en une seule*; il arriva devant le château d'Issoudun, assiégé par Philippe, et s'y jeta avec une force considérable qu'il avait ralliée sur sa route (1).

A la vue de ce renfort, désespérant de forcer le château, Philippe se retira et fut suivi par Richard qui l'atteignit entre Issoudun et Châteauroux. Là, les deux armées allaient en venir aux mains, lorsque, s'il faut en croire Rigord et Guillaume le Breton, Richard, faisant un retour sur lui-même et déposant les armes, contre l'attente générale, fléchit le genou devant son suzerain et lui fit hommage. La paix fut ainsi rétablie et jurée (2). Ceci est difficile à admettre, quoiqu'on ne puisse nier qu'en toute occasion, la présence de Philippe ait exercé un grand ascendant sur ce sauvage guerrier. Suivant Roger de Hoveden, ce fut Philippe qui fit demander une confé-

---

Bituricensi suburbium Issolduni destruxit et ipsam munitionem cepit et de suis ad opus Regis Angliæ munivit. (Rigord.)

(1) *Deinde Philippus rex Franciæ post multos variosque casus venit cum exercitu suo ad Issoudum, et villam cepit et castellum obsedit; quod cùm regi Angliæ nunciatum esset qui tunc morabatur in Normannià apud vallem Rodoli; omnibus aliis negotiis suis prætermissis trium dierum itinera in unum concludens venit Issoudum et castellum suum, quod rex Franciæ obsederat intravit, confluebat ergò ad eum undique armatorum copiosa multitudo.* (Rog. de Hoveden.)

(2) *Philippus rex ex unâ parte et Ricardus rex ex alterâ ad pugnandum parati stabant in pago bituricensi juxtà Essoldunam. Ibidem Richardus rex in se revertens armis depositis præter spem omnium accessit ad dominum suum Philippum regem, flexisque genibus, fecit ei hominium et pax fuit inter eos reformata et jurata.* (Guill. Armor.)

rence à Richard (1). Ils y convinrent d'une suspension d'armes jusqu'à la fête de Saint Hilaire suivante, époque à laquelle un nouveau rendez-vous fut fixé à Louviers, pour traiter de la paix définitive. Ce qui fit suspendre la guerre, ce fut probablement l'impossibilité de la continuer dans un pays qui était alors en proie à une affreuse famine (2). L'entrevue des deux rois eut lieu la veille de Saint Nicolas, au *Gué d'Amour*, près d'un lieu situé entre la Champenoise et Montierchaume, à moitié chemin d'Issoudun à Châteauroux, et qui de cette circonstance a conservé le nom de Villerais *(Quasi Villa Regum)* (3).

Au colloque de Louviers (1196), il fut encore une fois convenu que le roi de France aurait pour lui et ses héritiers à perpétuité Issoudun, avec ses dépendances, ainsi que tous les droits qu'il possédait précédemment en Berri, en Auvergne et en Gascogne, et qu'il restituerait au roi d'Angleterre le château d'Arques, le comté d'Eu, le comté d'Aumale et beaucoup d'autres places et châteaux, dont il s'était emparé pendant la guerre. Le roi d'Angleterre obtint en outre le château de Gisors et tout le vexin Normand.

Pendant ce temps, Jean-Sans-Terre et Marchader désolaient les environs de Beauvais et ramenaient triomphalement au roi d'Angleterre le malheureux évêque, Guillaume de Marle, qu'ils avaient fait prisonnier, après avoir pillé son château de Milly.

Lorsque les trèves furent expirées, en 1197, la guerre

---

(1) *Petiit colloquium habere cum rege Angliæ et factum est ità.* (Rog. de Hov.)

(2) *Intolerabilis aeris intemperies ingruit, pluviæ et tempestates : messis in folliculis germinat : fames valida indè exoritur.* (Rigord.)

(3) La Thaumassière. — Chaumeau.

reprit avec plus de fureur et de férocité que jamais. Des deux côtés, on eut recours à d'odieuses représailles. La cruauté fut poussée jusqu'à faire crever les yeux des prisonniers. Un combat sanglant eut lieu entre Courcelles et Gisors, où Philippe eut, pour la troisième fois, un pont rompu sous lui, en entrant dans cette ville. Ce lâche et perfide moyen de se défaire d'un ennemi paraît avoir été le plan favori de Richard.

Celui-ci fut rejoint par Marchader et sa bande; ils se mirent ensemble à la poursuite des français jusqu'à Vernon et firent prisonniers un grand nombre de chevaliers dont ils tirèrent de grosses rançons (1). Dix-huit villes furent brûlées dans cette guerre, au nombre desquelles Evreux et le Neubourg. Marchader ne quitta ce théâtre de carnage que pour courir en Flandre où des foires allaient avoir lieu, et il revint chargé des dépouilles des malheureux marchands qui s'y rendaient.

Quelque temps après, Richard, étant à Issoudun, fit sommer Hervé de Vierzon d'y venir lui faire hommage de son fief. Hervé refusa de reconnaître les droits de Richard et fit appel à son suzerain légitime, Philippe-Auguste, roi de France (2). Mais avant que celui-ci eût

---

(1) Richard écrivant ces détails à un de ses évêques d'Angleterre, s'exprime ainsi : « *Nos autem ibi cum una lancea prostravimus Matthœum de Mummeranci* (Montmorency) *et Alanum de Russi et Falconem de Giberval et captos detinemus et benè capti sunt de gente sua usque ad centum milites, quorum nomina majorum vobis mittemus cùm eos viderimus quia Marchadeus habuit usque ad triginta quos non vidimus.* » (Rog. de Hoveden.)

(2) Le registre des fiefs de Champagne fait foi que le seigneur de Vierzon tenait cette châtellenie et celle de Ménetou-sur-Cher en fief du comte de Blois, qui les relevait, avec son comté de Blois, du comte de Champagne.

Mais il faut que le comte de Champagne en eût cédé la mouvance

eu le temps de porter secours à son vassal, le lion avait passé sur Vierzon, pillé les habitants, rasé le château, et brûlé la ville, ne laissant derrière lui qu'un monceau de ruines.

En 1198, les trèves furent renouvelées pour un an jusqu'à la Saint-Hilaire, par les soins du cardinal légat. Richard en profita pour faire construire, dans une île de la Seine, entre les Andelis et Vernon, un château fort qu'il appela *Boute-avant*, et Philippe, de son côté, fortifia sur la rive, en face, un château qu'il appela *Gueuleton*. C'est là que la trève fut renouvelée, dans un colloque où Philippe se tenait à cheval sur la rive, tandis que Richard parlait de son bateau dont il n'avait pas voulu sortir, après quoi, chacun retourna dans ses états. Marchader fut, en route, assailli par quatre comtes français, sur le territoire desquels il devait passer et qui exterminèrent une partie de sa bande.

L'année suivante (1199), les deux rois, mécontents des stipulations arrêtées, en firent de nouvelles. Une conférence fut indiquée entre Issoudun et Chârost. Là se passa une scène qui ferait supposer qu'un nouveau piége était caché sous cet apparent désir de conciliation, piége dont le trop confiant Philippe faillit encore être la victime. Un petit ruisseau (1) devait servir de séparation

---

au seigneur d'Issoudun ou que celui-ci l'eût usurpée, puisqu'on voit, par une charte du mois de mai 1217, qu'après que Philippe-Auguste eût acquis partie de la ville d'Issoudun, il en partagea les hommages avec Hélie, sire de Culant, et Etienne, sire de Saint-Palais, et leur délaissa les fiefs de Vierzon et de Charenton, qui étaient mouvants d'Issoudun et retint ceux de Linières et Chârost. (Pallet).

(1) Il est à remarquer que, dans toutes les conférences des deux

entre les deux camps et les deux princes devaient s'avancer respectivement sur chaque rive afin d'entrer en pourparlers. A peine étaient-ils en présence, que Richard tira son épée; aussitôt, comme si c'eût été un signal, ses soldats se précipitent sur ses pas, mouvement qui fut imité par les troupes de Philippe, et peu s'en fallut que l'on n'en vînt aux mains. La cause de cet émoi fut, selon la chronique, que Richard avait vu ou cru voir un gros serpent sortir du creux d'un saule et c'était pour tuer le monstre qu'il avait saisi son formidable glaive. Mais le reptile s'était évanoui comme un songe et l'on n'en put trouver de traces. La moralité trop connue de Richard et des siens autorise suffisamment le doute sur la loyauté de ses intentions et sur la réalité de cette apparition.

Toutefois, cet incident n'eut pas de suites, et la conférence aboutit aux conventions suivantes : Philippe rendait à Richard tout ce qu'il lui avait pris, excepté le château de Gisors, en compensation duquel il concédait au roi d'Angleterre l'archevêché de Tours. Il fut décidé que Louis, fils de Philippe-Auguste, épouserait la fille du roi de Castille (Blanche), nièce de Richard; qu'il recevrait en mariage le château de Gisors et vingt mille marcs d'argent. Moyennant quoi, Philippe-Auguste aiderait Othon, neveu de Richard, à conquérir la couronne impériale (1). Il est évident que, par ce traité, tous les

---

rois, il y a toujours un obstacle placé entre eux; cet obstacle est ordinairement une rivière, un ruisseau, un gué qui laissent leurs mouvements à découvert. Ils ne se fient même pas aux murailles, qui, comme on l'a vu, peuvent abriter une trahison.

(1) *Facta est inter eos talis forma pacis quòd rex Franciæ redderet Richardo regi Angliæ totam terram quam ipse super eum occupaverat sive per guerram sive aliocumque modo, excepto solo castello*

avantages sont du côté de Richard, et que Philippe-Auguste ne reçoit, pour ainsi dire, rien en retour de ce qu'il donne. Il en est de même dans toutes les stipulations qu'il fait avec les rois d'Angleterre; il se butte à une idée fixe et donnerait vingt villes pour un château qui lui plaît ; il cède sans hésiter toutes ses conquêtes et l'archevêché de Tours pour le seul château de Gisors, et encore ce château revient en double emploi comme dot de Blanche de Castille. On l'a vu faire les mêmes sacrifices pour obtenir Issoudun.

Ces stipulations furent cependant ajournées jusqu'au retour de Richard, qui allait faire une petite expédition en Poitou. Mais il n'en devait pas revenir : ses jours étaient comptés.

A cette époque, Widomar ou Guyomar, vicomte de Limoges, ayant trouvé sur ses terres un trésor considérable en or et en argent, et sachant Richard dans le voisinage, s'empressa d'en envoyer une forte part à son suzerain. Mais cette oblation ne fit qu'allécher la convoitise de l'avide Richard, qui refusa l'envoi, disant qu'en vertu de ses droits de suzeraineté, la totalité du trésor devait lui appartenir ; et, sans attendre la réponse de son vassal, il partit à la tête d'une armée pour l'en dépouiller. Il vint mettre le siége devant le château de Chalus où le vicomte s'était réfugié. A la vue des forces supérieures dont Ri-

---

de Gisortio ; in cujus compensatione rex Franciæ concessit ipsi Richardo regi Angliæ donationem archiepiscopatús Turonis : et quòd Ludowicus filius regis Franciæ duceret in uxorem filiam regis Castellæ neptem Richardi : et præterea rex Franciæ juraret quod pro posse suo juvaret Othonem nepotem regis Angliæ ad imperium romanum perquirendum : hoc contrà Richardus rex daret Ludowico castellum de Gisortio cum prædicta nepte sua in maritagium et insuper daret ei XX millia marcarum argenti. (Rog. de Hov.)

chard était accompagné, la garnison lui offrit de se rendre, à la condition d'avoir la vie et *les membres saufs*, et de conserver ses armes. Mais le tigre avait soif de sang autant que d'or ; il ne répondit autre chose sinon qu'il les ferait tous pendre. Les malheureux se préparaient donc à mourir les armes à la main, lorsque, le jour même, Richard, se promenant avec Marchader, autour des remparts, pour reconnaître l'endroit le plus favorable à l'assaut, reçut un trait d'arbalète qui lui traversa le bras de part en part. Se sentant grièvement blessé, il rentra dans sa tente, ordonnant à Marchader de commencer l'assaut sans tarder, et, aussitôt le château pris, de pendre tous ceux qui étaient dedans, à l'exception de l'archer qui l'avait frappé. Il se remit ensuite aux mains du chirurgien de Marchader, un ignorant bourreau *(carnifex)*, comme l'appelle l'auteur anglais, qui brisa le fer dans la plaie, et, pour le retirer, se mit à pratiquer dans les chairs de larges et profondes incisions. L'intempérance de Richard, jointe à l'impéritie du médecin, ne tarda pas à aggraver encore le mal au point qu'il apprit bientôt que sa dernière heure approchait. Pendant ce temps, le château avait été forcé après une défense héroïque. Richard fit amener devant lui l'arbalétrier, auteur de sa blessure. C'était un jeune homme nommé Bertrand de Gordon, dont nous savons gré au chroniqueur de nous avoir conservé le nom, car il déploya un caractère digne de l'antiquité. « Quel mal t'avais-je donc fait, lui demanda le roi, pour que tu aies attenté à mes jours? (la question est au moins singulière) — Quel mal, répondit le jeune homme : tu as tué de ta propre main mon père, mon frère, et aujourd'hui ne voulais-tu pas me faire périr moi-même? Je suis en ton pouvoir; tu peux tirer de moi telle vengeance qu'il te plaira; je me résigne à tous les supplices et je les supporterai avec joie, pourvu que j'aie la certitude que tu meures toi-même, et que le monde soit délivré d'un monstre tel que toi. » Richard, frappé de ce courage, la seule vertu, peut-être, qu'il fût capable d'apprécier, pardonna à Bertrand et ordonna qu'il fût mis en liberté. Mais celui-ci refusa, disant qu'il ne voulait rien devoir au meurtrier de sa famille. Une fermeté si intrépide ne fit qu'exalter l'admiration de Richard; non-seulement il voulut que Bertrand vécût, mais il lui fit don de cent sous d'or, monnaie anglaise. Générosité inspirée, peut-être, par l'approche de la mort, mais qui ne porta pas de longs fruits. L'archer n'était par hors de la tente royale, que Marchader le fit saisir, et, lorsque Richard eut fermé les yeux, ce misérable fit pendre l'infortuné jeune homme, *après l'avoir fait écorcher tout vif!* Digne sacrifice aux mânes du roi défunt.

Richard expira le 6 mars et fut enterré à Fontevrault, aux pieds de son père, dont il avait exagéré tous les vices et surpassé tous les crimes. La postérité s'est montrée indulgente pour ce brigand couronné, dont la littérature moderne a fait un héros; mais il fut plus sévèrement et plus justement jugé par ses contemporains (1).

---

(1) Une religieuse de Fontevrault avait fait pour lui cette épigraphe :
Virus, avaritia, scelus, enormis que libido,
Fœda fames, atrox elatio, cœca cupido,
Annis regnarunt bisquinis : arcubalista
Arte, manu, telo prostravit viribus ista.

CHAPITRE VII.

XIII° siècle. — Jean-sans-terre. — Blanche de Castille. — Acquisition d'Issoudun et réunion définitive à la couronne. — Vicomtes d'Issoudun. — Commune. — Officiers royaux. — Blanche, dame d'Issoudun. — Etablissements. — Ligue des grands vassaux. — Cession d'Issoudun à St.-Louis. — Pastoureaux. — Marigny.

La fin du XII° siècle vit l'interruption des maux qui pesaient sur nos malheureuses contrées. Richard mort, la France et l'humanité respirèrent un peu plus librement. « Celle mort, dit du Tillet, fut l'heur et accroisse« ment du roy Philippes, car il n'eust eu de luy si bon « marché qu'il eut de son successeur et frère, le roi Jehan. « Plusieurs se retirèrent, luy mort, au roy Philippes, qui « ne l'eussent pas osé de son vivant. »

Jean-Sans-Terre avait assez de son usurpation sur les bras. Il s'était fait couronner, avec l'aide de sa mère, en Angleterre et en Normandie, au préjudice d'Arthur, son neveu, fils de Geoffroi, et légitime héritier du trône. Il crut prudent de s'assurer les bonnes grâces de Philippe-Auguste, et « ny espargna présens ne moyens quelconques. » Mais Philippe avait pris en main la cause d'Arthur, et, à une première entrevue, qui eut lieu entre Gueuleton et Boute-Avant, Jean-Sans-Terre en fut fort mal accueilli (1). Philippe avait fait Arthur chevalier, et avait déjà reçu son hommage pour les provinces de Poitou, Anjou, Maine, Touraine, Bretagne et Normandie.

___

(1) *Rex Angliœ nullam gratiam invenit apud regem Franciœ.* (Rog. de Hov.)

C'est alors que Jean songea à attaquer Philippe-Auguste par le côté vulnérable de l'intérêt personnel. Il remit sur le tapis le projet arrêté déjà entre Philippe et feu Richard, du mariage de Louis de France avec Blanche de Castille, et il promettait de porter la dot de sa nièce à 30,000 marcs d'argent au lieu de 20,000, d'y joindre les places de Châteauroux, Déols, Coussy, Vernon, Gaillon, Passy, Evreux et dépendances, et surtout ses chères villes de Gisors et d'Issoudun. Jean avait frappé juste; le roi de France acquiesça à ses offres et ce mariage fut l'objet d'un indigne compromis; il fut payé des droits et de la vie du malheureux Arthur.

Ces préliminaires posés, Jean se hâta d'expédier la vieille reine Eléonor, sa mère, en Espagne, pour obtenir le consentement d'Alphonse IX, et ramener la jeune fiancée. Au retour de la reine-mère, Marchader, qui avait épousé les intérêts de cette princesse, après la mort de Richard, et qui était en quelque sorte son *prévôt*, son *bravo*, son capitaine des gardes, vint au devant d'elle à Bordeaux. Ce fut là qu'il trouva la fin de ses expéditions aventureuses. Un écuyer, nommé Brandin, vengeant peut-être quelque injure particulière, débarrassa le monde du chef des cottereaux. De ce coup, Aliénor, privée de son dernier soutien, renonça à sa vie d'intrigues; accablée de fatigues et de vieillesse, elle se retira à l'abbaye de Fontevrault, où elle essaya de faire pénitence. Blanche, âgée de 12 ans seulement, continua sa route, sous la conduite du vénérable Elie, archevêque de Bordeaux; timide colombe, candide comme son nom (1), elle partit protégée par les

---

(1) Guillaume le Breton, dans sa *Philippide*, trace le portrait suivant de Blanche qu'il nomme *Candida* :

cheveux blancs du vieillard, qui la conduisit en Normandie et la remit entre les mains de Jean-Sans-Terre. Les accords du mariage furent définitivement arrêtés dans un traité dont voici les pricipales clauses :

« Art. 1er.— Nous garderons à Philippe et à ses héritiers la paix que le roi Richard, notre frère, a faite avec lui entre Issoudun et Chârost, à l'exception des articles auxquels la présente charte apporte quelques changements, d'après les restrictions que notredit frère a faites concernant cette paix.

« Art. 8. — Nous avons donné à Louis, fils du roi de France, pour son mariage avec la fille du roi de Castille, notre nièce, le fief d'Issoudun, celui de Gracay et les fiefs du Berri, comme André de Chauvigny les tenait du roi d'Angleterre, et le roi de France sera saisi de tous ces fiefs jusqu'à la consommation dudit mariage. Quelque chose qui arrive avant l'accomplissement dudit mariage, le seigneur roi de France tiendra lesdits fiefs toute sa vie, et, après sa mort, ils reviendront à nos héritiers ou à nous, si ledit Louis n'a pas d'héritiers de ladite Blanche, notre nièce (1).

Candida candescens candore cordis et oris
Nomine rem signans intùs quâ pollet et extrà, etc.

Rigord l'appelle *Blanchiam* et Bouchet, dans ses *Annales d'Aquitaine*, la nomme *Blonde*.

(1) *Dedimus autem in maritagium Ludovico filio regis Franciæ cum filiâ regis Castellæ nepte nostra feodum Exolduni et feodum Crascei et feoda Bituresii sicut Andreas de Calviniaco ea tenebat de rege Angliæ et de omnibus iis erit dominus rex Francorum saisitus usque dum matrimonium prædictum sit consummatum; et quidquid contingat de matrimonio prius quàm factum fuerit dominus rex Franciæ tenebit prædicta feoda totâ vitâ suâ et post decessum suum redibunt prædicta feoda ad nos et hæredes nostros, si prædictus Ludovicus hæredem non habuerit de prædictâ nepte nostrâ.* (Rigord.)

Roger de Hoveden, de son côté, rapporte ce traité. Voici le texte

« Fait à Gueuleton, l'an 1200 de l'incarnation du Seigneur, au mois de mai. » (Rigord, trad. de M. Guisot.)

Ce traité, qui modifie considérablement les promesses de Jean-Sans-Terre, fut garanti par neuf barons français et neuf barons anglais. Le lendemain, 23 mai 1200, le mariage fut célébré à Parmoy en Normandie, par l'archevêque de Bordeaux, et non par l'archevêque de Bourges, comme on l'a dit à tort, le royaume de France étant alors en interdit, à cause du divorce de Philippe-Auguste. Pendant que les deux rois se rendaient à Vernon pour régler définitivement les clauses du traité, Louis se hâta d'emmener sa jeune épouse en France (1).

Du Tillet cite les chartes par lesquelles, à cette occasion, Jean-Sans-Terre et la reine, sa mère, firent don à André de Chauvigny de ce qu'ils possédaient au fief de Ste.-Sévère, à la condition de le tenir à foi et hommage du roi Philippe.

On ne voit pas qu'en tous ces démêlés les seigneurs de Déols ou d'Issoudun aient pris aucunement parti en fa-

---

d'ailleurs fort corrompu, qu'il en donne : « *Scilicet quod ipse* (Johannes) *tenebit nobis et hæredibus nostris pacem quam Richardus rex frater ejus fecit nobiscum inter* Heroldum *et* Carotom. — *Dedit autem rex Angliæ in maritagium Lodovico filio nostro cum filia regis Castellæ sua nepte, feodum Eroldinum et feodum Carsarri et feodum Buturesii, sicut Andreas de Calumaco ea tenebat de rege Angliæ. Et de omnibus his erimus saisiti, usque dum maritagium sit consummatum. Et quidquid contingat de maritagio, post quam factum fuerit, nos prædicta feoda tenebimus tota vita nostra. Et post vitam nostram revertentur prædicta feoda ad prædictum regem Angliæ et hæredes suos, si prædictus Lodovicus filius noster hæredem non habuerit de nepte regis Angliæ.* » C'est la contre-partie du traité rapporté par Rigord, ce qui prouve qu'il a été fait en double original, et que chaque historien a copié celui qui était à sa disposition.

(1) *Et statim post desponsationem illam præfatus Lodovicus duxit secum in Franciam sponsam suam.* (Rog. de Hoveden.)

veur du roi de France. Ces feudataires paraissent, comme tous les autres, n'avoir reconnu que le suzerain de fait, sans s'ingérer dans l'examen de ses droits. Cette neutralité se trouve consacrée dans les transactions passées entre les deux rois, ainsi que le rapporte du Tillet. « Le résidu du traicté concerne les vassaux desdits roys pour rentrer en leurs terres et estre reçus à faire leurs hommages. Et pource que à causes de diverses terres, aucuns estoient vassaux des deux roys, fut accordé qu'ils serviroient celuy duquel plus ils étaient vassaux sans que ils fussent contre luy aydés ni deffendus par l'autre roy. »

Il est même patent que les seigneurs de Déols, notamment André de Chauvigny, furent plus particulièrement dévoués au roi d'Angleterre, dont ils furent toujours favorisés (1); aussi Philippe-Auguste crut-il devoir prendre ses sûretés à leur égard.

Le fief d'Issoudun étant tombé en quenouille entre les mains de Mahaud ou Mathilde, dernier rejeton de cette famille, Guillaume de Chauvigny, fils d'André, qui épousa cette héritière, réunit encore une fois dans la même main les principautés de Déols et d'Issoudun. Dans l'acte de prestation de foi et hommage qu'il fit en 1212 à Philippe-Auguste, à ce titre, Guillaume promet, sous peine de

---

(1) Les principaux habitants d'Issoudun, eux-mêmes, étaient dans les meilleurs termes avec Richard Cœur-de-Lion. Parmi les chevaliers et bourgeois qui prirent part à la confédération formée par Richard et par Baudouin, comte de Flandre, contre Philippe-Auguste, figurent un certain Guillaume de l'Etang, ainsi que les frères Henri et Hugues de Ferrières, tous trois d'Issoudun. Guillaume de l'Etang fut un des représentants de Richard, envoyés en Flandre pour recevoir le serment des confédérés.

confiscation de tous ses fiefs, « de ne point fortifier la ville d'Issoudun sans l'autorisation du roi, consentant que ledit roi retînt la tour d'Issoudun et y mît garnison pour la garder tant qu'il lui plairait la retenir en sa main. Il promit encore que ses chevaliers et ses habitants de la châtellenie d'Issoudun feraient serment qu'au cas qu'il s'éloignât de son devoir et de la fidélité qu'il avait jurée au roi, ils serviraient ledit roi contre lui. » (1).

Au reste, la féodalité entrait, à cette époque, dans sa première période de décadence. Dès le milieu du XIIe siècle, les habitants des villes avaient commencé à secouer le joug de la servitude et obtenu des chartes de concession. La plupart des villes du nord s'étaient érigées en *communes*, et ce progrès gagnait peu à peu le centre et le midi de la France. Par sa charte de l'an 1190, Eudes III, comme nous l'avons vu, avait accordé aux habitants de cette ville des droits qui frappaient le servage dans ses racines, tels que celui de disposer de leurs biens par donation et celui de succéder à leurs parents. Les rois favorisaient ce mouvement qui, en diminuant la puissance des seigneurs, ne pouvait qu'augmenter celle de la royauté; et les seigneurs eux-mêmes, qui s'étaient peu à peu dépouillés d'une grande partie de leurs prérogatives en faveur des moines et du clergé, n'avaient plus autant d'intérêt à entraver l'émancipation des villes. C'est de ces derniers que vint la plus forte résistance. Si la domination du clergé fut en général plus douce et mieux entendue que celle des seigneurs pillards et grossiers, elle fut aussi plus tenace.—En 1218, Etienne, abbé de Notre-Dame d'Is-

---

(1) La Thaumassière.

soudun, loin de songer à affranchir ses hommes, obtint du roi la cession des hommes du fief royal aussi bien que du fief seigneurial, qui se trouvaient actuellement établis dans le bourg de Saint-Paterne, appartenant à sa communauté, ainsi que nous le verrons à l'article de l'abbaye.

La ville d'Issoudun était partagée entre trois pouvoirs et trois juridictions, qui se heurtaient souvent l'une contre l'autre; la justice seigneuriale, celle du chapitre de Saint-Cyr et celle de l'abbaye Notre-Dame, sans compter les franchises de l'Hôtel-Dieu, des Templiers, des couvents et des chapelles, qui étaient seigneurs, chacun dans son enclos. L'autorité royale cherchait à se faire jour au milieu de ces conflits, et se fortifiait des brèches que ces petites puissances se faisaient mutuellement chaque jour, en attendant que la juridiction du souverain eût absorbé toutes les autres.

Les seigneurs avaient délégué leur droit de justice à des vicomtes qui furent ensuite remplacés par des sénéchaux et des baillis. La seule trace qu'on trouve des vicomtes d'Issoudun est une pièce de monnaie, conservée au musée de Bourges et qui porte en légende, d'un côté, XOLIDVN et de l'autre, VISCOMES ou GISCOMES, sans autre nom. A quel personnage rapporter ce vicomte? C'est ce que nous ne saurions dire. Comme cette pièce offre, par les caractères, par la forme, et par les signes, une ressemblance parfaite avec une pièce de Richard Cœur-de-Lion, frappée à Issoudun, en faudrait-il conclure qu'elle appartiendrait à Marchader, nommé vicomte d'Issoudun pour le roi Richard? Mais rien n'indique que le chef des Cottereaux ait jamais été revêtu de ce titre.

Quoiqu'il en soit, nous touchons au terme de la puissance seigneuriale à Issoudun. Mahaud, épouse de Guillaume de Chauvigny, meurt sans enfants et ce fief échoit aux mains d'héritiers collatéraux qui se le partagent. Ces héritiers étaient, d'une part, Etienne de Saint-Palais, et, de l'autre, Hélie, Claude et Guillaume, enfants mineurs de Raoul, sire de Culant, et de Béatrix d'Issoudun, sa femme.

Philippe-Auguste saisit cette occasion d'acquérir la propriété directe d'une ville dont il avait pendant si longtemps disputé la possession les armes à la main. Il n'eut pas de peine à s'arranger avec Etienne de Saint-Palais, qui possédait le tiers du fief, et ils conclurent ensemble, à Paris, un traité daté de l'an 1220, par lequel le seigneur de Saint-Palais délaisse au roi, à titre d'échange, la part et portion à lui échue par droit successif en la châtellenie d'Issoudun et ses dépendances, moyennant quoi le roi lui donne en contre-échange les portions qu'il avait dans les terres de Saint-Léger, de Lazenay, dans la Grange de la Vallée et autres choses, à la charge de les tenir de lui en foi et hommage, plus ce que ledit roi possédait en la terre de Vatan, à tenir en fief du comte de Blois, à la charge de quatre-vingts livres de rentes.

L'arrangement ne fut pas aussi facile avec les enfants de Renoul, à cause de leur minorité derrière laquelle se retranchait Raoul de Culant, prieur de Vatan, leur oncle et leur tuteur. Philippe-Auguste fut obligé d'employer la contrainte pour faire consentir le prieur à cette cession, qui fut du reste entourée de formalités légales. Il assembla un conseil de famille composé des parents et amis des héritiers de Culant, ainsi que des seigneurs et féaux du roi, au nombre desquels figuraient Simon, archevêque de Bourges, Archambaud, sire de Bourbon, Robert de Bonne, Eudes Trousseau, Raoul de Parat, Pierre de Crevant, Jean de Bonne, qui furent appelés à donner leur avis. Et il fut dit dans l'acte de la transaction qu'elle était faite dans l'intérêt des héritiers de Culant (*pro utilitate hæredum de Culant*). Par cet acte, lesdits prieur et héritiers abandonnaient au roi à perpétuité les droits qu'ils avaient sur le château d'Issoudun et ses dépendances, tant fiefs qu'hommages et autres. En retour, le roi leur donnait à perpétuité le tiers de Château-Neuf sur Cher, le tiers de Mareuil sur Arnon, tels que Raoul, seigneur d'Issoudun, les possédait autrefois, pour les avoir et posséder après la mort de la veuve dudit Raoul, fille du comte d'Auvergne et parente du roi. En outre, il leur donne la somme de mille livres parisis, restituable au cas où lesdits héritiers de Culant, à leur majorité, ne ratifieraient pas ladite cession. A raison de laquelle restitution, Raoul de Culant fournit au roi diverses cautions, savoir : Archambaud de Bourbon, pour trois cents livres; Hamon, maître du Palais, pour cent livres; Henri, sire de Sully, pour cent livres; Guillaume de Contremoret, pour cent livres ; Étienne de Saint-Palais, pour deux cents livres; Guillaume de Courcelles, pour cent livres; Eudes Trousseau, pour cinquante livres. Ce traité fut conclu et scellé à Saint-Germain-en-Laie, l'an 1221 (1).

---

(1) Voici le texte de ce traité : « *In nomine Domini et individuæ trinitatis. Amen. Philippus Dei gratiâ Francorum Rex. Noverint universi præsentes pariter et futuri, quod Radulphus de Culant prior Vastigiensis avunculus et tutor hæredum de Culant assensu et consilio amicorum et parentum hæredum de Culant videlicet dominorum et fidelium nostrorum, Simonis Bituricensis archiepiscopi, Archembaudi domini Borbonii, Roberti de Bonne, Odonis Trosselli, Radulphi de Parat, Petri de Crevant, Joannis de Bonne, et pro utili-*

Ainsi Issoudun fut acquis à la couronne, devint ville royale, et jouit des avantages attachés à cette qualité. C'est de cette époque que datent les dénominations de l'*Etang-le-Roi* (1), de *Bois-du-Roi*, qui indiquent la

---

tate hæredum de Culant, ipse scilicet prior et hæredes de Culant quictaverunt et donaverunt in perpetuum nobis et hæredibus nostris quidquid juris habebant in castro YSSODUNI *et ejus pertinentiis tam feudis quàm homagiis et omnibus aliis. Et nos propter hanc quictationem et donationem ipsi priori et hæredibus de Culant quictavimus et donavimus in perpetuum tertiam partem Castri novi super Charum fluvium et tertiam partem Marolii suprà Arrium fluvium, sicut Radulphus quondam dominus* EXOLDUNI *quondam tenuit et possedit ab ipsis, et quorum intererit habenda et possidenda in perpetuum post decessum dilectæ et sanguinis nostri quondam uxoris præfati Radulphi quondam domini* EXOLDUNI, *quæ fuit filia præstantissimi quondam comitis Alverniensis consanguinei nostri. Insuper propter hanc eamdem quictationem et donationem quam dictus prior et hæredes de Culant nobis et hæredibus nostris fecerunt, dedimus eisdem summam mille librarum Pari. De quibus libris nobis reddendis, si fortè dicti hæredes de Culant cùm ad ætatem adultam pervenerint huic quictationi et donationi suæ resisterint. Idem Radulphus de Culant prior Vastigiensis constituit ergà nos plegios et debitores dilectos fideles nostros Archembaldum dominum de Borbonio pro trecentis libris pari : Hamonem dominum palatii de centum libris pari : Henricum dominum Soliaci centum libris par : Guilliermum Contremoret de centum libris : Stephanum de Sancto Palladio de ducentis libris parisiensibus, Guilliermum de Corcellis de centum libris parisientibus, Odonem Trossellum de quinquaginta libris parisiensibus. Ut autem præscripta mentionnata perpetuè firmitatem oblineant, eadem sigilli nostri auctoritate et regii nominis charactere inferius annotato, salvo feudo et servitio nostro et salvo jure nostro et alieno confirmavimus. Actum apud Sanctum Germanum in Lalia, anno incarnationis domini millesimo ducentesimo vigesimo primo, regni verò nostri quadragesimo secundo, præsentibus in palatio nostro, quorum nomina scripta sunt et signa, Dapifero nullo, signum Guidonis buticularii, Sancti Bartholomæi camer, Sancti Mathæi Conestabular.*

(1) L'endroit qui porte ce nom était jadis un étang aujourd'hui desséché et transformé en prairies.

mouvance directe du souverain, (1) ainsi que les fleurs de lys qui figurent dans ses armoiries. C'est à la même époque, sans doute, qu'il faut rattacher l'établissement du beffroi, signe de l'affranchissement de la ville et de l'institution de la commune. Dès 1182 et 1188, Philippe-Auguste avait accordé aux villes de Chaumont, Pontoise, Meulan, Mantes, Eu et autres, des chartes constituant le droit de commune et de municipalité. On fait également remonter à son règne et même à celui de Louis VII, son père, l'institution des maires *(majores)*. Sans doute Issoudun jouit du bénéfice de ces institutions aussitôt que la royauté y pût exercer directement son influence; mais peut-être Philippe-Auguste voulut-il attendre, avant de rien innover, que sa possession fût sanctionnée par la ratification des héritiers de Culant. On ne trouve point de mention d'officiers royaux à Issoudun avant Étienne Maréchal, qui fut prévôt de 1275 à 1281.

Philippe-Auguste était mort dès l'an 1223. Son successeur, Louis VIII, après avoir achevé de dépouiller le lâche Jean-Sans-Terre, que son père avait condamné comme félon et parricide, à la confiscation de toutes ses possessions continentales, n'eut pas de préoccupation plus grande que l'extermination des juifs et des hérétiques. Guillaume de Chauvigny lui fit, à son avènement, avec les autres barons et grands du royaume, serment de garder l'ordonnance du feu roi contre les Israëlites.

En 1226, un concile eut lieu à Bourges, où fut décrétée une croisade contre les Albigeois. Le contingent d'Is-

---

(1) Néanmoins Blanche de Castille conserva toujours la possession de ce fief, qui formait partie de son douaire et elle fit en diverses circonstances acte de souveraineté à Issoudun, comme nous le verrons plus bas.

soudun s'y rendit et marcha avec le reste des croisés, sous la bannière de Louis VIII, à la conquête d'Avignon, principal boulevard des Albigeois, qui fut prise d'assaut, quoiqu'alors réputée inexpugnable.

Louis mourut à la suite de cette expédition, âgé de 39 ans. Il laissa le royaume en proie aux factions des grands vassaux, qui voulurent profiter du jeune âge de son successeur pour se partager les dépouilles de la royauté. Heureusement, la courageuse régente, Blanche de Castille, fit tête à l'orage, et, aidée du comte Thibaud de Champagne, qui nourrit pour elle toute sa vie une violente mais respectueuse passion, elle parvint à vaincre et réduire à l'obéissance, les uns après les autres, tous les membres de cette dangereuse ligue.

Il faut croire qu'à la faveur de ces troubles, Issoudun avait été conquis par les confédérés, puisqu'on voit le comte de la Marche (1), intimidé par les succès de la régente, déposer les armes et lui livrer les places d'Issoudun et de Langeais (2).

La reine Blanche ne cessa pas de s'occuper de sa ville d'Issoudun, qui fut même de sa part l'objet d'une sollicitude assez active. Divers actes conservés aux archives du royaume en font foi. Ainsi elle y fit construire des halles pour la commodité des habitants, mais ayant appris que cet établissement portait préjudice à une maison que l'Hôtel-Dieu de Dun possédait à Issoudun et dans laquelle on vendait du pain, la bonne reine, toujours

---

(1) Ce comte de la Marche avait épousé la veuve de Jean-Sans-Terre, laquelle portait une haine irréconciliable à Blanche de Castille.

(2) Ne s'agit-il point encore ici d'Issoudun dans la Marche ? C'est probable.

pieuse et compatissante, assigna à cet hospice, à titre de dédommagement, une rente de dix livres tournois à prendre annuellement sur le revenu desdites halles. C'est ce qui résulte de l'acte de promulgation de cette libéralité, fait par les doyen et chapitre de St Aoustrille du château de Bourges, comme patrons de l'Hôtel-Dieu de Dun (1), à la date du mois d'avril 1236.

D'après un acte publié au mois de janvier suivant par Philippe, archevêque de Bourges, la même reine achetait de Guillaume d'Uriac, damoiseau, moyennant la somme de 60 livres parisis, la propriété de diverses maisons et dépendances provenant de la succession de Pierre Vincent, chevalier, et situées à Issoudun près de la place du Prieur (2). La vente était approuvée par Isabelle, épouse dudit Guillaume, laquelle avait prêté serment entre les

---

(1) *Universis præsentes litteras inspecturis, decanus et capitulum Beati Austregisili de castro Bituricensi salutem in Domino. Noveritis quod cum Domina Blanchia, illustris Francorum Regina, quasdam alas fecisset Exolduno et intellexisset domum pauperum Dei de Duno quamdam habere domum in prædicta villa Exoldunensi in quâ panem vendi faciebant quæ occasione dictarum alarum dictæ Reginæ minus quàm ante eis valere dicebatur, unde ipsa Regina paupertati dictæ domûs humiliter compatiens, pauperibus ipsius Domus Dei de Duno pro amore Dei et salute animæ suæ dedisset et assignavisset decem libras Turonenses annui redditus in redditibus dictarum alarum prædictæ illustris Reginæ in festo omnium sanctorum de cætero capiendas et in Domo ipsorum prædicta Exoldunensi non posset de cætero vendi panis; nos tanquam patroni Domus Dei Dunensis rata et grata habemus ea quæ superius sunt expressa prout in ejusdem illustris Reginæ litteris plenius continentur et promittimus quod contra de cætero nullatenus veniemus. In cujus rei memoriam præsentes litteras sigilli nostri munimine fecimus roborari. — Actum anno Domini millesimo ducentesimo tricesimo sexto mense Aprilis.*

(2) C'est la seconde fois qu'il est question du *prieur d'Issoudun*; nous ne pouvons nous rendre compte à qui appartenait ce titre à Issoudun, ni de l'emplacement de la place du Prieur.

mains de l'archiprêtre d'Issoudun, de n'exercer aucune répétition contre ce marché, à raison de ses droits dotaux ou autres (1). Ces maisons étaient probablement destinées à quelqu'autre établissement d'utilité publique ou de charité ; mais nous ne pouvons exprimer qu'une conjecture à cet égard. Ces actes n'en sont pas moins remarquables par la forme comme par le fond. Ils nous montrent qu'alors le clergé n'était pas seulement en possession des actes de l'état civil, mais aussi de la sanction des contrats, comme étant la seule portion lettrée de la nation.

En 1240, Saint Louis, par suite d'arrangements de famille, ayant constitué un apanage à Robert, comte d'Artois, son frère, et compensé le douaire de sa mère au moyen d'une pension annuelle de 4,500 livres parisis, la reine Blanche « lui fit l'abandon d'Issoudun, de Graçay, et des fiefs du Berri, tels que les avait possédés

---

(1) Cet acte est ainsi conçu : « *Philippus divina permissione Bituricensis archiepiscopus Aquitaniæ primas universis præsentes litteras inspecturis, salutem in Domino. Noverit universitas vestra quod Guillelmus de Uriaco, domicellus, in nostra præsentia constitutus recognovit se vendidisse pro sexaginta libris parisiensibus excellentissimæ Dominæ Blanchiæ, Dei gratiâ Reginæ Francorum illustri, quasdam domos cum pertinentiis suis apud Exoldunum quæ quondam fuerunt defuncti Petri Vincentii militis sitas prope plateam Prioris, promittens pro se et Ysabella uxore sua quod contra dictam venditionem venire de cætero nullatenus attemptabit. Ysabella vero uxor dicti Guillelmi dictam venditionem laudavit, voluit et concessit spontanea non coacta promittens per fidem suam in manu archipresbyteri de Exolduno præstitam quod in dictis domibus cum pertinentiis suis nihil de cætero reclamaret per se vel per alium nec faceret reclamari, imò dictæ dominæ Reginæ quictabat penitùs quicquid in dictis domibus cum suis pertinentiis ratione dotalitii vel alio modo habere poterat aut debebat. In cujus rei memoriam et testimonium præsentes litteras ad petitionem præsentium sigilli nostri munimine fecimus roborari. Actum anno Domini millesimo ducentesimo trigesimo septimo, mense Januario.*

André de Chauvigny et tels qu'elle les avait reçus en mariage par donation de Jean-sans-Terre, son oncle.»(1).
C'est donc de cette époque seulement que date l'incorporation définitive d'Issoudun au domaine de la couronne.

En 1250, St. Louis ayant été fait prisonnier en Egypte, il se forma pour sa délivrance une croisade d'une nouvelle espèce : c'étaient tous les vagabons et gens sans aveu de la France, qui prirent la croix, par suite de l'opinion accréditée que des *bergers* seuls étaient appelés à la délivrance de Jérusalem. Job, leur chef, fut reçu par la régente; mais il avait affaire à une armée difficile à discipliner et à conduire. Les *pastoureaux*, ainsi qu'on les appelait, ne tardèrent pas à se livrer à toutes sortes d'excès. Ils mirent Paris à contribution, rançonnèrent Orléans et se jetèrent sur Bourges où ils commirent des profanations et des exactions inouies. Les habitants du Berri eurent encore l'honneur de délivrer la France de ces hordes non moins terribles qu'autrefois les Cottereaux et qui ne comptaient pas moins de cent mille hommes. S'étant levés en masse, ils se joignirent aux troupes que la reine régente envoyait, de son côté, contre ces brigands, et en firent un horrible carnage. Le chef des pastoureaux fut tué et tous ceux qu'on prit furent livrés au bourreau.

La ville de Bourges ayant été presqu'entièrement détruite par un incendie en 1252, l'année suivante, le ban et l'arrière-ban de la province furent convoqués à Issoudun. A cet appel, furent présents le comte de Sancerre,

---

(1) *Ipsa autem domina et mater nostra nobis concessit penitùs et quittavit Exoldunum, feodum Craceii, feoda Byturesii quœ tenuit Andreas de Calvigniaco, quœ habuerat in matrimonio ex donatione Johannis quondam Regis Anglir.*

Henri de Sully, Renoul de Culant, le sire de Graçay, Robert de Bommiers, Guillaume de Linières, Reynaud de l'Isle, Jean de Corquilleray et Thibaud de Blois.

Jusqu'à la fin du XIIIe siècle, l'histoire de la ville d'Issoudun ne présente plus aucun fait spécial, si ce n'est qu'à la date de 1298, Catherinot cite des *provisions adressées au gouverneur d'Issoudun pour Enguerrand de Marigny*. A cette époque, Marigny était ministre tout puissant de Philippe-le-Bel. Son procès n'eut lieu qu'en 1314 et son supplice en 1315. Nous ignorons quel a pu être l'objet de ces provisions.

CHAPITRE VIII.

XIV° siècle. — Philippe-le-Bel. — Juifs. — Templiers. — Charles-le-Bel. — Marie de Luxembourg. — Le roi Jean. — Guerres avec l'Angleterre. — Le Prince Noir. — Issoudun brûlé. — La Porte-aux-Bœufs. — Jacquemin Coran. — Fortifications — Imposition. — Charles VI. — Le duc Jean. — Meurtre de Gizay. — La croix des Élétés.

« L'age moderne, dit M. Michelet, commence avec Philippe-le-Bel, avec l'abaissement de la papauté, avec le soufflet de Boniface VIII. » Ajoutons qu'à cette date commence aussi l'histoire du tiers-état, qui deviendra peu à peu le peuple souverain, et celle de la royauté proprement dite; car auparavant le roi n'était guères que le premier des feudataires de France et plusieurs de ses vassaux étaient plus puissants que lui.

Philippe-le-Bel fut, en effet, le premier qui prit une allure franche et décidée vers la royauté absolue. Mais son histoire ne présente aucun lien particulier avec celle d'Issoudun, si ce n'est peut-être, et indirectement, par deux évènements importants de son règne, le bannissement des Juifs et la destruction des Templiers.

Quoiqu'Issoudun n'ait point, comme un grand nombre d'autres villes, sa rue des Juifs ou son quartier de la Juiverie, désignations qui ont peut-être disparu dans les reconstructions répétées à la suite des incendies qui l'ont ravagée; il paraît cependant qu'aux XIIe et XIIIe siècles, en raison de son commerce florissant, elle comptait, au sein de sa population, un certain nombre d'israëlites parmi les plus riches de cette nation maudite, et que ses cachots s'ouvrirent plus d'une fois pour ces malheureuses victimes des préjugés populaires, ainsi que nous le verrons en parlant de la Grosse-Tour. Il fallait que cette nation fût douée d'un immense courage ou que l'appât du lucre fût bien puissant chez elle, pour qu'elle se soit obstinée à rester dans les pays chrétiens au moyen-âge. C'était une espèce de bétail sur la traite duquel spéculaient les princes et les seigneurs, une propriété mise en coupes réglées, qu'on chassait après l'avoir dépouillée et qu'on rappelait pour la dépouiller encore, quand on ne la jetait pas en larges hécatombes aux fureurs capricieuses de la populace, dont elle servait à assouvir les instincts sanguinaires. La France et l'Angleterre semblaient se disputer la palme de la cruauté envers ces malheureux. Richard Cœur-de-Lion, à son avénement, livra tous les Juifs de son royaume en curée à son peuple, qui en fit un massacre général. En 1279, Edouard en fit pendre 280 dans la seule ville de Londres et confisqua tous leurs biens au profit de la couronne. « Cette opération lucrative, dit Schœll, fut répétée en grand plusieurs années après : 60,511 juifs furent bannis, et on ne leur laissa emporter qu'une très-petite partie de leur fortune. » En France, Philippe-Auguste et Saint Louis prirent des mesures non moins sévères à leur égard. Philippe-le-Bel, qui ne respectait rien, ne pouvait manquer de suivre cet exemple; il avait de plus contre les juifs un grief particulier, c'est qu'ils rognaient et altéraient les monnaies, et qu'ainsi ils allaient sur ses brisées. Il bannit tous les israëlites de son royaume en 1306; mais, en spéculateur habile, il les tint d'abord dans les cachots, afin de leur faire rendre par les tortures et par la terreur *tout ce qu'ils pouvaient produire* (1). Nous retrouverons, inscrits sur nos vieux murs, des souvenirs en rapport avec cette date.

Cette première *opération* était à peine terminée, que Philippe en méditait déjà une seconde, non moins brillante et non moins féconde. Les Templiers, dont le procès fut si fameux et qui ont laissé la postérité fort incrédule à l'égard de leur culpabilité, ou, pour mieux dire, fort convaincue de leur innocence, avaient également à

---

(1) Ecoutons ce que dit M. de Ségur des spéculations exercées sur les Juifs : « Rappelés par Philippe-le-Hardi, qui avait besoin d'eux pour rétablir ses finances épuisées, les Juifs eurent bientôt amassé de nouvelles richesses. Philippe-le-Bel, accoutumé à faire argent de tout, leur vendit sa protection, et, selon son intérêt, les favorisa ou les proscrivit. Ce prince voyait en eux une mine abondante de richesses. L'idée de l'exploiter lui parut naturelle; mais il trouva très-injuste que d'autres eussent les mêmes prétentions que lui. Tous ses soins tendirent donc à restreindre les droits que le clergé s'arrogeait sur les Israélites. En conséquence, un arrêt prononcé par le parlement de la Pentecôte en 1288, ne laissa aux officiaux que le pouvoir d'infliger aux Juifs des peines canoniques et leur défendit surtout de prononcer contre eux des peines pécuniaires. Pendant qu'il trompait ainsi la cupidité du clergé, le parlement saisissait avec empressement la moindre occasion de leur arracher de fortes sommes, et, dans cette même année, on les condamna à une amende de 300 sols *pour avoir chanté trop haut dans leur synagogue*. Philippe n'aimait pas le scandale. — Après avoir fait en leur faveur diverses ordonnances, il les proscrivit en 1306. A peine s'est-il emparé de leurs richesses, qu'il leur laisse la liberté de rentrer en France. Il fallait bien leur permettre d'y revenir pour s'assurer de nouvelles confiscations. Cette fois, ils n'attendirent pas long-temps, et en 1311, un second arrêt de bannissement est porté contre eux. »

(Ségur. — *Histoire des Juifs*, pag. 319.)

ses yeux le tort d'être trop riches. Le pape Clément V, créature du roi de France, fut l'instrument servile de ses projets ; sur leur ordre commun, tous les Templiers furent arrêtés en un seul jour, le 13 octobre 1307, bien que les belliqueux monastères du Temple, selon le bibliophile Jacob, fussent plus nombreux que les couvents de Bénédictins.

Catherinot, dans son *Inventaire de pièces historiques*, mentionne la commission adressée, à cette date, *au bailly de Berry*, *pour le fait des Templiers*. Ces commissions étaient strictes et pressantes : quoiqu'on fût alors en pleine paix, les milices devaient être sous les armes, les postes gardés et les places fermées, comme si la guerre eût été imminente et l'ennemi à leurs portes. A ces commissions était joint un ordre cacheté, qui ne devait être ouvert qu'au jour indiqué ; c'était l'ordre d'arrestation immédiate des chevaliers individuellement. Ainsi ces braves guerriers, naguères le boulevard de la chrétienté et l'effroi des Sarrasins, furent tous saisis à l'improviste et sans défense, jetés dans les cachots, puis livrés à d'affreux supplices. Tous leurs biens furent séquestrés entre les mains du roi et tout ce qu'il ne put ou n'osa prendre, leurs maisons et leurs églises, fut attribué aux Hospitaliers de Saint-Jean-de-Jérusalem. Ce dernier ordre, rival et ennemi de la milice du Temple, avait, à ce qu'il paraît, mieux observé l'esprit de la règle, qui prescrivait à ces moines-guerriers l'abstinence et la pauvreté.

En 1308, cette affaire fut discutée aux Etats-Généraux où la ville d'Issoudun envoya ses députés, de même que les principales villes du Berri. Les Templiers avaient à Issoudun un établissement dont nous parlerons à l'article des fondations religieuses. Cette ville eut par conséquent son épisode dans cette vaste et sanglante tragédie. Nous verrons, en parlant de la Tour, s'il ne nous en est pas resté quelques traces.

Pendant les quatre règnes suivants, l'histoire du Berri ne fournit aucun fait remarquable. Nous n'aurons à enregistrer qu'un simple incident concernant la ville d'Issoudun, sous le règne de Charles IV, dit *le Bel*. En 1324, ce prince revenant d'un voyage en Languedoc, avec Marie de Luxembourg, sa deuxième femme, fille de l'empereur Henri VII, et sœur de Jean, roi de Bohême, cette princesse, remarquable par ses rares qualités, fut prise de mal d'enfant à Issoudun, où elle mourut d'une fausse couche, le 21 mars. Les uns disent qu'elle y fut inhumée dans l'église de l'abbaye Notre-Dame, avec son enfant; d'autres, que son corps fut porté à l'abbaye des religieuses dominicaines de Montargis.

Une peste effroyable affligea la ville d'Issoudun pendant l'année 1348 et les années suivantes.

C'est vers la même époque, qu'éclata un autre fléau bien plus meurtrier pour la France, nous voulons parler du renouvellement de cette longue et calamiteuse guerre avec l'Angleterre, qui replongea notre pays dans un abîme de maux. Le bon roi Jean, ce modèle de bravoure et de loyauté chevaleresque, aurait voulu épargner toutes ces misères à son peuple. Plus preux que diplomate, il offrait au roi d'Angleterre de terminer le différend entre eux deux et de combattre *corps à corps*; mais ce n'était point là le compte de nos envahisseurs, et ce duel royal ne fut point accepté. Aussi, en désespoir de cause, l'intrépide monarque fût-il prodigue de son sang. On le voyait toujours combattre au premier rang, payant de sa personne comme le moindre de ses soldats, valeur plus

9.

généreuse que prudente, qui fut cause de sa perte et mit la France à deux doigts de la sienne.

Le célèbre prince de Galles, qui résidait en Guyenne, et qu'on avait surnommé le *Prince Noir*, à cause de la couleur de son armure, se jeta sur l'Auvergne, portant avec lui une guerre d'extermination, « brûlant et sacca-
« geant tout par où il passoit, dit Chaumeau, deffonçant
« les tonneaux et repandant les vins, et brûlant les bledz
« et toutes choses, afin que les nostres s'y trouvassent
« despourveuz. » Il ravagea ainsi le Poitou, la Tou-
raine, l'Anjou, le Maine, et, se rabattant sur le Berri, il vint attaquer la ville de Bourges qui était gardée par deux vaillants chevaliers, le sire de Coussault et le seigneur Hutin de Memelles. Un combat sanglant eut lieu à la porte Bourbounoux, où les Anglais furent repoussés.
« De là s'en vindrent au fort chasteau d'Issoudun, le
« quel ilz assaillirent vivement, toutes fois sans le pou-
« voir prendre. Car les gentilzhommes qui estoyent de-
« dans se deffendirent vaillamment : dont l'Anglois fut
« contraint lever le siège » (1). Mais, s'ils ne purent for-
cer le château, il n'en fut pas de même de la ville, qui offrait peu de résistance du côté de la plaine. L'endroit le plus faible et le plus mal défendu, était alors la Porte

---

(1) Voici le texte de la chronique de Froissard : « Tant chevaul-
cherent les Anglois par telle maniere quilz vindrent en la bonne cité de Bourges et y eut grant escarmouche a lune des portes. Et y furent les chevaliers le sire de Cousault et Monseigneur Hutin de Memelles qui gardoient la cité. Et y eut maintes appertises d'armes faictes. Puis s'en partirent les Anglois sans plus faire et vindrent a Yssouldun a un fort chastel. Si lassaillirent roydement. Et là se recueillit l'ost. Mais ils ne le purent gaigner, car le chastellain et les gentilzhommes qui dedans estoient le deffendirent fortement. Si passèrent les Anglois oultre, etc. »

aux Bœufs, située à la hauteur de la rue du même nom, entre la Porte Villate et la Porte Saint-Jean. C'est là que se porta l'attaque. Les ennemis mirent le feu à quelques maisons attenant à cette porte, qui brûla avec elles, et l'incendie, gagnant de proche en proche, ne tarda pas à embraser toute la ville. C'est alors que fut détruite, pour la première fois, l'église de Saint-Cyr dont il ne resta que le clocher et un pan de mur à la façade. L'ennemi, en se retirant, brûla également le faubourg de Saint-Paterne, ainsi que son antique église, qui « atteste encores en ses ruines, dit Duchesne, la barbarie des Anglois. »

Le Prince Noir se dirigea ensuite sur Vierzon qu'il prit et saccagea ainsi que Romorantin, et, sachant que le roi Jean passait la Loire avec des forces imposantes il reprit le chemin du Midi, dévastant tout sur son passage.

La ville d'Issoudun fut longtemps à se relever de ce désastre. Les principaux habitants s'étaient réfugiés dans le château ; la ville était déserte.

En 1360, un nommé Jacquemin Coran ou Courant, qui possédait, avant l'assaut, une hôtellerie à l'enseigne de la *Porte aux Bœufs*, hors la ville et près de la porte de ce nom était, bien que sa maison fût détruite, poursuivi à raison des redevances, par les religieux de Notre-Dame, qui, comme nous l'avons dit, avaient les coutumes et droits seigneuriaux des bourgs de Saint-Paterne et de Villate. Il se pourvut auprès du lieutenant du bailliage auquel il représenta que « combien que en la venue du
« prince de Galles, comme il fut a Yssouldun en l'année
« 1356, il teinst une maison appelée la Porte au Beuf
« seant a Yssouldun, par la venue du quel prince toute

« la ville d'Yssouldun fut arse, destruicte et embrasée,
« especiaument la dicte porte et maison, si et par telle
« manière que aucune chose n'y demoura fors la place
« et fut la dicte ville et la dicte porte inhabitable et vague
« en telle manière que nuls depuis n'y habitent », et il
demanda à être déchargé desdites redevances, ce qui lui
fut accordé.

Dès l'année suivante, 1358, les nobles, ecclésiastiques
et bourgeois d'Issoudun s'assemblèrent à l'abbaye Notre-
Dame, afin d'aviser « aux réparations et autres choses
convenables a la bonne garde, tuition et deffense du
Chastel et des bonnes gens habitant en iceluy et du païs
environnant. » Pour y subvenir, on décréta l'imposition
d'une taxe de 6 deniers pour livre sur la vente des denrées, tant dans le château que dans la ville et dans les
faubourgs Saint-Denis et Saint-Paterne. Cette taxe fut
affermée, moyennant 400 livres, à un nommé Guiot le
Roy.

Néanmoins, plus de trente ans après, les dommages
n'étaient point encore réparés ; la ville restait ouverte à
tous venants, et elle fut plus d'une fois victime des compagnies de routiers et malandrins qui y firent alternativement séjour. Ce ne fut que vers la fin du règne de
Charles VI que les fortifications furent enfin rétablies,
par l'ordre du duc Jean, ainsi que nous le verrons dans
une charte de Charles VII de l'année 1423, qui parle,
comme de choses récentes, de ces fortifications dont une
partie restait même encore à faire.

Ce résultat fut l'effet d'un dernier effort des habitants
pour résister aux partis et factions qui se disputèrent le
pouvoir et déchirèrent le pays sous Charles VI. Bien que
le duc Jean de Berry fût le chef de l'une de ces factions,

notre cité, fidèle au caractère de loyauté qu'elle développa plus tard avec tant d'énergie, n'en resta pas moins attachée à la cause du malheureux insensé qui n'était plus que l'ombre d'un roi, c'est-à-dire, au parti vraiment national, ne faisant acception ni de Bourguignons ni d'Armagnacs. Aussi, lorsqu'en 1412, le roi Charles VI vint en personne assiéger le duc de Berri dans sa ville de Bourges, les habitants d'Issoudun s'empressèrent d'envoyer des députés au monarque pour l'assurer de leur fidélité.

Le duc Jean s'occupa peu de sa ville d'Issoudun qu'il n'aimait pas. Il y laissa à peine trace de cette munificence fastueuse qu'il se plaisait à déployer, et dont la ville de Bourges fut comblée. Mais, en 1370, il y fit poursuivre avec vigueur les assassins d'un de ses écuyers, Guillaume de Gizay, qui périt victime d'un guet-à-pens, à la Grange-Neuve, sur le chemin d'Issoudun à Vatan. Regnault de Graçay, qui avait soudoyé les assassins, se sauva, et Hélie Tranchecerf (1), qui les commandait, trouva moyen de racheter sa vie et sa liberté, après un long emprisonnement; mais les coupables subalternes payèrent pour leurs chefs et furent exécutés sur le lieu même du crime, où une croix commémorative s'appelle encore *la Croix des Étêtés.*

---

(1) *Heliäs Tranchecerf miles et nonnulli alii complices et malefactores.... in insidiis se posuerant et absconderant in loco dicto Grangia Nova de Landas per quem locum dictus Guillelmus accedendo apud Exoldunum transire debebat, et dum ipsi complices eumdem Guillelmum perceperant, effrenatè et impetuosè eidem obviam venientes, contrà ipsum lanceis et aliis armaturis evaginatis et erectis proditoriè irruerant et eumdem Guillelmum.... iniquiter interfeccrant.* (La Thaumassière. — Notes.)

La ville d'Issoudun se trouvait donc de nouveau, à la fin du XIVe siècle, le théâtre des principaux événements d'une guerre nationale. L'intérêt va s'y concentrer de plus en plus, lorsque l'invasion gagnant successivement toutes les parties du territoire, le Berri formera à peu près la seule partie encore indépendante du beau royaume de France.

CHAPITRE IX.

XVᵉ siècle. — Charles VII. — Affranchissement. — Mortaille. — Issoudun en gage. — Le comte de Sancerre. — André de Villequier. — Villandrado. — Salazar. — Giac. — Agnès Sorel. — Louis XI. — Bailliage, 1ʳᵉ distraction. — Foires franches. — Charles VIII. — Echevinage. — Peste. — Population. — Louis XII. — César Borgia.

Issoudun fut du petit nombre des villes qui restèrent à Charles VII, alors que « l'Anglais régnait en France, » que le pays était aux abois et que le triste prince était appelé par dérision *le Roi de Bourges*. Le Berri constituait alors en effet la plus claire portion de son royaume effectif. Issoudun était une de ses bonnes villes et il y séjournait volontiers. Il y possédait, dans l'enceinte du château, un manoir qui probablement avait été la demeure des anciens seigneurs d'Issoudun, et qui jusqu'au XVIIᵉ siècle, conserva le nom de *Logis* ou *Maison du Roi*.

Roi pauvre et pauvre roi, il eut, dans sa pénurie, recours à tous les moyens pour se procurer de l'argent et exploita de son mieux toutes les ressources que put lui offrir son domaine rétréci. L'une des premières mesures de son règne fut de vendre à ses villes ce qui subsistait de droits royaux contraires à leurs franchises. Il expédia au mois de juillet des lettres dites *d'affranchissement* en faveur des habitants d'Issoudun. Ce qui ne signifie pas, comme le prétend La Thaumassière, qu'il les releva de la condition servile, puisque nous avons vu que cet affranchissement date de beaucoup plus haut, et que, suivant l'observation de Chaumeau « cela a esté de « nature et coustume tousiours continué que les manans « et habitans en la ville de Bourges, sont libres et de « condition franche et naturelle, semblablement les « citoyens d'Yssoudun. » Il fit seulement remise du droit de *mortaille*, affectant encore quelques gens de main-morte, droit qui, d'après les termes mêmes de la charte, était de si peu d'importance, qu'il rendait à peine 20 à 26 livres tournois, année commune, mais à raison duquel les habitants n'en furent pas moins obligés de « *composer* pour la somme de 2,000 livres,» suivant quittance dé-posée aux archives. C'était donc bien moins un acte de libéralité envers ses « amez et loyaulx subjects » qu'une opération financière, une contribution déguisée, un prétexte plus ou moins honnête, plus ou moins adroit pour demander de l'argent, ce que prouve surabondam-ment la teneur de sa charte dont le dispositif ne répond guères au préambule. Voici d'ailleurs le texte de cette pièce qui nous a été conservée par La Thaumassière et qui contient un authentique certificat des calamités qui avaient pesé sur notre cité :

« Charles, par la grâce de Dieu, roy de France. Sça-
« voir faisons a tous presens et advenir. Nous avons
« receu l'umble supplication de nos amez et loyaulx
« subjetcz, les habitans de nos ville et chastel d'Yssoul-
« dun en Berry, contenant que par occasion des grans
« maulx et dommaiges piteux a oyr et lamentables a
« réciter, que soulent faire et faict ont plusieurs gens
« d'armes, roupliers et ennemis en la dicte ville d'Ys-
« souldun, ou ilz ont logié par plusieurs et diverses foys;
« en laquelle ville derrenierement, durans les guerres

« qui ont cours en nostre royaulme, a esté par nos
« ennemys en partie arse et destruicte et mesmement les
« eglises, comme l'eglise collégiale (1) et chapelle de
« Saint-Pierre (2) bruslées et embrasées; et pour obvier
« que plus grans ne s'en suyvent, que Dieu ne vueille,
« iceulx habitans dès le vivant de feu nostre oncle,
« Jehan, duc de Berry, que Dieu absoille, et par son
« authorité et licence, encommencerent emparer et for-
« tifier la dicte ville qui souloit anciennement estre en
« partie fermée de murailles et portaux deffensables et
« en perseverant y ont faict et font de jour en jour plu-
« sieurs belles et notables fortifications et emparements
« et ont intention de plus faire (3); laquelle fortification
« seroit moult prouffitable a Nous, nos successeurs, aus
« dicts habitans et à la chose publicque et à tout le pays
« d'environ; mais ilz ne pourroient d'eulx mesmes four-
« nir a parachever les dictes choses sans nostre bon ayde,
« en nous humblement requerant que consideré que en
« nos dicts chastel et ville sont plusieurs hommes et
« femmes demourans dont les aulcuns sont nobles, les
« aultres clercs ou privilégiés, et les aultres nos hommes
« et femmes de condition en nostre adveu, les quels

(1) St-Cyr.
(2) Nous ne savons de quelle chapelle il est ici question. C'est peut-être St-Jean, qui, jadis *extrà muros*, a été enfermée dans l'enceinte des murs et probablement à cette époque. A moins que ce ne soit une chapelle dont il reste des vestiges dans la maison de feu M. le président Barré, tout près du lieu où se trouvait jadis la Porte aux Bœufs.
(3) Une bonne partie des murailles date donc de cette époque. Nous pensons qu'il s'agit ici principalement de la portion de murs longeant le fossé de Villate et la Croix de Pierre, c'est-à-dire, comprise entre la Porte Villate et la tour *Galleuse*, qui était à l'angle de la rue des Guédons, la ville ayant été agrandie de ce côté, et la Porte aux Bœufs supprimée.

« esfans en notre dict adveu, peuvent et leurs enfans
« faire clercs et privilegiés et en yssant de nostre dict
« adveu, se peuvent mettre en bourgeoysie, en payant
« l'advenage deu à la chappelle Taillefer (1), et yssir
« toutes foys que bon leur semble et de leur propre vou-
« lenté ; combien que quand aulcun ou aulcuns de nos
« dicts hommes ou femmes vont de vie a trespassement
« sans enfans ou prouchains parents demourans avec
« eux et estans en nostre dict adveu, la Mortaille nous
« en appartiengne, sans que en leurs vies nous doivent
« aulcun debvoir, fors deux deniers tournoys, en signe
« d'adveu ; lequel droit de Mortaille qui nous est de peu
« de valleur et ne monte mye oultre la somme de vingt
« à vingt-six livres tournoys de bonne monnoye, par
« communes années, l'une portant l'aultre : pour occa-
« sion de ce que dict est, ainsi que sur ce sommes
« suffisamment ascertenez, se il étoit mis jus et nos dicts
« hommes et femmes de condition fussent quictes, ma-
« numis et affranchis, et pourroit estre et seroit cause
« que plusieurs estrangiers vendroient demourer et ha-
« biter en nos dicts chastel et ville, pourquoy icelle ville

---

(1) La chapelle *Taillefer* était peut-être une chapelle fondée par Roger *Taillefer*, le plus ancien seigneur d'Issoudun, dont le nom nous soit parvenu. Elle était, à ce qu'il paraît, collégiale, mais où était-elle située ?

Suivant Renaudon, déjà cité, « le droit d'avenage était un droit consistant en quelque redevance en avoine due aux seigneurs dans quelques coutumes, à cause des droits d'usage ou de pacage, par eux accordés aux habitants de leurs seigneuries, dans les bois et les terres qui en dépendaient. Dans quelques coutumes locales de Berry, ajoute-t-il, comme Mehun, Linières, l'avenage est un droit qui se paie à cause de la bourgeoisie. Les chanoines de la chapelle de Taillefer ont longtemps plaidé contre les habitants d'Issoudun pour ce droit d'avenage.

« en seroit plus tost rediffiée, fermée, emparée et mise
« en estat, qui seroit chose moult prouffitable à Nous,
« nos successeurs et à toute la chose publicque ; il nous
« plaise sur ce pourveoir de nostre grace et remede. Pour-
« quoy, Nous, ces choses considérées, la grant et vraye
« obeïssance et loyaulté des dicts supplians, qui tousdis
« ont tenu nostre party sans varier et les grans pertes et
« excessifs dommaiges qu'ils ont eu et ont a supporter a
« l'occasion des dictes guerres, le grand bien et utilité
« de Nous et de la chose publicque et moyennant ce que
« les dicts habitants ont finé, composé et acheté de Nous
« le dict droict de Mortaille pour le prix et somme de
« deux mil liv. tournoys, laquelle somme ilz ont payée
« et baillée pour Nous reaulment et de faict, a nostre amé
« et féal thresorier general Macé Heron, et de laquelle
« somme nous sommes contents, satisfaits et bien payés
« et autres causes justes et raisonnables ad ce nous
« mouvans, eu sur ce meure délibération et advis en
« nostre grand conseil : aus dicts supplians et a nos dicts
« hommes et femmes de condition demourans a present
« et qui ou temps advenir demourront dedans la mu-
« raille et fermeture de nos dicts chastel et ville, pour
« eulx et leurs successeurs, avons donné, quicté et
« remis, donnons, quictons et remettons perpetuellement
« et a tousjours, de nostre certaine science, grace espe-
« ciale et authorité royale par ces presentes, tout le
« droict de Mortaille qui nous appartient, puet ou pourra
« appartenir en la maniere dessus dicte ; et iceux nos
« hommes et femmes de condition, leurs heritiers, en-
« fans, successeurs, et ayans d'eulx cause, et chascun
« d'eulx, avons manumis, quicté et absolz, manumettons,
« quictons et absollons de tout joug et lien de servitute,

« sans en riens excepter, retenir ou reserver pour nous
« ou nos successeurs, en quelque maniere que ce soyt
« ou puist estre, en les restituant à toute ingenuité ou
« natalité ; et voulons, octroyons et nous plaist que les
« parens de ceulx qui dores en advant iront de vie a
« trespassement leur puissent succéder, ayent et prei-
« gnent la succession les ungs des aultres, comme fran-
« ches personnes, clercs ou bourgeoys d'ancienneté,
« sans ce que iceulx supplians, leurs successeurs ou ayans
« cause d'eulx ne aulcuns d'eulx soient tenus ores ne
« pour le temps advenir pour ce payer a Nous ne à nos
« successeurs aulcune finance ou debvoir, oultre la dicte
« somme de deux mil livres tournoys que pour ce nous
« ont payée comme dict est : promettans en bonne foy
« garentir et deffendre, ou faire garentir et deffendre
« par nos procureurs, gens, ou officiers, les choses dessus
« dictes aus dicts supplians et achepteurs envers tous et
« contre tous, en jugement et dehors jugement, fran-
« chement et quictement, de touts empeschemens et
« charges quelzconques, et iceulx empeschemens faire
« oster et mettre au neant touttefois que mys y seront
« par quelconque personne que ce soit ; et mandons par
« ces mesmes presentes a nos amez et feaulx les gens de
« nos comptes, a nostre bailly de Bourges, procureur et
« recepveur et a touts nos aultres justiciers ou officiers
« ou a leurs lieuxtenans presens et advenir, et a chascun
« d'eulx si comme a luy appartendra, que de nos pré-
« sentes grace, quictance, remission, manumission,
« restitution, composition, vendition et octroy, facent,
« seuffrent et laissent joyr et user purement, pleinement
« et perpetuellement dores en advant les dicts supplians
« et leurs successeurs et chascun d'eulx en tant que a

« chascun touchera, selon la teneur de ces presentes,
« sans les travailler ou molester, ne souffrir estre tra-
« vaillez ou molestez aulcunement, au contraire ; ains
« s'il advient que aulcuns empeschemens débats ou con-
« troverses se meuvent ou soient mis esdicts supplians
« et achepteurs, au regard des choses dessus dictes, leurs
« circonstances et despendances, voulons et nous plaist
« et par ces mesmes presentes mandons et expressement
« enjoignons a nos dicts procureurs et aultres officiers
« et a chascun d'eulx, si comme a luy appartendra, que
« ilz les facent cesser, oster et mettre au néant entiere-
« ment au prouffit des dicts supplians et achepteurs ; et
« a nostre dict procureur, qu'il en nostre nom preigne
« la garentie, faict et deffense de la cause ou causes et
« procez, pour et en lieu des dicts supplians et achep-
« teurs, toutes les foys que mestier sera et par eux en
« sera requis. Et afin que ce soit chose ferme et estable a
« tous jours, Nous avons fait mettre notre seel a ces
« presentes. Sauf en aultres choses notre droict et l'aul-
« truy en toutes.—Donné à Bourges, au mois de Juillet,
« l'an de grâce mil quatre cens et vingt troys, et de nos-
« tre regne le premier. Par le Roy en son grand conseil.
« T. DELUCE.

PLUS BAS EST ÉCRIT :

« *Visa, expedita in camerâ Compotorum Domini nostri*
« *Regis die nonâ mensis Julii anno Domini millesimo*
« *quadringentesimo vicesimo tertio, mediante finantiâ so-*
« *luta, prout in serie et registrata libro cartarum hujus*
« *temporis, folio 37.* P. DE TOUSSY. »

Ainsi, d'après la propre déclaration du roi, les hommes et femmes *de condition*, c'est-à-dire sujets à l'*aveu*, pouvaient toujours s'en affranchir, en acquérant la bourgeoisie au moyen de *l'avenage*, ou en se faisant moines ou clercs. Il leur vend donc la main-levée d'un droit auquel ils pouvaient se soustraire, et encore leur présente-t-il cette vente comme une faveur et un dédommagement des maux qu'ils ont souffert *pour sa cause.* Mais il fallait faire de l'argent, et nous reconnaissons qu'il n'avait pas une grande latitude dans le choix des moyens.

N'ayant plus rien à vendre à la ville d'Issoudun, il la vend bientôt elle-même, ou du moins il la met en gage, pour le bien de son service.

Les Anglais, maîtres de La Charité, faisaient de là des courses continuelles dans le Berri. Afin de garantir cette frontière, et, dans la crainte qu'en s'emparant de Sancerre ils ne devinssent maîtres d'une position importante en deçà de la Loire, Charles VII somma, en 1424, le comte Béraud de lui remettre cette place, ainsi que les châteaux de Montfaucon, Vailly, Charpignon et Sagonne, pour les garder et y mettre garnison. Le seigneur de Sancerre consentit à livrer au roi toutes ses places pour toute la durée de la guerre, et il reçut à titre d'indemnité et de garantie la jouissance des « château, ville et châtellenie d'Issoudun, avec le revenu du grenier à sel de ladite ville et 4,000 livres tournois de rentes sur quelques petites villes du Dauphiné. »

En 1430, la seigneurie d'Issoudun passa à André de Villequier, nous ne savons trop à quel titre; mais il y a tout lieu de croire que ce fut comme nantissement de quelque emprunt. En tout cas, le nouveau seigneur se mit peu en peine, ou fut peu capable de défendre son acquisition, car on voit, en 1435, les habitants d'Issoudun, saisis d'une juste frayeur à l'approche de Rodrigue de Villandrado, prendre des mesures extrêmes pour garantir leur cité contre ce redoutable partisan. C'était l'un des plus puissants capitaines de ces bandes de malandrins, qu'on appelait « les Grandes Compagnies » et qui remplaçaient alors les armées régulières, en se mettant au service des princes ou des partis assez riches pour les payer. Rodrigue cherchait alors fortune, s'il n'était à la solde des Anglais, et la terreur de son nom le précédait de loin. Les Issoldunois résolurent de lui fermer à tout prix l'entrée de leur ville. On décida, avec l'assentiment du roi, d'abattre toutes les constructions extérieures jusqu'à 40 toises des murs de la ville, afin d'en dégager les abords. Deux maisons du faubourg Saint-Paterne furent ainsi renversées, « en manière que les gens d'armes ne y puissent estre ne demourer a couvert. » Rodrigue, en effet, ne pénétra pas dans la ville. Peu de temps après, il entra au service de Charles VII.

Le roi s'attacha également un autre chef de bandes, un autre capitaine espagnol, non moins fameux que le premier, Juan de Salazar, dit le *grand Chevalier*, qui fit depuis une fortune brillante à la cour et occupa de hauts emplois sous Charles VII et sous Louis XI. Le prix du marché fut une somme de 6,000 livres tournois que Charles *lui promit*. Pour garantie du payement, il lui donna la ville et châtellenie d'Issoudun. Salazar resta jusqu'à sa mort, arrivée en 1479, en possession de cette place, qui devint son quartier-général, et qu'il protégea efficacement contre les incursions des anglais.

Pendant ce temps, Charles VII fit de fréquents séjours à Issoudun et le *Logis du Roy* y fut souvent témoin des fluctuations et des inconséquences de ce prince faible, irrésolu, sans caractère, et, il faut bien le dire, sans cœur. Charles était le jouet de toutes les influences; on captait aisément sa confiance et son affection, mais on les perdait avec la même facilité. Ami la veille, ennemi le lendemain, entre la faveur et la disgrâce, près de lui, il n'y avait point de transition. Les services les plus éminents, les dévoûments les plus sublimes étaient tout-à-coup oubliés; heureux quand on n'obtenait pas pour récompense des outrages et des persécutions. Jeanne d'Arc, Jacques Cœur, Agnès Sorel, Giac porteront un témoignage impérissable de sa lâche ingratitude.

Pierre de Giac, trésorier de l'épargne et ministre intime, jouissait près du monarque de cette faveur sans bornes, mais aussi sans racines, dont hérita depuis l'infortuné Jacques Cœur. Il était en conséquence un objet d'envie et de haine pour les autres courtisans. Parmi ses ennemis se distinguaient, au premier rang, La Trémouille qui convoitait sa place et le connétable de Richemont, ministre plus absolu que le roi et à qui tout faisait ombrage; ils conjurèrent la perte du favori.

Au mois ne janvier 1426, Richemont, accompagné du sire de La Trémouille et du sire d'Albret, vint à Issoudun où était Charles VII, sans se faire annoncer. Mais laissons parler Guillaume Gruel, le chroniqueur d'Arthus de Richemont : « En après, monseigneur le connes-
« table vint devers le roy à Issoudun, et par le conseil
« de la royne de Secile et de tous les seigneurs, ou la
« plus part, réservés Bourbon et Foix, il print le dit
« Giac en la ville d'Issoudun. Il se fit apporter les clefs,
« et dit qu'il vouloit aller à Nostre-Dame du bourg de
« Déolz, dès le point du jour. Et comme son prestre vou-
« loit commencer la messe tout revestu, on lui vint dire
« qu'il estoit temps; et laissa le prestre tout seul, et s'en

« vint lui et les gens de sa maison et ses archers là où
« estoit couché ledit Giac; et montèrent contremont; si
« rompirent l'huys, et ledit Giac demanda que c'estoit.
« L'on lui dit que c'estoit le connestable; et lors il dit
« qu'il estoit mort. Et madame sa femme se leva, toute
« nue; mais ce fut pour sauver la vaisselle. Et incon-
« tinent on fit monter ledit Giac sur une petite haquenée;
« et n'avoit que sa robe de nuict et ses bottes; et fut tiré
« à la porte.

« Et incontinent le bruit fut devers le roy. Si se leva,
« et vindrent les gens de sa garde à la porte; et mon dit
« seigneur le connestable leur dit qu'ils ne bougeassent;
« et leur commanda s'en aller, et que ce qu'il faisoit es-
« toit pour le bien du roy. Si se rendit à lui, à la porte,
« Alain Giron, qui avoit cent lances, et estoit assez près
« en embusche, et s'en alla conduire Giac ; et aussi fit
« messire Robert de Montauban, et beaucoup d'autres
« gens de mondit seigneur. Et fut mené le dit Giac à
« Dun-le-Roy, qui pour lors estoit en la main de mon
« dit seigneur. Puis après tira mon dit seigneur le con-
« nestable à Bourges, et mondit seigneur de la Trimouil-
« le avec lui. Et incontinent mon dit seigneur fit faire
« le procès du dit Giac *par son bailly* de Dun-le-Roy, et
« autres gens de justice. Et confessa tant de maux que
« ce fut merveilles, entre lesquels la mort de sa femme
« toute grosse, et le fruit dedans. Et outre, confessa qu'il
« avait donné au diable l'une de ses mains (1), afin de le

---

(1) Il est à remarquer que, lorsqu'on ne savait de quoi accuser les gens, on les accusait de magie et de commerce avec le diable ; et, comme c'était un grief dont il leur était difficile de se justifier, la condamnation était infaillible ; c'est ce qu'on remarque dans le procès de la Pucelle et dans celui de Jacques-Cœur.

« faire venir à ses intentions. Et quand il fut jugé il
« requeroit pour Dieu qu'on lui coupast la dite main
« avant de le faire mourir. Et offroit à monseigneur le
« connestable, s'il lui plaisoit lui sauver la vie, de lui
« bailler comptant cent mille escus, et lui bailler sa
« femme, ses enfants et ses places à ostages; et de jamais
« n'approcher du roy de vingt lieues. Et mon dit sei-
« gneur respondit que s'il avoit tout l'argent du monde
« qu'il ne le laisseroit pas aller, puis qu'il avoit desservy
« (mérité) la mort. Et envoya un bourreau de Bourges
« pour l'exécuter; et le mena Jean de la Boessière. Ne
« demandez pas si le roy fut bien courroucé; puis après
« tout le monde s'embesongnoit à faire l'appointement;
« mais le roy bien informé du gouvernement et vie du
« dit Giac, fut très content. »

Voici comment le fait est raconté dans la chronique anonyme de la Pucelle : « Le roy s'en vint après à Ys-
« soudun; et estoit avec lui le seigneur de Giac, qui es-
« toit bien hautain; et disoit-on que le roy l'aimoit fort,
« et qu'en effet il faisoit ce qu'il vouloit, dont les choses
« alloient très mal. » — « Le roy fit une fois assembler ses
« trois états à Mehun-sur-Yèvre............ Les seigneurs
« de Lignières et de Culant, qui avoient noise et desbats
« ensemble, estoient ajournés au dit lieu de Mehun, où
« le roy leur avoit donné jour. Et estoient pour lors à la
« cour les comtes de Foix et de Comminges, ayant quan-
« tité de capitaines et gens d'armes de leurs pays; et si
« y estoit le seigneur de La Trimouille, lequel soustenoit
« Culant, et Giac soustenoit Lignières. Or, advint un
« jour qu'on parloit en la présence du roy du desbat
« entre les dites parties, Giac parla bien hautainement,
« en chargeant en aucune manière le seigneur de La

« Trimouille; et en multipliant les paroles de part et
« d'autre, il advint que La Trimouille desmentit Giac;
« dont le roy, à sa suggestion, fut très mal content. Puis
« le dit de La Trimouille partit du chasteau; car le comte
« de Foix, qui avoit espousé sa sœur de mère, lui manda
« qu'il en partist bientost ou qu'il auroit desplaisir; et il
« s'en vint hastivement à Yssoudun, et le lendemain à
« Sully, là où il se tint pour aucun temps se doubtant
« tous jours qu'il ne lui survinst quelque grand empes-
« chement; car Giac excitoit fort le roy à faire quelque
« desplaisir au seigneur de La Trimouille. Et aussi d'au-
« tre part, le dit de La Trimouille et le connestable con-
« sidérants que le dit de Giac avait fait de l'argent de
« la taille dessus dite ce que bon lui avoit semblé, et
« l'avoir dissipé, sans en employer comme rien à résis-
« ter aux ennemis, pensoient tous jours aux moyens
« comme ils le pourroient oster d'auprès le roy. Enfin,
« au mois de janvier, au dit an, le roy estant à Yssou-
« dun, et le dit de Giac ne se doubtant de rien, les dits
« connestable et de La Trimouille entrèrent à un point
« du jour dedans le chasteau, et vindrent jusques à la
« chambre du dit Giac, dont ils rompirent l'huys, le
« prindrent en son lit, et le menèrent à Bourges, et des-
« puis à Dun-le-Roy, où ils le firent examiner par un
« homme de justice *qui estoit à la disposition du connes-*
« *table* sur le fait des susdites finances prinses; sur quoy
« il en confessa bien et largement. Et pour ce qu'il es-
« toit aucune renommée qu'il avoit par poisons fait mou-
« rir sa femme, en intention d'avoir en sa place dame
« Catherine de Lisle-Bouchart, belle et bonne dame (la-
« quelle avoit esté au paravant mariée à messire Hugues
« de Chalons, comte de Tonnerre), on l'interrogea sur

« sur ce cas, et il le confessa, avec autres choses, ainsi
« qu'on disoit : parquoy il fut jetté et noyé dans la ri-
« vière, puis son corps fut tiré de l'eau, et baillé à aucuns
« de ses gens pour enterrer. »

Peu de temps après cette scène tragique, La Trémouille était en possession des charges de feu Pierre de Giac, et marié avec sa veuve, Catherine de l'Isle-Bouchard, cette *belle et bonne dame*, qui épousait en troisièmes noces le meurtrier de son époux. Charles VII, *très-content* de ce qu'on lui avait dit, ne s'inquiétait pas de ce qu'était devenu son favori, et pas la moindre enquête ne fut ordonnée sur cet abominable assassinat. Ce ne fut qu'en 1445 que Louis de Giac, fils de l'infortuné Pierre, d'un premier lit, intenta une poursuite criminelle contre Louis de La Trémouille et Catherine de l'Isle Bouchard, touchant l'homicide commis sur la personne de son père et la restitution des biens qui lui avaient été pris.

Lorsque ses affaires commencèrent à se rétablir, Charles, voulant honorer sans doute sa bonne et féale ville d'Issoudun, la donna en apanage à......... sa maîtresse; Salazar, qui possédait la châtellenie, n'étant titulaire que par engagement. La tendre Agnès, pour prix de ses bons et loyaux services, déjà dame de Beauté-sur-Loire, fut faite dame d'Issoudun, de Vernon et autres lieux. Quelque temps après, elle se retirait tristement à l'abbaye de Jumièges, déplorant l'indigne abandon de celui dont elle avait été pendant vingt ans l'amie la plus dévouée et le plus sage conseiller.

Charles VII, se trouvant à Issoudun, en 1447, permit, mais on ne dit point si ce fut moyennant finance (*mediante finantiâ*), aux habitants de combler le fossé qui séparait la ville du château, mais à la condition de n'y point bâtir. Cette prohibition a été respectée jusqu'à nos jours. Une partie de ce fossé est aujourd'hui occupé par la *Petite-Place* ou Place d'armes.

Par lettres données à Issoudun à la même époque, il confirma la donation que fit Renaud de Chartres à Ysabeau, sa mère, de la châtellenie de Vierzon. Cette châtellenie avait été vendue par Charles VII, dans un pressant besoin, à Renaud de Chartres, archevêque de Reims, moyennant la somme de 16,000 livres.

En 1450, fut faite la première distraction du bailliage d'Issoudun, pour l'érection du comté de Blois, en faveur de Charles, duc d'Orléans et de Milan. On en retrancha les villes de Celles, Saint-Aignan, Vatan, Valençay et Levroux et cette séparation fut confirmée par **Louis XII**, son fils, à son avènement à la couronne.

Louis XI, que l'histoire a peut-être trop sévèrement jugé, parce qu'il fut l'ennemi des castes pour lesquelles l'histoire était écrite, n'en fut pas moins le monarque pour lequel la France moderne doit avoir le plus de reconnaissance. Élevé à la cour de son père, n'ayant sous les yeux que de mauvais exemples, Louis vécut, quoiqu'on en ait dit, chaste et sobre. Révolté des empiétements croissants des seigneurs qui, sous son faible père, ne connurent plus de frein et ne tendaient à rien moins qu'à étouffer la royauté pour se partager la puissance souveraine, il jura de bonne heure d'abattre cette hydre aux mille têtes. S'il fut le juge implacable et l'exécuteur sans pitié des Saint-Pol, de Nemours et d'autres tyrans féodaux, il fut l'ami de Jacques Cœur, dont il ordonna la réhabilitation, de Jean Bureau, de Poncet de la Rivière et de tous les hommes honnêtes et supérieurs de son temps; il choisit ses agents et ses ministres là où il trouva l'intelligence, la fidélité, le dévouement, sans égard au rang ou à la naissance. L'émancipation intellectuelle de la France date de Louis XI ; protecteur des lettres et des hommes éclairés, il fonda plusieurs universités et notamment celle de Bourges, qui devint une des premières de l'Europe ; il fut le créateur des postes, ce grand véhicule de la pensée, du commerce, de l'industrie, de la politique, de la civilisation ; il voulait pour tout le royaume l'uniformité des *Coutumes* ; il avait préparé celle des monnaies, des poids et des mesures. Il eut, en un mot, comme la prescience et l'instinct de toutes nos institutions modernes. L'histoire, dépouillée enfin de ses vieux préjugés et de ses traditions routinières, jugeant l'homme par ses actes et non par les attestations d'écrivains plus ou moins intéressés, ne doit pas hésiter à lui rendre la place qui lui appartient parmi les plus grands rois de la France.

Louis XI était né à Bourges et il avait été élevé dans le Berri, au milieu des circonstances les plus calamiteuses de notre histoire. Il fit, dans ses jeunes ans, de fréquens séjours à Issoudun et s'ébattit souvent, à l'abri de nos murs, au milieu des enfants du pays. Aussi conserva-t-il un bon souvenir des lieux témoins de sa jeunesse (1). Non seulement il confirma tout ce que ses prédécesseurs avaient fait en faveur d'Issoudun, mais il fut le seul qui sut récompenser utilement cette loyauté inaltérable que nos rois ont toujours admirée, mais qu'ils n'ont guères payée qu'en stériles honneurs.

Les habitants d'Issoudun ne conservaient pas moins d'affection pour Louis, et lorsque ceux de Bourges pri-

---

(1) Louis XI eut toute sa vie une dévotion particulière à Notre-Dame d'Issoudun.

rent parti pour le duc de Berri, son frère, et pour la *Ligue du bien public*, les Issoldunois lui envoyèrent à Amboise une députation prise parmi les notables de la ville pour lui rappeler qu'ils avaient toujours été fidèles à son parti, et l'assurer qu'ils étaient prêts à mourir pour son service. Le roi fut touché de ce dévouement, et leur promit de leur accorder tout ce qu'ils pourraient désirer. Aussi profitèrent-ils de l'occasion et présentèrent une requête qui leur tenait fort à cœur.

Issoudun possédait de temps immémorial des foires où se faisait un commerce considérable, et qui, attirant de fort loin les étrangers et les marchands, rapportaient périodiquement dans le sein de notre cité un nouveau tribut de richesses; c'était en même temps une source considérable de revenu pour le fisc. Mais divers privilèges et immunités accordés par Charles VII aux foires de Bourges, avaient fait grand tort à celles d'Issoudun, et les habitants réclamaient pour leur ville des avantages au moins égaux à ceux dont jouissaient leurs voisins. Louis XI mit un véritable empressement à répondre à leurs désirs; il leur fit, sans désemparer, expédier des lettres-patentes dans la forme et teneur suivantes :

« Loys, par la grâce de Dieu, roy de France, à tous
« ceux qui ces presentes lettres verront, salut. Avons
« receu l'umble supplication de nos chiers et bien amez
« les bourgeoys, manans et habitans de nostre ville d'Yssouldun, contenant qu'ils ont accoustumé des longtemps
« avoir et tenir en nostredicte ville d'Yssouldun sept
« foyres l'an, c'est assavoir : au premier jour de may,
« à la Saint Jehan Baptiste, à la Madelaine, à Nostre-
« Dame de septembre, à la feste St. Denis en octobre, à
« la feste Ste. Catherine en novembre, et à la my cares-

« me; durant chascune foyre le jour et lendemain d'i-
« celles : au moyen desquelles icelle nostredite ville,
« laquelle sans grande frequentation de peuple ne se
« puet bonnement entretenir ne remettre sus, pour
« ce qu'il n'y a point de rivière portant navire ne grand
« trespas (1) s'est iusques à icy tellement quellement en-
« tretenue, et soit ainsy que puis aulcungs ans feu nostre
« très chier seïgneur et père, que Dieu absoille, ait
« donné et octroyé certain affranchissement aux foires
« ordonnees et establies en nostre ville de Bourges, au
« moyen duquel affranchissement les dictes foires esta-
« blies en nostre dicte ville d'Yssouldun sont tournées
« comme du tout en non valoir pourceque les habitants
« dudict pays les dellaissent pour aller à celles dudict
« lieu de Bourges, en grande diminution de la chose
« publicque d'icelle nostredicte ville d'Yssouldun, et
« seroit plus se nostre grace ne leur est sur ce impartie,
« comme ils disent, requerans humblement que, attendu
« que lesdits supplians et tous les habitans d'icelle nostre
« dicte ville d'Yssouldun ont tousiours esté bons, vrays
« et loyaulx obeissans envers nous et la couronne de
« France et tenu nostre party quelque temps qui ait
« couru et sont delliberez de vivre et mourir en icelluy
« ainsy qu'ilz nous ont faict sçavoir par aulcungs nota-
« bles de la dicte ville qu'ilz ont pour ceste cause en-
« voyez devers nous, jaçoit que la dicte ville de Bourges
« tienne pour le présent party à nous contraire, il nous
« plaise leur octroyer affranchissement pour les dictes

---

(1) Transit, Passage. — Les besoins d'Issoudun sont encore aujourd'hui les mêmes. Il y a là toute une leçon pour nos modernes économistes.

« foyres establies en icelle nostre dicte ville d'Yssouldun
« tel qu'il a esté par nostre dict feu seigneur et père a
« celles de la dicte ville de Bourges. Sçavoir faisons que
« nous, ces choses considérées, et la bonne loyaulté
« obeissance et grande affection que ont tousiours heu
« et ont lesdicts habitans d'Yssouldun envers nous et la
« couronne de France, ainsy qu'ilz ont monstré et mons-
« trent par effect en resistant pour nostre bonne querelle
« contre tous nosdicts adversaires estans en la dicte
« ville de Bourges et aultre part, voullans en recong-
« noissance de ce et affin que aultres en semblable cas
« y pregnent exemple, pour ces causes et considérations
« et aultre a ce nous mouvans, avons octroyé et octroy-
« ons aus dicts bourgeoys, manans et habitans d'Ys-
« souldun que tous les marchands et aultres qui dores
« en advant iront et frequenteront ès dictes foires ordon-
« nees et establies ès jours dessus dicts en nostre dicte
« ville d'Yssouldun pour eulx et leurs marchandises,
« joyssent et usent de telles et semblables franchises,
« privileges et exemptions en allant, demourant et retour-
« nant ès dictes foires d'Yssouldun que font et feront
« ceulx qui iront et fréquenteront ès dictes foyres ordon-
« nees et establies en nostredicte ville de Bourges et les
« dictes foyres d'Yssouldun ensemble les dicts marchands
« et aultres frequentans icelles, ensemble leurs denrées
« et marchandises, avons affranchi et affranchissons de
« grace spéciale par ces presentes, tout ainsy et par la
« mesme forme et manière que ont esté et sont celles de
« nostre dicte ville de Bourges. Sy donnons en mande-
« ment a nos amez et feaulz les generaux conseil-
« lers, etc.

« Donné en nostre chastel d'Amboise, le vingt uniesme

« jour d'apvril l'an de grace mil quatre cens soixante
« et cinq. »

Cette charte est souscrite par le roi, le comte de Foix, le patriarche de Jérusalem, les comtes de Candalle et de Comminges, les sieurs Dulau, de Rozières et autres présens et contresignée : DE LA LOERE.

Les envoyés d'Issoudun repartirent triomphants, munis de cette précieuse pièce, et, quelques jours après, Louis XI s'étant rendu de sa personne à Issoudun, y fut accueilli avec enthousiasme. Il y plaça une forte garnison et marcha sur Bourges avec Salazar, qu'il s'attacha comme conseiller, écuyer et capitaine de cent lances de ses ordonnances, et dans la valeur duquel il avait une telle confiance, qu'il le nomma pour commander l'avant-garde de son armée à la bataille de Montlhéry où la ligue fut vaincue.

Aux sept foires *franches* mentionnées ci-dessus, Louis XI en ajouta une huitième également franche appelée la foire de Saint-Paul, lorsqu'en 1471, il revint visiter la ville d'Issoudun.

Délivrée des Anglais, cette ville parait avoir joui, sous ce prince, d'une paix qui ne fut pas troublée et avoir atteint le plus haut point de son importance et de sa prospérité. C'est ce qu'on pourrait inférer de diverses observations et notamment de ce fait que Louis XI lui conserva la perception des *douze deniers*, qui remplaçaient la taille pour les villes franches les plus considérables, fait qu'on peut rapprocher du suivant :

En 1467, la ville d'Issoudun envoya trois députés aux Etats-Généraux, tenus à Tours, un ecclésiastique et deux laïques.

Louis XI expédia, en 1477, un commissaire en Berri,

pour y lever 40,000 livres de subsides; mais il y mit cette clause : *à l'exception de nos villes de Bourges et d'Issoudun qui sont franches.* Toutes les autres commissions de son règne, depuis l'an 1461, contiennent la même réserve.

Salazar étant mort en 1466, l'année suivante, Louis XI donna la *capitainerie* ou gouvernement d'Issoudun, ainsi que le revenu de cette ville, à Frédéric d'Aragon, prince de Tarente, qui fut depuis roi de Naples et de Sicile, puis détrôné, et qui mourut de chagrin, dans le duché d'Anjou dont le roi Louis XII l'avait investi. Anne de Savoie, son épouse, mourut au château de Paudy, bâti par les anciens princes d'Issoudun, et fut enterrée à l'abbaye Notre-Dame, le 3 avril 1480.

Charles VIII hérita des sentiments de son père en faveur des habitants d'Issoudun. En 1483, ceux-ci estimant que les déclarations de *franchise*, qui existaient à leur égard n'étaient pas suffisantes, se pourvurent auprès du roi, qui, par un édit daté d'Amboise, le 6 avril 1483, reconnaît que cette ville est *franche de tailles*, veut et entend que les habitants en soient exempts à l'avenir.

Sous ce prince, dont le règne fut trop court, on vit arriver à Issoudun un illustre prisonnier. Le duc d'Orléans, premier prince du sang, qui fut depuis roi de France, sous le nom de Louis XII, ayant embrassé le parti des seigneurs révoltés contre le roi, avait été fait prisonnier à la bataille de Saint-Aubin-du-Cormier et envoyé, par ordre de Charles VIII, au château de Lusignan. On l'amena de là à Issoudun, et il fut ensuite transféré à la Grosse-Tour de Bourges, où il resta enfermé pendant deux ans.

Le même Charles VIII réorganisa la commune d'Issoudun, par lettres données à Savigny au mois de juillet 1492. Il permit aux habitants d'ajouter deux gouverneurs aux deux qu'ils avaient coutume d'élire annuellement. De ces quatre gouverneurs, ou échevins, l'un était pour le château, et les trois autres pour la ville et les faubourgs.

La population d'Issoudun devait être alors considérable, si l'on en juge par la proportion suivante: Paris fournit *mille* hommes pour son contingent de guerre et la ville d'Issoudun en fournit *cent*. Ce qui établit le rapport de un à dix entre ces deux villes; or, à cette époque, la population de Paris pouvait être de 250 à 300,000 âmes.

En 1497, une peste ou épidémie effroyable désola le Bas-Berri. Les habitants s'enfuirent et se dispersèrent de tous côtés. Le fléau emporta 3,000 personnes dans la seule ville d'Issoudun.

Louis XII, à son avènement, confirma, par lettres de Paris, du mois de juillet 1498, les franchises et immunités d'Issoudun. Mais il plaça cette ville sous un odieux patronage; il la donna au trop célèbre César Borgia, qu'il avait déjà fait duc de Valentinois, ce cardinal défroqué, ce fils immonde d'un pape sacrilége, cet amant incestueux de la fameuse Lucrèce Borgia, sa sœur, cet assassin de son propre frère, ce monstre souillé de vices et de crimes, dont on ne peut prononcer le nom sans horreur. Ce fut, en apparence, la récompense du secours que le roi en avait reçu dans ses guerres d'Italie, mais en réalité le prix des soins que César donna à la rupture du mariage de Louis avec l'infortunée Jeanne de France.

Ainsi la ville d'Issoudun fut, sous les Valois, une monnaie courante dont on paya toutes sortes de services.

Elle n'en fut pas moins, à la fin du XVe siècle, riche, peuplée et florissante à l'ombre de la paix, ou au moins loin du théâtre de la guerre. Avec le XVIe siècle, la face des choses va changer. Elle va conquérir de nouveaux titres d'illustration; mais elle subira par contre de nouvelles calamités et sera en proie à la plus affreuse de toutes, la guerre civile.

CHAPITRE X.

XVIᵉ siècle. — Incendie. — François Iᵉʳ. — Les deux Marguerite. — Période littéraire. — Beau langage. — Les glorieux d'Issoudun. — Abolition des grands jours. — Mystère de la Passion. — Réforme de l'Abbaye. — Le gardien des Cordeliers. — Exemption de garnisons. — Arrêt du Parlement. — Etats généraux. — Jean de de Touzelles. — Protestans d'Issoudun. — La populace. — Montgommery. — D'Ivoy. — Sarzay. — Siège d'Issoudun. — Guerres de religion. — Charles IX. — Jean et François Arthuis. — Remontrances des Catholiques d'Issoudun. — Destruction du temple protestant. — Meurtre de Du Jon. — La St. Barthélemi.

Le XVIᵉ siècle s'inaugura à Issoudun par un nouvel incendie. Le dimanche 7 juillet 1504, le feu se déclara dans la demeure d'un des principaux citoyens de la ville, nommé Marc Avignon, et s'étendit avec une effrayante rapidité, avant qu'on eût pu apporter des secours, qui, à cette époque, étaient assez mal organisés. Plus de deux cents maisons furent la proie des flammes. Cependant, telle était la richesse ou du moins l'aisance générale des habitants que ce désastre fut bientôt réparé.

L'an 1515, le roi François Iᵉʳ étant parvenu au trône, confirma comme ses prédécesseurs les priviléges de la ville d'Issoudun, ce qui fut solennellement renouvelé par tous ses successeurs jusqu'à Louis XV.

Le règne de ce prince fut, comme on sait, pour la France un nouveau siècle d'Auguste. Les lettres et les arts y refleurirent, et cette époque, connue sous le nom de *la Renaissance*, conservera une place éclatante dans l'histoire. Ce fut pour le Berri, en général, mais pour Issoudun, en particulier, une période de progrès et de raffinement, nous oserons même dire une période littéraire. Deux causes analogues ou plutôt identiques dans leur principe, dans leurs circonstances, dans leurs effets, paraissent avoir contribué surtout au développement de ce mouvement intellectuel au sein de notre ville. Deux femmes, deux princesses, deux Marguerite, furent les deux muses dont s'inspira le génie de nos concitoyens.

Un des premiers actes du règne de François Ier fut de donner le duché de Berri en apanage à Marguerite, sa sœur, veuve de Charles d'Alençon, connétable et premier prince du sang. Cette princesse, aussi remarquable par son esprit que par sa beauté, et qui a laissé son nom à la plus gracieuse fleur de nos jardins, avait été élevée à la cour de Louis XII, dont elle faisait le charme et l'ornement; elle était tendrement chérie de son frère, qui ne l'appelait autrement que *sa mignonne*, et elle ne contribua pas moins que lui à donner en France cette vive impulsion aux sciences, aux lettres et aux arts dont ils avaient, l'un et l'autre, puisé le goût en Italie. Poète elle-même, esprit fin et délicat, savante, auteur de l'*Heptameron* et de diverses œuvres qui la rendirent depuis si célèbre sous le nom de la *Reine de Navarre*; on l'avait surnommée la dixième Muse. Elle avait une cour assidue, composée de tous les beaux esprits du temps, à qui elle donnait elle-même le ton et l'exemple.

Le 12 mars 1517, les commissaires du roi vinrent prendre possession de la ville, châtel, châtellenie et juridiction d'Issoudun, au nom de la nouvelle duchesse.

Elle dut résider fréquemment dans cette ville et elle dut s'y plaire. Les Issoldunois, d'un naturel affectueux et dévoué, ne manquèrent pas de dresser un autel d'admiration et d'attachement à la femme supérieure autant qu'à la souveraine, dont ils reçurent en retour une large part de ce goût enthousiaste pour le beau que partout elle exhalait, en quelque sorte, autour d'elle. En effet, dès cette époque, une nouvelle vie semble animer la société issoldunoise, qui était merveilleusement disposée pour recevoir et féconder cette douce influence. Agglomérée dans l'enceinte du château, quelle avait le privilége exclusif d'habiter, la portion élevée et éclairée de la population entretenait sans trouble et sans mélange des relations de tous les instants, dans lesquelles se perfectionnait incessamment le vernis des manières aristocratiques. En venant à Issoudun, la duchesse y trouvait un entourage intelligent, sympathique, empressé, et comme un parfum de cour. Dès lors la poésie semble prendre possession de la ville; chacun devient rimeur et bel esprit; la galanterie issoldunoise s'exhale en vers grands et petits; ce ne sont que rondeaux et ballades, épigrammes et sonnets. Un poète, un vrai poète de profession, François Habert, à qui nous consacrerons un article spécial, naît, s'élève, grandit à Issoudun et devient le rimeur à la mode, le favori de la cour. C'est lui qui nous apprendra combien il y avait de nourrissons des muses parmi les notables d'Issoudun, et comment tous ceux qu'Appollon ne favorisait pas, se faisaient les mécènes et les protecteurs du poète. Heureux temps que celui-là!

Cette disposition des esprits ne fit que se développer sous le règne suivant. A l'imitation de son père, Henri II donna le duché de Berri à Marguerite de Valois, sa sœur, et cette princesse, du même nom que la célèbre Reine de Navarre, dont elle était la nièce et la filleule, ne le céda en rien à sa marraine, soit pour les avantages du corps, soit pour les agréments de l'esprit. Dès son jeune âge, elle avait étudié les auteurs anciens dans leurs langues originales; le grec et le latin lui étaient familiers; sa piété, son savoir, sa beauté et surtout sa libéralité la firent célébrer par tous les écrivains de son temps. Ce fut elle qui continua en France l'œuvre régénératrice de François Ier, son père. Elle favorisa surtout l'Université de Bourges, qu'elle porta au plus haut point de splendeur et qu'elle rendit la plus fameuse de l'Europe. Sa tante y avait appelé d'Italie le célèbre professeur Alciat; elle y fit venir Cujas, Doneau, Leconte, Baro, Duaren (1) et autres docteurs; en sorte que Bourges fut la réunion des maîtres les plus renommés. Ce fut elle qui protégea spécialement notre poète Habert et qui le produisit à la cour. Elle épousa depuis le duc de Savoie et mourut à Turin en 1574.

L'influence de ces deux princesses et les circonstances que nous venons d'exposer ne contribuèrent sans doute pas peu à naturaliser dans la société d'Issoudun les manières recherchées et l'esprit distingué qui valut à ses habitants la réputation dont ils jouirent dans la suite. Issoudun était la ville du beau langage; elle partageait avec Blois, où résidait la cour, le renom du pays où se parlait le français le plus pur (2). Peut-être cette renom-

---

(1) De peur que ces deux derniers ne lui échappassent, elle les logea dans le palais ducal.

(2) Le langage des faubourgs d'Issoudun est encore le français

mée donna-t-elle aussi à nos compatriotes un peu de suffisance et de vanité, en même temps qu'elle excita la jalousie des villes voisines, car on les surnomma malicieusement *les Glorieux d'Issoudun*.

Cette réputation des Issoldunois se maintint sous les règnes suivants, jusqu'à la Révolution, époque où se dispersa le reste des grandes familles qui avaient habité notre ville (1). Mais reprenons l'ordre des faits.

A l'avénement de leur première duchesse, en 1517, les officiers d'Issoudun, peut-être par son intermédiaire, adressèrent des remontrances au roi, alors à Argenton, contre la *jurisdiction des Grands Jours* (2) qui avait coutume de se tenir dans leur ville. Mais ils n'en obtinrent l'abolition que le 3 août 1534.

En 1525, Jean de Moussy, sieur de la Mothe-Fleury, maître d'hôtel de la reine de Navarre, fut nommé capitaine d'Issoudun.

L'année 1535 fut marquée, à Issoudun, par un événement extraordinaire. L'art dramatique était encore à son berceau, et l'on ne connaissait guères en fait de spectacles que des farces grossières données en pleine rue, par des mascarades barbouillées et montées sur des tombereaux.

---

pur du XVIe siècle, sans altération ni mélange, et tel qu'il se retrouve dans Marot et Rabelais.

(1) L'abbé Poupart, dans son Histoire de Sancerre, imprimée en 1777, dit en note, page 91, que les habitants d'Issoudun « sont naturellement actifs et spirituels. »

(2) On appelait Grands Jours, la justice qui se rendait dans les provinces par des commissaires extraordinaires du Parlement. Ces commissions avaient pouvoir de juger en dernier ressort, dans les villes ou les provinces spécifiées par le roi, toutes les affaires criminelles et les affaires civiles jusqu'à la concurrence de 600 livres de rente ou 10,000 livres en capital.

Il existait pourtant un autre genre de représentation, mais qui n'avait lieu que de loin en loin et dans des circonstances tout-à-fait exceptionnelles, car il était si dispendieux que ce ne pouvait être qu'un passe-temps de prince ou de roi. Ces représentations duraient des jours et des semaines ; on les annonçait long-temps à l'avance et elles attiraient un concours de curieux de cinquante lieues à la ronde. C'était ce qu'on appelait les *Mystères*, œuvres informes sous le rapport de l'art et beaucoup plus matérielles que littéraires, mais qui charmaient les yeux par leur nouveauté et par l'appareil qu'on y déployait. Ils avaient pour sujet quelque tradition de l'Ancien ou du Nouveau Testament, dont les personnages, l'esprit et le style étaient appropriés au goût de l'époque.

Il n'y avait jusqu'alors que les plus grandes villes qui eussent pu se permettre le luxe de ces spectacles gigantesques.

Les habitants d'Issoudun, qui se piquaient d'être en avant du mouvement artistique et littéraire, voulurent donner une preuve éclatante de leur goût et de leur magnificence. Peut-être aussi voulurent-ils fêter quelque prince, leur duchesse ou la Cour elle-même. Ils firent annoncer solennellement un mois à l'avance et au son des fanfares, *la triomphante et magnifique monstre du Sainct Mystère de la Passion de Nostre Seigneur Jhésus-Christ*. On construisit à cet effet un immense amphithéâtre en bois, rappelant ces énormes édifices qu'on n'avait pas vus depuis le temps des Romains. Malheureusement les détails relatifs à cette représentation ne nous ont point été conservés ; mais on peut juger de ce qui s'y fit et de ce qu'elle coûta, par ce qui est dit du *Mys-*

tère joué à Bourges, l'année suivante. La capitale du Berri, ne voulut point être en reste avec la seconde ville de la province, et son zèle fut stimulé en cette circonstance par l'esprit de rivalité qui régnait de longue date entre ces deux cités. On y joua le *Mystère des Actes des Apostres*, pièce en quelques *huit cent mille vers*, traduite par les frères Greban, et dont la représentation dura *quarante jours*. « Les quels jeux, dit Chaumeau, ne fu-
« rent moins laborieux pour n'avoir auparavant esté
« reduictz par actes et par scènes, que bien et excellem-
« ment joués par hommes graves, et qui sçavaient si bien
« feindre par signes et gestes les personnaiges qu'ilz re-
« presentoient que la plus part des assistans jugeoient la
« chose réelle et non feincte. Le dict amphitheatre estoit
« a deux estaiges surpassans la sommité des degrez (1),
« couvert et voilé par dessus, pour garder les spectateurs
« de l'intemperie et ardeur du soleil : tant bien et ex-
« cellemment peinct d'or, argent, azur et autres riches
« couleurs que impossible est le sçavoir reciter (2). »
On peut se faire une idée des sommes qui furent employées pour ce spectacle ou plutôt cette série de spectacles pendant six semaines. La ville d'Issoudun, qui n'avait point à sa disposition le cadre tout préparé d'un amphithéâtre romain, ne dut y employer ni moins d'argent ni moins de temps.

---

(1) Cet amphithéâtre avait été construit sur l'enceinte même de l'ancien amphithéâtre romain de Bourges, dit la *Fosse des Arènes*, qui subsistait encore en grande partie à cette époque.

(2) Voir *la Relation de l'Ordre de la représentation des Actes des Apostres à Bourges*, par Jacques Thiboust, sieur de Quantilly, secrétaire du roy. — Cette relation a été publiée par M. Labouvrie, ancien notaire, Bourges, 1836. In-8°.

D'une imagination vive et enthousiaste, d'un esprit analytique et scrutateur, la reine Marguerite se laissa séduire pendant quelque temps par les idées nouvelles du protestantisme; mais elle ne tarda pas à revenir au culte catholique et se montra, le reste de sa vie, d'une piété exemplaire (1). C'est dans un de ces accès de zèle, sans doute, qu'elle demanda la réforme de l'abbaye d'Issoudun, dont les religieux s'étaient considérablement relâchés de la sévérité de leur règle. Cette réforme fut ordonnée par lettres du roi du 25 mars 1538.

La rigoriste princesse n'en fut pas moins l'objet des attaques et des injures grossières du parti ultra-catholique. Un moine fanatique, le Père Gardien des Cordeliers d'Issoudun, ne craignit pas de l'apostropher en chaire et poussa l'insolence jusqu'à dire qu'il fallait la lier dans un sac et la jeter à la rivière. Instruit de ces faits, le roi voulait faire pendre le moine; mais la princesse outragée intercéda pour son détracteur, qui fut simplement envoyé aux galères, commutation fort libérale pour l'époque. Nous verrons, en parlant de la famille Du Jon, ce qu'il fallut de résolution et de diplomatie pour mettre cet arrêt à exécution.

Cette même année, la ville d'Issoudun protesta, ainsi que Bourges et autres villes du Berri, contre le logement des gens de guerre, dont elle se disait exempte : « estant la deffense de la ville commise et baillée en garde aux bourgeois, maire et eschevins d'icelle. » L'affaire fut portée au Parlement de Paris, qui rendit, le 21 juin 1540, une ordonnance ainsi motivée :

---

(1) On a de la reine de Navarre des cantiques pleins d'onction et d'une véritable poésie religieuse.

« Veues les lettres produites par les maire et esche-
« vins de la ville de Bourges, manans et habitans des
« villes d'Yssoudun, Dun-le-Roy, et le Comté, manans
« et habitans de Sancerre, requerans estre exemptz et
« declairez exempts de la charge et assiette des garni-
« sons de la compaignie du comte de Levaut; les re-
« questes et opinions des procureurs des manans et ha-
« bitans des villes de Deolz et Chasteau-roux ; — Oui
« sur ce le procureur du Roy : déclairons la ville et sep-
« taine de Bourges exempte des dites garnisons. Et quant
« est de la ville d'Yssoudun, ville et comté de Sancerre,
« ordonnons que pour le présent et par manière de pro-
« vision elles demeurent exemptes des dites garnisons.
« Et au surplus disons que sans avoir esgard présente-
« ment à l'exemption prétendue par les ditz manans et
« habitans de Dun-le-Roy, etc. » Ainsi cette exemption
fut restreinte aux seules villes de Bourges, Issoudun et
Sancerre.

En 1561, il y eut une lutte entre les villes de Bourges
et d'Issoudun, qui marchaient rarement d'accord, pour
la nomination d'un député du tiers aux Etats-Généraux.
Bourges avait désigné Jean Duvergier, avocat du roi,
et député aux précédents Etats; mais Issoudun et les
villes de son ressort le repoussaient, comme ayant exclusivement représenté la ville de Bourges au préjudice
des villes du Bas-Berri, et l'accusaient d'avoir été contraire aux prérogatives du ressort d'Issoudun, qui comprenait encore à lui seul plus de la moitié du Berri.
Elles présentaient pour candidat Jean de Touzelles,
avocat distingué au barreau d'Issoudun. Mais tous les
autres bailliages du Berri jalousaient celui d'Issoudun
et Duvergier fut élu.

À l'exemple de la reine de Navarre, un grand nombre d'habitants d'Issoudun avaient embrassé les idées de la Réformation et abandonné l'église pour le prêche; mais tous ne surent pas comme elle, s'arrêter sur la limite du libre examen. Parmi les réformés on comptait des membres des familles les plus considérables et les plus influentes, et même des magistrats du premier ordre, tels que les Arthuys, les Dorsanne et autres. C'est ce qui pendant un temps assura la prépondérance du parti protestant à Issoudun.

Cependant la portion des habitants restés fidèles au culte catholique, avait pour elle la grande majorité numérique, étant appuyée du peuple des faubourgs, qui ne voyait dans les protestants que des ennemis de Dieu et des suppôts de Satan.

Toutefois, pendant un temps, les édits furent respectés, le culte protestant s'organisa à Issoudun comme dans la plupart des villes de la province, et, quoique les nouvelles pratiques fussent un objet de scandale pour les catholiques ardents, un sujet de moquerie (1) pour les indifférents, les réformés purent s'y livrer sans trop de difficulté. Vers 1556, ils avaient à Issoudun deux lieux de réunion où ils allaient, d'abord en secret, ensuite ouvertement, chanter en français des cantiques et des psaumes.

Mais, lorsqu'il fut avéré que sous le voile religieux

---

(1) On avait donné aux protestants le sobriquet de *Parpaillots* ou *Parpaillauds*, qui, de même que celui de *Huguenots*, fut longtemps considéré comme une mortelle injure. Un lieu près d'Issoudun, où les réformés avaient pendant un temps l'habitude de se réunir, en a conservé le nom de *la Parpaillauderie*

se déguisait le drapeau d'une faction politique, la question devint plus sérieuse et les partis commencèrent à se dessiner et à s'observer. La petite république issoldunoise, cette famille bourgeoise, de tout temps si unie et si compacte, fut divisée par une profonde scission et forma deux camps bien tranchés.

Alors commencèrent les inimitiés, les persécutions, les violences alternatives d'un parti sur l'autre, suivant l'ascendant que chacun acquérait tour-à-tour.

La populace, toute catholique, incapable de raisonnement et d'examen, ne se contenait ou du moins n'était contenue qu'avec peine, sous l'inspiration incendiaire de ses prédicateurs ordinaires. Les vignerons, cette race énergique et implacable, qui a de tout temps formé une masse considérable de la population d'Issoudun, n'attendaient que le signal du massacre. Quelques actes isolés ne décélaient que trop la nature de leurs dispositions. Ils avaient envahi la maison d'un paisible habitant du faubourg, parce qu'il chantait des psaumes dans son jardin et l'avaient laissé pour mort. Ils assaillirent deux jeunes écoliers sur la route de Bourges et les blessèrent grièvement; enfin treize jeunes gens de bonne famille, saisis dans la paroisse de Diou, furent jetés à la rivière et noyés, comme suspects d'hérésie.

Ces violences n'étaient peut-être que des représailles, car, il faut le dire, les protestants eux-mêmes avaient donné l'exemple, et ce qui fit le plus de tort à leur parti, ce qui révolta contre eux même les esprits les plus tièdes en matière de foi, c'est que non contents de prôner leurs doctrines, ils se montrèrent, lorsqu'ils furent les plus forts, d'une intolérance tyrannique pour les opinions d'autrui, procédant par la dévastation des églises, la profanation des choses saintes, se livrant à tous les actes d'un vandalisme furieux et aveugle.

Tant que les magistrats protestants conservèrent l'autorité, la populace fut tenue en respect et ces voies de fait sévèrement réprimées. Les massacreurs de Diou furent mis en jugement et l'un d'eux eut le poing coupé; mais bientôt les magistrats eux-mêmes furent débordés, contraints d'abandonner leurs siéges, de se cacher ou de se soustraire par la fuite aux dangers de la réaction, et l'impunité fut assurée aux coupables. Les vignerons firent alors d'office la police de la ville; ils prétendaient interdire l'exercice du culte réformé, et ils allèrent jusqu'à barrer les rues par des chaines et des chevaux de frise, pour empêcher les *parpaillots* de se rendre au prêche.

Mais, après la mort de Henri II, tué dans un tournoi par le comte de Montgommery, les Huguenots, forts d'une minorité et faisant peu de cas d'un roi enfant, ne reconnurent plus l'autorité royale que pour la forme. Ils se gouvernaient d'après les instructions et selon les vues du comité de La Rochelle et de quelques autres villes protestantes qui étaient en opposition ouverte aux ordres de la Cour.

En 1561, les protestants levant la tête, excitèrent une sédition à Bourges, où ils célébrèrent la Cène dans la maison de ville. Le 27 mai 1562, le comte de Montgommery, que la haine et les persécutions de Catherine de Médicis avaient jeté dans la Réforme et qui était devenu le plus âpre des sectaires, se rendit maître de cette ville, à la faveur des Huguenots qui y étaient cachés. Réunis à ceux d'Anières, ils firent le prêche dans la cathédrale, après quoi ils commirent mille excès, mutilèrent sans pitié le vieil édifice gothique et brisèrent toutes les statues qui ornaient les niches de son quintuple portail. Chassés, le 1ᵉʳ septembre, par les troupes royales, une partie se retira à Sancerre, qui devint le boulevard des calvinistes, et leur principale place en France, après la Rochelle.

Les protestants d'Issoudun, de leur côté, encouragés par les succès de leurs frères, avaient repris le dessus; ils avaient fait offrir à Montgommery de lui livrer cette ville et d'y détruire le culte catholique. Réprimés à leur tour par le sieur de Chazerat, bailli de Berri, ils éprouvèrent de nouveau les persécutions du parti vainqueur.

C'est alors que le capitaine d'Yvoi, lieutenant de Montgommery, vint mettre le siége devant Issoudun, après avoir pillé le château de Saint-Florent et celui du Coudray. Les catholiques effrayés d'avoir à combattre l'ennemi du dehors, tout en surveillant l'ennemi du dedans, appelèrent à leur secours Charles de Barbançois, seigneur de Sarzay, qui se jeta dans la ville avec son frère, quelques autres gentilshommes et un renfort de troupes.

Sarzay, élu l'année précédente député de la noblesse de Berri aux Etats-Généraux, était un des plus zélés soutiens de la cause royale. Fier gentilhomme, catholique ardent, brave comme son épée (1), son nom seul ré-

---

(1) Charles de Barbançois porta très-haut l'esprit chevaleresque et la susceptibilité du point d'honneur qui a de tout temps caractérisé cette famille. Il fallut en 1556, que le roi Henri II s'interposât dans une querelle qu'il eut avec le seigneur de la Bausse au sujet de quelques propos offensants, et nommât une commission composée des principaux personnages du royaume pour examiner l'affaire et lui donner une satisfaction qu'il voulait, à l'exemple d'Hélyon de Barbançois, son père, obtenir en champ clos.

Sous le règne de François Iᵉʳ, Hélyon de Barbançois, seigneur de Sarzay, ayant dit que Jean de la Tour, seigneur de Châteauroux, qui lui avait refusé satisfaction, avait lâché pied à la bataille de Pavie,

pondait à toutes les sympathies, à toutes les espérances de la majorité des habitants d'Issoudun. Ils l'accueillirent avec enthousiasme et lui remirent le commandement de la place, commandement qui lui fut depuis confirmé par sa nomination officielle au poste de gouverneur d'Issoudun.

A peine dans la ville, Sarzay ne perdit point de temps pour relever le moral des habitants, pourvoir aux fortifications, et se mettre en état de soutenir la lutte. De peur que les Huguenots ne s'emparassent du château pendant le siége et ne le missent entre deux feux, il en fit démanteler la porte (1) qui mettait le château en communication avec la ville.

L'attaque commença du côté du faubourg de Rome, qui fut en partie détruit et d'où l'artillerie battait les remparts. Le feu dura une demi-journée. D'Yvoi se

---

le sieur de la Tour, à qui ce propos fut rapporté, fit citer le sieur de Sarzay devant le roi pour soutenir son dire. Sarzay convint du propos et amena le sieur de Gaucourt de qui il le tenait. Gaucourt dit l'avoir entendu dire au sieur de Veniers, duquel Sarzay déclara pareillement l'avoir entendu. Veniers, cité devant le conseil, nia avoir tenu ce propos, sur quoi Sarzay répliqua qu'il en avait menti. Alors Henri II leur permit, pour vider ce débat, de combattre en champ clos. Le combat eut lieu à Moulins, en présence du roi, l'an 1538.

Mais ce combat donna lieu à une autre lutte, lutte de générosité entre le père et le fils. Charles de Barbançois voulait prendre la place de son père, âgé de 70 ans, ce que le rude vieillard ne voulut jamais permettre, se prétendant encore assez vert pour *en frotter* deux au lieu d'un.

En effet, il fallut que le roi jetât son bâton dans la lice pour séparer les combattants, et Veniers mourut quinze jours après de ses blessures. — Ce fut le dernier combat juridique ordonné par les rois en France.

(1) Cette porte qui est aujourd'hui la prison, fut restaurée en 1583 telle que nous la voyons encore.

préparait à l'assaut pour le lendemain ; mais, averti que des secours arrivaient, il leva le siége pendant la nuit, après avoir brûlé le faubourg de Villate. Ce secours était l'avant-garde des Guise, conduite par le maréchal Saint-André, dont les troupes, composées de bandes du Midi, traitèrent Issoudun en ville conquise et y commirent les plus grands excès.

Après la levée du siège, les catholiques triomphants oublièrent toute modération et les persécutions contre ceux de la religion redoublèrent d'intensité et de fureur. Les protestants furent traqués, emprisonnés, pendus. A en croire Théodore de Bèze, Sarzay fut le promoteur et l'ordonnateur de ces exécutions et il déploya, dans ces conjonctures à jamais déplorables, l'âme d'un tigre et d'un bourreau. Mais on sait trop combien est suspect le témoignage des écrivains dans les guerres d'opinion, et en particulier celui de l'historien des Eglises Réformées. On sait aussi que, dans les temps de révolution, il est difficile de juger sainement les hommes et les faits; les caractères les plus doux se laissent parfois emporter aux dernières violences, et les plus sages savent rarement s'arrêter sur la pente glissante des réactions. Si Charles de Barbançois fut, aux yeux des protestants, un Tibère et un Néron, il fut pour son parti un sauveur et presque un demi-dieu, à en juger par les monuments de la reconnaissance publique qui témoignent en sa faveur.

Lorsqu'on releva les fortifications, ruinées par le canon des protestants, une tour qui s'était écroulée fut reconstruite et reçut le nom de *Tour de Sarzay* (1), expres-

---

(1) La tour *de Sarzay* se trouvait entre la *Porte Neuve*, ainsi nommée parce qu'elle fut reconstruite à cette époque, et la tour *Galleuse* formant l'angle du boulevard dit *des libera* et de la rue des Guédons.

sion non équivoque des sentiments de la population. Mais nous verrons cette sympathie des habitants bien plus formellement exprimée dans un acte conservé à la mairie d'Issoudun, et que nous rapportons ci-dessous comme un tableau curieux de la situation des choses et des esprits à cette époque.

Le 12 octobre 1562, suivant Théodore de Bèze, Sarzay fit publier, à son de trompe, l'ordre, à tous les habitants d'Issoudun suspects d'hérésie, de quitter la ville. Jean Arthuis, ancien procureur du roi et octogénaire, fut obligé de s'expatrier malgré son âge, et François Arthuis, son fils et son successeur, resta caché pendant six mois chez des amis. On accorda cependant, moyennant finances, à quelques-uns, le droit de rester dans la ville.

Pendant plusieurs années, les deux partis furent en armes et la ville d'Issoudun, située sur le passage des gens de guerre, fut continuellement en butte à leurs dévastations et à leurs rapines.

1568. — En 1168, l'archevêque de Bourges et deux cent trente-six des principaux citoyens de cette ville, signèrent une ligue pour le maintien de l'obéissance au roi et la défense de la religion catholique.

Vers la même époque, les catholiques d'Issoudun adressèrent au roi un acte par lequel ils réclamaient aussi des garanties contre les protestants. Les deux partis étaient en présence dans la ville et leurs forces se balançaient. Les catholiques se croyaient en droit de demander assistance à la couronne dont ils défendaient les intérêts en même temps que ceux de leur croyance ; mais, soit impartialité, soit politique nécessitée par les circonstances, la cour se tint sur une extrême réserve en ce qui touchait les religionnaires et refusa net de s'associer, sinon aux craintes, du moins aux mesures de précaution réclamées par les habitants d'Issoudun. Cette pièce, qui contient en marge les réponses faites par le roi à leurs diverses demandes, mérite d'être reproduite en entier.

Articles et remonstrances et très-humbles requestes que font au Roy les manans catholiques de la ville et chastel d'Yssouldun, seconde du duché de Berry, qui supplient très humblement S. M. leur octroyer et bailler sur ce provision.

Le Roy trouve bon que ledict sieur de Sarzay demeure encores pour quelque temps en ladicte ville comme il a faict cy-devant, ainsi que S. M. luy escript.	Qu'il plaise au Roy continuer pour gouverneur et lieutenant de S. M. en la dicte ville et chastel le seigneur de Sarzay qui le fut ès premiers troubles et y soustint le siege qui y fut mis par le seigneur d'Ivoy pendant qu'il occupoit et detenoit la ville de Bourges et depuys ces derniers troubles nonobstant lettres obtenues au contraire si aucunes en y a.
S. M. ne veut qu'il y ait aulcuns soldats entretenus en la dicte ville, mais que le sieur de Sarzay s'ayde des habitants de la dicte ville qui soyent affectionnez au service du Roy pour garder icelle ville, si besoing est de le faire.	Et pour empescher qu'il n'y ait division entre les catholiques et ceulx de la R. P. R., ce qui advint après la pacification des premiers troubles, et que la dicte ville ne soit surprinse par ceulx de la dicte rélligion, comme s'efforcèrent de faire en la nuict de la Saint-Michel dernière; de la quelle s'ils s'estoient saisis, difficilement en seroient dechassez, attendu les fortifflcations que le dict sieur de Sarzay y a faict faire par les dicts catholicques, ces derniers troubles, les quelles ilz se vantent avoir pour eulx été faictes et pour servir à leur entreprinse; il vous plaise entretenir cinquante ou soixante soldats; attendu

— 179 —

mesme qu'ils ont déjà payé la somme a laquelle la dicte ville a esté imposée de la soulde mise sus pour les gens de guerre sur les villes et paroisses dudict pays selon l'estat qui en a esté faict par le sieur de Vastan en la ville de Bourges, en vertu des lettres patentes de S. M. jusques a la fin du moys de juing prochain, joinct que la dicte ville importe grandement et est de conséquence a la dicte ville de Bourges et au plat pays de Berry, si elle estoit surprinse par ceulx de la dicte relligion, pour la retraicte qu'ilz auroient en icelle tant de gens de guerre que des vivres et munitions, attendu que c'est la fleur de la campaigne du dict païs, affin que ceulx de Bourges n'en eussent.

Le Roy ayant laissé a ceulx de la R. P. R. les lieux pour l'exercice de la dicte religion qu'ilz avoyent auparavant les troubles ne peult oster pour ceste heure le presche de la dicte ville d'Yssouldun, où partant est nécessaire qu'il demeure encores.

Qu'il plaise aussy à S. M. ordonner autre lieu à ceulx de la dicte relligion pour l'exercice d'icelle que la dicte ville d'Yssouldun, attendu que par les articles respondus en son conseil privé sur le règlement de la pacifification, Sa dicte M. s'est réservée de changer les dicts lieux et y pourveoir; joinct que il y a lieux et villes aussy et plus commodes pour le dict exercice; savoir est les villes de Mehun-sur-Yevre, Dun-le-Roy, Concressault, Vierzon, Sancerre, Ruilly, Graçay et aultres, et qu'il est raisonnable que les aultres villes de Berry se ressentent autant de l'incommodité des dicts presches que celle d'Yssouldun, en laquelle le dict exercice y a tousjours esté faict despuis la pacifification des premiers troubles; et aussy attendu l'inimitié que leur portent ceulx de la dicte relligion pour avoir tousjours resisté à leurs entreprinses et empesché leurs desseings tant à leur regard que

— 177 —

des étrangers et craignent que s'ilz la surprenoient, comme ilz ont voulu faire, qu'ilz se vengeassent d'eulx. Offrant pour obvier à ce fournir finances pour les affaires du Roi où il plaira à S. M. d'oster de la dicte ville l'exercice de la dicte religion.

<small>Maintenant qu'il a pleu a Dieu mettre la paix en ce royaulme, il n'est besoing de fortifier au moien de quoy il faut savoir à quoy sera bon d'employer les dicts deniers avant que d'achever de lever ce qui reste.</small>

Requierent d'advantaige qu'il plaise à Sa dicte M. leur octroyer provision pour valider les commissions qu'ilz ont obtenuz du bailly et esluz de Berry, selon l'estat faict par le dict sieur de Vastan pour cottiser les habitants de la dicte ville tant catholicques que de la dicte religion, à la somme de 4000 livres et la cottization qui en a esté faicte par les eschevins et depputez pour la faire pendant les derniers troubles.

<small>Le Roy ne veult ny entend que les personnes qui se sont employez à la levée des deniers durant les troubles soyent inquiettez aulcunement poursuivys ne mys en procès, mais que ceulx par les mains de qui ont passé les dicts deniers en rendent compte en sa chambre des comptes de Paris.</small>

Ensemble pour inhiber et deffendre à ceulx de la dicte relligion de travailler en procez ni aultrement les eschevins et aultres de la dicte ville pour la lieve de la somme de 5 à 600 livres qui a esté imposée sur eulx ès mois de novembre et décembre derniers pour l'entretien des gens de guerre estans en icelles esdicts moys et aultres deniers levez sur eulx pour les repparations, attendu que, par l'edict de pacification tous deniers levez pendant les troubles sont allouez sans que ceulx qui les ont levez en puissent estre inquiettez, affin que les choses faictes durant les dits troubles demeurent assoupies et sans mémoire et que les dits procez qui pourroient intervenir pour raison des dicts deniers n'engendrent division entre les dicts catholiques et ceulx de la relligion à la charge toutes foys que ceulx qui ont levé lesdicts deniers en rendront compte par devant le dict bailly de

12.

Berry ou aultres officiers que ceulx de la dicte ville.

S. M. qui a obtenu que ses bons et loyaulx subjects le secourent en la necessité ou il est, affin de nettoyer son royaulme de tant de calamitez ne peut remettre aux dicts habitans la somme à laquelle ilz ont esté cottisez.

Aussy qu'il plaise à S. M. remettre aux dicts habitants la somme de 3200 livres en laquelle ils sont réduicts a cause des grandes pertes qu'ilz ont faictes tant es troubles passez que les faulxbourgs de la ville furent bruslez lorsque le dict sieur d'Ivoy y mit le siége que es derniers troubles que les compagnies de Gascons, Provenceaulx et aultres nations ont passé et repassé à l'entour d'icelle, que depuys la dicte paciffication par les Gascons repassans qui ont mis le feu aux dicts faulxbourgs et iceux pillez et pour les fortiffications que les dicts habitants ont faict faire de leurs deniers se montans de 10 à 12,000 livres ou en tout cas leur bailler pour ayde les villes de Lynieres, Cluys, Charroux, Ruilly, Graçay, Deols, Argenton, Boussac et aultres estant du ressort d'Yssouldun; joinct que la dicte ville est grandement chargée du dict emprunct à la somme de 3200 livres n'y estant celle de Bourges que pour 5000 livres seulement, combien que la dicte ville d'Yssouldun n'ayt coustume de porter que la quatriesme partie de la taxe de celle de Bourges.

Après que les habitans auront faict entendre a S. M. quels officiers ilz veulent recompenser et de quelz deniers, S. M. regardera de leur satisfaire ainsi que de raison.

Que tous officiers tant de judicature, notaires, sergens et aultres du ressort d'Yssouldun estant de la dicte religion soient destituez et neantmoings recompensez de ce qu'ilz auront fourny pour leurs dicts offices par les dicts habitans, attendu qu'ilz ont l'authorité et armes en mains pour le soustien egal de la justice; et toutefoys est notoire qu'ilz favorisent le party de ceulx de la dicte religion au prejudice des catholicques.

Il y a esté pourveu.

Le Roy ne veult ny entend que les dicts de la relligion ayent aultres escolles que celles qui leur sont permises par l'édit de pacification.

Le Roy veult oyr ung chascung en ses remonstrances pour faire justice ainsy que il appartient.

Faict au conseil privé du Roy tenu

Oultre qu'il plaise à S. M. de desunir l'office d'advocat du roy au siege d'Yssouldun d'avec celle de maistre Françoys Arthuys, procureur, qu'icelluy d'Arthuys a faict réunir depuys le dernier edict de pacification soubz ombre qu'il a donné a entendre que ung seul pourroit exercer les deux estats, combien que le siege soit de grande estendue et contient la moictié du pays de Berry, attendu aussy que le dict Arthuys est de la dicte relligion, et que par edict il a pleu à S. M. d'ordonner que tous ses officiers de judicature soyent dores en advant de sa relligion et que l'estat d'advocat est de tout temps et d'ancienneté office ordinaire du siege, lequel n'a oncques esté supprimé que par la mort de feu M. Guillaume Robinet, dernier possesseur du dict office, au moyen de l'edict des Estats, et que par aultre edict il a pleu a S. M. de remettre et establir tous offices supprimez.

Supplient aussy humblement S. M. qu'il lui plaise inhiber et deffendre a ceulx de la dicte relligion de faire tenir escholes publiques pour l'instruction de la jeunesse par des regens et maistres d'escholes, attendu qu'il y a ung college de tout temps et d'ancienneté, auquel y a regens et precepteurs, qui est entretenu par la dicte ville et chanoynes de l'église collegiale d'icelle.

Finalement qu'il plaise à S. M. denier toute audience à tous particuliers de la dicte ville qui ne seront fondez de lettres, adveuz et procurations des manans et habitans de la dicte ville faicts en plaine assemblee, affin que ceulx de la dicte relligion n'entreprennent contre

à Paris le cinquies-
me jour de may
1568.

De Neufville.

la dicte ville au préjudice du service de S. M.

Tabouet.

On le voit, la première demande que les catholiques d'Issoudun adressent au roi, c'est la conservation du sieur de Sarzay comme gouverneur de leur ville. Mais Charles IX ne consent qu'à le leur laisser encore *quelque temps*. Il avait d'autres vues sur Sarzay qu'il nomma peu après à la lieutenance générale et au commandement de ses troupes en Berry. Rien de plus affectueux que la lettre qu'il lui écrivit à cette occasion, en lui envoyant, par le duc de Montpensier, le collier de son ordre. Le roi commande au sieur de Sarzay de le venir trouver, le 6 juin, à Champigny, l'assurant qu'*il se mettra en peine de luy faire la meilleure chère possible.* » Remarquons en même temps que les réponses du roi sont beaucoup moins malveillantes à l'égard des protestants que les « remonstrances » des catholiques d'Issoudun, ce qui, rapproché des marques de satisfaction qu'il donne à Sarzay, tend à justifier celui-ci des barbaries dont les protestants l'ont accusé. Sarzay ne jouit probablement pas long-temps de tous ces honneurs, car, à dater de cette époque, il disparaît de la scène politique et il est remplacé par le sieur de la Châtre, qui va remplir de son nom l'histoire de la province.

Charles IX, du moins à cette époque, avait la ferme volonté de maintenir les édits de pacification et l'équilibre entre les deux partis qui divisaient alors le royaume. Il était surtout bien loin des projets sanguinaires vers lesquels il fut fatalement entraîné quelques années plus tard, croyant agir peut-être dans les limites d'une légitime défense, et qui produisirent la Saint-Barthélemi.

On eut bientôt à Issoudun la preuve de l'impartialité qu'il voulait observer.

Le jour de la Fête-Dieu de la même année ou de l'année suivante, quelques protestants s'étant moqués des cérémonies de l'église pendant la procession, les catholiques firent éclater tout haut leur indignation. Le peuple s'ameuta et s'exaspéra à tel point que, au mépris des édits et des dernières capitulations, la foule se précipita vers le temple protestant et le détruisit de fond en comble.

Sur le rapport qui fut fait au roi de cet événement, il ordonna qu'une commission serait nommée pour connaître des faits et en tirer une justice exemplaire. Cette mission fut dévolue à Denis Du Jon, natif d'Issoudun, conseiller du roi et commandant de la maréchaussée, qui voulut préalablement juger des choses par lui-même et vint à Issoudun incognito. Mais sa présence y ayant été découverte, la populace qui nourrissait contre lui de vieilles rancunes, se porta à son logement, le massacra de la manière la plus barbare, le traîna par les rues et s'acharna sur son cadavre qui fut donné en pâture aux chiens, ainsi que nous le verrons à l'article spécial qui le concerne.

Cet affreux assassinat d'un homme revêtu d'un caractère officiel produisit une vive et profonde sensation dans le conseil du roi. L'atrocité du crime et le danger d'un pareil exemple firent prendre des résolutions empreintes d'une excessive sévérité. Il fut décrété que les murs de la ville coupable seraient rasés, ses monuments détruits et Issoudun *converti en village*. Mais heureusement l'orage se calma; le parti protestant perdait de jour en jour de son crédit à la cour; Cipierre, gouverneur de Charles IX, intercéda pour la ville dont il rappela les vieux services; une députation des notables d'Issoudun fit valoir avec chaleur les intérêts de la religion catholique depuis vingt-quatre ans, disaient-ils, mis en péril par la famille Du Jon. Enfin, Charles IX circonvenu, pressé de toutes parts, se laissa fléchir et le meurtre de Denis Du Jon demeura impuni.

Ce fut la dernière victime des troubles religieux à Issoudun; soit que les notables eussent reconnu le danger d'un régime où la populace se constituait pouvoir exécutif, soit que cette scène de cannibales eût produit une profonde et salutaire impression, à dater de cette époque les deux partis paraissent s'être rapprochés dans un intérêt commun et la Saint-Barthélemi passa sans trouver de retentissement à Issoudun.—Nous allons voir les habitants, unis entre eux, agir d'un parfait concert pour repousser les ennemis de la royauté et de la cause nationale.

CHAPITRE XI.

Fin du XVIe siècle. — Commencement du XVIIe. — Henri III — La Ligue. — Issoudun fidèle au parti national. — Gamaches, gouverneur d'Issoudun. — Mort d'Henri III. — Claude de la Chastre. — D'Arquien. — Guerres et désordres. — Sancerre. — La Chastre s'empare d'Issoudun. — Conspiration de Marandé. — Les ligueurs chassés. — Fête du 14 juillet. — Assassinat de François Arthuis. — Gamaches fait prisonnier. — Sac de Chârost. — Siége et prise de divers châteaux. — Excommunication d'Henri IV. — Pendaisons à Issoudun. — Pacification générale. — Louise de Lorraine.

A son avénement au trône, le roi Henri III, en reconnaissance de la loyauté et de la fermeté que les habitants d'Issoudun avaient mise dans leur conduite, ne se contenta pas de confirmer, comme ses prédécesseurs, leurs franchises et priviléges, il les exempta même du *taillon* (1), du ban et de l'arrière-ban, des droits de Francs fiefs et nouveaux acquêts, par lettres données à Lyon, au mois d'août 1574.

Les Issoldunois avaient combattu les protestants bien moins comme hérétiques que comme ennemis de l'État. Mais le protestantisme n'était pas le plus dangereux adversaire que la royauté eût à vaincre. Malgré le progrès des idées nouvelles, elles n'avaient pas de racines bien

---

(1) Le *taillon* était un impôt subsidiaire établit en 1549 par Henri II, pour l'entretien, vivres et munitions des gens de guerre, et pour remplacer les contributions que levaient les gens d'ordonnance. Il se percevait nonobstant toute exemption ou franchise.

profondes ; déjà nombre de conversions s'étaient opérées en Berri et particulièrement à Issoudun, et la foi catholique avait toujours pour elle l'immense majorité de la nation. Une faction plus redoutable, parce qu'elle était plus perfide, était celle qui, sous le prétexte de défendre la religion catholique, ne tendait qu'à renverser la dynastie régnante et à confisquer la couronne au profit de la maison de Lorraine. Elle avait pour chef le duc de Guise, pour âme la Société de Jésus et pour titre *la Sainte Ligue*. Sous cette dénomination hypocrite, elle avait attiré à elle un grand nombre de villes et de citoyens sincèrement convaincus qu'ils travaillaient pour le trône et l'autel. Les partisans de la cour étaient désignés sous le nom *de Politiques*.

Bourges et toutes les villes du Berri, à l'exception de Sancerre, foyer des protestants, se déclarèrent pour la Ligue. Issoudun ne s'y trompa pas et ses citoyens surent avec une grande prudence se maintenir constamment dans une ligne de conduite ferme et rationnelle. Quoique contraires au protestantisme, ils restèrent fidèles à la cause nationale et la Ligue ne pût les entraîner ni par promesses ni par menaces. Seuls au milieu d'un pays dévoué à l'ennemi, ils conservèrent intacte leur cité et gardèrent eux-mêmes leurs murailles contre leurs anciens amis devenus leurs adversaires. Il n'y eut plus à Issoudun ni catholiques ni protestants, on n'y reconnut que des citoyens défenseurs de l'État.

Bourges, Dun-le-Roi, Vierzon tenaient pour la Ligue. Sancerre, quoique protestante, se déclara pour le roi. Issoudun devint la principale place de la cause royale. Henri III lui donna pour gouverneur Georges de Gamaches, son chambellan. Dès lors, le Berri fut en proie à toutes les horreurs de la guerre civile.

L'année 1589, fut une année remarquable, pour la France d'abord, qui fut témoin de l'assassinat de Henri III, de la mort de Catherine de Médicis et de l'avènement des Bourbons au trône, dans la personne de Henri IV, puis spécialement pour le Berri où les événements se pressaient en foule, et surtout pour la ville d'Issoudun, qui vit s'accomplir un des faits les plus intéressants de son histoire.

Les forces de la Ligue étaient commandées en Berri par Claude de La Chastre, baron de la Maisonfort, d'une illustre famille du pays (1), gouverneur du Berri, homme ambitieux, hautain, impitoyable, absolu, furieux contre tout ce qui lui faisait obstacle et ne connaissant qu'un drapeau, celui de son intérêt personnel. Tant qu'il avait servi la cause du roi contre les protestants, la ville d'Issoudun le seconda avec ardeur; comme fauteur de la Ligue, elle lui ferma ses portes. Henri III, sachant que La Châtre s'était fait ligueur, révoqua, par patentes données à Tours le 30 avril 1589, les pouvoirs qu'il lui avait conférés pour le gouvernement de la province, et en confia le commandement au sieur d'Arquien, de la maison de la Grange.

D'Arquien commença par s'assurer des villes de Châteauroux, Déols et La Châtre et établit son quartier-général à Issoudun. A lui se joignirent les sieurs de Gamaches, de Gaucourt, de Vatan, de Beaupré et de Marcilly qui arborèrent le drapeau du roi. De La Châtre avait pour lieutenants les sieurs de Neuvy-le-Barrois, de Vitry,

---

(1) La famille de La Châtre se prétendait issue des anciens princes de Déols, par Ebbes de Déols, seigneur de La Châtre et de Charenton et chef des maisons de Charenton et de La Châtre.

de Richemont, de Matheflon, d'Alguet, de Durbois, de Malezay et autres.

C'est dans des alarmes continuelles que se passèrent les années que dura la guerre de la Ligue. On ne saurait se faire une idée des désordres, des excès, des brigandages qui eurent lieu à cette époque et des souffrances qui en résultèrent pour les malheureux habitants de la campagne, chaque parti leur faisant payer tour-à-tour la taille et les contributions de guerre, et leur enlevant jusqu'au pain de chaque jour. Tous les châteaux étaient devenus des repaires occupés alternativement par les soldats de l'un ou l'autre parti et d'où ils s'élançaient à la poursuite de quiconque osait s'aventurer au dehors, dépouillant impitoyablement tout voyageur, quelle que fût sa croyance et son opinion politique.

La ville de Sancerre n'osait remuer parce que son château était occupé par les troupes de La Châtre. D'Arquien s'y ménagea des intelligences et parvint à s'en emparer le 16 février 1589. Dès-lors, Sancerre fut, après Issoudun, le second bureau des finances pour le roi (1) et sa seconde place d'armes en Berry. Bourges se trouvait ainsi entre deux feux. Les Sancerrois faisaient des courses journalières sur son territoire et en enlevaient les habitants jusqu'à ses portes. Issoudun, de son côté, faisait des excursions fructueuses et ramenait chaque jour de nouveaux prisonniers.

La Châtre avait jusqu'alors borné ses opérations à surprendre quelques bourgades ou quelques châteaux, et à gagner à son parti quelques seigneurs et gentils-

---

(1) L'abbé Poupart, *Histoire de Sancerre*.

hommes. Ses troupes s'emparèrent de Montrond et furent repoussées avec perte devant Château-Meillant. Comprenant de quelle importance serait pour lui la possession d'Issoudun, possession qui entraînerait celle de toutes les autres places du Bas-Berri, La Châtre employa tous ses efforts pour s'en rendre maître. La force ni la ruse ne lui ayant réussi, il mit en jeu une politique qui lui était familière, en cherchant à séduire et à corrompre parmi les citoyens de la ville, indépendamment de ceux qui lui avaient quelque obligation personnelle, ceux qui n'y habitaient que depuis peu de temps, ceux qui étaient tièdes ou mal disposés pour la cause royale, les mécontents, et enfin cette lie qui dépose au fond de toute agglomération d'hommes et qui est toujours prête à se vendre au plus offrant. Ses manœuvres eurent un plein succès; il parvint à se faire un parti assez puissant pour lui ouvrir les portes et lui livrer la ville et le château où il entra le 15 mars 1589 et s'empressa de mettre une forte garnison.

La Châtre n'était pas homme à s'arrêter à des demi-mesures. Maître de la ville, il y devait opérer une violente réaction. Aussi commença-t-il par saisir et envoyer prisonniers à Bourges tous les citoyens qui lui furent signalés comme les plus zélés pour la cause du roi, tels que Pierre Prévôt, Pierre Thoreau, Pierre Jouslin et Jacques de l'Estang. Un des frères de ce dernier fut assassiné par les ligueurs et un autre tué sous la porte du château, en cherchant à s'évader pour rejoindre les troupes royales. Ce n'était point assez. La Châtre fit dresser une liste de proscription et força de s'exiler un grand nombre de personnages influents parmi lesquels nous connaissons Claude d'Orsanne, lieutenant-général du bailliage, François Arthuis, procureur du roi, celui que nous avons vu une fois déjà proscrit comme huguenot, François Mathieu dit Rozet, Philippe Chapus, François le Lorrain, Guillaume de l'Estang, père de Jacques et des malheureuses victimes susnommées, François Boc, Claude Arthuis, Mathurin Chapus et Claude Foucheret, qui quittèrent la ville et se retirèrent en divers lieux.

Ceux qui étaient du parti de l'Union et qui favorisèrent l'entrée de La Châtre étaient, parmi les notables d'Issoudun, Georges Grosseron, lieutenant de la prévôté, Etienne Prévôt, conseiller au bailliage, Jean Desforges, avocat, François Desforges, Jérôme Duchesne et surtout Pierre Guenois, lieutenant particulier, qui avait été précepteur des enfants de de La Châtre et qui était redevable de sa charge à la protection de celui-ci.

Après s'être ainsi débarrassé de tout ce qui pouvait lui faire ombrage, La Châtre donna un libre cours à son orgueil intolérant et à son insolente tyrannie. Il annonça l'intention de faire publier à Issoudun le *Pacte d'Union* et d'exiger des habitants le serment de fidélité à la Ligue. Mais il se hâtait trop de triompher; ce triomphe ne devait pas être de longue durée. Pour avoir perdu ses chefs et ses principaux appuis, le parti national n'était pas éteint; il lui restait des amis fidèles et des serviteurs dévoués qui méditaient dans l'ombre un projet de délivrance. L'âme et le principal promoteur de ce complot était Jacques Bernard, seigneur de Marandé, alors échevin, qui, après avoir dressé toutes ses batteries, donna avis au procureur du roi Arthuis, réfugié à Argenton, ainsi qu'au sieur de Gamaches, qui se tenait dans les environs avec un corps de troupes royales, du jour pris pour l'exécution et fixé au 14 juillet.

Le 13, au soir, les conjurés se rendirent séparément, par différentes rues et bien armés, à la demeure de Marandé, située dans le château. A mesure qu'ils arrivaient, un domestique affidé les faisait entrer sans bruit dans une partie reculée de la maison. Pour mieux assurer ses projets et pour écarter tout soupçon, Marandé avait invité pour ce même soir, les principaux officiers de la garnison à souper chez lui. A la faveur de cette invitation patente, les allées et venues devaient être moins remarquées; le mouvement des convives et le bruit du service devaient absorber le mouvement et le bruit de la conjuration. Marandé avait en outre calculé qu'en prolongeant le repas fort avant dans la nuit, ses convives, alourdis par la veille et par les fumées du vin, seraient peu aptes à donner des ordres et à faire leur service au point du jour.

Ses prévisions furent justifiées et tout allait au gré de ses espérances, lorsqu'un incident faillit tout perdre. Une servante, en passant près de l'endroit où se tenaient les conjurés, crut distinguer un murmure de voix et un cliquetis d'armes; saisie de frayeur, elle courut à la salle du banquet, appelant son maître et criant que des voleurs étaient dans la maison. Heureusement Marandé conserva assez de présence d'esprit, ou la bonne chère avait déjà suffisamment obscurci la vue de ses hôtes pour qu'ils ne s'aperçussent pas de son trouble. Il les rassura du geste, sortit un instant avec la servante, à qui il défendit de reparaître sous peine de la vie, et revint à table en riant de la prétendue sottise de cette fille. Il soutint assez bien son rôle pour donner le change à ceux qui auraient pu concevoir quelque doute, et comme le jour approchait, il se débarrassa poliment de ses hôtes, s'arma à la hâte et courut rejoindre ses compagnons.

On ne peut s'empêcher d'admirer cette aisance et cette urbanité qui ne se démentent point dans une circonstance aussi critique et qui font le plus grand honneur au caractère de nos compatriotes. Partout ailleurs, en semblable occurrence, pour des conspirateurs risquant eux-mêmes leur tête, tenir leurs ennemis entre leurs mains et les immoler au salut de leur cause, c'eût été tout un. Ceux-ci n'y songent même pas ; ce n'est point un drame sombre et brutal qu'ils jouent, c'est une comédie piquante et enjouée, dont les incidents ne doivent rien avoir de cruel. Marandé ne souillera point sa maison d'un assassinat ; il verse du vin et non du sang ; c'est le verre et non l'épée à la main qu'il attaque ses ennemis, et au lieu de les envoyer chez Pluton, il les envoie tranquillement se coucher. C'est un trait de générosité en même temps que de bon goût qu'on aime à citer, surtout quand il s'agit d'une guerre civile, d'une guerre de français à français.

Cependant, l'affaire ne devait pas se dénouer d'une manière aussi calme. Il était trois heures du matin lorsque Marandé et sa troupe se présentèrent à la porte occidentale du château. Surprendre la garde, qui ne s'attendait guère à une attaque de l'intérieur, la désarmer, la faire prisonnière et la remplacer par un poste des conjurés, fut l'affaire de peu d'instants. Pendant ce temps, un autre détachement marchait vers la porte du beffroi, donnant sur la ville, puissante bastille qui servait de prison alors comme aujourd'hui, et qui fut enlevée de même que la précédente. Assurés de ces deux postes importants, maîtres du château et des communications du côté de la rivière, ils courent aux portes de la ville, à l'auditoire et aux points les plus essentiels qu'ils garnissent de gens à leur dévotion.

Ces dispositions prises, Marandé, avec quelques-uns des plus intrépides, se rend à la maison du gouverneur, le sieur de Mateflon, qui, déjà prévenu, se disposait à sortir. Là fut versé le premier sang : à la vue des conjurés, le gouverneur s'empare d'une hallebarde, en frappe Marandé qui s'avançait le premier et tombe lui-même renversé d'un coup de pistolet. Une partie de sa garde prend la fuite; ceux qui résistent sont désarmés et conduits à la prison avec leur chef.

De son côté, le procureur du roi Arthuis, au reçu du message de Marandé, avait quitté Argenton et marché toute la nuit, afin de *se trouver à la fête*, avec le peu de monde qu'il avait pu réunir; il avait rejoint Gamaches qui l'attendait sur la route, à la tête de sa compagnie, et, avant huit heures du matin, tous les deux, traversant les ponts, se présentaient à la porte du château qui leur fut ouverte avec empressement. La vue de ce renfort doubla l'énergie des conjurés. Les ligueurs, réveillés à la hâte, s'étaient rassemblés sur la grande place du marché, où ils formaient une masse considérable, mais sans chefs et sans discipline. Les royalistes n'hésitèrent pas à les attaquer, sans leur donner le temps de se reconnaître et de s'organiser. La mêlée fut très-chaude; mais au bout d'une demi-heure d'un combat vigoureux, accablés par le nombre des assaillants qui grossissait à chaque instant, les ligueurs battirent en retraite et perdirent beaucoup de monde en traversant les rues pour gagner les portes de la ville.

Par une réciprocité inévitable, et pour ôter aux ligueurs tout espoir de retour, les chefs du parti *politique* chassèrent à leur tour ceux qui étaient connus pour leur attachement à la ligue.

Cette heureuse délivrance et ce brillant fait d'armes furent célébrés par des réjouissances publiques qui se renouvelèrent chaque année, à Issoudun, le 14 juillet. Cette fête ne fut abolie qu'à l'époque de la révolution. Le premier anniversaire en fut ensanglanté par un crime qui mit tous les habitants dans le deuil. Le procureur du roi Arthuis, le même qui, par son zèle et son énergie, avait si puissamment secondé Marandé dans son entreprise, fut assassiné publiquement au milieu de la fête par un fanatique vendu à la ligue. Atteint d'un coup mal assuré, la blessure lui parut d'abord légère et il n'y voulut même apporter aucune attention; mais, soit que le fer fut empoisonné, soit que la chaleur de la saison eût envenimé la plaie, la gangrène s'y déclara et le malade succomba au bout de quelques jours, au milieu des regrets universels.

Peu de jours après la délivrance d'Issoudun, le 2 août de cette même année, le roi Henri III périt lui-même, à Saint-Cloud, sous les coups de Jacques Clément, autre assassin suscité par le parti de l'Union. Cet évènement ne changea rien aux dispositions des Issoldunois, qui reportèrent sur Henri de Navarre, quoique protestant, les sentiments de fidélité qu'ils avaient si bravement gardés à son prédécesseur.

Le 5 août, le sieur de Gamaches, gouverneur d'Issoudun, ayant fait une sortie, fut pris par les soldats de La Châtre, dans un combat qui eut lieu près de l'abbaye de La Prée et conduit prisonnier à Bourges.

Au commencement d'octobre, La Châtre fit le siége de

Chârost où s'étaient réfugiés quelques habitants de Bourges, fidèles à la cause du roi. La ville ayant été forcée, ceux-ci se retirèrent dans le château où ils continuèrent une défense héroïque. Irrité de cette résistance, La Châtre ordonna l'escalade; emporta la place d'assaut et fit pendre le capitaine Marsaut qui y commandait. Les principaux prisonniers furent massacrés et la ville livrée au pillage, au viol et à toutes les horreurs d'une guerre de sauvages.

Le 28 du même mois, Florimond Du Puy (1), sieur de Vatan, qui depuis eut une fin si tragique, défit, avec son frère, près de Graçay, une compagnie de la cavalerie de Bourges. Ils prirent 22 chevaux et plusieurs soldats qu'ils amenèrent prisonniers à Issoudun.

Au commencement de décembre, d'Arquien prit les villes de Lury et de Reuilly, ainsi que le château de Lazenay qu'il pilla; tandis que ceux d'Issoudun s'emparaient du château de Mareuil, d'où ils chassèrent les ligueurs, ainsi que de celui de la Creuzette, où ils entrèrent avec le secours du fermier, nommé Alabat, huguenot de Bourges.

Le même mois, les sieurs d'Arquien, de Vatan et de Beaupré, ayant fait sortir d'Issoudun 600 soldats et deux pièces de canon, prirent les châteaux de Brives, Bourges, la Berthenoux, Pruniers, Rozay, la Beuvrière, et firent prisonniers le capitaine Beaubout, le sergent Brétia et une douzaine de soldats qu'ils ramenèrent à Issoudun.

---

(1) Florimond du Puy, seigneur de Vatan, fut décapité en 1612, pour crime de rébellion. Il aurait pu s'évader, il ne le voulut pas, ce qui donna lieu à un quatrain dans lequel on disait que le seigneur de Vatan (va-t-en) avait péri pour ne s'être pas souvenu de son nom.

En même temps, La Châtre faisait rompre les ponts de Reuilly, ruiner les faubourgs de Mehun et brûler ceux de Vierzon et de Dun-le-Roi, sur le bruit que le parti royal devait attaquer ces places.

L'année 1590 vit la continuation de cette guerre, avec les même chances et les mêmes misères. D'Arquien, d'une part, échoua devant Déols, tandis que, de l'autre, La Châtre leva précipitamment le siège de Châteauroux pour courir au secours de Chârost, sur l'avis qui lui fut donné par le capitaine Xénophon, que ceux d'Issoudun le voulaient prendre par escalade.

Le sieur d'Arquien, ayant forcé l'abbaye de St-Gildas, où La Châtre avait mis garnison, fit pendre à un noyer le capitaine La Valade qui y commandait, ainsi que quatre de ses soldats; le reste fut tué ou dévalisé. De là, il vint avec le sieur de Beaupré, à la tête de 1,200 hommes, tant à pied qu'à cheval, mettre le siége devant Déols, qu'ils battirent à coups de canon. Aussitôt, La Châtre partit de Bourges avec 400 chevaux et 200 fantassins, pour secourir Déols et le sieur de Martigues qui y était enfermé. Mais, se ravisant en route, il tomba à l'improviste sur la ville d'Issoudun, croyant la surprendre. Il échoua toutefois dans cette tentative, et Martigues, faute d'être secouru à temps, fut obligé de se rendre. D'Arquien mit garnison à Déols et alla faire le siége de la ville de La Châtre qu'il réduisit à l'obéissance du roi. Il livra ensuite plusieurs assauts à la place de Graçay qu'il ne put prendre, et, repoussé par le capitaine Prosper, qui était supérieur en forces, il vint se réfugier à Issoudun.

Le samedi, 8 septembre, jour de la fête Notre-Dame, ceux d'Issoudun surprirent le château de Saint-Florent et emmenèrent prisonnier le sieur de Moulin-Neuf qui y commandait; mais le sieur de Richemont, lieutenant de La Châtre, accouru de Bourges, reprit le château et délivra Moulin-Neuf.

Les hostilités continuèrent en 1591; d'Arquien et La Châtre se mesurèrent en diverses rencontres avec des succès divers, et les partisans du roi aussi bien que ceux de la ligue prirent et perdirent tour-à-tour les différentes places du Berri.

Le dimanche 30 juin 1591, fut publiée, dans la cathédrale de Bourges, une bulle du Pape, portant excommunication contre Henri IV et ses adhérens; mais cette audacieuse mesure n'ébranla en aucune façon la fidélité des habitants d'Issoudun envers la cause royale.

Au mois de juillet, d'Arquien fut débusqué du château de la Ferté qui appartenait au sieur de La Châtre; mais le dimanche 15 décembre suivant, aidé des sieurs De Vèvres, de Vatan et de Coulanges, il prit par escalade de nuit la ville de Chârost, favorisé par deux des habitants et par le procureur fiscal. Le capitaine Prosper, qui était gouverneur de cette place pour la ligue, fut amené à Issoudun où, le jeudi suivant, il fut condamné à faire amende honorable, puis à être *pendu et étranglé*, ce qui fut exécuté.

Au mois de mars 1592, le capitaine Chevalier d'Orléans, en garnison à Mehun, traita avec le sieur de Vèvres, frère de d'Arquien, pour lui livrer cette place, engagement qu'il ne put tenir. Ayant été ensuite fait prisonnier et conduit à Issoudun, il y fut de même *pendu et étranglé*, le 14 mars (1).

---

(1) Tous ces capitaines qui portent des noms si obscurs ou si

Cette guerre ne finit qu'en 1595, par l'abjuration de Henri IV, qui amena la pacification générale. Le Béarnais, possesseur paisible du trône, témoigna sa gratitude aux Issoldunois, en les affranchissant expressément de toutes impositions, sauf la subvention, outre la confirmation de tous leurs priviléges antérieurs.

Henri IV donna le Berri en apanage à la reine, Louise de Lorraine, veuve de son prédécesseur; mais aucun souvenir n'y rappelle le passage de cette princesse, qui n'y fit même pas de séjour. Elle mourut quelques années après à Moulins, où elle vivait fort retirée et dans les pratiques d'une profonde dévotion. Après sa mort, le Berri retourna à la couronne et jouit pendant tout ce règne et le suivant de la plus profonde tranquillité.

---

extraordinaires : *Marsaut, Xénophon, Prosper, Phœnix, Pissant, Beaubout, Cerisier, Buisson, Taillefer, La Croix, La Fleur, La Rose, La Pierre, La Minée, La Bussière, La Valade*, etc., et que l'on pend si volontiers, étaient sans doute des capitaines de ces *Reitres* allemands dont les noms avaient été francisés, et autres aventuriers à gages que la convention ou acte d'union de l'archevêque et des habitants de Bourges reprochait aux huguenots d'avoir attirés dans le royaume.

CHAPITRE XII.

XVII° et XVIII° siècles.— Louis XIII.— Ressort du Bailliage d'Issoudun. — 2° démembrement. — Pourvoi en parlement. — Sentence. — Indemnité. — Louis XIV. — Minorité. — La Fronde. — Incendie. — La cour à Issoudun. — Mairie. — Privilége de Noblesse.— Le Prince de Condé. — Sang Royal.— Organisation communale.

Après l'édit de pacification et la consolidation de Henri IV sur le trône, Issoudun reprit son calme, son négoce et ses anciennes allures. Le *bon roi* Henri ayant fait à nos citoyens son compliment obligé à propos de leurs bons et loyaux services, cessa de s'occuper d'eux ; il avait bien trop de choses dans la tête pour penser à sa fidèle ville :

Il aimait mieux sa mie, oh gué!

et la généreuse cité, contente d'avoir vu renouveler, à l'avènement du Béarnais, la formule sacramentelle de *ses priviléges*, avec quelque petite variante, avait atteint le faîte de son ambition et n'avait garde de demander rien de plus. Tout était donc pour le mieux.

Mais les destins de notre ville étaient fixés. Dès ce moment, elle avait atteint l'apogée de sa splendeur et ne tendait plus qu'à déchoir. Nous allons désormais assister à sa décadence, et deux siècles suffiront pour consommer sa complète annihilation.

Le premier coup qui lui fut porté, vint jeter le deuil et la consternation parmi la haute société du château, parmi cette noblesse de robe, qui savait si bien tempérer la gravité de son état par la grâce de ses manières et la galanterie de ses mœurs. Le roi Louis XIII ne s'était-il pas avisé d'ériger, par lettres-patentes du mois de mai 1616, la seigneurie de Châteauroux en duché-pairie, en faveur de son cousin, Henri de Bourbon, prince de Condé, qui, par parenthèse, sut fort mal reconnaître cette faveur; il fallait bien faire à ce nouvel apanage une juridiction en rapport avec son titre et avec le grand prince qui en était l'objet. Rien de plus simple que de prendre sur le ressort d'Issoudun; il y avait de l'étoffe, et il lui en resterait encore assez.

C'était porter une grave atteinte non-seulement au personnel du bailliage, qui allait perdre ses plus belles prérogatives, sans compter ses émoluments; mais à la ville elle-même, qui allait voir diminuer son importance première, aux habitants dont le bien-être dépendait en grande partie du mouvement que les plaideurs étrangers entretenaient dans leur ville et de l'argent qu'ils y laissaient.

De cette époque date l'animosité qui exista si longtemps entre les villes de Châteauroux et d'Issoudun. Semblable à l'amphibie qui emploie des jours, des semaines et des mois à l'inglutition d'une proie plus grosse que lui-même, la première de ces villes commença dès lors sur la seconde l'œuvre d'absorption qu'elle devait consommer un jour.

Les lettres-patentes du mois de mai 1616 furent portées au Parlement, qui, par son arrêt du 3 août, ordonna qu'elles seraient lues, publiées et registrées; ce qui fut fait, le 4, au parlement, le 12, à la chambre des comptes et le 14 novembre, au bailliage de Berri.

Mais, dès le 1er septembre, le prince fut arrêté au Louvre et conduit prisonnier au château de Vincennes, où il resta jusqu'en septembre 1619 ; ce qui suspendit l'exécution des lettres d'érection de Châteauroux en duché-pairie. Les officiers du bailliage d'Issoudun, d'abord abasourdis du coup, reprirent alors courage et résolurent de faire une vive opposition à la distraction projetée. Ils se pourvurent au Parlement et obtinrent contre les officiers de Châteauroux arrêt du 24 juillet 1617, par lequel la Cour ordonna que la justice serait exercée tant à Issoudun et Châteauroux qu'à Bourges, ainsi qu'elle l'était avant la publication des lettres du duché-pairie.

Cette satisfaction fut courte. M. le Prince, sorti de prison se hâta d'arrêter les *entreprises* des officiers d'Issoudun et, sur sa requête, le parlement commit M. Gaston de Grieux, l'un de ses membres, pour faire exécuter, selon sa forme et teneur, l'arrêt de vérification des lettres-patentes du 3 août 1616.

Opposition des officiers d'Issoudun, sur laquelle intervient arrêt du Parlement, chambre des vacations, du 28 septembre 1619, ordonnant l'exécution de l'arrêt de vérification des lettres d'érection du duché-pairie, sans préjudice des droits des opposants, qui jouiraient du ressort et exerceraient la justice ainsi qu'auparavant l'érection du duché.

M. de Grieux, par son ordonnance du 11 octobre 1619, décréta que les lettres et arrêts seraient enregistrés au greffe de la justice du duché et pairie de Châteauroux, et que M. le prince de Condé se pourrait dire et nommer, etc....; et après que les officiers d'Issoudun eurent déclaré que leurs oppositions n'étaient à fin d'indemnité, mais pour empêcher la distraction du ressort, sans s'arrêter aux remontrances des officiers du présidial, maire et échevins de Bourges, et aux oppositions des officiers d'Issoudun, pour lesquelles ils se pourvoiraient ainsi qu'ils aviseraient, ordonna que la récompense pour la distraction étant ci-après adjugée, soit en rente ou deniers une fois payés, les arrérages de la rente qui leur serait ordonnée, ou l'intérêt des deniers auraient cours du jour de la sentence; fit défense aux opposants et à tous autres de troubler M. le prince, ni ses officiers et *sujets* en la jouissance du duché-pairie, etc.

Les officiers d'Issoudun interjetèrent appel de ladite sentence, sur lequel, les parties ayant été ouïes par avocats en la grand'chambre, M. le prince présent, la Cour, par arrêt du 4 juin 1620, appointa les parties au conseil; et cependant, sans préjudice de leurs droits, ordonna que, conformément aux deux arrêts précédents, les officiers du roi exerceraient leurs charges, en l'étendue de leur juridiction, tout ainsi qu'ils faisaient auparavant l'érection en duché-pairie de la terre de Châteauroux.

M. le prince se pourvut contre cet arrêt au conseil d'état, où il obtint, le 20 juin, arrêt par lequel le roi étant en son conseil, après avoir ouï le président et le procureur-général de Sa Majesté, pour ce mandés, ordonna que les parties seraient assignées aux fins de la requête de M. le prince, et cependant sursis à l'exécution de l'arrêt de la cour, du 4 juin, et qu'il demeurerait en la possession et au même état qu'il était avant l'arrêt, jusqu'à ce que par Sa Majesté, les parties entendues, il en eût été autrement ordonné.

Le 5 mars 1621, le roi fit expédier ses lettres-patentes

en forme de jussion, adressées au Parlement de Paris, par lesquelles Sa Majesté ayant fait mettre l'affaire en délibération en son conseil, où étaient plusieurs princes, ducs, pairs, officiers de la couronne et notables personnages de l'Etat, et pour grandes, justes et raisonnables considérations à ce mouvantes, déclara son vouloir et intention être que M. le prince jouît de l'érection en duché et pairie, conformément à ses lettres-patentes et arrêt de vérification d'icelles, et ce nonobstant les jugements, sentences et arrêts qui pouvaient être intervenus pendant la détention de sa personne et ceux depuis rendus en conséquence d'iceux, que Sa Majesté ne voulut lui nuire ni préjudicier, et manda au Parlement de faire entièrement et pleinement jouir son cousin, le prince de Condé, de l'effet de ses lettres, selon leur forme et teneur et de pourvoir au dédommagement et indemnité des parties opposantes, ainsi qu'il verrait être à faire.

Ces lettres portées au Parlement, la cour, par son arrêt du 18 mars 1621, joignit les lettres de jussion de Sa Majesté et requête d'opposition présentée par les officiers d'Issoudun à l'appointement au conseil, du 4 juin 1620. M. le prince se pourvut au conseil d'état du roi, où il obtint arrêt du 24 mars 1621, par lequel le roi le renvoya devant le Parlement pour lui être pourvu et fait droit sur l'entérinement des lettres par lui obtenues le 5 mars précédent, ainsi qu'il appartiendrait, et cependant Sa Majesté ordonna que, pendant l'instruction et jugement du procès avec les officiers d'Issoudun, M. le prince jouirait du duché et pairie conformément aux lettres d'érection, etc., jusqu'au jugement définitif.

Mais le roi, fatigué sans doute de la résistance à ses désirs qu'il avait trouvée près du parlement de Paris, par ses lettres-patentes du 22 octobre 1625, évoqua tous les procès que M. le prince avait pendans au parlement et les renvoya au parlement de Dijon. Les parties y furent assignées, mais ne comparurent pas. Elles comprirent que la cause était jugée d'avance par la volonté du roi.

Le parlement de Dijon rendit plusieur arrêts par défaut dans le sens des lettres de jussion. Il commit pour les exécuter, M. Etienne Boyer, l'un de ses membres, lequel y procéda depuis le 29 septembre jusqu'au 12 décembre 1626.

Enfin, par un dernier arrêt du 4 février 1627, il fixa les indemnités dues aux diverses parties lésées par l'érection du duché et pairie, et condamna le prince, suivant les rapports, à payer pour l'indemnité, savoir : 13,980 livres, au sieur Maréchal de La Châtre, comme propriétaire par engagement des greffes d'Issoudun et 6,538 livres aux officiers du bailliage; et, en ce qui concerne celle que pourraient prétendre les avocats, procureurs, notaires, sergents, échevins, manants et habitants de la ville d'Issoudun, mit les parties hors de cour et de procès.

M. le prince fit offrir aux officiers d'Issoudun leur dédommagement, le 12 avril 1627. Ceux-ci l'ayant refusé, il consigna ès-mains du receveur des consignations à Bourges, le 13 du même mois, d'une part 13,980 livres et, de l'autre, 6,538 livres 10 sous; moyennant quoi les cautions furent déchargées, et il fut ordonné que des experts seraient nommés pour faire la répartition des sommes consignées. Quelques-uns des officiers transigèrent depuis avec le prince, entre autres, le sieur Jean Arthuis, conseiller au bailliage, qui reçut pour sa portion la somme de 900 livres, le 21 mars 1630, et le sieur Nicolas Ragueau, receveur des consignations, 1,188 livres, le 3 avril suivant.

Ainsi, il ne fallut pas moins de quatorze ans et un coup d'Etat pour enlever au bailliage d'Issoudun une partie de sa juridiction. Le combat fut rude; mais c'était pour la corporation, aussi bien que pour la localité, une question de vie ou de mort. C'était la seconde atteinte portée à l'intégrité de ce vaste ressort, l'un des plus étendus de la France et qui devait, par la suite des temps, devenir l'un des plus exigus.

Sous Louis XIV, le fils de ce digne prince de Condé, qui avait été la cause ou au moins l'occasion d'une si cruelle déconvenue pour notre ville, devait lui en causer bien d'autres. Cet esprit remuant et indiscipliné, le plus brave des guerriers, parce qu'il en fut le plus fou, ce magnanime brouillon qui ne rêvait que plaies et bosses, quoique le premier prince du sang, et comblé des faveurs de son souverain, n'en fut pas moins le premier des rebelles et le plus enragé des conspirateurs.

Tout le monde connaît l'histoire de la Fronde, cette longue guerre mêlée de turlupinades et de couplets, ou ce long vaudeville avec accompagnement de coups de canon, qui commença vers 1649, et qui fit verser tant de sang au son des violons et des chansonnettes. Le *Grand Condé* en fut l'acteur principal. Mais il fut à son tour arrêté au Louvre, en 1650, en compagnie du prince de Conti et du duc de Longueville, et resta prisonnier jusqu'à l'année suivante.

Pendant sa détention, le comte de Saint-Aignan, qui était gouverneur de Berri en sa place, ayant eu avis que la garnison de Montrond, appartenant au prince, s'était emparée du château de Beaugy, voulut réprimer cette entreprise et arrêter les courses que faisaient ces troupes dans le plat-pays. Après avoir vainement tenté de se rendre maître de la place, il demanda assistance à la ville de Bourges, dont les citoyens, toujours affectionnés au prince de Condé, qui avait été élevé parmi eux, le refusèrent net. Il eut alors recours aux habitants d'Issoudun qui lui envoyèrent aussitôt trois cents hommes, tant de pied que de cheval, sous la conduite de Perrot de Lespinière, alors maire de la ville. Avec ce renfort, M. de Saint-Aignan, parti le 15 juin au matin, arriva à midi devant Beaugy, et il était maître de la place à cinq heures du soir. Il revint triomphant à Bourges où il fit autant de reproches aux habitants qu'il donna d'éloges à la belle conduite de ceux d'Issoudun.

Pendant la Fronde, comme pendant la Ligue, les désordres et les horreurs de la guerre s'étendirent sur toute la province de Berri. La ville d'Issoudun n'y prit pas une part moins active ni moins dévouée à la cause royale. Sa fidélité, dans cette circonstance, était stimulée par une autre cause, son antipathie pour le prince de Condé. Etait-ce souvenance du mal qu'elle avait reçue de son père? Etait-ce parce que Bourges montrait un trop vif attachement à sa personne et que ces deux villes ont constamment eu des tendances et marché dans des voies opposées? Notre cité avait-elle, comme le bruit en a couru, quelque mortelle injure à venger contre le Prince, il est certain qu'elle lui fut d'une hostilité implacable.

De son côté, disait-on, le Prince brûlait de s'emparer de la ville, afin de la punir de ses dédains, et guettait le moment de la surprendre. La peur qu'en avaient les habitants leur fut bien fatale.

En 1651, continuellement sur le qui vive, ils s'attendaient à tout moment à une attaque. Soit trahison, soit accident, une affreuse calamité vint compliquer encore cette situation critique. Le 21 septembre, à 7 heures du soir, le glas funèbre du tocsin, sonnant au beffroi et à toutes les églises, annonçait qu'un incendie considérable venait de se déclarer. Le feu fit en peu de temps des progrès effrayants; il menaçait de dévorer la ville entière; mais les citoyens étaient frappés de l'idée que le Prince était à leurs portes, que l'incendie avait été allumé par ses ordres ou n'était qu'une diversion de ses partisans pour surprendre la ville, et, par un dévouement digne des temps héroïques, au lieu de songer à sauver leurs maisons, oubliant biens, femmes et enfants, ils coururent aux remparts afin de repousser l'ennemi. Pendant ce temps, le mal devint irréparable; le feu ne s'arrêta que le lendemain et consuma 600 maisons, suivant les uns, 1,200, suivant les autres. Plus de soixante personnes périrent dans ce désastre; une partie de l'église de Saint-Cyr fut de nouveau détruite ainsi que l'hôtel-de-ville avec les archives.

La cour était en ce moment à Bourges et crut à propos de venir en personne consoler les citoyens d'une ville qui avait tant souffert pour sa cause. Le jeune roi, alors âgé de 13 ans, vit, à son arrivée, les restes encore fumants de l'incendie spectacle dont il fut vivement impressionné. Les Issoldunois, au milieu de ces graves préoccupations, ne crurent cependant pas devoir laisser échapper l'occasion de donner à leur souverain une marque de cet inépuisable attachement dont ils furent le modèle unique dans l'histoire. Ils voulurent, suivant un antique usage, lui offrir les clefs d'une ville qui peut-être n'avait plus de portes, et ils trouvèrent le moyen de lui faire, sous ce prétexte, par une flatterie héroïque si non puérile dans la circonstance, fabriquer de toutes petites clefs en argent, sublime colifichet qu'on présenta gravement au royal enfant, et dont l'une est conservée à l'hôtel-de-ville.

Le comte de Saint-Aignan, qui accompagnait le roi, lui peignit avec chaleur le dévouement et la fidélité sans bornes dont les Issoldunois avaient de tout temps fait preuve envers leurs souverains, ainsi que les services éminents qu'ils avaient rendus à la cause royale et dont il pouvait personnellement fournir le témoignage. Il sollicita pour eux une éclatante récompense qu'eux-mêmes n'eussent pas osé demander.

Il y avait une chose qui faisait l'objet de leur secrète envie; une pensée qui avait plus d'une fois troublé le sommeil des maires d'Issoudun sur leur oreiller magistral; c'est que le mairat de Bourges conférait la noblesse, et que quiconque pouvait arriver à cette magistrature, si profondément roturier qu'il fût d'ailleurs, pouvait, par ce seul fait, s'intituler *écuyer* et transmettre un titre si précieux à ses descendants. Issoudun considérait avec peine cet avantage dont Bourges se targuait sur elle; un écusson d'or ou d'azur pour son maire, lui paraissait le plus sûr moyen de combler la distance.

Instruits de ce désir, Louis XIV et son conseil y obtempérèrent avec d'autant plus d'empressement, que c'était un moyen peu dispendieux de s'acquitter de tant d'obligations. Il fut ordonné donc, qu'à l'avenir, le maire d'Issoudun jouirait de la noblesse tant pour lui que pour ses descendants; qu'il pourrait parvenir à l'ordre de chevalerie, prendrait la qualité d'écuyer et jouirait des mêmes prérogatives que le maire de Bourges, à la condition, toutefois, de ne jamais désemparer la ville, d'y fixer sa demeure et de contribuer aux charges et nécessités d'icelle, ainsi que les autres citoyens (charges dont étaient exempts les maires et échevins de Bourges). Les habitants battirent des mains et donnèrent des signes d'une joie immodérée, comme si, de ce coup, leurs maisons eussent été rebâties et leurs pertes réparées. C'est qu'aussi cette concession pouvait avoir d'immenses conséquences; une pareille faveur, pour peu qu'on voulût s'entendre, ne tendait pas moins qu'à rendre tous les Issoldunois nobles dès la quatrième génération. Le sieur Perrot, alors en fonctions, profita du bénéfice de l'ordonnance, et ses lettres de noblesse lui furent délivrées en bonne forme l'an 1652. Bien lui en prit; s'il fut le premier, il fut aussi le dernier qui jouit de cette illustre prérogative.

Lorsqu'il s'agit d'élire un nouveau maire, on s'aperçut bientôt que la grandeur a ses inconvénients, et que le roi avait fait un funeste présent à ses amés et féaux. Cet écusson en perspective donnait le vertige à tout le monde; c'était la pomme de discorde jetée au milieu de ces ambitions bourgeoises. Les fonctions de maire, les plus honorables que puisse rechercher un citoyen, avaient pourtant été jusque là médiocrement disputées; elles furent, dès-lors, briguées avec fureur; les cabales naquirent avec les prétentions et l'élection devint un champ de bataille. Il fallut bientôt renoncer à un si triste avantage; les lettres patentes n'étaient pas encore enregistrées à la chambre des comptes et à la cour des aides, que le roi fut supplié de n'y pas donner suite. Quelques-uns le demandèrent par jalousie; d'autres, dans l'intérêt public. Le sieur de l'Etang, procureur du roi, entre autres, remontra à ses concitoyens qu'un tel privilége « ne pouvait être que préjudiciable pour leur ville, qu'il ferait naître des divisions perpétuelles, des inimitiés, des trahisons; qu'il entraînerait l'abandon des intérêts publics, l'anéantissement du commerce et la ruine totale de leur ville ! » Funeste tableau, qui devait trop tôt se réaliser, quoique par d'autres causes, et qui semble indiquer déjà comme un pressentiment de cette maladie sous laquelle la ville devait succomber.

Si les habitants d'Issoudun manquèrent ainsi leur anoblissement, ils n'échappèrent point au ridicule qui fut la suite de leur prétention avortée. On les fit *nobles* malgré eux, et les villes environnantes, qui ne négligèrent jamais une occasion de se venger, par la malignité, de la réputation de supériorité que nos concitoyens s'étaient acquise, leur bâtirent une illustration de fantaisie, mais beaucoup plus relevée que celle qu'ils avaient perdue. Les habitants d'Issoudun passèrent pour être du *sang royal*. On imagina, à ce sujet, une histoire qui, sans doute, n'a jamais eu le moindre fondement, mais qui n'en fut pas moins reçue comme authentique. D'après cette fable, le prince de Condé, étant à Issoudun, aurait donné un bal auquel assistaient toutes les dames de la ville. Au milieu de la fête, et à un signal convenu, toutes les lumières ayant été subitement éteintes, le Prince et sa suite auraient indignement violé.... les lois de l'hospitalité. Par suite, et, dans le doute né de l'obscurité, toute la génération suivante aurait été, de même que les *hidalgos* d'Espagne, par un bénéfice de possibilité présomptive, réputée du sang royal. Cette aventure, d'ailleurs, peu neuve et qui a été appliquée à plusieurs autres localités, n'a pas besoin de réfutation. Le Prince pouvait bien être capable de la tenter, quoique, d'après les mémoires du temps, il eût en ce genre une pauvre réputation; mais les habitants n'étaient pas d'humeur à accepter gratuitement un pareil honneur, même de la part du grand Condé. Nous n'avons, du reste, rien trouvé qui ait rapport à aucun séjour du prince dans cette ville, si jamais il y est entré.

Les habitants de Châteauroux, surtout, étaient les propagateurs passionnés de ces sortes d'histoires, qui n'irritaient pas peu nos compatriotes. Comme sujets et partisans de M. le Prince, ils avaient un double titre à l'animosité des Issoldunois. En août 1652, les habitants des deux villes eurent occasion de se donner des témoignages de leurs sentiments réciproques. Deux troupes de 3 à 400 hommes, l'une d'Issoudun, l'autre de Châteauroux, s'étant rencontrées près de Dun-le-Roi, se battirent avec un acharnement qui tenait de la rage. Un grand nombre de morts resta sur le carreau de part et d'autre.

Louis XIV cependant n'oublia jamais les impressions qu'il avait reçues à Issoudun, et cette ville fut toujours l'objet de son bon vouloir et de sa prédilection. Quelques auteurs prétendent qu'elle fut la *seule* ville du royaume exempte du ban, de l'arrière-ban, taille et ustensiles, ainsi que du logement des troupes, pendant les dernières guerres de son règne.

Le privilége de noblesse ne fut pas le seul lustre que reçut en 1651 l'administration municipale d'Issoudun. Elle n'avait eu jusqu'alors que deux échevins, un procureur de commune et deux receveurs; elle eut, dès-lors,

14.

un maire, quatre échevins, un avocat, un procureur de commune et un conseil de trente-deux notables.

Ce furent les dernières faveurs dont cette ville fut l'objet de la part du pouvoir, et désormais, nous n'aurons plus rien à enregistrer de semblable.

CHAPITRE XIII.

Révocation de l'Edit de Nantes. — Ses effets. — La Régence. — Louis XV.— Cause célèbre. — Louis XVI. — Assemblée provinciale.— Révolution française. — Circonscriptions départementales.— Issoudun sacrifié.

Sous Louis XIV, la ville d'Issoudun était encore riche et florissante, non seulement par ses ressources territoriales, mais par son commerce et par son industrie. La révocation de l'édit de Nantes, en 1685, qui eut pour effet d'enlever aux protestants le libre exercice de leur culte, porta un coup décisif à cette prospérité. Les Issoldunois voulurent, comme toujours, faire preuve de zèle en cette circonstance et ils se piquèrent d'obéir aveuglément aux volontés du roi. Des actes d'une odieuse intolérance eurent même lieu à cette occasion. Une dame d'Issoudun, nommée Anne Prévost, épouse de Samuel Regnault, ayant persisté jusqu'à sa mort dans ses principes religieux, en refusant les sacrements de l'église, malgré son abjuration, non seulement on lui refusa la sépulture, mais on fit le procès à son cadavre, qui devait être traîné par les rues et soumis aux plus indignes outrages. On n'osa cependant pas exécuter la sentence. Les réformés étaient encore nombreux à Issoudun, puisqu'en 1660, ils y tinrent un synode auquel assista le célèbre Pierre Gantois, ministre de Sancerre (1). Il n'en

---

(1) L'église réformée d'Issoudun est représentée par ses ministres et ses délégués dans toutes les assemblées protestantes qui eurent lieu pendant le xvie et le xviie siècles. Elle avait un cimetière par-

resta pas un seul dans la ville ni dans les environs; et comme la plus grande partie appartenait aux classes industrielles, la ville vit bientôt ses fabriques dépeuplées et ses ateliers déserts. Le silence du tombeau succéda au bruit et au mouvement; elle ne put jamais se relever de ce coup.

La ville d'Issoudun, veuve de son industrie, continua d'être le séjour des mœurs élégantes et du bon ton. Peut-être même ne fut-elle que trop fidèle à ses manières de cour, ce qui fit qu'en traversant les phases un peu scabreuses de la Régence et du règne de Louis XV, ses mœurs s'imprégnèrent d'une dose d'étourderie et de légèreté qui sentait par trop le talon rouge. En un mot, la galanterie eut son règne à Issoudun, comme en tant d'autres lieux; elle y compta ses héros et ses victimes. Un événement tragique, qui donna lieu à un procès inséré dans les *causes célèbres*, vint ensanglanter les annales, jusque là vierges de crimes, de la société issoldunoise. Et de quelle main partit le coup? De la main même qui portait le glaive de la justice!

M. A....., lieutenant-général au bailliage, avait une femme remarquable par son esprit autant que par sa beauté, mais, si l'on en croit la chronique, d'une coquetterie en rapport avec ces avantages. Parmi les officiers de la garnison, le jeune et brillant vicomte de Ch..... se distinguait par ses assiduités auprès de la belle lieutenante. Ses soins étaient si peu déguisés et ses prétentions

---

ticulier où Louis de Béthune, seigneur de Chârost, forçait les protestants de sa petite ville à venir enterrer leurs morts. En 1682, un pasteur protestant d'Issoudun, nommé Perrot, abjura solennellement à la cathédrale de Bourges.

si manifestes, que les amis et les membres de la famille A..... en furent scandalisés. Le frère du lieutenant-général, homme inflexible et dur, avertit brutalement celui-ci du malheur qui le menaçait et insista sur la nécessité de mettre fin à cet état de choses. En conséquence, le trop galant vicomte fut prié de suspendre ses visites. Mais qu'était-ce qu'une pareille défense pour un officier de dragons, pour un cavalier français, pour un amoureux, qui, semblable à Gusman, ne connaissait point d'obstacles? On était en carnaval; un bal brillant et *costumé* allait réunir chez le lieutenant général l'élite de la société et la fleur de la garnison ; pouvait-il manquer une si belle occasion? Pouvait-il surtout laisser le champ libre à d'heureux rivaux ; plutôt affronter tous les périls ; mourir, s'il le fallait, mais la voir! Ainsi raisonne-t-on à vingt ans, ainsi raisonna le dragon; sa conduite fut conséquente à son raisonnement. A la faveur d'un déguisement, il ne craignit pas de se présenter dans les salons dont il était banni et où il ne pouvait manquer d'être promptement reconnu. Le lieutenant-général ne voulait pas d'éclat : « Monsieur, dit-il à l'oreille du vicomte, votre conduite est indigne d'un gentilhomme, et vous m'en ferez raison. » « A vos ordres, monsieur, répondit l'officier, » et, sans s'inquiéter autrement de la colère du mari, il fut ce soir là plus fou, plus galant et plus audacieux que jamais. Il ne songea à la retraite que lorsque tout le monde fut parti, et sortit le dernier, aussi content de lui-même et aussi triomphant que s'il eût accompli l'action la plus glorieuse.

Mais, en traversant la grande place pour gagner son domicile, il fut accosté, près de la halle, par le lieutenant-général qui lui dit: « Monsieur, je vous ai demandé

une satisfaction, c'est à l'heure même qu'il me la faut. »
— « Soit, Monsieur, » dit encore le vicomte, sans songer qu'il était sans témoins et que l'heure était peut-être insolite. Mais, à peine était-il en garde, que le frère de M. A..., caché sous les halles, en sortait armé d'un pistolet, et le malheureux vicomte tombait percé d'une balle, en criant : à moi !.... on m'assassine ! Ramassé par quelques personnes accourues à ses cris, et porté chez lui, il expira dans la nuit en désignant ses meurtriers.

Cette affaire eut un immense retentissement et occupa les tribunaux pendant plusieurs années. Le marquis de Ch...., père de la victime, fit une plainte et se porta partie civile contre les frères A...., comme auteurs de complicité du meurtre de son fils. Ce procès fut porté de cour en cour jusqu'au parlement; il y eut enquêtes et contre-enquêtes; de nombreux mémoires, factums et pamphlets furent écrits et distribués de part et d'autre. En résultat, l'affaire, après des remises, des délais et des longueurs interminables, finit par être étouffée, grâce au crédit de la famille A.... et tomba dans l'oubli. Alors la justice avait des poids et des mesures selon la qualité des personnes. L'arbitraire tempérait ce que la légalité pouvait avoir de trop inflexible; on n'avait point encore inventé les circonstances atténuantes. Quoiqu'il en soit, l'opinion publique n'amnistia pas les frères A.... et ils furent obligés de quitter la ville et le pays, dont leur famille était une des plus anciennes, des plus puissantes et des plus considérées.

Divers efforts furent tentés sous le règne de Louis XV pour ranimer l'industrie expirante à Issoudun aussi bien qu'à Bourges. Sans doute on ne sut pas trouver les racines du mal, car il résista à tous les remèdes et ne fit désormais qu'empirer.

A son avènement au trône, Louis XVI avait compris la gravité de la tâche que lui avaient léguée ses prédécesseurs; il embrassa avec ardeur les idées de réforme et d'amélioration qui fermentaient dans toutes les têtes. Il se fit rendre compte de l'état et des besoins de toutes les provinces et la situation du Berri fut celle qui le frappa le plus. « L'état de langueur où est cette province depuis longtemps, est-il dit dans les rapports, avec des moyens naturels de prospérité, annonce plus particulièrement le besoin qu'elle aurait d'un ressort plus actif. » On croyait voir les causes du mal dans les vices ou dans l'insuffisance de l'administration et on résolut d'établir des *assemblées provinciales,* prises parmi les notabilités locales et qui seraient chargées de proposer au roi toutes les mesures utiles au bien du pays, en même temps qu'elles seraient plus à portée d'en étudier les intérêts et les besoins. Ces assemblées étaient l'image en petit et le premier rudiment de ces Etats-Généraux qui devaient, un peu plus tard, changer la face de la France. Elles étaient basées sur la réunion des trois ordres de la société, telle qu'elle se classait alors, le clergé, la noblesse et le tiers-état, ce dernier avec une représentation numérique égale à celle des deux autres ensemble. Mais, avant d'adopter définitivement cette institution, le roi voulut en étudier la marche et l'utilité, en créant une assemblée d'essai, une assemblée modèle. « Désirant être encore éclairée par l'expérience, Sa Majesté, porte le préambule, a préféré de n'avancer que par degrés vers le but qu'elle se propose, et ce n'est que dans une généralité qu'elle a résolu d'établir dès-à-présent une administration provinciale; différents motifs l'ont décidée pour la province de Berri. »

La première assemblée fut composée de l'archevêque de Bourges, président-né pour toutes les assemblées futures et de onze membres de l'ordre du clergé, de douze gentilshommes propriétaires et de vingt-quatre membres du tiers-état, dont douze députés des villes et douze propriétaires habitants des campagnes. Elle se constitua le 10 novembre 1778. Les membres nommés par la ville d'Issoudun furent M. Robert, pour le tiers-état et l'abbé de l'Etang, chanoine de St-Cyr, pour le clergé.

Cette assemblée était chargée « aussi long-temps qu'il plairait au roi » de répartir les impositions dans la province, d'en faire faire la levée, de diriger la confection des grands chemins et les ateliers de charité, « ainsi que tous les autres objets que Sa Majesté jugerait à propos de lui confier. »

La contribution pour les chemins fut réglée d'après la *taille* pour toute la province, et d'après la *capitation* (c'est-à-dire l'impôt personnel) pour « les *villes franches* où les particuliers sans biens-fonds établissent ordinairement leur séjour; » catégorie qui comprenait seulement les villes de Bourges et d'Issoudun. L'effet des mesures adoptées fut, quant à la ville d'Issoudun, la confection de ses communications avec Linières et avec Massay par Reuilly, et la direction par Saint-Florent de la route de Bourges, qui passait auparavant par Villeneuve.

Les bienfaits de cette assemblée n'eurent pas le temps d'être appréciés; les idées fermentaient, bouillonnaient dans toutes les têtes et la révolution arrivait à grands pas. Au lieu de convoquer les assemblées des provinces, il fallut convoquer les États-Généraux de la nation. Le député élu par la ville d'Issoudun, en 1789, fut le sieur

Trumeau Longchamp, homme rigide et intègre, qui assista aux travaux de l'assemblée législative et de la constituante, et qui depuis se donna toute sa vie le titre de *législateur*. S'il se distingua dans ces assemblées, ce fut par la droiture et la modération de ses principes.

Ce caractère de modération fut de tout temps le propre des habitants d'Issoudun. La révolution, dans son paroxisme d'exaltation le plus ardent, les trouva sinon calmes, du moins raisonnables et humains. La ville demeura pure de ces excès et de ces exécutions sanglantes qui ont souillé tant d'autres localités. Les plus grands excès du club furent des discours dont, grâce à l'esprit railleur des habitants, la bouffonnerie fut le trait dominant; et les plus capitales réformes consistèrent à débaptiser la place et la rue Notre-Dame, qui devinrent la place Voltaire et la rue J.-J. Rousseau. Néanmoins, nulle part peut-être la révolution morale ne fut plus profonde ; nulle part il n'y eut une plus complète scission avec les idées de l'ancien régime. Les préjugés furent anéantis sous l'ironie sceptique qui n'appartient qu'à cette localité. C'est que les esprits y étaient depuis long-temps préparés à recevoir les principes philosophiques qui y jetèrent des racines indestructibles. L'appel aux armes pour la défense de la patrie en danger y trouva un écho énergiquement sympathique ; tous ses enfants disponibles s'enrôlèrent avec enthousiasme, et partirent aux accents des chants patriotiques ; tous se comportèrent avec honneur sur les champs de bataille et presque tous rentrèrent dans leurs foyers avec des grades plus ou moins élevés.

Mais la révolution fut le coup de grâce pour la ville d'Issoudun. En 1789, elle conservait encore une juridiction étendue; elle avait une subdélégation, une prévôté, une élection, un grenier à sel, un tribunal des eaux et forêts; quoique bien déchue déjà, c'était toujours la seconde ville royale et, après Bourges, la ville la plus importante du Berri. Sa position géographique lui fut fatale dans la nouvelle organisation administrative de la France. Sa proximité de Bourges ne permit pas, ou du moins fut le prétexte qui empêcha d'en faire le chef-lieu d'un département; elle dut céder le pas à Châteauroux, qui depuis long-temps la jalousait comme elle-même jalousait Bourges, et qui avait développé ses manufactures à mesure qu'Issoudun avait vu les siennes dépérir. Beaucoup moins grand et moins peuplé, mais mieux situé sous quelques rapports, Châteauroux devint le chef-lieu du district, puis du département de l'Indre.

Nous devons le dire ici, pour être juste, la classe élevée d'Issoudun ne fut pas innocente du reproche qui lui fut fait d'avoir sacrifié les intérêts de la ville à la crainte *de payer les denrées trop cher*. Elle fut au moins coupable de silence et d'apathie. S'il en eût été autrement, aurait-elle souffert que, réduite au simple rang de chef-lieu de sous-préfecture, son arrondissement, quoique le premier en titre, fût le plus petit par le territoire et le moins peuplé des quatre arrondissements de l'Indre? Aurait-elle toléré que la grande route royale de Paris à Toulouse passât à Vatan, à quatre lieues de là, lorsqu'elle pouvait passer par Issoudun *sans allonger son parcours*! Aurait-elle vu sans réclamations qu'une ville située au point le plus central de la France, riche en céréales, riche en pâturages et en fourrages, riche en légumes, riche en bestiaux, en vins, en fruits, en gibier, en poisson et en denrées de toute nature, dont le climat est tempéré et l'air salubre, ne fût pas même dotée d'une garnison, d'un dépôt de cavalerie ou d'artillerie, d'un haras, d'une ferme modèle, d'une école vétérinaire ou d'agriculture ou d'arts et métiers, d'un collége royal, d'une fonderie de canons, d'une manufacture d'armes, d'une corderie pour la marine ou enfin d'une institution quelconque du gouvernement, propre à lui rendre une partie de son ancienne activité?

Disons tout : depuis la révocation de l'édit de Nantes et la réduction de son bailliage, Issoudun, frappée au cœur, n'avait plus fait que décliner; au moment de la révolution, c'était un corps dont le sang était apauvri et dont les artères ne donnaient plus que de faibles pulsations; tout ce qui avait de l'ambition et de l'énergie avait cherché peu-à-peu d'autres centres d'activité plus animés; les familles nobles, en émigrant, lui avaient enlevé son reste de vie, et les descendants épars de cette bourgeoisie autrefois si active, si énergique et si compacte, aujourd'hui dégénérés, découragés et dégoûtés, s'étaient retirés à la campagne, livrés aux passe-temps de l'exploitation agricole, sans goût, sans affection et sans souci pour une cité déchue, dépeuplée, qui ne leur offrait plus, quand ils y venaient, ni plaisirs ni distractions, mais d'amers souvenirs et une triste solitude. Ils n'avaient plus le sentiment de la cité, ni le courage de la résistance; ils eurent l'insouciance du *laisser-faire*. Aucun ne fut là pour soutenir les droits de la vieille et glorieuse invalide qui resta à la discrétion de ses jaloux, de ses rivaux, de ses anciens ennemis. Seuls arbitres de son sort et maîtres d'humilier enfin cette antique rivale, ceux-ci ne firent pas les choses à demi. Ce n'est que l'effet d'une mauvaise honte, si la menace de Charles IX n'a pas été accomplie, si l'ancienne capitale du Bas-Berri ne fut pas réduite à la condition de simple chef-lieu de canton. Telle est l'histoire des villes comme celle des hommes ; la loi de leurs destinées est écrite dans cet adage : qui ne dit mot consent! Issoudun fut condamné par défaut!

CHAPITRE XIV.

Résumé des phases historiques de la ville d'Issoudun. — Description de la ville. — Indices de son importance à diverses époques. — Population. — Etats-généraux. — Coutume locale et style particulier. — Monnaie. — Canons. — Sa richesse. — Son industrie et son commerce. — Sa physionomie actuelle. — Ses habitants.

Ainsi que nous l'avons vu, depuis les temps anté-historiques jusqu'à nos jours, la ville d'Issoudun a subi de nombreuses et profondes révolutions, aussi bien dans son assiette que dans son organisation politique. Nation parmi les Celtes, effacée à l'entrée de César; *Municipe* sans doute, ou au moins *confédérée* sous les premiers empereurs romains, quelqu'événement inconnu la dérobe aux investigations des ingénieurs chargés des plans géographiques de la Gaule; pourtant elle reparaît au temps des persécutions contre le christianisme, c'est-à-dire vers la fin de l'empire, comme une ville importante, si l'on en juge par la qualité de ses citoyens; ruinée de nouveau par les invasions des barbares ou par les premières guerres de la monarchie franque, il n'en est plus question dès le temps de Grégoire de Tours et son existence devient problématique jusqu'au temps des Carlovingiens, époque des chartes, aujourd'hui pour la plupart perdues et des documents vagues et incertains. Mais dès-lors elle est la place la plus importante ou la capitale d'une puissante principauté. Isolée de Bourges, qui s'est séparée de l'Aquitaine, elle suit désormais d'autres destinées, d'autres intérêts, d'autres étendards, et marchera constamment dans d'autres voies que l'antique métropole du Berri, et celle-ci, plus tard, lorsque les provinces se seront réorganisées lui déniera vainement le titre de capitale (1) du Bas-Berri. Toutefois, ce n'est que vers le milieu du XII° siècle qu'on la voit surgir tout-à-coup avec l'authenticité de l'histoire, non point sous l'humble aspect d'une bourgade qui commence, ou d'une ville qui ressuscite, mais dans toute la force et la plénitude de la vie, comme une noble forteresse (*nobile castrum*), comme une cité très-florissante *(florentissimum oppidum)*. Elle devient l'enjeu des guerres de deux grands peuples, l'objet constant de l'ambition de deux puissants rois qui se la disputent avec acharnement. Dans une nouvelle *Enéide*, le poète des rois se complait à exalter la richesse et la puissance de cette ville *(tam divite tamque potenti)*; la fertilité de son sol, l'abondance de ses biens. Favorite de Bacchus et de Cérès, heureuse contrée qui jouit de cet inappréciable avantage *de ne manquer de rien*, tandis que tant d'autres régions sont, par le malheur des temps, privées des choses les plus nécessaires à la vie.

Mais, au milieu de ces biens, celui que le poète exalte avec le plus de complaisance, c'est ce vin généreux dont doit se défier le buveur imprudent et trop gourmet pour marier Thétis à Bacchus, ce vin qui aime à être transporté et qui ne fait que doubler en voyage la somme de ses précieuses qualités (2); qualités encore les mêmes

---

(1) V. La Thaumassière, *Histoire de Berry*.

(2) Ce passage de La *Philippide* de Guillaume-le-Breton, le plus ancien de nos titres historiques, est trop précieux pour que nous ne le citions pas tout entier :

Biturica cursu facili digressus ab urbe (Philippus)
Radulios penetrat fines et nobile Castrum

aujourd'hui, quoique vraisemblablement la bonté de nos vins ait diminué par suite du refroidissement du climat.

Réunie à la couronne après de longs combats, elle sera désormais fidèle à un seul drapeau, à un seul principe; exemple unique dans l'histoire d'une constance que les temps et les révolutions n'ont jamais ébranlée; mais mal récompensée d'un dévouement qui, loin de faire sa prospérité, fera son malheur.

Cette ville, dont l'histoire commence par un incendie, qui semble vouée à des conflagrations périodiques et qui renaît perpétuellement de sa cendre, n'a rien ou presque rien gardé de sa physionomie et de ses monuments des temps passés. Il ne lui est resté que son enceinte de murailles, qu'elle a sauvée aux dépens de ses habitations. Aussi, depuis longtemps, elle n'a plus, comme la plupart des villes, les rues étroites et tortueuses, les hautes maisons en bois, les toits aigus, les pignons en saillie qui rappellent le moyen-âge; c'est à peine si l'on y trouve encore deux ou trois maisons du XVIe siècle (1). Après le désastre de 1651, la ville se reconstruit sur un plan nouveau

---

Uxselloduni sibi subdit in impete primo,
Cum patriá totá tam divite tamque potenti
Ut sibi sufficiat, nec sit mendica bonorum
Multa quibus regio se lamentatur egere;
Copia quam Cereris ditat; quam Bacchus inundat
Qui comportari desiderat, indè remotas
In partes quantoque magis portatur, eò fit
Fortior et temerè potatus inebriat omnes
Qui dedignantur Thœtidem sociare Liœo.

(Philippidos, L. II.)

(1) La seule maison ancienne qui mérite d'être citée à Issoudun est celle de M. Mousnier, rue Berthier, qui sert aujourd'hui de presbytère, spécimen assez entier et bien conservé de l'architecture de la fin du XVe siècle ou du commencement du XVIe.

et ses rues plus larges et plus spacieuses que par le passé font contraste avec les villes qui n'ont pas eu le triste avantage de ces fréquentes rénovations; ce qui fait qu'Issoudun était réputée dans les géographies pour une ville *jolie et bien bâtie* (1).

Tout indique que son assiette primitive fut le long des rives de la Théols et dans l'arc décrit vers l'est par cette rivière aux eaux légères et limpides, aux rives verdoyantes, abondante en poisson savoureux. Abritée par des hauteurs contre les vents du nord; défendue à l'ouest par des bois qui n'existent plus (2), des étangs dont il ne reste que le nom (3) et des marais profonds, il eût été difficile de trouver une situation plus avantageuse et plus riante pour l'établissement d'une ville ou d'une bourgade (4). Cette opinion est celle de Chaumeau qui en avait trouvé la preuve quelque part: « Et d'autre costé, « dit-il, estoit la ville ou le bourg assiz loin du chasteau « et habité du commun populaire nommée Yssoudun et « estoit située et assize au lieu ou est à présent le faux « bourg Sainct Patier. »

---

(1) V. le dictionnaire géographique de Vosgien. — M. d'Alphonse, préfet de l'Indre en 1801, la comparant avec ce qu'était alors Châteauroux, dit qu'Issoudun est la ville la plus importante du département, que *ses constructions sont plus régulières, ses rues plus larges, ses maisons plus apparentes.* (Statistique de l'Indre.)

(2) Le bois de Tourailles et le bois-du-Roi, sont les seuls restes de forêts immenses qui couvraient tout le plateau occidental jusqu'à Levroux, Vatan et Graçay.

(3) L'Etang-le-Roi et toute la vallée jusqu'à Saint-Denis, qui n'offrait que des lagunes et des marécages impraticables, aujourd'hui à peu près entièrement desséchés et cultivés.

(4) Les rives si vertes et si fraîches de la Théols, dans tout son parcours, font, lorsqu'on les aperçoit, l'effet d'une douce oasis, au milieu de l'océan monotone de terres labourées que présentent les plaines du Berry.

A cette attestation se joint le témoignage des lieux et des faits. Là était située la principale et la plus ancienne église du lieu, église primitivement dédiée à St. Martin, l'apôtre de cette partie des Gaules, le saint le plus universellement et le plus anciennement révéré dans le centre et le midi de la France, et plus tard consacrée à St. Paterne ou Patier. Deux faubourgs limitrophes, assis sur les deux rives de la Théols, ont conservé le nom de ces deux saints. Ces deux faubourgs sont reliés entre eux par l'hôpital, le plus ancien établissement du lieu, « de la fondation duquel il n'est mémoire, » et qui, selon l'usage, se trouvait hors de la ville, en tête du pont qui en formait la principale entrée. Il est évident que ce fut là le centre primitif de la population, que le pont de l'Hôtel-Dieu est le plus ancien de la ville, et que la rivière forcée qui, comme une double ceinture, suit en leur contour les méandres de la Théols, fut vraisemblablement créée, dans le principe, pour défendre de ce côté la population établie peu-à-peu sur la rive droite.

Les guerres atroces et incessantes qui, dès les temps les plus reculés, pesèrent sur ces contrées, obligèrent les habitants à se réfugier sur la hauteur et à se rapprocher du château (*castrum*). Ce château, comme nous l'avons expliqué au commencement de ce livre, fondé par les romains sur la pointe extrême de la colline circonscrite dans le contour opposé de la rivière, était dès-lors, comme depuis, sous les Francs, la demeure des vainqueurs et des maîtres, et, jusqu'à la révolution, il continua d'être le séjour privilégié de l'aristocratie locale. La ville vint s'accoler au flanc du château, à l'est, mais sans se confondre avec lui.

Cette jonction eut lieu à une époque qu'il nous est impossible de déterminer, époque où l'ancienne ville dut être détruite de fond en comble et en quelque sorte extirpée de manière à ne pas laisser de vestiges; car, chose digne de remarque, depuis lors les rives de la Théols sont restées désertes, et, à l'exception de l'hôpital et de deux moulins, on chercherait vainement trace d'habitation tout le long de son cours. De vertes et calmes prairies s'étalent paisiblement là où fut sans doute le plus épais de la population, et leurs hautes herbes recouvrent peut-être les ossements confondus des Romains et des Celtes, des Vandales et des Francs. L'espace compris entre les deux riviéres, où fut jadis le faubourg Saint-Martin, et qui dut être, eu égard à sa situation, le centre et le foyer du mouvement, n'offre guères aujourd'hui une solitude moins absolue, comme si cette ville eût péri par le jugement de Dieu, comme si, pour employer le style de l'Ecriture, le sel de la malédiction eût été semé sur sa cendre.

Après sa réunion au château, ce furent comme deux villes contiguës, ayant chacune son enceinte de murailles, ses portes, ses tours et ses fossés, ajoutons sa population bien distincte par les droits, la race et les mœurs. Telle était encore en grande partie la ville au XVIe siècle, au temps de Chaumeau dont nous emprunterons la description, la plus ancienne qui nous reste :

« La ville d'Yssoudun ou bien Ypsoldun, selon l'ob-
« servation des anciens autheurs, est assize dans les fins
« et limites du Berry; distante de huict lieuës de la ville
« de Bourges, et seconde en dignité après elle.... Quant
« à son assiette, elle est assise en lieu plat, environné
« de bonnes murailles, tours, boulouërs et larges fossez.

« Le chasteau est joignant a icelle, un peu plus haut
« elevé et prenant sa montée si doulcement et peu à peu
« qu'à peine s'en peut on apercevoir de loing. Les fossez
« d'iceluy sont plus profondz et le circuyt des murailles
« plus estroit à cause de la rivière qui court tout le long
« d'icelles : en sorte que le regardant de plus prez et con-
« templant diligemment la structure et composition du
« lieu, il semble à voir que ce sont deux villes adhé-
« rentes l'une à l'autre. En iceluy chasteau y à une
« grosse tour, servant de deffense de laquelle dependent
« plusieurs beaux fiefz, la maison royale, l'auditoire de
« justice, le couvent des bénédictins, le temple de Sainct
« Estienne et autres édifices contigus et joignans à iceux,
« lesquelz sont un peu plus éminens et apparens que
« les autres parties de la ville. La plus grande partie des
« nobles citoyens et bourgeoys, magistrats, patrocina-
« teurs et gens de robbe longue y ont leur domicile et
« habitation, comme au lieu plus fort et mieux muny,
« anciennement tres seur et certain propugnacle à l'en-
« contre des incursions et invasions des Angloys et au-
« tres ennemys.

« La ville est plus spacieuse, ample et abondante en
« maisons et édifices, habitée d'une plus grande multitude
« de citoyens, comme marchands, drappiers, merciers,
« tanneurs, conrieurs (*corroyeurs*), cardeurs, pigneurs,
« gantiers fort excellens en leur manufacture, menu-
« ziers, cordonniers et toute autre manière d'artisans,
« traffiqueurs, négociateurs et mercenaires riches et bien
« aysez, tant au moyen de leurs traffiques et négociation
« de marchandise que de jours establiz pour vendre et
« achepter, car chascune sepmaine ilz ont jours de mar-
« ché et huict foyres l'an, franches et quites de tous

« tributz et exactions qui se tiennent en la dite ville les
« premier jour de may, vigile sainct Jean-Baptiste, la
« veille de St. Marc, Ste. Marie-Magdelaine, la vigile
« de Notre-Dame de septembre, le jour et feste Sainct-
« Denys, Ste. Catherine, Sainct Paul, et le lundy après
« la my caresme. Et y a lieux propres à vendre bledz
« grains, herbages, et autres choses semblables (que vul-
« gairement on appelle les hasles.)

« En la dite ville sont encore construictz et ediffiez
« deux temples d'assez petit volume, l'un dedié à sainct
« Cyre, qui est le plus vénérable par l'institution des
« chanoines : et l'autre dedié à sainct Jean-Baptiste,
« lesquelz ont droict de paroisse. Il y a encore un hos-
« pital, etc.

« A l'entour d'icelle ville y a quatre faux bourgs as-
« sez amples et de bonne estendue : dont la meilleure
« partie est habitée d'une grande multitude de vignerons
« et gens rustiques estrangiers, qui illec se transportent
« assiduellement : et le reste de menu peuple, dédié au
« labeur et culture des terres, champs et jardins. Celuy
« qui est du costé de septentrion est nommé de Romme:
« qui s'estend jusques à l'église parrochiale de Sainct
« Denys, la quelle est décorée d'un collége de chanoi-
« nes. Celuy qui est du costé de l'Orient, est appelé de
« Sainct Jean : prez duquel y a un beau et grand cemi-
« tière (1) et prez d'iceluy le convent de Sainct François
« *(les Cordeliers)* et encore un petit receptacle pour
« recevoir ceux qui sont infectez de lèpre, qu'on appelle
« l'hospital des ladres : au quel y a une chapelle appe-

---

(1) Ce cimetière occupait l'emplacement compris entre la place de Vouet et la rue des Champs d'Amour. Selon Munster et Belleforest, il passait pour « un des plus beaux qu'on voye. »

« lée la chapelle à la Beilher, de fort beau et ample re-
« venu (1) : de la quelle il y a environ dix ans par un
« grand oraige de temps le vent emporta tout le comble
« et couverture entièrement delaissant seulement les
« murailles vuydes : tua et occit plusieurs personnes :
« et n'a esté la dite chapelle du depuis reediffiée. Le
« dernier faux bourg qui est de la part de l'Occident (2)
« est appelé le faux bourg Sainct Patier : lequel n'est
« égal aux autres en grandeur : toutefoys pour la mul-
« titude des marchands, hosteliers et taverniers estant
« en iceluy, il passe et excède les autres en avoyr et
« richesses. Il fut nommé de Sainct Patier, etc.

« La dite ville est arrousée d'un fleuve nommé Théol,
« procédant d'une fontaine appelée Fontheolz, assise
« entre le chasteau de Bomyers et la paroisse d'Ambroz,
« le long du maraiz et de la prayrie, distant de la ville
« d'Yssoudun de quatre lieuës. Le canal d'iceluy est
« large de treize pieds ou plus et de bonne profondeur.
« Sa course est médiocre veu l'assiette et planicie de la
« campaigne. L'eaue d'iceluy est claire, blanchastre,
« affluente et abondante presque en toute sorte de pois-
« sons d'eau doulce, fort bons et savoureux.

« Au dessus de la dicte ville d'Yssoudun, environ
« une lieuë, a esté forcée une petite branche de la dite
« rivière, avec levee et turcyz, laquelle vient entrer en

(1) Chaumeau confond ici l'hôpital de Saint-Lazare ou Saint-Ladre, qui était encore à cette époque au lieu occupé depuis par le couvent de la Visitation, aujourd'hui la maison de M. Heurtault Du Mez, avec la chapelle de l'Abeiller, qui était située dans le faubourg de Villate et à laquelle était joint un petit hôpital.

(2) Ce faubourg est à l'occident par rapport à une portion de la ville ; mais il est au midi du château. La partie active et commerçante de ce faubourg forme aujourd'hui le faubourg des *Allouettes*.

« icelle entre la porte de Villate et l'Hostel-Dieu, et
« pres la porte des Polyes : et passant près le faux bourg
« Sainct Patier, continue son cours jusques au pont de
« Sainct-Denys, estant pres du faux bourg de Romme
« ou elle entre en la grande rivière de Theolz. Ceste bras-
« siere fait moudre deux moulins en la dite ville (1) et
« sert a nettoyer les immondices d'icelle, et aux tan-
« neurs, teinturiers, parcheminiers, bouchiers et autres
« artisans.

« Au reste, la ville d'Yssoudun est en troys choses
« principalement recommandable : l'une, pour raison
« de l'estenduë de sa jurisdiction (2); car comme il soit

---

(1) Il y a aujourd'hui plusieurs moulins sur cette rivière.

(2) De ce bailliage qui comprenait encore tout le Bas-Berri jusqu'à la Marche, avaient été déjà distraits, en 1450, Romorantin, St-Aignan et le pays environnant, pour l'érection du comté de Blois. — Voici, d'après Chaumeau, le tableau de sa circonscription au XVI° siècle : « Au ressort et bailliage de la dite ville d'Yssoudun sont les villes, baronnies et chastellenies cy-apres declarées assavoir la ville et baronnie de Chasteauroux avec ses ressorts cy-dessouz déclarés, la ville et baronnie de Gracay et paroisses estans en icelle; la ville et baronnie de Sainte-Sévère et paroisses estans en icelle; la ville et baronnie de Linyeres et paroisses estans en icelle; la ville et baronnie d'Argenton et paroisses estans en icelle ; la ville et chastellenie de Boussac et paroisses estans en icelle; la chastellenie de la Perouze avec ses paroisses; la ville et chastellenie de La Chastre et paroisses estans en icelle; la ville et chastellenie de Chasteau-Meillant et paroisses estans en icelle; la chastellenie du Chastelet; la chastellenie de la Mothe-Fully; la chastellenie de Mareul; la chastellenie de Masseuvre en laquelle sont comprises les paroisses de Civray et Le Coudray; la chastellenie de Voullon et paroisses estans en icelle; la chastellenie de Neuvy Saint-Sépulchre; la ville et chastellenie d'Agurande; la ville et chastellenie de Charrolz; la ville et chastellenie de Rully; la ville et chastellenie de Saint-Chartier; la chastellenie de la Ferté ; la chastellenie de Pauldy; la chastellenie de Dun-le-Palleteau, la chastellenie de Nohant, la chastellenie de Massay, la chastellenie de Bomyers, la chastellenie de Villedyeu, la chastellenie de Cahors; les paroisses de Saint-Aous-

« que en tout le duché de Berry, il n'y ait seulement
« que cinq sieges particuliers du bailliage de Berry, il
« obtient entre les autres celuy qui en ses fins et limites
« est de plus grande estenduë quant à la jurisdiction or-
« dinaire : nonobstant que la ville de Bourges, comme
« capitale du païs et duché, obtienne le premier et prin-
« cipal siége. L'autre est pour la grande abondance des
« trouppeaux de brebis, aigneaux et moutons qui sont
« ordinairement nourriz au dit lieu, tant pour l'aptitude,
« commodité et aménité du pays champestre, que de la
« bonté, douceur et suavité des herbes. De laquelle
« nourriture provient la plus grande part de la richesse
« et opulence de la dite ville. La tierce chose recom-
« mandable depend de la copiosité et abondance de
« bons et excellens vins, qui se recueillent annuellement
« es vignes et vignobles estans es environs de la dite
« ville, entre lesquels vignobles y en a quatre de sin-
« guliere recommandation : assavoir le vignoble de
« Creve-Cœur, de Champfort, de Haute Roche et de Pied

---

trille, Thezay, Sainte-Lizaigne, Lazenay, Saint-Georges sus Louon, Saint-Valentin, Plou, Lizeray, Dampierre, Montporret, Fleury, Saint-Pierre de la Marche, Siguyailles, Rommefort, Bazaiges, Vigou, Saint-Nazere, Persco, Broulbamenon, Saint-Jean des Chaulmes, Saint-Aulbin, le Montleine, Voulcyen, Barguen, Jareste, la Chapelle Saint-Gilles la grand Adiou, Fontaugier, Meigny, Dyou, Saint-Sornyn, Saint-Mort Dechevrache, Saint-Plaintaire, Omzes, Saint-Gilles de Cyron, Chenen, Canan, Nolay, Marçay, Saint-Martin de Court, Danzes, Munez, Saint-Paul, Saint-Vincent, Degii, Baignoulx, Rebourcyn, La Cellette, Ruyffect, Rivarennes, Chasseneul, Morlac, Malleray, Saint-Loup, Saint-Cher, Saint-Serille, Ardenay, La Chapelle le Moyne Martin, Chery et Surains, et autres paroisses sous les baronnies cy apres decrites; etc. » (Voir à la fin de ce volume la liste plus détaillée des localités composant l'ancien ressort d'Issoudun.)

« Rouau (1) qui ne sont de moindre excellence et bonté
« que ceux d'Orléans. »

Il eût été inutile de refaire cette description de Chaumeau dont l'exactitude peut encore être vérifiée aujourd'hui. Il est facile de reconnaître l'enceinte de la ville et celle du château, en suivant la trace des anciens murs, subsistant sur une grande partie de leur périphérie, aussi bien que le pourtour de leurs fossés qui portent toujours ce nom, quoique comblés et convertis en promenades, en routes et en jardins. Ce vieux tableau est encore fidèle, sauf quelques modifications de détail apportées par le temps. Ainsi, la *Maison Royale* (2), l'*Auditoire de justice* (3) et l'*église Saint-Etienne* (4) ont disparu du château, ou ont changé d'affectation au point qu'il est difficile de dire aujourd'hui quel fut leur emplacement positif. Le château renferme toujours les tribunaux et il est demeuré à peu près vierge des atteintes du commerce et de l'industrie; mais ses nobles, ses magistrats de robe longue et ses *patrocinateurs* l'ont abandonné; une partie de ses vastes maisons est inhabitée ou peu s'en faut; une autre partie, spécialement vers le

---

(1) On appelle aujourd'hui ce vignoble par corruption les *Pierrots*.

(2) et (3). La Maison Royale était vraisemblablement, ainsi que nous l'avons déjà dit, sur l'emplacement de l'hôtel-de-ville actuel, dont la reconstruction date de 1731, à moins que ce ne fût la vaste maison qui forme l'île circonscrite par les rues *du Château*, de l'*Artillerie* et du *Vieux château* et appartenant aux héritiers Ponroy. L'auditoire était l'une ou l'autre.

(4) L'église Saint-Etienne, selon Duchesne, était située *près de la Grande tour*. En conséquence, elle devait occuper, soit une partie de la gendarmerie actuelle, soit l'espace vide qui sert d'avant-cour à l'hôtel-de-ville, soit l'emplacement des maisons Borget et Borget Pérémé. C'est ce que feraient croire d'énormes pans de murs qui existaient dans ces maisons.

voisinage de la rivière, qu'on appelle le *Bas-Château*, sert d'asile et de refuge à des colonies de manœuvres, d'artisans misérables et de mendians et présente plutôt l'aspect de dépôts de mendicité que celui de maisons aristocratiques et privilégiées.

Les portes fortifiées de la ville et du château ont cessé d'exister ainsi que leurs tours et leurs creneaux. La politique inflexible de Richelieu, suivie par Louis XIV, dans la guerre à mort qu'il déclara aux places fermées, a partout renversé ces insignes de la féodalité, en y substituant d'ignobles piliers surmontés d'une boule, comme pour indiquer seulement la place où ces portes avaient existé (1). La porte *Saint-Louis* seule avait conservé jusqu'à ces derniers temps des vestiges de son fossé, de son pont et une tour crénelée, noircie par le temps, qui a été récemment démolie. Il ne reste d'à peu près intact que la bastille où sont les prisons, qui formait jadis la grande entrée du château du côté de la ville. Ses hautes et fortes tours se dressent encore orgueilleuses et sévères comme au moyen-âge, de chaque côté d'un porche sombre, veuf de sa herse et de ses machicoulis, ruiné par le sieur de Sarzay, en 1568, mais qui, restauré peu de temps après, par des mains royales, dans le style de la Renaissance, ne manque encore ni de grandeur ni de noblesse (2). L'une

---

(1) Ces portes étaient au nombre de sept et une poterne pour la ville et deux et une poterne pour le château. C'étaient la porte *St-Louis*, la *Porte-Neuve*, la porte de l'*Avénier*, la porte *Saint-Jean*, la porte *Villatte*, la porte de l'*Hôpital* et la porte *des Poulies*. La poterne était près de la *Tour Galleuse*, au bout de la rue *des Guédons*. — Le château n'avait qu'une porte extérieure appelée Porte du château, et une poterne du côté de la place Saint-Louis, au bout de la petite rue *Percée*.

(2) Une inscription fruste et presqu'illisible, placée au-dessus

de ces tours est surmontée de l'antique beffroi, signe imposant de l'affranchissement de la commune, et qui était le monument le plus glorieux d'une ville au moyen-âge. Il sert d'horloge pour la ville et les environs, son timbre sonore s'entendant de fort loin.

Au temps de Chaumeau, qui a oublié de parler du collége, existant « de tout temps et d'ancienneté, » où il y avait « régens et précepteurs » entretenus à frais communs par la commune et le chapitre, la ville encore intacte dans ses remparts avait conservé une grande partie de son importance ancienne, importance dont on peut juger par quelques indices. Le premier est sa population, qui, comme nous l'avons déjà dit, a dû être jadis considérable, formant le dixième de la population de Paris. M. d'Alphonse calcule, d'après le produit de la capitation sous Charles VII, qu'elle devait comporter alors 2,120 chefs de famille, c'est-à-dire 15,000 à 16,000 habitants, sans compter les nobles, les ecclésiastiques, les célibataires et les personnes franches et privilégiées, composant le tiers au moins de l'effectif, ce qui, avec les faubourgs, permettrait de porter le chiffre de la population à 25 ou 30,000 âmes, et elle n'avait pas diminué au 16ᵉ siècle.

Le bailliage d'Issoudun, qui possédait son style particulier (1) et n'avait encore subi qu'un seul démembrement,

---

du porche, à gauche de la fenêtre qui le surmonte, indique, autant que nous avons pu le déchiffrer, que cette façade a été rétablie en 1583, avec la permission et sous les auspices de très-puissant et très-illustre prince, François, duc d'Alençon, d'Anjou et de Berri, frère puîné des rois François II, Charles IX et Henri III, par les soins d'Antoine Dorsanne, alors lieutenant du bailliage à Issoudun, pour remplacer l'ancienne qui tombait en ruines.

(1) Le style particulier du bailliage a été imprimé avec la Cou-

s'étendait sur 241 hautes justices, parmi lesquelles on comptait six baronies, quinze abbayes royales et quarante-deux prieurés en commende. Le personnel en était plus nombreux que celui d'une de nos cours royales. Son abbaye, ses deux chapitres, ses églises, prieurés et chapelles, ses hôpitaux et ses couvents entretenaient une armée de personnes non sujettes à l'impôt. Ajoutons à cela la garnison permanente et les nombreux employés de la prévôté, de l'élection, des aides, des gabelles, et des eaux et forêts, et l'on jugera si le chiffre ci-dessus est exagéré.

L'importance ancienne de notre ville se révèle encore dans l'usage immémorial où elle fut de battre monnaie, privilége qu'elle possédait dès l'ère celtique, suivant M. Pierquin de Gembloux; mais, sans remonter si haut, on voit, dès le XIIe siècle, Raoul, prince d'Issoudun, autoriser la perception sur les revenus de cette ville de 600 livres, *monnaie du lieu*. Le musée de Bourges conserve une pièce de billon frappée à Issoudun du temps de Richard Cœur-de-Lion et qui ne laisse aucun doute sur le droit de monnoyage que possédait la ville à cette époque. Elle porte en légende, d'un côté, RICARD. REX et, de l'autre, EXOLDVNI. (V. au frontispice, fig. 3.). C'est d'une pièce semblable, mais en argent, que Chaumeau place la mention après sa description de la ville d'Issoudun : « Comme j'estoye apres ceste description maistre
« Jehan Cartel advocat à Yssoudun m'envoya un· petite
« pièce de monnoye d'argent fin fort antique trouvée

---

tume d'Issoudun, en 1520, par Macé Viroys, marchand libraire à Issoudun. Les exemplaires en sont excessivement rares. La coutume a été réimprimée à Paris en 1525.

« en prenant les fondemens d'une maison qu'il faisoit
« bastir à Yssoudun, en laquelle du costé de la croix est
« escript RICARDVS REX et du costé de la pile EXOL-
« DVNI, par laquelle je peux congnoistre que au temps
« que la dite ville d'Yssoudun estoit possédée par le dit
« Richard roy d'Angleterre, il faisoit en icelle battre et
« forger monnoye, qui estoit à la dite ville un privilége
« fort spécial. »

Nous avons déjà parlé de la pièce attribuée au vicomte d'Issoudun.

Le musée de Bourges contient aussi plusieurs monnaies ou méreaux du chapitre de Saint-Cyr d'Issoudun, évidemment frappées dans cette ville. Il en sera parlé plus amplement au chapitre des fondations religieuses.

Outre son hôtel des monnaies, Issoudun avait encore une fonderie de canons. Il en reste des échantillons dans quelques charmantes pièces de rempart, telles que fauconneaux et coulevrines d'un modèle très-élégant et d'une exécution fort remarquable, qui sont conservées à l'hôtel-de-ville, mais surtout dans les beaux canons qui portent le nom de la ville et qui y ont été fondus en 1568, pendant les guerres de religion. Ces pièces, en très-beau bronze, sont revêtues du chiffre d'Issoudun: l'Y accompagné des trois fleurs de lys. L'une d'elles est très-ornée et porte, tout le long de sa crête, cette belliqueuse inscription, rimée selon le goût du temps:

A. YSSOVDVN. IE. FV. FETTE: POVR. TENIR. AVX. ANNEMIS. TESTE.

Elle porte en outre, dans un riche écusson, le nom du gouverneur de la ville mutilé et illisible, ainsi que celui des quatre échevins, qui étaient alors les sieurs G. Robert, G. Carcat, Yv. Audoux et J. Cougny.

— 237 —

A cette époque, la ville n'avait encore rien perdu de la prospérité qui la distinguait au XIIe siècle. Ses vins avaient conservé une supériorité qu'on leur a contestée depuis (1). Elle possédait encore une partie des industries qui l'avaient rendue si riche et si florissante : sa draperie, sa bonneterie, sa chapellerie renommée, mais surtout ces *excellens gants de chevrotin*, dont la réputation était européenne, si l'on en croit Duchesne; branche de manufacture qui a passé depuis à la ville de Grenoble et dont Paris a aujourd'hui le monopole. Il faut y ajouter le commerce considérable de bois que ses habitants débitaient en merrain et envoyaient par le Cher jusqu'à Tours, mais surtout celui des bestiaux qui fait encore aujourd'hui la meilleure partie de sa richesse, et celui des laines qui y emploie toujours un grand nombre de bras et un capital considérable.

Sous Louis XIV et même sous Louis XV, la ville d'Issoudun avait le monopole des chapeaux de l'armée qu'elle fabriquait avec ses laines d'agneau devenues depuis lors un objet d'exportation. Jusqu'à la fin du XVIIIe siècle, elle soutint l'honneur de ses fabriques de draps et de serges drapées, de ses bas au tricot et à l'éguille.

Issoudun n'a conservé de ses anciennes industries que celles qui tiennent à la richesse de son sol. Il s'y fait encore des affaires considérables dans les laines, les par-

---

(1) Dans le dictionnaire géographique de La Martinière il est dit que « le vin d'Issoudun est de petite qualité et ne mérite pas d'être transporté. » — Ce jugement est infiniment trop sévère. Le vin d'Issoudun a d'excellentes qualités, surtout en vieillissant, et peut-être, s'il était fait avec les précautions employées en Bourgogne et en Médoc, égalerait-il la plupart des crûs renommés de la France.

chemins et les cuirs. Ses foires aux bestiaux sont toujours très-fréquentées et donnent périodiquement une physionomie très-animée à cette ville ordinairement si calme et si morne. Ses vins sont toujours recherchés dans le département et les départements voisins. Son marché aux grains est un des principaux de la France et l'un de ceux qui règlent le cours des céréales. En un mot, Issoudun est devenue une place essentiellement agricole et les métiers et professions qui y florissent encore sont ceux qui s'adressent aux habitants de la campagne.

Sa chapellerie est à peu près restreinte à la fabrication des feutres de laine dont se font les chapeaux ronds à larges bords, à l'usage des paysans, et dont le débit s'étend au loin. Il s'y débite une prodigieuse quantité de sabots et de gros souliers ferrés; les bourreliers y font fortune; les gros draps du pays et les toiles, confectionnés en vestes, gilets, culottes, guêtres, mitaines et blouses, y entretiennent sans éclat un commerce très-actif et très-profitable, bien que ne s'exerçant que les jours de foire et de marché. Tous les autres jours, la ville paraît ensevelie dans le plus profond sommeil et donne à peine signe de vie. L'étranger, qui pour la première fois se hasarde à travers ses rues désertes, est effrayé du retentissement de ses pas dans le silence de cette nécropole.

Si vous voulez y trouver encore quelque mouvement, il faut aller dans ses faubourgs, car la vie y semble s'être retirée du cœur vers les extrémités. Là est la vraie ville, là est la population actuelle; population moitié urbaine moitié rustique, composée d'agriculteurs journaliers, de jardiniers et surtout de vignerons; classe qui tient du citadin par la morgue, du paysan par la rudesse, race fière et narquoise, toujours aigrie et toujours mécontente, constamment irritée contre les *colidons* (1), et toujours disposée à les rendre responsables de la cherté du pain, et du bas prix des vins, mais au demeurant plus criarde que méchante, excepté quand il s'agit de l'exercice des contributions indirectes, opération financière qu'elle n'a jamais pu ni comprendre ni admettre.

Remarquons que, malgré cette humeur récalcitrante, qui l'a souvent poussée jusqu'à l'émeute et à la révolte, cette population qui compose près des deux tiers de celle d'Issoudun, est plus terrible dans la forme que dans le fond. On observe même chez elle un grand fonds de probité naturelle qu'elle tient de ses pères, et les crimes et délits y sont comparativement plus rares que dans beaucoup d'autres centres de population plus policés et plus instruits. Le tribunal correctionnel d'Issoudun est peut-être de toute la France celui qui a le moins d'affaires à juger.

Ici, comme en Bourgogne, « la culture de la vigne, ancienne dans le pays, a singulièrement influé sur les destins de la ville, en multipliant la population dans les classes inférieures. » Ses quatre anciens faubourgs se sont subdivisés et en forment aujourd'hui dix ou douze (2)

---

(1) Cette expression, qui nous paraît une corruption de *Céladon*, est le sobriquet par lequel les vignerons d'Issoudun désignent les bourgeois, les citadins, les gens portant un frac. Cette dénomination n'est pas nouvelle, car une ancienne chanson populaire commençait ainsi :
    Colidon paré,
    L'épée au côté, etc.

(2) On compte aujourd'hui autour d'Issoudun les faubourgs suivants : les *Alouettes*, *Saint-Paterne*, *Saint-Martin*, le *Cygne*, les *Capucins*, *Vilatte*, la *Chaume*, la *Croix-de-Pierre*, les *Cordeliers*, la *Croix-Rouge*, *Rome*, le *Baltan*, les *Minimes* et *Saint-Louis*. outre les villages de *Chinault*, de *Saint-Denis* et des *Bordes*, qui sont de la commune.

qui, la circonvenant et la pressant de toutes parts, tendent à l'absorber et à n'en plus faire qu'un grand bourg.

Ce qu'il reste à Issoudun de la population citadine présente les mêmes qualités et les mêmes défauts, modifiés par l'éducation. L'Issoldunois a, suivant l'expression d'un de nos historiens, conservé cette vieille sève d'esprit bourgeois, esprit judicieux mais malin, critique et frondeur, impitoyable dans ses plaisanteries, et, sous sa bonne humeur, cachant toujours un fond d'amertume. C'est, dit Michelet, l'ordinaire chez les gens qui sentent qu'ils valent mieux que leur fortune. Heureux, si cet esprit railleur, charmant quand il n'est qu'enjoué, n'avait souvent pour effet d'arrêter dans son essor tout ce qui tend à dépasser le niveau commun et de flétrir en germe, comme le vent du désert, les nobles inspirations moins rares qu'on ne le croit chez les enfants du pays. Du reste, droit et sincère, hospitalier jusqu'à l'engouement, préférant même les étrangers à ses concitoyens, de mœurs douces et faciles; mais sceptique et insouciant, quoiqu'intelligent et sagace, l'issoldunois semble avoir sucé avec le lait un découragement héréditaire, et pris à tout jamais son parti sur la décadence et le dépérissement de sa ville natale. D'autre part, cette ville natale, il l'aime telle qu'elle est, comme le suisse aime sa montagne; il a beau s'en éloigner, la dédaigner, la fuir, il y tient toujours par quelque racine et il faudra qu'un jour il y revienne mourir.

Rien de plus hétérogène que les éléments de la société issoldunoise, si on peut lui donner ce nom. Lorsque ses membres épars viennent par hasard à se rencontrer, ils ne se connaissent point, ou s'ils se reconnaissent, ils hésitent, ils cherchent sur quel ton ils doivent le prendre entre eux. C'est que, dans cette société, toute décousue qu'elle soit, il subsiste de profondes démarcations, plus infranchissables peut-être que celle qui séparait jadis le vassal de son seigneur. Et pourtant tous les noms nobles s'en sont exilés ou à peu près; ceux-là d'ailleurs ne seraient pas les plus intraitables. Il n'y reste plus que des bourgeois; mais les uns sont de vieille souche; les autres sont nouveaux, étrangers ou déchus. On s'y appelle *première* et *seconde* société, quoiqu'il soit bien difficile de dire où commence l'une, où finit l'autre. La fusion est d'autant moins aisée qu'on chercherait vainement le point propre à la soudure; les titres sont d'autant moins discutables que personne n'admet de niveau au dessus du sien; car le trait le plus saillant du caractère indigène, c'est l'indépendance personnelle et absolue : le faubourg ne porte pas la tête moins haut que la ville, et le dernier des issoldunois n'est pas moins fier que le premier.

C'est cette désunion ou, pour parler plus exactement, ce défaut d'union entre ses habitants, qui a causé en grande partie le malheur d'une ville possédant tant d'éléments de prospérité. Les uns s'y souviennent trop peut-être du temps passé; les autres ne s'en souviennent pas assez.

Espérons que ces vieux restes de préjugés que rien ne justifie, céderont enfin devant les progrès croissants de la raison et des lumières, et que l'ouverture du chemin de fer, en assurant aux produits de son sol des débouchés faciles et nombreux, fera renaître au sein de notre ville l'esprit de localité et de fraternité qui en fit jadis la puissance et la richesse.

16.

CHAPITRE XV.

La Tour d'Issoudun. — Sa fondation. — Traditions. — Rapprochements historiques. — Richard-cœur-de-lion. — Blanche. — Circonstances et détails de sa construction. — Grosse-Tour. — Gouverneurs. — Prisonniers. — Inscriptions. — Juifs et Templiers.

Parmi les rares monuments que la ville d'Issoudun a conservés de son ancienne puissance, celui qui du plus loin frappe les regards, c'est la tour dont la tête vénérable et dégradée, domine encore le vaste horizon de nos plaines. C'est aussi celui qui a droit en première ligne à l'attention des curieux et des antiquaires.

Le monticule sur lequel elle est assise (le *dun gaulois*) surhaussé en forme de cône tronqué (voir au frontispice, fig. 1), est formé en partie de terres rapportées qui, depuis des siècles, tendent incessamment à rouler sur elles-mêmes. Aussi, à l'ouest et au sud, parties qui sont le plus exposées à l'action des vents et de la pluie, leur niveau s'est sensiblement abaissé, en déchaussant peu à peu le pied de la tour dont la paroi rude et inégale atteste, ainsi que l'interruption des chaînettes, que toute cette partie basse n'était pas destinée à voir le jour. Du côté du nord et de l'est, des substructions ont arrêté les éboulements; ce sont les restes du petit temple dont nous avons donné la description au chapitre II.

Il n'existe aucun document qui constate la date précise de la fondation de la tour d'Issoudun; mais évidemment et indépendamment des caractères de son architecture intérieure, qui rappelle le passage du plein cintre à l'ogive, c'est-à-dire le xiie siècle, elle doit appartenir à l'époque où ce genre de constructions, en Angleterre comme en France, reçut la plus grande extension, celle où Philippe-Auguste bâtit la grosse-tour du Louvre et acheva la grosse-tour de Bourges.

Il ne paraît pas cependant que nous devions attribuer à ce prince la fondation de celle d'Issoudun. Nos annales en eussent conservé la mention, et les historiographes ordinaires du roi, Guillaume-le-Breton et Rigord, qui le suivaient partout et tenaient registre des moindres actions de leur héros, n'eussent pas manqué de consigner ce fait dans leurs chroniques.

La tradition populaire attribue « aux Anglais » la construction de la tour d'Issoudun; et cette tour est connue de temps immémorial dans le pays environnant, sous le nom de la *Tour Blanche* ou *Tour de la reine Blanche*. Elle aurait, dit-on, servi de résidence ou de prison à une princesse de ce nom.

La tradition est, en général, une preuve certaine de l'existence d'un fait; mais quant à la date et aux circonstances de ce fait, elle présente souvent autant de vague et d'incertitude qu'autrefois les oracles de la sybille. C'est donc du fait en lui-même, indépendamment de ses commentaires, que nous chercherons à faire ressortir la véritable origine de notre tour, en rapprochant la tradition des noms et des dates consignés dans l'histoire.

Suivant les chroniques contemporaines, tant étrangères que nationales, les Anglais, c'est-à-dire les bandes, anglaises ou non, à la solde du roi d'Angleterre, ont possédé, presque sans interruption, la ville et le château d'Issoudun, depuis l'année 1176 jusqu'en 1200, sauf les occupations momentanées du roi de France, qui, dans cet intervalle, n'a pas eu le temps de s'y installer.

En 1195, Marchader, chef des Routiers et Cottereaux, reprend Issoudun, qui pour lors appartenait par les traités à Philippe-Auguste, et fortifie cette ville pour le compte du roi Richard. *Essoldinum capit et munit ad opus Richardi regis.* Que devons-nous entendre par *munit?* Il ne peut s'agir ici que d'une *augmentation* de défense, puisque la ville était déjà fortifiée ; et tout nous démontre que ce surcroît ne lui était pas inutile, car jusques-là cette place se laissait prendre et reprendre avec une étonnante facilité. Nous voyons par les propres paroles de Guillaume-le-Breton que cette conquête ne coûte pas beaucoup de peines à Philippe. Il part de Bourges et s'empare d'Issoudun du premier assaut (*impete primo*), sans être arrêté dans sa course (*cursu facili*). Marchader ne paraît pas avoir éprouvé plus de difficultés : *capit et munit;* cela semble aller de soi-même. C'est pour empêcher le retour de ces surprises et se maintenir dans cette ville qu'il faut ajouter à sa défense existante quelque ouvrage solide et imposant ; ce ne peut être qu'une forteresse, ce ne peut-être que la tour. Or, qui avait le plus d'intérêt et d'aptitude à faire ces travaux? Ce n'est pas Philippe, qui prend la ville pour la rendre au premier traité, et qui d'ailleurs ne la possédera que par l'intermédiaire du seigneur utile; mais bien Richard, du fief de qui elle dépend et qui déjà s'y est installé à demeure; Richard que nous avons vu y établir sa cour plénière et y faire citer le seigneur de Vierzon ; Richard, enfin, qui y fait battre monnaie, indice irrécusable d'un établissement durable et principal.

Si Philippe-Auguste avait fait bâtir la tour, il aurait certainement stipulé le remboursement de ses frais, en rendant la ville à Richard. Smolett parle d'un traité passé entre Henri II, roi d'Angleterre et Richard, son fils, par lequel le premier s'engage à payer 20,000 marcs d'argent au roi de France, pour défrayer celui-ci de la dépense qu'il avait faite en fortifiant Châteauroux.

Il est à remarquer enfin, que, depuis que Marchader a pris la place et l'a fortifiée, depuis l'année 1195, elle n'a plus été prise par personne. Philippe-Auguste arrive et pénètre dans la ville, mais cette fois il est arrêté devant le château et Richard a le temps d'accourir du fond de la Normandie et de lui faire lever le siège. Quoiqu'assiégé depuis à diverses époques, sous Jean-le-Bon, sous Charles VI, sous Charles VII, pendant la Ligue et pendant la Fronde, le château d'Issoudun n'a plus jamais été forcé.

Les dates aussi concourent à corroborer cette interprétation. En 1202, la tour n'était pas encore achevée, et c'est Philippe-Auguste qui se charge de ce soin, ainsi qu'il est établi d'une manière authentique par un extrait des comptes du domaine royal pour l'année 1202, d'où il résulte que 1,040 livres de plomb coûtant 160 livres monnaie, plus 200 livres d'étain coûtant 100 sous, furent employées pour la couverture de cet édifice dont la façon coûta 18 livres (1).

Nous avons vu dans l'acte de foi et hommage prêté à cette date par le seigneur utile, Guillaume de Chauvigny, à Philippe-Auguste, que le premier s'engage à ne point

---

(1) *Ad faciendum coopertorium turris Exolduni XVIII l.*
Pro MX l. plumbi ad turrim tegendam CLX l.
Pro CC l. Stagni C s.

faire de nouvelles fortifications à la ville d'Issoudun sans la permission du roi, et lui laisse en garantie de cet engagement la possession de la tour, avec faculté d'y tenir garnison. Il fallait que cette possession fut considérée comme d'une haute importance, et que de la tour dépendît alors le sort de la ville.

Quant au nom de *Blanche* donné à cette tour, il y a là matière plus large à exercer l'imagination. Plusieurs reines et princesses en France ont porté ce nom, entre autres, Blanche de Bourgogne, épouse de Charles-le-Bel, l'une des héroïnes de la tour de Nesle; Blanche de Navarre, femme de Philippe de Valois, et plusieurs autres dans l'histoire desquelles il est impossible d'apercevoir aucune relation avec la tour d'Issoudun. Blanche de Castille, épouse de Louis VIII, est la seule dont le nom figure dans les transactions relatives à cette ville, et plus attentivement on examine les circonstances contemporaines, mieux on comprend comment le nom de cette princesse a pu et dû rester cher à la mémoire des habitants d'Issoudun (1).

La ville d'Issoudun, en effet, formait le plus riche joyau de la dot de Blanche de Castille, dont le mariage fut un gage de paix, après les longues et cruelles guerres qui avaient déchiré ce malheureux pays; et son arrivée en France coïncidait, à quelques années près, avec l'époque où nous avons vu que la tour dut être fondée.

---

(1) On conserve également à Levroux le souvenir de la *Reine Blanche*; mais on ignore à quel personnage ce souvenir a rapport. On ne sache pas que d'autre princesse de ce nom y soit venue que Mme Blanche de France, sœur du roi Philippe-le-Hardi, qui vint coucher dans cette ville avec la famille royale, le 30 avril 1280. Elle fut depuis reine de Castille.

Aussitôt après la célébration nuptiale faite en Normandie, Louis s'empresse d'emmener sa jeune épouse dans les états de son père qui reste à régler d'autres intérêts avec Jean-sans-Terre. Pourquoi le jeune couple n'aurait-il pas tourné ses pas vers Issoudun? N'était-il pas naturel que Blanche fît connaissance avec la principale ville de son apanage? Si l'on se reporte à l'esprit de ces temps de loyauté naïve et chevaleresque, on se figurera facilement l'enthousiasme des Issoldunois à la vue de leur jeune et belle suzeraine, de celle qui leur rapportait à la fois la paix, le repos et la nationalité. On voit d'ici leur empressement à lui faire les honneurs de la ville, à la conduire en cérémonie à la tour, pour en prendre possession, à l'y loger comme au lieu le plus honorable de la place et enfin, saisissant l'à-propos, d'après un usage alors commun, à baptiser du nom de *Blanche* cette tour qui n'était point encore terminée. Cette hypothèse est d'autant plus probable, que Blanche s'attacha réellement à la ville d'Issoudun, dont elle conserva la mouvance directe et nominale jusqu'en 1240, qu'elle en fit la cession à Saint Louis, son fils, c'est-à-dire pendant quarante ans, et où son règne fut marqué, comme nous l'avons dit, par des fondations de bienfaisance et d'utilité publique. Telle nous paraît être l'explication la plus vraisemblable de la double tradition relative à la tour, dont il faudrait par conséquent, fixer la fondation à la fin du XIIe siècle.

La manière dont cette tour a été bâtie est assez remarquable et peut donner une idée des procédés de construction de ce temps-là. Elle porte le cachet d'une opération expéditive, ce qui confirme l'idée qu'elle fut faite à la hâte pour satisfaire à l'impatience du possesseur.

Il s'agissait de placer cette forteresse sur le point le plus favorable à la défense, problème aisé à résoudre. Le monticule au sommet duquel gisaient les ruines du petit oratoire, était le seul point qui répondît à ce but, et peut-être avait-on négligé de l'utiliser jusqu'alors par respect pour la sainteté dont ce lieu était entouré. Peut-être aussi était-ce là, par la même raison, l'endroit faible de la défense. Moins scrupuleux que les citoyens d'Issoudun, Marchader et ses Cottereaux, déjà couverts de sacriléges, n'y firent pas tant de façons. Cependant, soit religieuse terreur, soit indifférence, soit calcul, ils n'osèrent pas porter la main sur ces murs sacrés, ou ils ne prirent pas la peine de les démolir (1). Les constructions existantes devaient d'ailleurs servir à

---

(1) L'état où a été trouvé le petit oratoire lors de la fouille, prouve qu'il était en ruines depuis long-temps, à l'époque où la tour fut construite.

Mais cependant ce lieu devait avoir conservé un cachet de sainteté et de vénération, et il avait continué d'être fréquenté par la piété des fidèles. C'est ce que prouve l'autel conservé dans la petite pièce ou chapelle latérale.

Cet autel, qui n'était plus à sa vraie place, ayant dû occuper primitivement le devant de l'hémicycle, a évidemment été rétabli à une époque bien postérieure à la fondation du temple, comme l'indique la nature même des matériaux qui ont servi à le reconstruire. La pierre d'autel, qui n'était point encastrée, mais seulement posée et scellée dans la niche au fond de la pièce, ayant été arrachée et jetée à terre par ceux qu'on laissa dévaster impunément ces ruines curieuses, il se trouva que cette pierre creusée d'un côté pour recevoir la *pierre consacrée*, ce qui n'appartient plus aux siècles primitifs du christianisme, était de l'autre chargée d'une sculpture à entrelacs fort artistement combinés et d'un assez agréable effet. Les creux de cette sculpture conservaient encore des traces d'une peinture rouge et par son caractère elle se rapportait à la période intermédiaire entre le viie et le xie siècle. C'est vraisemblablement un fragment de quelque tombe romane. (Voir la pl. IV. fig. 6.)

retenir les terres qu'on allait accumuler sur cette butte pour l'exhausser. Les matériaux extraits des fossés profonds que l'on creusa tout à l'entour furent employés à cet exhaussement.

Quand ce travail préliminaire fut terminé, et que l'éminence eut pris la forme d'un vaste cône ou mamelon, on ouvrit dans cette terre meuble une tranchée circulaire qu'on poussa jusqu'au sol résistant, c'est-à-dire jusqu'au tuf qui forme la base du monticule. Pour préserver cette tranchée de l'éboulement des terres, on la garnit intérieurement de branchages ou fascines, et l'on versa par dessus une prodigieuse quantité de béton liquide, lequel, en se durcissant, constitua les fondements de la tour (1).

Ainsi ce colossal donjon est posé plutôt que fondé sur le dos de la colline où sa masse fait sa force et sa solidité. C'est, sans doute, au dessein d'en augmenter l'assiette qu'il faut attribuer la forme mono-angulaire ou en *cœur* que lui donne ce massif en éperon ou angle aigu qui se projette à l'orient. (Voir le plan, planc. II, F.) (2).

L'opération de la tranchée ne coupa qu'un des angles de la petite basilique qui paraît aujourd'hui engagée sous la tour et par-dessus laquelle fut jetée une épaisse

---

(1) Ces fondements, mis en partie à découvert lors de la fouille, présentent une masse irrégulière et informe de pierrailles noyées dans le mortier, où l'on distingue partout l'empreinte des branches d'arbres qui ont servi à retenir la terre et dont quelques-unes étaient d'un assez fort diamètre.

(2) On a cru trouver un rapprochement emblématique entre cette forme *en cœur* qui est celle du donjon de Château-Gaillard, également construit par Richard Cœur-de-Lion, et le surnom de ce prince. Cette observation ne manque pas de vraisemblance.

couche de mortier destinée à raffermir le sol et à consolider cet échafaudage. Au prolongement D, dont une partie était restée saillante sur la pente du cône et dont on avait fait un gros mur en le remplissant de moëllons, on avait relié un autre mur partant de son extrémité et venant rejoindre la tour à l'ouest. Ce mur d'enceinte, sans fondements, posé simplement sur une terre mouvante, s'est écroulé par la suite en énormes blocs qui se voient encore sur la pente et au pied du monticule (1). Partout où il y avait des substructions, on en suivit la trace et les murs de l'antique chapelle servirent de fondements aux nouveaux, pour former les ouvrages extérieurs.

Quant à la tour, le système adopté dans sa bâtisse est celui que les anciens appelaient *emplecton*, qui se compose d'un double parement en moëllons, rangés par assises régulières, et dont l'intervalle est formé d'un remplissage en béton jeté en masse et à l'aventure. L'épaisseur de ces murailles est en moyenne de quatre mètres dans la partie circulaire et à peu près du double dans le massif.

Cette tour est du genre de celles appelées *tour marines*, qu'on élevait sur le bord de la mer pour la surveillance des côtes, et dans lesquelles on pénétrait par des fenêtres situées au premier ou au deuxième étage, au moyen d'une échelle qu'on tirait ensuite après soi. La plupart des donjons des places fortes étaient de cette espèce.

---

(1) On peut faire la même remarque dans tout le circuit du château dont les murs et les tours ont été construits sans fondations ou plutôt simplement posés sur le banc calcaire qui fait le noyau de la colline. Aussi plusieurs de ces tours se sont écroulées tout d'une masse, notamment celle qui touchait à la maison de M. Louault.

Cette disposition est celle de la tour d'Issoudun. Son entrée ou plutôt ses deux entrées sont au niveau du deuxième étage. C'est aussi de ce point que part l'escalier en spirale qui monte dans l'épaisseur du mur jusqu'à la plate-forme (1), (voir la coupe verticale, planche III, fig. 2, n° 8).

Ces deux entrées se composent de deux petites fenêtres ou portes basses en plein cintre, placées du même côté au nord (voir le dessin, pl. 1, fig. 1, frontispice) et communiquant avec l'intérieur par deux couloirs étroits où il ne peut guères passer qu'une seule personne de front. Celle de droite, qui est la principale, ne communique qu'à la salle du deuxième étage, où elle donne ouverture de plain-pied par une baie également cintrée. L'entrée de gauche, plus petite que la première, aboutit à la même salle par une porte carrée à angles échancrés; elle communique en même temps avec les étages supérieurs au moyen de l'escalier qui donne sur le couloir (pl. III, fig. 2, n° 14).

Le rez-de-chaussée E, avant l'éboulement extérieur

---

(1) Cet escalier fut *détruit*, il y a 70 ou 80 ans, par ordre des magistrats municipaux. Les enfants de la ville, en s'accrochant aux anfractuosités de la muraille, trouvaient le moyen d'atteindre la petite porte de la tour d'où ils montaient jusqu'au sommet, et de là ils s'amusaient à lancer des pierres sur les toits environnants, ce qui donnait lieu à des plaintes journalières. Un jour, un de ces enfants, nommé Granger, se laissa tomber de la tour et se tua. Dans l'émotion que causa cet événement, l'autorité décida que l'escalier serait brisé. L'arrêt fut exécuté depuis la première marche jusqu'à la dernière !…. La réflexion aurait pu suggérer l'idée plus simple de faire fermer la porte ! — Le conseil municipal d'Issoudun a, dans ces dernières années, réparé l'œuvre de ses devanciers, et fait refaire cet escalier avec le produit d'une souscription volontaire des habitants….. autre temps, autres mœurs !

des terres, n'était qu'une basse fosse, sans ouvertures. On y voyait à l'intérieur, en 1811, lorsqu'on perça le pied de la tour, du côté de l'ouest, pour y pratiquer une entrée par le jardin de la mairie, un pilier ou massif de maçonnerie (ibid., n° 15), placé au centre et s'élevant jusqu'au niveau du premier étage, sans doute pour supporter la principale poutre du solivage. Une excavation peu profonde et de seize à vingt centimètres de diamètre, pratiquée en dessus de ce massif, semblait indiquer qu'il avait autrefois supporté un arbre ou pièce de bois montant verticalement dans les étages supérieurs.

Le premier étage D, qui formait alors le rez-de-chaussée, ne reçoit le jour que par deux meurtrières étroites, situées à une grande hauteur extérieurement et qui descendent en s'évasant jusqu'à la partie supérieure de ce cachot (ibid., n° 7). L'une de ces meurtrières, celle du midi, porte les traces d'un élargissement fait à petits coups d'un instrument pointu, qui a dû donner lieu à l'évasion d'un prisonnier. En tout cas, cette ouverture a été garnie après coup d'un barreau de fer qui n'existe point à la meurtrière de l'ouest. Ce cachot n'avait point d'autre entrée que celle qui devait être pratiquée dans le plancher supérieur.

Le deuxième étage C, qui forme la principale pièce de l'édifice, se compose d'une salle spacieuse et élevée, dont les parois disposées en octogone sont entièrement revêtues en pierre de taille. Elle se termine supérieurement, à 25 pieds au-dessus du plancher, par une belle voûte surbaissée, soutenue par des arcs doubleaux à triple nervure qui se croisent au centre et viennent retomber sur huit faisceaux de colonnettes superposés eux-mêmes à autant de colonnes engagées aux angles de l'octogone.

Ces colonnes sont surmontées de chapiteaux prismatiques et dépourvues d'ornements, à l'exception de deux qui ont des chapiteaux à trois lobes; ce sont les deux plus rapprochées de la cheminée de chaque côté.

D'autres nervures partant de la retombée des arcs, viennent en triple faisceau se réunir au-dessus de chaque face ou côté de la pièce, en décrivant une ogive obtuse (1). L'un de ces côtés est occupé par un four au-dessus duquel se projette en avant le manteau d'une vaste cheminée, soutenu par deux consoles garnies d'une sorte de cran, pour tout ornement (ibid., n° 10).

De deux autres côtés, à l'ouest et au sud, le jour arrive par deux longues fenêtres en forme de meurtrières très-étroites et s'évasant en tous sens jusqu'à la paroi intérieure du mur où elles présentent deux grandes em-

---

(1) Cette ogive nous paraît ici tout-à-fait accidentelle, et, pour bien dire, nous croyons que l'origine de l'ogive, sur laquelle on a tant disputé, n'a pas eu d'autre cause que la rencontre fortuite de deux arcs venant à se croiser. — M. de Caumont a dit : « D'après des observations récentes, les provinces du centre et du midi de la France, plus fidèles que les nôtres (celles de l'ouest) au plein-cintre, auraient conservé cette arcade longtemps après le commencement du règne de l'ogive et peut-être jusqu'au xiv° siècle, quoique le style ogival y fût aussi parfois employé dès le xiii° siècle. »
Nous croyons qu'il serait plus exact de retourner la proposition et de dire que le plein-cintre, dans nos contrées, a longtemps coexisté avec l'ogive, parce que celle-ci y a été employée de très-bonne heure et accidentellement, avant d'arriver à un règne exclusif. L'abbaye d'Issoudun nous offre un autre exemple de l'alliance du plein cintre et de l'ogive. Les trois grands arcs en ogive qui conduisent de la première cour du collége au cloître sont d'un caractère très-ancien et remontent au moins aussi haut que les arcades cintrées du cloître qui sont du x° siècle. Nous avons eu occasion de remarquer ailleurs des arcades toutes semblables également unies au plein cintre, et d'une date incontestablement antérieure au xii° et même au xi° siècle, notamment au cloître de Saint-Sauveur, à Aix en Provence.

brâsures cintrées. L'une de ces fenêtres, celle qui regarde le midi, n° 5, est occupée dans toute sa profondeur par un escalier de 8 à 10 degrés, dont la largeur va décroissant jusqu'à l'ouverture extérieure à laquelle il conduit. Il faut être au sommet de cet escalier pour pouvoir regarder au-dehors. Ces fenêtres sont garnies d'un solide grillage en fer.

Le côté placé entre ces deux fenêtres est percé d'une petite retraite ou cabinet bas et voûté 2, éclairé par une barbacane 6 et dans lequel se trouve à fleur de pavé l'orifice d'un puits d'environ 70 cent. de diamètre, pratiqué dans l'épaisseur de la muraille 15. Ce puits, qui est en partie comblé, devait être, en raison de sa position élevée, d'une énorme profondeur. A-t-il servi au puisage de l'eau? Une rainure profonde, ménagée dans le mur, comme pour donner jeu à une roue ou manivelle, et les traces circulaires de cette manivelle sur la pierre le prouveraient assez. Mais n'avait-il point en même temps une autre destination? C'est ce que l'on doit inférer de sa disposition intérieure, qui comporte dans toute sa hauteur une succession de petites ouvertures alternatives d'une forme et d'une disposition particulière 15., au moyen desquelles on peut facilement monter et descendre dans ce puits, en s'y accrochant des pieds et des mains (1). Il est donc probable qu'indépendamment des

---

(1) Il paraît que cette espèce de puits était d'une haute antiquité. Je lis dans une notice manuscrite sur la franc-maçonnerie ce qui suit : « En traçant un tableau rapide des initiations, ce sera faire connaître de quelle source antique dérive une grande partie de nos travaux symboliques. L'aspirant trouvait dans des antres des puits d'une effrayante profondeur, qu'il descendait *au moyen de trous pratiqués pour y placer les pieds.* » — La tour d'Héracle au château d'Argenton contenait un puits profond *fait avec art* qu'on appelait le *puits du Donjon* (Chaumeau).

provisions qu'on pouvait introduire dans la tour par cette voie, on pouvait encore y faire passer, soit un émissaire en cas de détresse, soit un renfort de soldats, ou enfin se ménager un moyen d'évasion en cas d'une prise d'assaut. Ce puits devait donc avoir une issue au pied de la tour ou dans ses fondations, et il ne serait pas impossible que ce fût là la véritable entrée du fameux souterrain qui, d'après la tradition, allait déboucher au loin dans la campagne. L'entier déblai de ce puits pourrait seul résoudre la question (1).

Enfin, pour retourner à notre salle voûtée, deux autres côtés en sont occupés par les deux portes d'entrée dont il a été question, en sorte que, sur les huit pans de l'octogone, deux seulement sont libres; ce qui, vu l'impossibilité de placer soit un lit, soit un meuble, sur aucun point du pourtour de cette salle, nous a donné lieu de penser que l'entrée pour communiquer à l'étage inférieur devait être au centre de cette pièce et qu'elle était masquée par un meuble circulaire quelconque servant de

---

(1) Ce déblai a été, nous a-t-on dit, entrepris dernièrement. Nous ignorons quel en a été le résultat ; nous savons seulement qu'on a trouvé dans le puits une mâchoire de grand ruminant qui a été solennellement présentée à l'Académie des sciences, par M. Duvernoy, comme appartenant à une variété du genre girafe, que le savant professeur estime provenir *du sol même où le puits a été creusé* et à laquelle il a proposé de donner le nom fort glorieux pour notre pays de GIRAFE D'ISSOUDUN ! *(Camelopardalis Biturigum.)* Nous nous inclinons devant une aussi illustre autorité ; mais cependant nous croyons devoir faire remarquer que Richard Cœur-de-Lion, le fondateur de notre tour, ramena de l'Orient 4,000 chameaux et qu'il pourrait bien avoir joint quelque girafe à sa collection. Nous aussi, nous avons trouvé dans la fouille des squelettes de têtes d'un fort petit rongeur, lesquelles nous ont paru phénoménales. Mais, après mûr examen, nous avons découvert que c'étaient.... des têtes de rats !

décharge et peut-être de lit, comme il y en a des exemples dans quelques forteresses de la nature de celle-ci (1).

La pile de maçonnerie qui existait au rez-de-chaussée avec son entaille en dessus et la dégradation de la clé de voûte du deuxième étage, qui est entièrement brisée,

---

(1) Un vieil et obscur chroniqueur donne, sur un château qui existait dans l'ancien Bourbonnais vers le xi⁶ siècle, des détails dont nous extrayons ce qui suit :

« Ce château était composé d'une seule tour carrée de 8 à 9 toises de face.... Le rez-de-chaussée de cette grosse tour servait d'écurie et de logement aux palefreniers.... Au-dessous était un souterrain dont une partie servait de cave et l'autre de prison. Cette prison ne recevait de jour que par une meurtrière.... On n'y parvenait que par une ouverture placée au haut de la voûte et à laquelle s'appliquait une échelle que l'on retirait lorsque le prisonnier y était descendu. Le premier étage était occupé par le baron et sa famille ; loin d'être divisé en appartements distincts pour chacun des membres de cette famille, il ne formait qu'une seule pièce d'une énorme étendue. Sur un des côtés se trouvait la cheminée qui avait dix-huit pieds d'ouverture ; sur deux autres étaient deux fenêtres qui avaient de deux à trois pieds de haut, sur un à deux de large ; ces fenêtres percées dans des murs de sept à huit pieds d'épaisseur, avaient d'énormes embrasures.... — La chose la plus remarquable, selon nous, était la manière dont étaient disposés les lits. Au milieu de l'immense salle que nous venons de décrire, on avait pratiqué une sorte de retranchement formant un grand cabinet circulaire, qui n'avait pas moins de trois toises de diamètre. Dans ce cabinet était une énorme machine assez semblable aux *tours* des hospices d'enfants trouvés. Ce tour était attaché au centre à une forte pièce de bois qui servait de pivot, et vers les bords extérieurs il circulait à l'aide de roulettes sur un plancher ciré, où on pouvait le faire mouvoir avec assez de facilité. Il était divisé en huit ou dix cases dont chacune contenait un lit. Chacune de ces cases avait une porte ; mais comme le cabinet n'en avait qu'une seule et qu'il était exactement rempli par la machine, il fallait, pour entrer dans sa case ou pour en sortir, tourner cette machine jusqu'à ce que la porte de la case se trouvât vis-à-vis de celle du cabinet. Les cases étaient numérotées, afin que chacun reconnût son numéro quand était venue l'heure de se coucher. »

(Magasin pittoresque, 4ᵉ année, page 207.)

17.

permettraient de supposer qu'un arbre vertical, ou pivot, posant sur ce massif, traversait ces deux étages et allait s'appuyer à la voûte, à moins qu'on n'admette que cette clé ait été mutilée, parce que peut-être elle portait les armoiries du roi d'Angleterre. Tout ceci n'est, bien entendu, que pures hypothèses.

Un escalier de pierre en spirale pratiqué dans l'épaisseur du mur (ib. n° 8), conduisait, comme nous l'avons dit, du deuxième au troisième étage, lequel repose immédiatement sur la voûte et de même que le précédent, forme une salle octogone avec parement en pierre de taille, mais sans colonnes, sans nervures et sans ornements. Elle est de même garnie d'une cheminée dont le manteau n'existe plus, et elle est éclairée, à l'ouest et au sud, par deux fenêtres à hauteur d'appui, terminées au fond d'une embrâsure voûtée par une baie carrée, à demi épaisseur de mur, et se rapprochant des proportions de nos fenêtres modernes.

Cette pièce, plus commode et moins sombre que la précédente, entièrement isolée par l'escalier qui se continue à ciel ouvert, jusqu'au sommet du mur, servait sans doute d'appartement au gouverneur de la tour ou au principal personnage qui l'habitait. Elle n'était point voûtée, mais séparée de l'étage supérieur par un plancher porté sur un fort solivage.

A partir de ce plancher, le mur reprend sa forme circulaire et son parement en moëllon. Il est difficile aujourd'hui de distinguer les dispositions de ce quatrième étage A, qui sans doute logeait la garnison de la tour et communiquait immédiatement à la plate-forme. Une seule fenêtre basse présentait encore, du côté de l'ouest, un reste d'arceau en ruines (1), et tout le faîte de l'édifice était dans un état de dégradation trop avancée pour qu'il fût possible de déterminer même par approximation quel en avait été le couronnement.

Il est probable toutefois que cette forteresse dont la principale défense consistait dans sa masse et dans sa position escarpée, n'avait point de crenaux, mais un simple parapet, de même que la grosse tour de Bourges dont il reste des dessins. Elle fut certainement surmontée d'un comble d'abord couvert en plomb, comme nous l'avons vu, puis réparé postérieurement d'une manière moins dispendieuse, ce que ferait croire une assez grande quantité d'ardoises trouvées dans les décombres qui chargeaient la voûte.

Le mortier qui a servi à la construction de cet édifice est devenu d'une dureté supérieure à celle de la pierre même; le tout ne forme plus qu'un bloc qui défie la main des hommes et l'action du temps (2). Une chaînette en pierres de taille de grande dimension s'élève dans toute la hauteur du mur des deux côtés, ainsi qu'à la pointe angulaire de la tour.

La tour d'Issoudun est une de ces forteresses qu'on appelait *Grosses-Tours* par excellence, qui avaient des gou-

---

(1) Ce 4e étage est aujourd'hui complétement effacé par les travaux de restauration qui ont été faits à la tour. — La pièce octogone, dont nous venons de parler, surélevée de quelques pieds, en occupe une partie et le reste est masqué par le toit intérieur adopté dans le but de préserver l'édifice de l'action des pluies, sans nuire au-dehors à l'aspect pittoresque du vieil édifice.

(2) C'est avec des peines infinies qu'on est parvenu à percer le pied de la tour, lorsqu'en 1811, on voulut y pratiquer une entrée de plain-pied par le jardin de la mairie. Il fallut près de six semaines pour y faire une ouverture d'environ 2 mètres sur 1 mètre 50 centimètres.

verneurs particuliers et qui étaient comme le chef-lieu de tous les fiefs à *tours et tourelles* du pays environnant. C'est ainsi que les vassaux du roi venaient lui faire hommage à la Grosse-Tour du Louvre. Plus de trente fiefs et baronies relevaient directement de la Grosse-Tour d'Issoudun (1). Les gouverneurs ou *capitaines* de ces forteresses étaient quelquefois distincts et indépenpendants de celui de la ville ou du château même dont elles faisaient partie ; la ville et la tour pouvaient n'avoir

---

(1) « Et pour ce que cy devant nous avons dit plusieurs beaux
« fiefz estre mouvans de la Grosse Tour d'Yssoudun ; il ne viendra
« point mal à propos en faire icy plus expresse mention, ainsy que
« il nous est apparu par le registre des foy et hommages faicts a
« feuz de bonne memoire Jehan et Charles ducs de Berry : par
« protestation toutes foys que je n'entends en ce faisant aucune-
« ment nuyre ne prejudicier au droict de ceux qui a présent sont
« seigneurs et possesseurs des dictz fiefz. Premierement, la Ba-
« ronnie de Sainte-Severe, la Baronnie de Linyeres, la baronnie
« et seigneurie de Fyns, la Chastellenie de Boussac, la Chastellenie
« de Perouze, la Chastellenie de Bomyers, le Chastel et Chastellenie
« d'Oussay, l'hostel et manoir de Lazenay, l'hostel de la Mothe de
« Villemant, l'hostel et appartenances de Chasteau-Chardon, le
« Moulin de Theol (sans doute le moulin dit du château), la Ve-
« herye de Saint-Georges-sur-Arnon, la Maison forte apparte-
« nances et dépendances d'Availhes, l'hostel et appartenances de
« Ville-Roux, les hostels de Taisi (Thizay), l'hostel et manoir
« d'Aveurdre, la terre et seigneurie de Boncz, la terre et seigneurie
« de Milandre, l'hostel et grange d'Availhes, la terre de la Vefure
« Saint-Legier, les fiefs de la paroisse de Sainte-Lizaigne, la terre
« et seigneurie de Villaines, la terre et seigneurie de Saint-Ligier,
« l'hostel de Lespimeres, la terre, justice et seigneurie de Broulha-
« menon (Castelnau), la terre et seigneurie de la Creuzette, la
« terre et Chastellenie de Pauldy et les terres et seigneuries de
« la Chaise, de Pelins et de Font Moreau. »

(Chaumeau. — Hist. de Berry.)

Chaumeau dénombre ainsi les « Chasteaux forts assiz en Berry » :

La Grosse Tour de Bourges,	La Tour de Sancerre,
La Grosse Tour d'Yssoudun,	La Grosse Tour de Vevres.
La Grosse Tour de Dun-le-Roy,	

pas toujours le même maître et souvent la dernière restait en la possession du suzerain, qui voulait conserver un gage de la fidélité de son vassal; elles formaient quelquefois aussi des fiefs séparés (1).

Ces Grosses-Tours servaient ordinairement de prison d'état (2), comme la Grosse-Tour du Louvre, qui n'existe plus, la Grosse-Tour de Bourges qui est également détruite et où fut enfermé, pendant deux ans, le duc d'Orléans, depuis roi sous le nom de **Louis XII.** Elles sont devenues rares en France, et, sous ce rapport, elles méritent une étude particulière.

La Grosse-Tour d'Issoudun a joué son rôle dans les révolutions politiques et dans les persécutions. Ses murs sont chargés d'inscriptions qui attestent le passage de prisonniers de diverses classes et de diverses époques. Du XIIe au XVIe siècle, de grands criminels, des vaincus

---

(1) Du IXe au XIVe siècle, le mot *tour* était pris familièrement pour *forteresse*, *château* ou *fief*. Dans la chronique de Sigebert, on voit Robert du Mont s'exprimer ainsi : *Mortuo Valerano Turris Turen venit in manu regis.* — Charles de Aquino dans son *Lexicon militare*, dit que cette expression était propre au siècle des Lombards. Une charte de 1272 contient ce qui suit : *Girardus de Loigniaco.... recognosco quod ego* TURRIM *meam de Loigniaco.... tenere debeo ad unam fidem et homagium ligium a Rev. patre domino carnotensi episcopo.*

(2) *Tour* signifiait aussi *prison*. Etre condamné *à la tour, ad turrim*, était cependant une peine moins dure que d'être condamné *ad carcerem*. C'était aussi moins déshonorant ; c'était en quelque sorte une peine noble. (*Statuts de l'ordre des Hospitaliers de St-Jean de Jérusalem*, tit. 48. § 39 et 53.)

On appelait *tourage*, *toragium*, un droit qu'on faisait payer aux prisonniers et qui correspondait au droit de geôle ou d'écrou. Ce droit s'affermait quelquefois. En 1348, le « tourage de la Tour de Troies en Champagne fut *amoisonné* (loué au mois) à Jean de Renneval pour deux ans. »

(Voyez Ducange, Vocab. au mot *Turris*.)

et des opprimés en ont fait retentir les murs de plaintes et de gémissements, de malédictions et de prières. Quelques-uns ont osé confier à la muraille le secret de leurs douleurs; ce sont les seuls monuments qui subsistent de tant d'histoires sombres et lamentables ensevelies dans le silence de la tombe (1). Parmi ces inscriptions on en remarque un certain nombre en caractères hébraïques, qui étaient restées inexpliquées jusqu'à nos jours. Ces caractères, de plusieurs mains différentes et de l'espèce que les savants israëlites désignent sous le nom de caractères rabbiniques, s'éloignent plus ou moins de la forme des types usités dans l'imprimerie. Nous avons copié quelques-unes de ces inscriptions, ou plutôt nous avons cherché à en prendre un *fac simile*, que nous avons soumis, mais sans succès, à plusieurs orientalistes. La forme étrange et pour ainsi dire de fantaisie de cette écriture, qui a varié sans doute selon les temps, les pays et les personnes (2), présentait une difficulté désespérante. Il

---

(1) Qui peut dire les drames touchants ou terribles qui se sont perpétrés dans l'intérieur de ces murs épais, *aveugles* et *sourds*? Ces traces d'évasion que nous avons signalées dans le cachot du premier étage tiennent peut-être à quelque histoire pleine d'incidents et d'émotions dont nos romanciers pourraient faire aujourd'hui leur profit. Nous ne savons pas si un squelette de haute taille que nous avons découvert, lors de la fouille, à 50 centimètres à peine de la surface du sol, à l'extérieur et au pied de la tour, se rattachait de près ou de loin à l'histoire de cet édifice. Mais ces faits n'ouvrent-ils pas un vaste champ à l'imagination? — Il y a une trentaine d'années, on découvrit aussi près de la tour un cercueil contenant une croix et quelques objets de prix.

(2) Sur une douzaine d'inscriptions que nous avons remarquées, nous n'en avons pas trouvé deux qui fussent de la même main, et chacune a ses caractères propres qui paraissent appartenir à une langue et à un alphabet différents. On en peut juger par le dessin (pl. 4, fig. 1, 2 et 3), qui les représente en petit.

n'y a que M. Cahen, directeur de l'école israëlite de Paris, le savant traducteur de la Bible, qui ait pu nous donner la clé de ces mystérieuses épigraphes dont il a traduit les principales. En voici la teneur littérale :

« Deux frères sont en prison : Isaac et Hayem; puis-
« sent-ils vivre dans l'éternité! Que Dieu les ait en aide;
« qu'il les fasse passer des ténèbres à la lumière et de
« la servitude à la liberté! Amen, amen, selah! » (1)

Et au dessous, en caractère plus petit :

« Ils sont arrivés le 3e jour de la Parracha Vaïhi, an
« 64 du petit comput! » (Pl. 4, fig. 1.).

Cette date qui, dans le style de la synagogue, correspond au mois de février 1304, est du plus haut intérêt. Elle nous reporte exactement à l'une des plus implacables persécutions qui aient été exercées en France contre les juifs, à l'époque où Philippe-le-Bel procédait par la torture et la violence à leur spoliation, préalablement au bannissement général qui eut lieu en 1306, lorsqu'on n'eut plus rien à tirer de ces infortunés.

Au dessous de cette inscription se voit en gros caractères le nom d'ISAAC. (Pl. 4, fig. 3.). Le tout se trouve dans l'embrasure de la fenêtre du midi de la salle principale. Dans celle de l'ouest, on lit les noms suivants :

« Joseph, fils de David. La mémoire du juste est
« bénie.
« Azariah, fils de Jacob.
« Jacob, fils de Juda. » (Pl. 4, fig. 2.).

Plusieurs autres inscriptions, éparses çà et là et qu'il a été plus ou moins impossible de rétablir, contiennent

---

(1) Selah! est un mot final usité dans les psaumes et qui ne peut se rendre en français; il est le complément du mot *Amen* que nous traduisons par *ainsi-soit-il*.

d'autres noms propres, des maximes de l'Écriture, des fragments de prières (1); mais toutes, autant qu'il nous a été donné d'en saisir le sens, sont conçues dans un esprit de religieuse résignation ; pas une plainte, pas un blasphême contre les auteurs de leurs maux, ce qui leur était pourtant facile dans une langue alors inintelligible pour tout ce qui n'était point de leur nation. Et c'est une satisfaction proverbiale que celle de maudire ses juges et surtout ses bourreaux.

Par ces inscriptions il apparaît deux choses, la première, c'est que, au XIIIe siècle, cette nation proscrite et méprisée avait pourtant des sentiments élevés; la seconde, c'est que la langue hébraïque était généralement écrite et parlée (2), au moyen-âge, parmi les juifs, puisque les

---

(1) Plusieurs mots illisibles ont rendu impossible la lecture suivie de ces inscriptions, qui, peut-être, n'ont point été complétées par leurs auteurs mêmes. On distingue dans l'une d'elles, ces mots : « *Parole de mes paroles.... fille de Menachem... sur les ailes.... les bénit.... vente selon la loi.... Joseph fils du révéré prêtre.... le fer.... les jours....* qui indiqueraient peut-être un mariage conclu dans la prison, selon le rite hébraïque.

(2) La langue hébraïque paraît avoir été usitée à toutes les époques parmi les Juifs. Campés, en quelque sorte, en Europe, au milieu de populations toujours ennemies, ils devaient avoir un langage particulier pour communiquer entre eux, s'avertir et se rallier en cas de danger. Grégoire de Tours rapporte qu'en 585, le roi Goutran vint à Orléans ; une foule immense se porta à sa rencontre, enseignes et bannières déployées, en chantant ses louanges. On y entendait divers langages, notamment la langue des Syriens, celle des Latins, et *la langue même des Juifs*, « *et hinc lingua Syrorum, hinc Latinorum, hinc etiam ipsorum Judæorum.* » Le roi répond à ces derniers par des imprécations : « *Væ genti Judaïcæ, malæ et perfidæ, ac subdolo semper sensu viventi !* »

En 1831, nous avons remarqué nous-mêmes, le long du mur occidental de la ville de Pise en Toscane, à l'extérieur, une multitude d'inscriptions hébraïques gravées sur la pierre. On nous apprit ensuite qu'à cet endroit avait été jadis le cimetière israélite. Ces inscriptions étaient des épitaphes.

inscriptions que nous venons de citer sont toutes de mains différentes. De là ces conséquences : les israélites étaient donc cultivés et supérieurs aussi par l'instruction à ceux qui les persécutaient; ils étaient donc nombreux à Issoudun, car il faut admettre que ceux qui habitaient la salle d'honneur de la tour étaient les principaux ; le commun était sans doute entassé dans les cachots de la ville. S'ils y étaient nombreux, la ville était donc riche et commerçante, et le *florentissimum oppidum* de Guillaume-le-Breton n'était point une exagération poétique.

A côté de ces échantillons du style hébraïque, d'autres inscriptions en langue vulgaire vont nous offrir un point de comparaison qui n'est malheureusement point à l'avantage des chrétiens, si cela peut s'appeler des inscriptions. Ce sont des essais barbares, des caractères à peine formés, à peine lisibles, comme aurait pu les tracer un écolier de cinq ou six ans, en lignes à peu près diagonales, de l'angle d'une page vers l'angle opposé, ne présentant aucun sens, figurant quelques mots latins, lambeaux de prières sans suite, tels que *Ave Maria.... Dominus vobiscum*, grossiers produits de mains plus habiles sans doute à manier l'épée que la plume. Si de ces lignes biscornues on rapproche des écussons armoriés épars çà et là sur la muraille, des simulacres approximatifs de chevaliers combattant la lance en arrêt, lourdement dessinés à la pointe de la dague ou du couteau, on sera tenté d'attribuer le tout aux malheureux Templiers, qui ne tardèrent pas à suivre les juifs dans les prisons, nouvelle proie de la rapacité de Philippe-le-Bel (1).

---

(1) Feu Charles Nodier nous a dit que, dans la tour de Gisors, on voyait des dessins représentant des chevaliers combattant, gra-

La tour d'Issoudun, considérée comme prison, compta ses hôtes en grand nombre et parmi les plus illustres. En 1326, le procureur général du roi poursuivait devant le parlement André de Chauvigny, seigneur de Châteauroux, en paiement d'une amende encourue par feu son père. Chauvigny alléguait pour défense que le roi Philippe ayant fait mettre en prison le feu seigneur de Châteauroux *dans le château d'Issoudun*, pour défaut de paiement de cette amende, et l'*y ayant tenu très-longtemps*, lui en avait enfin fait remise en le mettant hors de prison, ainsi qu'il offrait d'en faire la preuve. Guillaume de Chauvigny, dit *Dent de Mai*, fut donc vraisemblablement un des premiers hôtes de la Grosse-Tour.

En 1488, Louis XII, qui n'était encore que duc d'Orléans, y fut amené prisonnier par l'ordre de Charles VIII, avant d'être transféré à la Grosse-Tour de Bourges.

La tour d'Issoudun vit se multiplier ses prisonniers pendant les troubles civils et religieux qui agitèrent le XVIe siècle et une partie du XVIIe. Beaucoup des noms, qui sont inscrits sur ses murs, sont accompagnés de dates entre 1500 et 1687. On y lit entre autres, dans une citation inachevée, cette sentence qui fut le texte de la proposition de Paphnuce au concile de Nicée, au sujet du mariage des ecclésiastiques : « Le mariage est honorable entre tous... et la vierge immaculée... » le reste manque. Au dessous de cette inscription est la date de 1583.

---

vés sur la muraille par un prisonnier, on ne sait au juste à quelle époque ; il croyait trouver un rapprochement entre cette circonstance et ce que nous lui rapportions de la tour d'Issoudun. Une observation importante d'ailleurs, c'est que les chevaliers de Rhodes avaient pour emblème *un chevalier combattant un dragon*. Probablement les Templiers avaient un symbole analogue. Le dragon était la personnification du démon et des ennemis de la foi.

Nous n'y avons point remarqué d'inscriptions appartenant au XVIIIe siècle, si ce n'est vers l'époque de la révolution. Dès-lors sans doute les divisions d'étages de la tour n'existaient déjà plus. Il est fort à présumer que le système destructeur de Louis XIV, qui fit sauter la Grosse-Tour de Bourges, n'épargna pas la tour d'Issoudun. Cependant ce qui s'était passé à Bourges, où les éclats de la mine avaient tué dix-sept personnes et en avait blessé plus de trente, empêcha peut-être la répétition à Issoudun de cet acte de vandalisme et d'arbitraire. On dut se contenter de démanteler notre tour et d'en brûler les planchers et les solivages, ce que semblerait dénoter une teinte rose qu'on remarque à l'intérieur sur le mur du rez-de-chaussée, semblable à celle que produit en général le feu sur la pierre.

Quoiqu'il en soit, la tour avait encore un gouverneur spécial en 1672, ainsi que nous l'apprend l'inscription suivante, tracée vraisemblablement de la main même du titulaire :

GVERIN ▫ DVMOVLIN ▫ 1672.
GOVERNEVR▫DE▫LA ▫ GROSSE▫TOVR ▫ DYSSOVDVN
1672. (1)

Les noms qui s'y trouvent inscrits aux dates de 1791 à 1799 appartiennent à l'époque où la démolition de la tour, comme *monument féodal,* fut de nouveau mise en question. Elle reçut alors de nombreux visiteurs, quoi-

---

(1) Parmi les noms propres inscrits sur les murs de la tour, nous avons remarqué celui de BOURDALOUE, d'une écriture assez ancienne, mais ferme et très-nette. Ne serait-ce point un autographe du célèbre prédicateur qui naquit à Bourges en 1632, mais dont la famille était originaire d'Issoudun ?

qu'on ne pût l'inspecter qu'au moyen de cordes et d'échelles.

Aujourd'hui, restaurée et rendue à sa première distribution, autant que faire se pouvait, au moyen des dons volontaires des habitants et des secours du gouvernement, qui l'a classée au nombre des *monuments historiques de la France,* la tour d'Issoudun peut désormais recevoir les visiteurs et les amateurs de nos antiquités nationales.

CHAPITRE XVI.

Fondations religieuses.

ÉGLISES D'ISSOUDUN.—La petite Basilique.— St.-Cyr.— Son chapitre.— St.-Paterne.— St.-Étienne.— St.-Jean.— Chapelle des Templiers. — Collégiale de St.-Denis. — Chapelle Ste-Marie. — —Chapelle de l'Abeiller.—Chapelle du Pont.— Chapelle de Cléry. — MONASTÈRES. — L'Abbaye Notre-Dame.— Les Cordeliers.— — Les Capucins.— Les Minimes.— La Visitation. — Les Ursulines. — Monastères extérieurs. — Abbaye de Chezal Benoît. — Abbaye de La Prée.— Prieuré d'Orsan.

ÉGLISES.

Un ancien auteur, en parlant d'Issoudun, dit que cette ville est remarquable par le nombre de ses églises. Cette assertion paraît étrange aujourd'hui qu'on chercherait vainement dans cette ville l'apparence d'un édifice religieux.

Son église, en effet, la seule qui subsiste, l'unique paroisse d'une population de 12,000 âmes, n'a même plus l'aspect d'un temple catholique. Sans clocher, sans parvis, sans caractère extérieur, entourée d'échoppes et de maisons qui la masquent et l'enserrent, c'est à peine si de loin on en distingue la masse dans l'aspect général de la ville. Il faut donc interroger les traditions et les souvenirs pour retrouver la trace de tous ces temples qui ont disparu sous la faux inexorable du temps, escorté des révolutions et des incendies.

PETITE BASILIQUE. — Le premier en date de tous ces édifices est sans contredit le petit temple de la tour qui touche aux temps primitifs de l'Église et dont nous avons déjà longuement entretenu nos lecteurs. Nous n'ajouterons donc ici que quelques observations de détail.

La première porte sur l'intérieur de cet édifice, dont la simplicité plus que négligée contraste avec l'aspect relativement très-soigné de la paroi extérieure. D'où nous devons inférer que cet intérieur dut être primitivement revêtu d'une boiserie plus ou moins riche, suivant un usage assez général des cinq ou six premiers siècles de l'ère chrétienne (1).

La deuxième observation nous amène à penser que cette basilique fut, d'après une règle non moins commune, précédée d'un péristyle ou *atrium* entouré de colonnes. C'est ce que démontreraient quelques petites colonnes qui furent trouvées à l'ouest de la tour, en 1811, lors-

---

(1) Les édifices religieux du IIIe au VIIe siècle paraissent avoir racheté leur exiguïté, dont nous avons indiqué la cause ailleurs, par la richesse de leur décoration intérieure. Ils brillaient particulièrement par le luxe de leur sculpture en bois. On en voit de nombreux exemples dans Grégoire de Tours. Nous n'en citerons qu'un : L'évêque Perpetuus trouvant trop petite la chapelle qu'on avait élevée sur le tombeau de saint Martin, voulut la remplacer par un édifice plus vaste. Mais cette petite chapelle était si bien ornée qu'il en transporta le revêtement intérieur dans une autre chapelle qu'il fit bâtir tout exprès en l'honneur de saint Pierre et saint Paul : *Et quoniam camera cellulæ illius prioris eleganti opere fuerat fabricata, indignum duxit sacerdos ut opera ejus deperirent, sed in honore apostolorum Petri et Pauli aliam construxit basilicam in quâ cameram suam affinxit.* M. Guizot a traduit le mot *camera* par *boiserie*, et je crois en effet qu'on ne saurait l'interpréter autrement que par un placage ou revêtement en bois sculpté et problablement doré qui recouvrait la maçonnerie grossière de la voûte de la petite chapelle.

qu'on en aplanit les abords pour y pratiquer la trouée qui en forme l'entrée du côté de l'hôtel-de-ville. L'une de ces colonnes était ornée, nous a-t-on dit, d'une main sculptée, ayant l'index tendu, comme pour désigner peut-être l'entrée du sanctuaire. L'emplacement où gisaient ces colonnes ferait supposer à cet atrium une certaine étendue et elles serviraient à corroborer l'opinion d'un certain luxe d'ornementation dans ce petit temple, surtout en comparant ces indices avec l'exécution soignée des chapiteaux des colonnes du temple qui ont été enlevés ou mutilés, mais dont nous avons conservé le dessin. (V. pl. 4, fig. 4.)

Église et Chapitre de St.-Cyr. — La principale église séculière de la ville est l'église jadis collégiale et capitulaire de Saint-Cyr, qui n'a plus rien de sa physionomie et de son importance premières, si ce n'est l'étendue de sa paroisse. Détruite et rebâtie à plusieurs reprises, tout ce qui lui reste de sa construction primitive, c'est un petit porche qui sert d'annexe au grand portail de la façade avec lequel il fait un étrange disparate, les quatre piliers de l'ancien clocher, le long desquels retombent rompus et défigurés les vestiges d'anciennes colonnettes romanes, et enfin cette partie de l'église en avant du chœur qu'on appelle *la corde des saints*. Brûlée par les Anglais sous Charles VI, rebrûlée en 1651, elle n'a de remarquable qu'un reste de sa reconstruction au XVe siècle, c'est-à-dire un portail au midi, la seule partie qui ait conservé quelque caractère, la seule aussi qui ne se voie pas, perdue qu'elle est au fond d'une impasse tortueuse servant d'avenue à l'église de ce côté. Le chevet sans abside, qui était autrefois le chapitre, et qui forme aujourd'hui le chœur, se termine par une grande verrière à sujets coloriés qui ne manque pas de grandeur et d'effet, et au-dessous de laquelle on voit une *Vierge instruisant l'enfant Jésus*, l'un des premiers essais de Mausaisse, dont le père avait été organiste de cette église. Toute la partie antérieure de l'édifice, refaite postérieurement à l'incendie de 1651, et qu'on appelle la paroisse, est une sorte de halle recouverte en bois, sans forme, sans symétrie, ne ressemblant à rien moins qu'à ce qu'elle a la prétention d'être. En somme, ces deux parties réunies forment un vaisseau extrêmement vaste et sur ce point du moins en rapport avec la nombreuse population qu'il dessert.

L'église de Saint-Cyr n'est plus que le cadavre mutilé et informe d'un corps jadis fier et vigoureux, et jamais on ne vit un exemple plus frappant d'une puissance déchue. Etabli, à ce qu'on croit, vers 850, par l'empereur Charles-le-Chauve, sous le pontificat de saint Florent, archevêque de Bourges, qui fut l'ami intime de ce prince, le chapitre de Saint-Cyr se targua toujours de sa fondation royale et le prit très-haut avec les puissances contemporaines. Il compta parmi ses membres des personnages du premier rang. Au X° siècle, Ebrard, prince d'Issoudun, ordonna par son testament que son troisième fils, du même nom, serait chanoine de Saint-Cyr. Aussi, quoique privé de la crosse et de la mître, son doyen n'eût pas cédé le pas à un évêque, et il afficha constamment des prétentions de suprématie sur toutes les églises des environs.

Il ne faut donc pas s'étonner s'il eut souvent maille à partir avec l'abbé de Notre-Dame, dont les prétentions n'étaient pas moindres et qui, de son côté, s'appuyait sur le prestige incontestable alors de la dignité abbatiale.

En 1188, l'archevêque de Bourges fut appelé à intervenir entre ces deux rivaux et ne put parvenir à les concilier. Ce ne fut qu'en 1122 qu'une transaction solennelle fut passée entre le chapitre et l'abbaye. Nous dirons, en parlant de cette dernière, quels étaient les griefs qui les divisaient.

Comme toutes les églises capitulaires, celle de Saint-Cyr avait un cloître y attenant et dont la circonscription est encore à peu près indiquée par la maison Breton et les autres maisons qui dessinent le parallélogramme en avant de l'église. Son cimetière occupait une partie de la place actuelle du marché et s'étendait jusqu'aux fossés du château. Là était située une *Grange* ou métairie appartenant aux chanoines et dont la possession leur fut confirmée par diverses chartes de Raoul II, seigneur d'Issoudun, des années 1130, 1138, 1139 et 1141.

Le même Raoul leur donna le droit de posséder quelques étaux au marché d'Issoudun; puis il leur permit d'en établir dans leur cimetière, pour exposer les marchandises en vente. Il leur conféra en même temps le droit de change des monnaies, *mensam nummulariorum*. Enfin, il leur concéda tout-à-fait les droits de foire et de marché. En sorte que peu à peu, l'enclos de Saint-Cyr devint le centre des transactions commerciales de la ville, un véritable *emporium* dont les chanoines avaient le monopole et recueillaient tous les profits.

En 1142, Raoul, du consentement d'Arengarde, sa mère, leur permet de placer de nouveaux étaux dans leur cimetière. C'est ainsi que les étaux de la boucherie existent encore au lieu de leur établissement primitif, que le marché aux grains occupe l'emplacement de l'ancien cimetière de Saint-Cyr et le marché aux légumes celui du cloître des chanoines, qui jusqu'à la révolution perçurent la dîme et le péage de toutes les denrées vendues à Issoudun, sauf les priviléges particuliers, par exemple, celui de Saint-Jean, qui avait aussi son marché.

La cure de Saint-Cyr était alors distincte du chapitre et avait à sa tête un archiprêtre. En 1202, l'archiprêveré fut uni au grand archidiaconé de Bourges, par St. Guillaume, archevêque. En 1217, il y avait un chantre en dignité dans l'église de Saint-Cyr. La cure fut réunie au chapitre en 1547. Toutefois, la distinction s'est perpétuée jusqu'à nos jours, et une partie de l'église s'appelle encore la *paroisse*.

Vers 1004, le chapitre de Saint-Cyr avait *autorisé* la fondation de l'église de Chezal-Benoît, et il en fut toujours depuis considéré comme le protecteur et le patron. Ses chanoines eux-mêmes étaient privément de hauts et puissants seigneurs, du moins étaient-ils fort riches. On en peut juger par quelques faits qui nous sont parvenus. On les verra, en effet, figurer individuellement comme fondateurs ou bienfaiteurs de plusieurs églises, chapelles ou hôpitaux. Ils furent aussi, sous quelques rapports les bienfaiteurs de la ville, et c'est à eux qu'appartenait le collége qui existait à Issoudun, de temps immémorial, pour l'instruction de la jeunesse.

Ainsi que nous l'avons dit, ce chapitre avait ses monnaies qui, si elles n'eurent pas cours général, servaient du moins, dans la localité et dans les environs, de signe représentatif d'une valeur en marchandises ou en journées de travail. Peut-être le chapitre soldait-il avec ces méreaux (1) le salaire de ses hommes ou l'appoint de

---

(1) On appelait *mérels* ou *méreaux* des monnaies ou jetons ordi-

ses changes, ou peut-être était-ce la monnaie courante sur son marché.

Plusieurs de ces monnaies ou méreaux sont conservées au musée de Bourges. L'une d'elles représente, d'un côté, un homme debout, près d'un arbre, tourné à droite, la tête ceinte d'une auréole, tenant un porc par les oreilles; au revers, en exergue, on voit le chiffre XII et en légende, dans un double cercle perlé, CIRICI EXOLDVNI en caractère gothique. Une autre pièce représente à la face le même sujet, mais tourné à gauche, dans un cercle autour duquel on lit: MONETA SANCIT; au revers, en légende, CIRICI EXOLDVNI, avec le chiffre XV en exergue dans un cercle. Une troisième pièce ayant le revers de même, sauf le chiffre qui est VI, porte à la face le même sujet, c'est-à-dire l'arbre, l'homme debout (sans auréole) et le porc, mais de plus un autre personnage ayant la couronne sur la tête et le manteau royal sur les épaules, tenant des deux mains une hache ou une masse avec laquelle il semble s'apprêter à immoler l'animal. La légende est la même que sur les autres pièces. Ces monnaies sont en cuivre.

M. d'Alphonse cite une autre pièce en cuivre de la forme d'une pièce de deux sous, qui était entre les mains du sous-préfet d'Issoudun d'alors. Cette pièce portait, dit-il,

---

nairement en plomb, quelquefois en cuivre, quelquefois aussi en os ou même en carton, employés par des corporations ou sociétés comme signes représentatifs d'une valeur quelconque, assez généralement du nombre des journées de travail. On s'en servait aussi comme de jetons de présence qu'on distribuait aux chanoines ou autres ecclésiastiques qui assistaient aux offices, afin de fixer leur part de distribution à la fin de chaque mois. En dernier lieu, ils n'étaient plus en usage que dans l'église Notre-Dame de Paris.

d'un côté, une croix fleurdelysée, deux couronnes et deux rosaces; entre les branches de la croix était un V dont la pointe tombant sur une de ces branches formait un Y. Sur une face étaient écrits ces mots: SANCTI VICARII (1), et sur l'autre, CIRICI EXOLDVNI.

Le chapitre de Saint-Cyr, après avoir eu ses jours de gloire et de splendeur, avait fini par décliner, comme toutes les puissances de ce monde. Vers la fin du XVIIIe siècle, il était bien déchu, puisque ses canonicats ne valaient plus que 150 livres.

Église St.-Jean. — La paroisse de Saint-Jean-des-Champs existait au commencement du XIIe siècle. Son église était située *extrà muros*, ainsi que son nom l'indique. L'enceinte de la ville, postérieurement élargie de ce côté, engloba, dans son circuit, l'église dont le clocher, qui sert aujourd'hui d'horloge, est appuyé sur une des tours de l'ancienne porte de ville. Ce clocher est tout ce qui reste aujourd'hui de l'église qui avait donné son nom à ce quartier et dont la paroisse a été réunie à celle de Saint-Cyr.

On ne sait rien de l'histoire de cette église, sinon qu'en 1139, un nommé Godefroy Chanderaux, lui donna le droit de boucherie et un étal de boucher, *scamnum macelli*. Qu'était lui-même de Chanderaux, un des magistrats de la cité ou un chanoine de Saint-Cyr? Nous l'ignorons. Dans ce titre, Issoudun est nommé *Ixolidunum*.

Église St.-Etienne. — De cette église il ne subsiste

---

(1) M. d'Alphonse cite sans doute de mémoire et se sera trompé. *Vicarii* ici ne signifie rien. Ce serait tout au plus *Vicaria*. C'était probablement, comme sur les autres pièces, *Moneta*.

que le nom. Son emplacement même est problématique. Nous savons seulement qu'elle était située dans le château, *près la grande tour*, dit Duchesne. Ce qui détermine à peu près un périmètre circonscrit entre l'abbaye, les maisons bordant la rue du Château ou de la Treille, et les bâtiments de l'hôtel-de-ville.

Nous verrons, en parlant de l'abbaye, que l'église St.-Etienne fut considérée pendant quelque temps comme la paroisse du château, puis réduite à l'état de simple chapelle par l'autorité du chapitre de Saint-Cyr. Elle devait être fort ancienne, si l'on en juge par le nom de son patron. Après saint Martin, qui évangélisa nos contrées, saint Etienne, le proto-martyr, fut le saint le plus généralement honoré en France, et surtout en Berri. Dans presque toutes les villes, il y avait une église dédiée à saint Etienne et c'était ordinairement la plus ancienne; c'est ce que nous remarquons à Bourges, à Issoudun, à Déols, à Levroux, au Blanc.

Elle fut, à ce qu'il paraît, détruite vers la fin du XVIe siècle ou le commencement du XVIIe, car Chaumeau et Duchesne en parlent encore; mais La Thaumassière n'en fait aucune mention.

Eglise St.-Paterne ou Patier. — A une époque qu'il est difficile de déterminer, mais qui doit toucher au VIe ou au VIIe siècle de notre ère, quelques hommes pieux fondèrent à Issoudun un oratoire en l'honneur de saint Martin. La ville d'Issoudun était alors assise au midi de la Théols, dans la première courbe décrite par cette rivière, et dont notre petite église occupait le centre. A une autre époque que nous ne connaissons pas d'avantage, mais qui doit coïncider avec les guerres du VIIIe siècle, la ville, mal défendue du côté du sud, passa la Théols et vint se serrer contre le château, sur la hauteur qui domine les deux rivières. L'ancienne ville, dévastée ou dépeuplée, devint un bourg qui conserva le nom de Saint-Martin.

Pendant le IX° et le X° siècle, le littoral occidental de la France fut désolé par les invasions de pirates Danois et Norwégiens. Ces barbares, qui s'appelaient eux-mêmes hommes du Nord ou Normands, portaient avec eux le massacre et la destruction : aussi leur seul nom jetait partout l'épouvante, et l'on avait ajouté aux litanies des églises : *a furore Northmannorum libera nos, Domine*. A la faveur de cette terreur qu'ils inspiraient et qui paralisait tous les courages, ils osèrent s'aventurer jusqu'au cœur de la France, remontèrent la Seine et la Loire, brûlèrent Nantes et Paris; puis bientôt, comme un déluge, ils s'élancèrent sur nos provinces, surprirent et pillèrent Bourges. Mais ils furent repoussés du Bas-Berri par les princes de Déols, qui les refoulèrent jusqu'à la Loire et qui, devenus le boulevard de nos contrées, furent aussi le refuge des opprimés.

De toutes parts fuyaient les populations et à leur tête les clercs et les moines, sauvant ce qu'ils avaient de plus précieux, mais sur toutes choses les reliques des saints, pour les préserver de la profanation des païens. C'est ainsi que le corps de saint Fulbert, tiré de Noirmoutier, s'en alla, colporté de ville en ville, chercher un refuge jusqu'en Bourgogne.

L'an 946, on vit arriver l'abbé d'Arc, supérieur de l'abbaye de Saint-Gildas, de Rouis en Bretagne, à la tête de ses religieux, chargés des vases, ornements et joyaux de leur église, et portant processionnellement les châsses de saint Gildas, de saint Patrice ou Patrik, évêque et patron de l'Irlande, de saint Albin, martyr, de sainte Brigide ou Brigitte, et de saint Paterne ou Patier, évêque de Vannes.

L'abbé vint en pleurant se jetter aux pieds d'Ebbes de Déols, demandant asile et protection pour ses précieuses reliques et pour sa communauté. Ebbes le releva avec attendrissement et respect, accueillit affectueusement les moines à qui il permit de se construire une petite église, dans une île de l'Indre (1), et fit placer les châsses des saints dans une chapelle qui existait alors à Déols sous le nom d'ermitage de Sainte-Marie, en attendant qu'il leur préparât un plus noble asile. En effet, le modeste ermitage fit place à la magnifique abbaye de Déols, que termina Raoul son fils, et que consacra le pape Pascal II en personne, cette abbaye qui fut la merveille du Berri et qu'on appela la *mamelle de St.-Pierre.* Il fonda en outre une nouvelle abbaye de Saint-Gildas, pour recevoir le chef de ce saint, ainsi que l'abbaye de St.-Sauveur.

L'année suivante, Raoul-le-Large, son successeur, voulut faire participer sa ville d'Issoudun à cette sainte hospitalité. A la prière de Laune, son oncle, alors archidiacre et depuis archevêque de Bourges, il transporta le *chef et le corps* de saint Paterne et de s^{te} Brigitte (2) dans l'église de St-Martin d'Issoudun, qu'il fit reconstruire et

---

(1) Dans l'acte de fondation de l'abbaye de Déols, parmi les autres donations qu'il fait à ce monastère, se trouve la chapelle des Bretons : *Capellam nihilominus à Britonibus constructam in insulam (sic) post illorum discessum eidem loco attribuo.*

(2) Il existe dans l'église Saint-Cyr une chapelle de Saint-Paterne et une chapelle de Sainte Brigitte, qui ont probablement hérité d'une portion des reliques de ces deux saints.

qui prit dès-lors le nom de saint Paterne ; il y fonda une abbaye dont frère d'Arc fut le premier abbé.

Lorsque, plus tard, l'abbaye fut transportée dans le château, l'église de St.-Paterne devint un simple prieuré de Bernardins (1), sous la dépendance et l'autorité de l'abbé d'Issoudun (2). En 1356, le prince de Galles, ayant assiégé sans succès la ville d'Issoudun, de rage brûla les faubourgs; celui de St.-Paterne fut entièrement dévasté, et cet ancien centre de la population est resté un désert occupé en grande partie aujourd'hui par des prairies et des jardins. L'église à moitié détruite, et qui « blasme encore, dit Duchesne, l'indignité des Anglois en ses ruines, » restaurée tant bien que mal, continua d'être la paroisse de ce faubourg ainsi que de ceux de Saint-

---

(1) Bénédictins réformés par saint Bernard. On conservait au château de Diors, à ce que rapporte Catherinot, une lettre originale de saint Bernard, par laquelle il promettait au seigneur du lieu une place dans le ciel d'autant d'arpents de terre que celui-ci en donnerait à son ordre. Saint Bernard résida assez longtemps en Berry et y fonda un grand nombre d'églises.

(2) Il paraît que les revenus de cette église furent dans la suite aliénés par les abbés d'Issoudun, puisqu'on lit dans une ancienne note sur la chapelle de Sainte-Catherine, fondée dans la cathédrale de Bourges, par Simon Aligres, médecin du duc de Berri, mort en 1415 :

« Et est douée la dite chapelle, outre la fondation ancienne, d'acquisition nouvelle de la dixme de tous les bleds, vins, lainages, charnages et toute autre chose décimale de la dixmerie de Saint-Patier-lez-Yssoudun, vulgairement appelée *la dixme de Saint Patier*, avec la grange et maison à ce appartenant. *Item*, de la quarte partie des vins que feu Jean de Nailhac avait en la paroisse de Sainte-Lizaigne en la châtellenie d'Yssoudun. *Item*, la quarte partie des dixmes des bleds, vins, lainages, charnages assis à Janvarennes en la dite châtellenie, avec plusieurs autres rentes et terres; lesquelles dixmes et autres choses dessus dites le dit feu sieur Simon acquit au temps qu'il vivait de feu messire Guillaume de Nailhac chevalier. »

Martin et de Villate jusqu'à la révolution, où elle subit le sort des autres églises. Vendue comme propriété nationale, elle servit ensuite à divers usages, et fut convertie en salpêtrerie. Elle avait cependant conservé jusqu'à ces derniers temps un beau portail roman, seul vestige de sa fondation, qui a été, on ne sait pourquoi, démoli par son propriétaire. On y voyait aussi l'épitaphe d'un membre de la famille de Sully, *de Soliaco*, peut-être l'archevêque de ce nom. Elle n'est plus à cette heure qu'une masure avilie et dégradée, à usage de grange ou d'écurie.

EGLISE ET CHAPITRE DE ST.-DENIS. — Il existait à Saint-Denis, village touchant Issoudun, dans un lieu anciennement appelé *Circiacum*, un monastère ou une église dont l'origine est inconnue, mais que les seigneurs d'Issoudun avaient plusieurs fois favorisée de leurs dons. Dans un acte de 1157, il est dit que Roger *Taillefer* lui avait fait de grands biens. L'abbaye Notre-Dame ayant été, comme nous le verrons à l'article qui la concerne, transférée pendant quelque temps à Saint-Denis, l'église de cette paroisse acquit beaucoup d'importance par le séjour de ces religieux dont elle dépendit désormais.

Elle en vint à ambitionner le titre de collégiale et en fit la demande à l'abbé, qui, par une charte de l'an 1185, donnée solennellement en présence de ses moines réunis, constitua le chapitre de Saint-Denis et lui fit l'abandon de tous les droits que possédait l'abbaye dans cette paroisse, à la condition que le nouveau chapitre reconnaîtrait la suzeraineté de l'abbaye, que l'abbé en serait de droit le doyen, et que, le chapitre venant à s'éteindre, tout reviendrait à l'abbaye. Entre autres concessions, cette charte accorde aux chanoines de St.-Denis quatre arpens du *clos désert* qui était près de l'église. Elle fut confirmée par les papes Urbain III et Grégoire VII, et Giraud La Fuile, abbé de Notre-Dame, fondateur et premier doyen de ce chapitre, fut enterré sous le clocher de l'église, où son tombeau se voyait élevé de terre, avec son portrait en relief; ses armoiries étaient au milieu du chœur.

Cette collégiale devint très-florissante et s'enrichit des nombreuses libéralités des seigneurs d'Issoudun. Eudes III, entre autres, lui fit des donations considérables par sa charte de 1190. Elle a existé jusqu'à la révolution. Probablement elle fut vendue à cette époque; ce qui est certain, c'est qu'elle a disparu et si bien disparu que, semblable à l'impie des psaumes, on chercherait en vain la place où elle a existé.

Église des Templiers. — Il n'existe pas non plus trace de l'église ou chapelle des Templiers, et aucun indice ne nous rappelle l'emplacement qu'elle a occupé. Tout ce que nous savons de ces moines guerriers, c'est qu'ils avaient à Issoudun un de leurs nombreux établissements et qu'ils possédaient des jardins avoisinant le pont de Saint-Denis. C'est ce qui résulte d'un titre de transaction passé au mois d'avril 1247, entre le frère Gervais, maître de l'hôtel du Temple d'Issoudun, conjointement avec ses frères, d'une part, et, de l'autre, les doyen et chanoines de Saint-Denis, pour l'échange d'une pièce de terre située près des jardins de l'ordre et joûtant la croix du pont, qui, dans ce titre, est appelé le *Pont-Neuf*.

Maintenant, ces jardins étaient-ils attenants à leur maison ? Là est la question. Dans le cas de l'affirmative, on pourrait supposer que leur hôtel était situé sur la propriété qu'on appelle la *Grand'maison*, et que ce nom même rappelle la dénomination populaire de la demeure des Templiers.

L'ordre du Temple ayant été détruit en 1307, ses établissements passèrent aux Hospitaliers de Saint-Jean-de-Jérusalem. Ceci nous avait fait penser que la petite chapelle souterraine, dans le style du XIIe siècle, qui sert de cave à la maison de feu M. le président Barré, située place Saint-Jean, pouvait avoir appartenu aux Templiers et ensuite aux chevaliers de Saint-Jean, d'où ce quartier aurait pris son nom. Ce qui venait en aide à cette supposition, c'est qu'à Vierzon, une chapelle semblable, dont on ignore également l'origine, s'appelle la cave du *Logis saint-Jean*; c'est encore que l'église St-Jean d'Issoudun touchait aux remparts et était fortifiée comme en général les établissements des Templiers. Mais tous ces raisonnements tombent devant ce fait que l'église Saint-Jean portait ce nom avant la destruction de l'ordre du Temple.

CHAPELLE DU PONT. — Cette chapelle, dont le bâtiment existe encore à l'entrée du pont de Saint-Denis, n'est mentionnée dans aucun titre que nous connaissions. Quelle en fut l'origine? Fut-elle un reste de l'ancienne maison des Templiers, qui avaient des propriétés dans ce voisinage? C'est un problème que nous ne saurions résoudre.

Nous savons seulement que, dans les derniers temps qui ont précédé la révolution, c'était une école de frères ou de sœurs, qui donnaient gratuitement des leçons d'écriture et de lecture aux enfants des deux sexes. Les écoliers de la ville et même du château allaient apprendre leur cathéchisme à la chapelle du pont.

C'est aujourd'hui une maison privée, qui sert, à ce

que nous croyons, de bureau d'octroi. Elle n'a rien de particulier dans sa physionomie, si ce n'est quelques fenêtres étroites et des traces de la peinture rouge dont l'usage était autrefois de revêtir les églises.

Eglise ou Chapelle de Ste-Madeleine. — Au XIIe siècle, il existait déjà, à trois traits d'arc de la ville, vers le levant, une petite église ou chapelle sous l'invocation de Ste-Madeleine et de St-Lazare, à laquelle fut joint un hospice ou maladrerie pour les lépreux, ainsi que nous le verrons en parlant de l'hôpital Saint-Ladre. Les fondateurs en sont inconnus. Cette chapelle et cette maladrerie ont fait place, au XVIIe siècle, à un couvent de la Visitation, dont nous parlerons également en son lieu.

Chapelle de l'Abeiller ou St-Louis de l'Abeiller. — Cette chapelle fort riche était annexée à un hospice du même nom. Nous parlerons en même temps de l'un et de l'autre, au chapitre des fondations charitables.

Chapelle de Cléry. — On ignore l'origine de cette chapelle, qui fut peut-être primitivement un petit hermitage, à un kilomètre de la ville. Un acte de 1589, dont l'extrait a été conservé, nous apprend qu'on disait à cette époque la messe dans la chapelle de Cléry, après une interruption assez longue, cette chapelle ayant été interdite à cause des profanations qu'elle avait subies pendant les guerres. Il est dit dans le titre qu'on y célébrait la messe toutes les semaines avec d'autres offices, et cela *de toute antiquité.* Il n'en subsiste aucun vestige.

MONASTÈRES.

Abbaye Notre-Dame. — Nous avons dit que Raoul-le-

Large avait fondé, dans le faubourg de Saint-Paterne, l'abbaye d'Issoudun, et que le frère d'Arc en fut le premier abbé. Suivant une note de Catherinot, dès l'année suivante 948, la translation de cette abbaye dans le château aurait eu lieu sous le pontificat et par les soins de Géronce, archevêque de Bourges, lequel aurait été enterré, cette même année, à Issoudun ou à Vierzon.

Nous ne savons où Catherinot a pris cette mention, qui, comme on voit, n'est nullement précise. Elle n'est justifiée par aucun texte à notre connaissance et surtout est loin de se rapporter à une notice de l'abbaye de Saint-Crépin en Flandre, qui nous paraît elle-même complètement apocryphe. Suivant cette notice, et en conséquence d'un procès-verbal rédigé en 1179, par Robert, abbé de Saint-Crépin et visiteur de l'ordre de Saint-Benoît, l'abbaye d'Issoudun, qu'il appelle *monasterium turritum*, en raison sans doute des nombreuses tours dont elle était environnée, étant adossée aux remparts et à la principale porte du château, aurait été fondée par Raoul, Bathilde, sa femme, et Hugues, princes de cette terre, qu'elle assure avoir été inhumés dans la chapelle Saint-Brice, par eux fondée dans l'église abbatiale, pour servir de sépulture à tous ceux de leur maison. Près d'eux, ajoute cette note, se trouve le corps d'un certain Odoard, chevalier, proche parent du roi des Bretons, tué au champ de Magloire, lequel aurait fait faire le grand autel et trois vitraux où ses armoiries étaient peintes, à savoir : un lion de gueules en champ vermiculé, avec les griffes élevées, ayant un anneau sous le pied droit *ou gauche*. Le tout est rapporté aux ides de février 947 (1).

---

(1) Voici le texte de cette note, qui fut remise en 1621, par le

Rien de semblable ne se trouve dans les documents qui nous sont parvenus, et cette histoire n'était pas plus plausible du temps de La Thaumassière, qui l'avait rejetée comme dépourvue d'authenticité et de fondement. Raoul, prince d'Issoudun, celui qui existait à cette date, avait pour épouse Duode et non Bathilde; Hugues est inconnu. Ce chevalier Odoard, parent du roi des Bretons, nous paraît un personnage de roman, aussi fabuleux que le champ de *Magloire*. Il n'y avait à l'abbaye, sur les vitraux ni autrement, d'armoiries comme celles indiquées, qui d'ailleurs sont fausses, et enfin l'usage des armoiries n'existait point encore en 947, non plus que les vitraux peints.

En 984, l'abbaye était certainement encore à Saint-Paterne. Une charte de cette date, déjà citée, souscrite par Emenon, prince et seigneur d'Issoudun, Adhenaure, sa femme et Foulques, leur fils, confère à l'abbé et aux religieux de l'abbaye d'Issoudun les droits de justice et seigneurie sur le faubourg de Saint-Martin, à présent Saint-Paterne, donation que fait mieux comprendre la présence de l'abbé sur les lieux-mêmes.

---

frère Jean Mallet, religieux profès de l'abbaye de Saint-Crépin près Valenciennes, à Dom Touchet, dernier abbé régulier de Notre-Dame d'Issoudun :

« *Monasterium Turritum seu Yssoldunense, dictum turritum quòd sit quatuor turribus circumdatum, fundatum est à piis Proceribus Radulfo, Bathilda ipsius uxore et Hugone, patrocinante sancto Odilone Regulæ sancti Benedicti Capite, ipsius oppidi altissimis, qui inhumati sunt in capellâ suâ quam sibi et suis ædificaverunt sancti Bricii a latere cujus dependet corpus Odoardi Britannorum regis consanguinei, militis magnanimi qui fuit occisus in bello magno quod habuit rex Franciæ contrà Britannos in Campo Maglorii, etc. qui jussit ædificari magnum altare cum tribus fenestris vitreis suis armis circumquaque positis rufus leo in campo vermiculato cum unguibus elevatis, habens annulum sub pede dextro vel sinistro. Idibus Februarii anno à N° nato 947.* »

La teneur de cette charte, qui faisait partie du *trésor* de l'abbaye, est comme il suit :

« Au nom du souverain créateur Dieu, moi, Emenon et Foulques, mon fils, par la miséricorde de Dieu, possesseurs de la principauté du château d'Issoudun, voulons faire savoir tant aux ecclésiastiques qu'aux séculiers, présens et futurs, que du conseil et approbation d'Adhenaure, mon épouse, aussi bien qu'à la prière de dom Hitier, abbé du monastère de Sainte-Marie d'Issoudun et des frères en Jésus-Christ placés sous sa direction, nous leur donnons et concédons toutes les coutumes de tous les hommes habitant le bourg de Saint-Martin, situé hors des murs du château, présentement et pour les générations à venir, en don perpétuel et pour le salut de notre ame. De telle sorte qu'aucun desdits habitans ne puisse aller au combat qu'on appelle *Eybamd*, ni payer à personne le droit de tonnage pour le vin, ni rendre aucune coutume selon les coutumes humaines, si ce n'est pour et à l'abbé du monastère de Sainte-Marie d'Issoudun et frères y demeurant. Nous leur avons donné en outre toutes les amendes et toutes les condamnations de toutes les contraventions et délits desdits habitans, ainsi que les coutumes des bouchers et des boulangers dudit fief. Nous leur avons accordé la perception de toutes les amendes de toutes les forfaitures de tous les hommes y demeurant; ainsi, dans tous les cas d'homicide, adultère, vol, corruption ou rapt de femmes ou filles ou autres sévices quelconques, toute l'amende du délit, comme nous l'avons dit ci-dessus, appartiendra aux dits moines, serviteurs de Dieu et de Saint-Martin, ainsi que le droit de *banlieue* et tous les émoluments légaux. Si aucun de nous ou de nos successeurs, à l'instigation du diable ou de personnes quelconques se permettait d'attenter à cette charte et donation, qu'il soit atteint par la vengeance divine, qu'il n'ait aucune jouissance dans ses fils, qu'il soit privé de la santé du corps, que toutes les contrariétés et malédictions qu'on trouve dans les saintes écritures tombent sur lui, et de plus que pour ce fait il soit condamné par jugement humain à payer 50 livres d'or, outre les autres stipulations. Suivent les signatures ou sceaux d'Hemenon (sic), seigneur, qui a ordonné la confirmation de cette charte, de Foulques, son fils, Bernard, son fils, Ebroin, vicaire, Engelbert, Climon, Marginard, Vinien Ermensand, Herbert, Unibert, Foulques, vicaires, et Hugues. Donné au mois de mai, l'an 30 du règne de Lotaire. Fait publiquement à Issoudun. Et plus bas : écrit par Germond. (1) »

---

(1) Texte de cette charte :

« *In nomine summi opificis Dei, Ego Emeno et Fulcho filius meus, misericordia Dei Principatum Auxelioduni Castri tenentes, notificare volumus tam ecclesiasticis quam sæcularibus præsentibus et futuris; quia laude et consilio Adhenauris Uxoris meæ, nec non rogatu Domini Hiterii* (ou *Aiterii*) *Sanctæ Mariæ Auxelioduni Monasterii Abbatis et Fratrum in Christo sub regimine degentium damus et concedimus omnes consuetudines omnium Hominum in Burgo Sancti Martini extrà mœnia castri positum, per successuras generationes habitantium, pro æternâ retributione, et pro remedio animæ nostræ. Ità scilicet ut nemo illorum pergat ad pugnam quæ alio nomine vocatur* Eybamd (A), *neque* Boitagium (B) *vini alicui*

(A) *Eybamd* ou *Erband*, mot corrompu et abrégé pour *Erbannum* ou plutôt *Herebannum* de l'allemand *Herr*, seigneur ou maître, et *Bann, bannum*, ban, appel, proclamation, semonce. — C'est-à-dire l'appel aux armes pour le service du seigneur immédiat, du suzerain. — Ce mot a vraisemblablement été mal écrit par le transcripteur de la charte, car il ne se trouve que dans cette pièce qui est citée par Ducange et les commentateurs.

(B) *Boitagium*, de *Botta*, tonne ou tonneau, droit qui se payait par chaque tonneau pour la licence de débit du vin. Ce droit était de cinq pintes à Linières, ou l'équivalent au prix-courant.

Une nouvelle donation du même Emenon et souscrite par Aitherius, ou Hitherius, abbé d'Issoudun, est datée de l'an 986, et une autre de l'année suivante. Ce fut sans doute pour couronner toutes ces faveurs et mettre les religieux de l'abbaye à l'abri des événements de la guer-

---

reddat; neque aliquam quamlibet consuetudinem juxtà consuetudines humanas faciat, nisi Abbati præscripti Monasterii Sanctæ Mariæ Virginis Uxeloduni et Fratribus inibi manentibus. Dedimus autem iterùm eis omnes emendationes et omnia Vadimonia omnium Forisfactionum omnium ibidem consistentium, et consuetudines Macellariorum et Panetariorum in alodum illum (sic) habitantium. Concessimus igitur habere eis omnes Emendationes omnium Forisfactionum omnium hominum ibidem morantium, verbi gratia, si quislibet eorum fecerit Homicidium, Adulterium, Furtum, aut corrupuerit sponte vel rapto incorruptam mulierem, aut fecerit quamlibet torturam, ut suprà retulimus, omnem Emendationem Forisfacti et Bamliam (c) *habebunt Monachi ibidem Deo et Beato Martino servientes; atque omnia* Gadimonia (D) *legum. Si autem nos ipsi, aut ullus ex successoribus nostris, instigante Diabolo, vel qualibet ersoná, hanc Donationem et Cartam inquietare presumpserit, ultione diviná perimatur, non jocundetur in filiis, non de corporis sospitate glorietur, et omnis contrarietas et maledictio quæ in divinis reperitur scripturis super eum veniat; et insuper humano judicio co actu persolvat auri libras L cum stipulatione subnixá.*

Signum Hemenonis Senioris qui hanc Cartam fieri confirmare jussit. S. Fulconis filii ejus. S. Bernardi filii ejus. S. Ebroini, vicarii. S. Engelberti. S. Climonis. S. Marginardi. S. Viniani Ermensandi. S. Herberti. S. Unitberti. S. Fulconis vicarii. S. Hugonis.

Data mense Maio anno XXX regnante Hlotario. Actum publicè Auxelioduno.

Et plus bas est écrit en lettres gothiques:
Gaermundus scripsit.

(c) *Bamlia,* ou *Banleuca, Banleuga,* banlieue, c'est-à-dire l'étendue de territoire sur lequel s'exerçait le droit de ban, de juridiction ou de franchise d'une ville, d'une église ou d'un monastère, et qui était ordinairement d'une lieue.

(D) *Gadimonia* ou *Vadimonia,* gage ou caution, pour le montant d'une condamnation, d'une amende, émoluments du droit de juridiction.

re que le seigneur d'Issoudun se décida à les appeler dans le château.

Suivant une note extraite de l'obituaire de l'abbaye, la translations à l'intérieur des reliques de Saint-Paterne, St.-Patrice et Ste-Brigitte, est attribuée à Mocius, abbé d'Issoudun, qui est qualifié de *premier abbé de St-Gildas*, lequel est décédé l'an 1000.

Ce Mocius serait-il donc le même que l'abbé d'Arc? Mais cela est impossible, puisqu'entre ces deux personnages se trouve l'abbé Aitherius. Aitherius lui-même ne doit-il point être lu *Arcterius*, qu'on aurait traduit par d'*Arc*? Et y a-t-il confusion de ces trois noms dans une seule et même personne? Faisons attention que, depuis 947, date de l'arrivée de l'abbé d'Arc en Berri, jusqu'à l'an 1000, époque de la mort de Mocius, il s'est écoulé 53 ans. Maintenant si l'on réfléchit que la dignité d'abbé, qui était élective, ne se confiait en général qu'à un homme déjà vénérable par l'âge, en supposant qu'il eût seulement 50 ans en 947, on voit qu'il aurait vécu plus de cent ans, ce qui est peu probable.

Nous pensons donc qu'il faut entendre ici par la translation attribuée à Mocius celle qui eut lieu du bourg Saint-Martin au château, et que la qualité d'abbé de Saint-Gildas était attribuée en cumul aux premiers abbés d'Issoudun.

Remarquons d'ailleurs que le Martyrologe de l'abbaye, d'après une note relevée par La Thaumassière, fait mention de trois translations de Saint-Paterne. La première est la translation de ce saint de France en Bretagne, le 20 juin, en ces termes : « *Hierosolymis Ordinatio episcopatûs sancti Paterni et translatio ejusdem à Galliis in Britanniam;* la deuxième, le 21 août, de la Bretagne en

Berri et à Issoudun : *Item translatio sancti Paterni antistitis, quando à Britanniâ sublatus est et in monasterio Exoliduni locatus habetur, quod ab ipsis reædificatum est, qui eum transtulerunt in honorem B. Mariæ.* Il s'agit bien ici de la translation au bourg Saint-Martin, puisqu'il est dit que *le monastère fut reconstruit par ceux-là mêmes qui firent la translation, quand il fut enlevé de Bretagne.* Et enfin, la troisième, au 23 septembre, en ces termes : *Translatio corporis sancti Paterni antistitis venetensis, quando sublatum fuit a Britanniis et apud Exoldunum in territorio sanctæ Dei Genitricis condigna veneratione conditum,* » auquel jour, ajoute La Thaumassière, on fait double de la translation de ce saint en cette abbaye, et double de son obiit, le 16 avril. »

Malgré ces mots, *quando sublatum fuit à Britanniis,* qui peuvent avoir été ajoutés par inadvertance, car on sait que La Thaumassière écrivit son histoire de Berri avec la plus grande négligence, nous croyons qu'il faut entendre ici la translation du bourg au château, autrement on ne saurait comprendre deux dates différentes dans le même livre et pour le même objet. D'ailleurs, que signifieraient ces mots : *in territorio sanctæ Dei Genitricis?* Ne devons-nous pas croire qu'il existait au château une église dédiée à la Vierge, laquelle fut appropriée en monastère pour recevoir l'abbaye située au faubourg, ainsi que les reliques du saint ? Remarquons que Saint-Paterne laisse son nom à l'ancienne église Saint-Martin qu'il vient de quitter, et que la nouvelle abbaye s'installe sous l'invocation de la Vierge (1).

---

(1) Il faut remarquer cependant que, dès 984, et à une époque où nous supposons que l'abbaye était encore à St-Paterne, ce monastère, d'après la charte d'Émenon, s'appelait déjà *Monastère de*

De tout cela nous devons inférer que la nouvelle abbaye a été fondée sur la fin du Xe siècle, et que Mocius en fut sans doute le premier abbé *intrà muros*. Ce qui subsiste de son architecture primitive convient parfaitement à cette époque. Ces restes consistent dans une porte lourde et massive à double cintre en retraite, communiquant du cloître à la cour extérieure qui donne sur le rempart, dans les piliers ou colonnes jumelles aux chapiteaux ornés de rudimens de feuillage qui supportent les arceaux en plein cintre du cloître et dans les contreforts à forte saillie qui les contrebutent d'espace en espace, tous signes certains de l'architecture du Xe siècle, et enfin, dans l'église souterraine qui sert aujourd'hui de cave et dont les piliers courts et trapus appartiennent à cette période de l'architecture romane.

Il y eut vraisemblablement des motifs de se hâter dans la translation de ces reliques au dedans des murs, car elles ne furent pas immédiatement placées dans le château. En attendant que la nouvelle abbaye fut prête, on les logea dans une maison de la ville appelée le *Pignon-l'Abbé*, ce qui indique un fief de l'abbaye (1), et cet évènement, d'après une ancienne note manuscrite, est rapportée à l'an 1000 (2).

L'an 31 du règne de Robert-le-Pieux, c'est-à-dire

Sainte-Marie, quoique les moines fussent nommés *Serviteurs de Dieu et de Saint-Martin*, *Deo et Beato Martino servientes*. L'église St-Paterne était peut-être primitivement dédiée à St-Martin et à la Vierge.

(1) Les fiefs se reconnaissaient à trois signes apparents, le *pignon sur rue*, les *tourelles* et les *girouettes*.

(2) Nous avons emprunté plusieurs de ces notes à un livre manuscrit provenant des papiers de feu l'abbé de la Chastre, dernier Prieur de Notre-Dame, et qui est aujourd'hui entre les mains de M. le sous-préfet d'Issoudun, son petit-neveu.

en 1018, Eudes *l'ancien*, prince d'Issoudun, autorise l'abbé et les religieux de Notre-Dame à recevoir les dons et aumônes de tous ses hommes et vassaux et à posséder le tout en *franc-alleu*, c'est-à-dire sans être sujets à aucune redevance; il leur permet de posséder des serfs dans toute l'étendue de ses domaines, et leur accorde le droit d'usage dans toutes ses forêts. Il leur donne en outre une foire dans le bourg de St.-Paterne, le jour de la fête de ce saint, affranchit leur dit bourg de tous droits et coutumes et leurs hommes de toutes redevances envers autres seigneurs que lesdits religieux, et, faveur singulière, il leur laisse le droit de sépulture de tous les habitants du bourg, sans que ceux-ci *puissent se faire inhumer ailleurs* qu'au cimetière des moines.

Depuis, les seigneurs d'Issoudun continuèrent de combler de donations et de priviléges nouveaux les abbés de Notre-Dame, qui devinrent d'importants personnages et qu'on voit figurer dans toutes les grandes transactions de l'époque. En 1034, Ymon ou Ymené, abbé d'Issoudun, assiste au synode d'évêques et d'abbés réunis pour la restauration de l'abbaye de Saint-Satur. Plusieurs papes intervinrent dans les affaires de l'abbaye d'Issoudun.

En 1116, Geoffroy, petit-fils d'Eudes de Déols, leur permit de convertir le moulin de *Martinet*, qui leur avait été donné par ses prédécesseurs, en moulin à tan qu'il rendit banal pour tous les tanneurs de la châtellenie d'Issoudun, c'est-à-dire qu'il constitua en faveur des moines un monopole considérable. Il leur donna, la même année, conjointement avec Raoul, son frère, le four banal du bourg de St.-Paterne.

Nous avons dit comment les droits et prérogatives de

l'abbaye se trouvèrent souvent en conflit avec les droits et prérogatives du chapitre de Saint-Cyr, deux puissances rivales qui se disputaient la souveraineté ou plutôt la propriété de la ville et des environs. En 1118, la dissention était arrivée à son plus haut degré et la guerre était près d'éclater entre les deux corporations. L'archevêque de Bourges, Vulgrin, tenta vainement d'employer sa médiation; le désaccord continua jusqu'en 1122, et il ne fallut pas moins que l'autorité du pape, dans la personne de Girard, évêque d'Angoulême, son légat, pour trancher le différend.

Le principal objet de la contestation était la limite de la paroisse de Saint-Cyr qui venait jusqu'aux murs du château et que le chapitre voulait étendre au-delà. Il prétendait aussi à la suzeraineté cléricale de toutes les églises de la ville et des lieux circonvoisins. L'abbé, de son côté, se considérait comme seigneur exclusif et souverain dans le château, et disait que l'église Saint-Etienne, qui lui appartenait, en était la seule et véritable paroisse et ne dépendait que de l'abbaye, aussi bien que l'église de Saint-Paterne, paroisse du faubourg du même nom, et les églises de Saint-Jean, Thizay, Lizeray, La Champenoise, etc.

Le légat et l'Archevêque réunis décidèrent que les religieux de l'abbaye demeureraient possesseurs des églises de Lizeray et La Champenoise, de l'église ou chapelle de St-Etienne dans le château, et de l'église de St-Paterne qui resterait paroissiale du bourg de ce nom, sans aucune dépendance du chapitre de Saint-Cyr; mais que l'église Saint-Etienne perdrait le droit de paroisse; qu'en conséquence, les fonts baptismaux en seraient enlevés, et que les religieux n'y pourraient inhumer que ceux de leur maison ou de leurs familles. Tous les habitants des château, ville et bourgs adjacens furent déclarés dépendre de la paroisse de Saint-Cyr, et les paroisses de Saint-Jean et de Thizay attribuées au chapitre.

En 1134, les moines, trouvant le séjour du château trop bruyant et étant peut-être un peu à l'étroit dans ses hautes murailles, obtinrent de Raoul II, seigneur d'Issoudun, et d'Albéric, archevêque de Bourges, l'autorisation de transporter leur communauté loin du fracas des armes, au-delà de la rivière de Théols, au monastère de Saint-Denis, situé au lieu appelé *Circiac*, afin d'y jouir d'une plus grande solitude (1). Mais leur séjour n'y fut pas de longue durée. A peine y étaient-ils installés que les courses continuelles des ennemis et des bandes de brigands qui infestaient le pays, les forcèrent à redemander asile au château, dont les fortes murailles les mettaient du moins à l'abri de toute atteinte. Toutefois, cette courte émigration leur valut la suzeraineté du bourg et de l'église de Saint-Denis, qu'ils conservèrent désormais.

L'année suivante, le feu prit dans le château qui fut consumé, ainsi qu'une partie de l'abbaye.

Les abbés de Notre-Dame, animés de cet esprit d'envahissement qui caractérisait les clercs et les moines, savaient se rendre les maîtres partout où ils avaient une fois mis les pieds, et le droit d'usage se changeait promp-

---

(1) *Ego Radulphus Dominus Exolduni prædicto abbati Letherio et fratribus Deo et Beatæ Mariæ sub eo famulantibus, humili petitioni ipsorum concedo quod suscipiant et successores ipsorum abbatiam a castro removere et apud monasterium Beati Dionysii, in loco qui* CIRCIACUS *dicitur, construere Deo auxiliante poterint et voluerint.....*

tement pour eux en droit de propriété. La communauté était devenue assez puissante pour tenir tête à ses anciens protecteurs et elle ne craignit pas de leur disputer juridiquement les droit qu'elle tenait de leur munificence. En 1164, Raoul II eut à soutenir un procès contre l'abbaye pour les moulins d'Arthery. Il dut se soumettre à l'arbitrage de l'archevêque, Pierre De la Châtre, qui le débouta de ses prétentions. Eudes II, qui succéda, cette même année, à son père, s'empressa de ratifier la sentence, et, en 1168, Raoul III confirma à l'abbaye la propriété de ces moulins.

En 1185, les clercs de Saint-Denis, qui se trouvaient à l'aise dans les bâtiments construits pour loger les moines de Notre-Dame, s'avisèrent de demander à l'abbé, l'érection de leur église en collégiale. Cette idée sourit à l'abbé, qui n'était pas fâché peut-être de prendre sa revanche sur MM. de Saint-Cyr. Ce chapitre avait fait une abbaye (celle de Chezal-Benoit); l'abbaye n'était pas fâchée de procréer un chapitre à son tour. Par une charte datée du 5 des ides de mars (20 mars) de la même année, l'abbé Giraud La Fuile ou La Feuille, en présence de ses frères réunis, donne aux clercs postulants l'autorisation de constituer en chapitre l'église de Saint-Denis et ses dépendances, telles que la maison adjacente à l'église et la vigne y attenant. « Il leur concède les droits de paroisse, de four, de cens, de fouage, etc, la moitié de la vicairie (1) et les foires du St.-Sépulcre, moyennant vingt sols de rente payables par les nouveaux chanoines, savoir: dix sols à la Noël et dix sols à la St.-Jean-Baptiste. L'abbé de Notre-Dame sera doyen né du chapitre de Saint-Denis; il recevra deux prébendes,

---

(1) *Vicaria circiacensis.*

et les chanoines lui jureront obéissance. Ils viendront en outre au couvent de Sainte-Marie prêter serment de fidélité à l'abbé et aux moines. Les chanoines auront le choix de la règle qu'ils voudraient embrasser, mais ils ne pourront prendre l'habit des moines noirs (Bénédictins) ailleurs que dans le couvent de Sainte-Marie. Les chanoines seront ensevelis dans l'église Saint-Denis, ou dans celle de Notre-Dame, s'ils le demandent. La sépulture d'un chanoine sera assistée du prêtre en tour de service à l'autel du crucifix et de cinq ou six moines. Le semainier de l'église Saint-Denis, avec autant de chanoines, accompagnera la sépulture de chaque moine. Tous les chanoines viendront à l'enterrement de l'abbé, leur doyen, ainsi qu'à celui du prieur de Sainte-Marie. Le couvent entier ira à la sépulture du chantre de St.-Denis. Si un chanoine vient à décéder, après avoir pris pendant sa maladie l'habit monastique, sa prébende, dite annuelle, sera dévolue aux moines pour l'année entière. Toutefois, ceux qui auront profité de la prébende annuelle du défunt devront dire l'office journalier pour son âme pendant toute l'année. Les chanoines viendront en procession solennelle à l'église matrice le jour de l'assomption de la Vierge et le jour de l'Annonciation. L'abbé et les moines iront en procession à l'église de Saint-Denis, le jour de la fête du Saint-Sépulcre et l'abbé, ou, en son absence, le prieur de l'abbaye, y dira la messe. L'abbé ou, en son absence, le prieur ira également et y célébrera la messe à la fête de Saint-Germain de Paris et à celle de Saint-Denis. Chaque abbé qui succèdera sera reçu, le premier jour, par les moines, selon la coutume, et, le second jour, par les chanoines qui lui promettront, à ce moment, obéissance comme à leur doyen. Tout ce que les chanoines pourront acquérir, pendant les trois premières années, dans les limites de la paroisse de Saint-Denis, leur appartiendra librement et intégralement, sans que les moines en puissent rien réclamer. Après trois années, tous les revenus acquis par les chanoines dans ladite paroisse, appartiendront par moitié à l'abbaye, gratuitement, si eux-mêmes l'ont reçu en don, moyennant remboursement de la moitié du prix, s'ils l'ont acheté. Tout ce qu'ils auraient acquis du fief des moines, en quelque lieu que ce soit, continuera d'appartenir à ceux-ci par moitié de la même manière. Le droit de nommer ses dignitaires appartient au chapitre. Si on offre quelque chose à vendre ou engager aux chanoines avant de l'offrir aux moines, les premiers ne pourront conclure le marché sans les moines. Les moines abandonnent aux chanoines quatre arpens du vieux clos désert, qui est presque contigu à l'église Saint-Denis, pour y bâtir, moyennant 12 sols de cens pour chaque arpent, payables le jour *in cœnâ Domini*, de telle sorte pourtant qu'après la mort de l'édificateur, les édifices appartiendront à la communauté des chanoines; mais au commencement, les chanoines ne paieront pas de dîmes en commun aux moines. Tel est le pacte des moines et des chanoines : ils ne devront jamais être contraires les uns aux autres; si par hasard les chanoines venaient à entrer dans quelque ordre religieux, ou si l'église venait à manquer entièrement de chanoines, tout ce que les chanoines auront acquis ou bâti en commun, retournera libre et sans contradiction à l'église de Sainte-Marie (1). »

---

(1) Nous donnons ici le texte de cette charte qui est conservée à la mairie d'Issoudun et dont nous devons la transcription à l'obligeance de M. Roget :

Ainsi, le nouveau chapitre était entièrement dans la dépendance de l'abbaye, pour laquelle il ne pouvait devenir qu'une nouvelle source de richesse. Il n'est nulle-

---

« *De processu temporis a sede memoriæ degradare præsumat oblivio. Circumscepto consilio pertractata ea certis æternari litterarum indiciis approbatæ consuetudinis usus habet nec derogat æquitati. Hujus autem prospectu rationis scripto dignum censuimus commendari; quidem ego Giraldus La Fuile Abbas beatæ Mariæ Exoliduni totiusque conventûs donamus clericis petitionis ejusdem consociis ad canonicam constituendam ecclesiam beati Dionysii et ejusdem ecclesiæ adjacentes, Parrochiam, Furnum, Censum, Focagium, Modium, Vineas, Hortum domini, Medietatem vicariæ, Nundinas Sancti Sepulchri integre. Reddent autem canonici XX soldos censuales: in Nativitate Domini X soldos, in nativitate Beati Johannis Baptistæ X soldos. Abbas verò decanus existens duas præbendas accipiet, et postquam canonici fuerint instituti decano obedientiam promittent. Deindè venient in capitulatum Beatæ Mariæ fidei et fidelitatis Sacramentum abbati et monachis præstituri. Canonici verò cujuscumque voluerint religionis liberam habebunt electionem. Habitum autem nigrorum monachorum nisi in Monasterio Beatæ Mariæ eis suscipere non licebit. Canonici in ecclesiâ Beati Dionysii aut etiam in ecclesiâ Beatæ Mariæ, si petierint, sepelientur. Sacerdos verò qui altari crucifixi deserviet V aut VI monachis comitatus ad canonici veniet sepu'turam. Ecclesiæ canonicorum Ebdomadarius totidem canonicis comitatus singulorum monachorum intererit sepulturæ. Omnes autem venient ad sepulturam sui decani et prioris abbatiæ. Ad sepulturam Cantoris canonicorum conventus veniet monachorum. Si Canonicum in ecclesiâ residentem a sæculo migrare contigerit ut in ægritudine religionis habitum susciperet, illius præbenda, quæ annualis dicitur, ad manus monachorum per annum integrum devolvetur. Ita tamen quidem pro illius anima cujus præbendam annualem acceperint debitum obsequium singulis diebus teneantur per annum integrum celebrare. Canonici verò ad matricem ecclesiam annuntiatione dominicâ et in assumptione Beatæ Mariæ cum processione honorificè venient. Abbas et monachi ad festum sancti sepulchri cum processione ibunt ibique Abbas aut prior si Abbas aberit missam celebrabit. Ad festum quoque Sancti Germani Parisiensis et Beati Dionysii ibit Abbas aut prior si Abbas aberit, ibi que missam celebrabit. Abbates verò sibi seriatim succedentes primâ die ut moris est a monachis recipientur, secundâ die a canonicis qui eis obedientiam ibidem ut decano promittent. Quidquid autem canonici intra metas parochiales Beati Dionysii intrà tres*

ment fait mention, dans cet acte, de l'autorisation du seigneur d'Issoudun, non plus que de celle de l'archevêque métropolitain; mais cette charte de fondation fut confirmée, l'année suivante, par les papes Urbain III et Grégoire VIII.

En 1186, cet abbé La Fuile, dont les armoiries étaient fastueusement étalées dans les églises de Notre-Dame, de Saint-Cyr et de Saint-Denis, et qui paraît avoir été ami des grandes entreprises et des choses extraordinaires, prit sur lui d'ouvrir la châsse du bienheureux St.-Paterne, dont les cendres furent ainsi troublées pour la première fois depuis leur arrivée en Berri. Elles étaient enfermées dans un grand sépulcre en pierre situé der-

---

primos annos adquirere poterint, absque requisitione monachorum liberè et integrè possidebunt. Post tres verò annos omnium reddituum quos adquisierint canonici intra prædictæ parrochiæ terminos medietas erit abbatiæ, si dono, dono; si emptione medietatem emptionis persolvendo. Quidquid autem de feodo monachorum ubicumque sit adquisierint supradicto modo medietatem monachi percipient. In procanonico faciendo canonicis fuerit erogatura. Si quid autem quispiam canonicis antequam monachis obtulerit ad vendendum aut pignori obligandum sine ipsis illud monachis emere non potuerunt. Præterea cononici iiij arpenta veteris clausi deserti quæ ferè contigua sunt ecclesiæ Beati Dionysii ad ædificandum à nobis in donum recipient. Pro unoquoque arpento XII soldos censuales in Cœna Domini reddituri. Ità quidem ut post mortem ædificatoris in communi canonicorum ædificia redigantur. Canonici verò de principio non de communi monachis decimas persolvent. Monachorum et canonicorum talis est pactio. Quidem nec monachi contrà canonicos nec canonici contrà monachos erunt in aliquo. Quidem si fortè canonici ad aliquam religionem se transferre voluerint, aut si ecclesia omnino à canonicis fuerit destituta, omnia quæ canonici ibi communiter adquisierint aut ædificaverint libera absque contradictione ad ecclesiam beatæ mariæ revertentur. Actum solempniter in capitulo nostro, feriarum secundâ quâ cantatur : Sicut oculi servorum; V Iduum Martii fratribus nostris præsentibus undique ut moris est congregatis; anno dominicæ incarnationis MCLXXXV. Henrico de Soliaco cathedram bituricensem insidente.

rière le grand-autel de l'église de l'abbaye. Ouverture faite de la châsse, on y trouva un sac de cuir scellé de quatre sceaux, et dans celui-ci un autre sac en toile blanche, cousu et scellé de deux sceaux placés en dessus, l'un près de l'autre. Dans ce deuxième sac, on trouva un petit parchemin portant cette inscription latine : *Reliquiæ Sancti Paterni episcopi venetensis, cujus translatio XVIII Kal. Maii ; translatio verò à Britannis Exolduno IX Kal. octobris celebratur.* « Reliques de St.-Paterne, évêque de Vannes, dont la fête est célébrée à Issoudun, le 16 avril, et la translation de Bretagne, le 25 septembre (1).

On ouvrit également un autre cercueil en pierre placé derrière l'autel de Saint-Pierre et Saint-Paul, et réputé contenir les reliques réunies de saint Patrice et de sainte Brigitte. On le trouva en effet rempli des ossemens grands et petits de deux corps mêlés et confondus, mais sans aucune inscription. Nous ne voyons pas, à cette époque, quel événement extraordinaire autorisa l'ouverture de ces sépulcres, opération redoutée et qui n'avait lieu que dans les temps de grandes calamités publiques, à moins que ce ne fût la guerre qui se préparait autour d'Issoudun entre les rois de France et d'Angleterre. Cette action porta-t-elle malheur à l'abbé La Fuile, comme on le croyait alors ? Il mourut, en effet, dans le courant de l'année.

En 1218, Etienne, abbé d'Issoudun, l'un de ses successeurs, à la suite de conflits avec les officiers du roi et ceux du seigneur d'Issoudun, au sujet de quelques hom-

---

(1) Voilà deux dates qui, comme on voit, ne concordent point avec celles rapportées par La Thaumassière.

mes serfs appartenant à l'un et à l'autre et qui s'étaient établis dans le bourg de Saint-Paterne, passa avec Philippe-Auguste une transaction par laquelle il fut convenu que tous les hommes, tant du roi que du seigneur d'Issoudun, qui résidaient actuellement dans le bourg de Saint-Paterne, demeureraient à perpétuité « hommes de l'abbé et de son église; » mais qu'à l'avenir, s'il venait d'autres hommes du roi ou du seigneur d'Issoudun s'établir dans ledit bourg, lesdits roi et seigneur lèveraient sur ceux-ci la taille et autres impositions, sauf toutefois les libertés et priviléges accordés à l'abbaye Notre-Dame par les chartes des anciens seigneurs (1). Il est curieux d'observer avec quelle inaltérable persistance ces moines savent toujours se prévaloir de la possession acquise.

---

(1) La Thaumassière, dans ses Coutumes Locales, nous a conservé cette transaction dont voici le texte :

Ego Stephanus Beatæ Mariæ Exolduni dictus Abbas, et communis conventus ejusdem abbatiæ. Notum facimus universis præsentibus et pariter futuris, quòd cum inter nos ex unâ parte, et carissimum Dominum nostrum Philippum Dei Gratiâ Regem Francorum et Dominum de Exolduno ex aliâ, contentio verteretur, super libertatibus quas GAUFRIDUS, ODO, RADULFUS, *quondam Domini de Exolduno, fecerunt et concesserunt Nobis et Ecclesiæ nostræ super Homines manentes in Burgo sancti Paterni apud Exoldunum, sicut ex chartis dictorum Dominorum apparet; tandem facta amicabilis compositio est in hunc modum. Quòd videlicet omnes homines tàm domini Regis quàm Dominorum de Exolduno, nunc manentes in Burgo sancti Paterni, remanent in perpetuum Nobis et Ecclesiæ nostræ : Itâ tamen, quòd si aliqui Hominum Domini Regis Franciæ et Hominum Dominorum de Exolduno de cætero venirent mansuri in Burgo Sancti Paterni, ipse Dominus Rex et Domini de Exolduno nihilominùs caperent super illos homines Tallias et alia quæ super eos capere deberent, salvis tamen in omnibus aliis Nobis et Ecclesiæ nostræ libertatibus quas dicti domini Nobis et Ecclesiæ nostræ noscuntur fecisse sicut ex chartis dictorum Dominorum evidentius apparet. In cujus rei memoriam præsentes litteras fieri fecimus et sigillorum nostrorum impressionibus muniri. Actum anno Domini MCCXVIII, mense Maio.*

En 1245, Jean, abbé d'Issoudun, ouvrit de nouveau le sépulcre de saint Paterne et en tira le *chef* du saint, qu'il exposa, à la mi-carême, à la vénération des fidèles.

Charles-le-Bel, passant à Issoudun en 1325, accorda le droit d'usage dans sa forêt de Cheure aux moines de l'abbaye d'Issoudun.

En 1404, Jean, duc de Berri, étant très-malade, fit présent à l'église Notre-Dame d'une croix d'or toute couverte de pierreries.

A la date de 1415, il est fait mention d'un accord entre Philippe, seigneur de Linières et les religieux de Notre-Dame d'Issoudun; mais nous ignorons quel en fut le sujet.

Le dernier abbé élu par les moines fut le frère Etienne Diebles, en 1461. Il avait fait construire dans l'église, une chapelle consacrée à Notre-Dame de Pitié et un caveau pardessous, où il fut enterré. Mais, en 1484, il avait résigné son abbaye à pension à M. de Castelnau.

Depuis lors, l'abbaye d'Issoudun, mise en commende, comme presque toutes les abbayes au XVe siècle, fut gouvernée par des *prieurs claustraux*. L'un de ceux-ci Pierre Guillemet, profitant de la présence à Issoudun de l'évêque d'Albi, en 1513, ouvrit pour la troisième fois la châsse de saint Paterne, où l'on trouva les os dans un sac. Il en fit dresser un procès-verbal qui fut certifié par ce prélat. C'est la dernière fois qu'il est question des reliques de saint Paterne. On ignore ce qu'elles sont devenues pendant la révolution.

Sous le régime de la commende, et lorsque ses riches revenus devinrent le partage d'un seul individu étranger à la communauté, l'abbaye d'Issoudun déchut de son ancienne splendeur et tomba dans l'engourdissement et le relâchement. Elle s'était tellement émancipée en 1538, que la reine Marguerite dut en provoquer la réforme; mais cette mesure n'arrêta point sa chute. A la révolution, les vastes bâtiments du monastère n'étaient plus habités que par trois ou quatre frères, qui vivaient plutôt en séculiers qu'en moines, et dont l'abbé était réduit à 2,000 liv. de rente. Ils rentrèrent dans le monde sans s'apercevoir de la transition. Leur mobilier fut dispersé et les archives de l'abbaye brûlées en place publique, par décret du 17 juillet 1793.

Les bâtiments furent vendus comme propriété nationale. La ville en réserva une partie pour y placer un collège qui y est encore. L'église, qui avait été reconstruite en partie au XVI° siècle, par une vicissitude étrange, fut convertie tour-à-tour en loge de franc-maçons, en salle de spectacle, en société littéraire, en salle de bal, en café et en guinguette. *Sic transit gloria mundi.*

LES CORDELIERS. — Il existait à Issoudun trois autres communautés d'hommes, qui appartenaient aux ordres mendiants, la première et la plus ancienne était celle des *Cordeliers* ou *Franciscains*, dont l'existence est attestée dès avant l'an 1250. Leur couvent était situé sur l'emplacement de l'ancien cimetière, entre la place de Vouet et la rue des Champs-d'Amour. Il n'est resté aucune trace ni du monastère ni de l'église. On verra à l'article Denis Du Jon, le rôle que joua le gardien des Cordeliers pendant les troubles religieux, au XVI° siècle.

LES CAPUCINS. — Autre confrérie de Saint-François plus rigide que la première, les capucins, établis à Issoudun, vers 1612, dans le haut du faubourg Saint-Martin, ont donné leur nom à une partie de ce faubourg, à une rue et à un vaste enclos, en avant duquel on voit encore l'édifice peu remarquable qui leur a servi d'église et qui a été converti en habitation privée.

Les Minimes. — Les Cordeliers, par humilité, se nommaient eux-mêmes frères *mineurs* (*minores*); saint François de Paule créa, en 1440, un nouvel ordre de frères mendians qui, pour renchérir sur l'humilité des premiers, s'appelèrent *Minimes*. Quoi qu'il en soit de leur humilité, les Minimes étaient renommés par la délicatesse de leur bonne chère. Vers le milieu du XVIIe siècle, il existait à Bourges une communauté de cet ordre qui, trouvant trop de concurrence dans cette ville, noire de frocs et de soutanes, vinrent s'établir à Issoudun, où ils se bâtirent, au bord de la petite rivière, une grande église, un cloître magnifique et un superbe couvent, accompagné de vastes jardins. Tout cela était encore intact, il y a 25 ou 30 ans. Aujourd'hui, de nouvelles constructions ont entièrement changé la face des lieux. Les Minimes sont une habitation charmante.

La Visitation. — Issoudun possédait deux communautés de femmes : les *Visitandines* et les *Ursulines*. Nous avons dit qu'une chapelle dédiée à sainte Marie-Madeleine, convertie postérieurement en léproserie, existait à quelque distance de la ville, à l'est. Cette chapelle et les bâtiments en dépendant, qui furent considérablement agrandis, furent acquis vers 1640 et convertis en un monastère pour les *Dames de la Visitation*. Cet ordre aristocratique n'admettait dans son sein que des personnes riches ou titrées.

Le cloître et les bâtiments construits pour les Visitandines existent encore dans leur intégrité. Tout ce qui était plus ancien a disparu. C'est aujourd'hui une belle

20.

habitation privée, dont le vaste jardin a été, par le propriétaire actuel, augmenté d'un parc, formant en tout un immense enclos.

Les Ursulines. — Excepté l'abbaye qui était au château, les Ursulines étaient la seule communauté *intrà muros*. Leur couvent était à cheval sur la rivière forcée, qui baigne la partie du cloître encore existante. Moins fières que les *Dames d'en haut*, ces braves filles, qu'on appelait aussi les *Dames d'en bas*, possédaient des talens exquis pour la préparation de toutes sortes de mets sucrés, friandises et chatteries. Sécularisées à la révolution, elles transportèrent dans le monde leur précieuse industrie. C'est à elles qu'on doit ces fameux *Massepains d'Issoudun*, dont la spéculation a dernièrement entrepris l'exploitation en grand sur la place de Paris. Les Ursulines eurent, pendant longtemps, à Issoudun, le monopole de l'éducation des jeunes filles. La plupart restèrent fidèles au vœu de chasteté qu'elles avaient prononcé. Quelques-unes sacrifièrent aux idées de l'époque et se marièrent. On vit même une Ursuline épouser un Minime! C'était ce qu'on pouvait appeler, sous tous les rapports, un mariage de *convenance!*

Les bâtiments des Ursulines ont servi tour-à-tour de *club*, de caserne et d'école mutuelle.

MONASTÈRES EXTÉRIEURS.

L'Abbaye de Chezal-Benoit. — Quelques pauvres religieux voulant se bâtir un monastère et une chapelle dans un lieu dépendant de la paroisse de Dampierre, à trois lieues d'Issoudun, en vinrent solliciter l'autorisation et les moyens près du chapitre de Saint-Cyr d'Issoudun, qui s'était fait de sa propre autorité l'arbitre spirituel de tout le pays environnant.

Ce lieu, d'abord pauvre et obscur, reçut le nom de *Chezal-Malin* (chétive église); il grandit et s'enrichit peu à peu des aumônes des fidèles, et, en 1004, la chétive chapelle portait déjà ombrage au curé de Dampierre qui entreprit d'en restreindre le développement. Mais André, supérieur de cette petite communauté, porta plainte au doyen de Saint-Cyr et lui demanda protection comme à son suzerain. Le chapitre décida souverainement que le Chezal et le monastère seraient libres de tous droits paroissiaux envers l'église de Dampierre, à la condition *de dépendre exclusivement du chapitre de St.-Cyr*, et moyennant la rente annuelle envers celui-ci de cinq sols et une livre d'encens. Le couvent changea dès-lors, et par antithèse, sa qualification trop humble pour celle mieux sonnante de *Chezal-Benoît*.

En 1093, le chapitre de Saint-Cyr, conjointement avec Geoffroy, seigneur d'Issoudun, érigeait ce monastère en abbaye de l'ordre de Saint-Benoît du Val-d'Ombre, dont André avait été religieux.

Léger, archevêque de Bourges, en consacra l'église en 1104 et la dédia à la Sainte-Vierge, Mère de Dieu, ainsi qu'aux apôtres saint Pierre et saint Paul. Il confirma l'abbé André, lui accorda plusieurs privilèges ainsi qu'à ses religieux, et, comme les arrangements que celui-ci avait faits avec le chapitre de Saint-Cyr n'étaient pas exempts de simonie, il lui en donna l'absolution.

En 1106, une charte de Geoffroy concède à l'abbaye de Chezal-Benoît, du consentement d'Adélaïde, sa femme, la moitié des droits qu'il levait sur le sel en la ville d'Issoudun.

En 1154, Raoul II, son fils, au moment d'entreprendre son troisième voyage en Terre-Sainte, par une charte donnée en la maison de l'archidiacre de St.-Cyr, reconnut que les religieux de Chezal-Benoît avaient droit de prendre sur les revenus et coutumes d'Issoudun 600 sols, monnaie du lieu. Il leur donna en outre quelques hommes serfs et leur permit d'avoir en la châtellenie d'Issoudun un *sergent* avec mêmes liberté et privilèges que le sergent de l'abbaye d'Issoudun (c'était un nouveau coup porté par le chapitre à l'amour-propre de l'abbé de Notre-Dame). Cette charte fut confirmée par Raoul, le propre jour de son retour de Jérusalem.

Par une transaction de l'an 1165, le chapitre de St.-Cyr d'Issoudun délaissa à l'abbaye de Chezal-Benoît les églises de Pruniers et de Dampierre, moyennant 40 sols de cens. On voit que les temps étaient changés depuis l'époque où le Chezal-Malin s'établissait par tolérance sur la paroisse de Dampierre. Cette transaction eut lieu avec l'autorisation de l'archevêque, Pierre de La Châtre.

Tous les seigneurs des environs, entre autres ceux de Linières, mais principalement ceux d'Issoudun, ont contribué à l'agrandissement et à la richesse de cette abbaye, qui devint par la suite chef d'une congrégation célèbre qui porta son nom. L'austérité de la règle ayant cessé d'y être observée, Pierre Dumas, qui en était abbé, obtint, en 1488, du pape Innocent VIII, une bulle pour la réforme de cette abbaye. Cette réforme entraîna celle de Saint-Sulpice de Bourges, puis successivement celle des abbayes de Saint-Allyre de Clermont, de Saint-Vincent du Mans et de Saint-Martin de Séez. Ces abbayes réformées s'unirent en une congrégation qui fut appelée de *Chezal-Benoît* dès l'an 1505. L'abbaye de St.-Martin de Tours entra peu après dans l'union, ainsi que l'abbaye de Saint-Germain-des-Prés de Paris, en 1510, celle de Sainte-Colombe de Sens et autres. La congrégation de Chezal-Benoît se maintint jusqu'à ce que le cardinal de Richelieu, sous prétexte de relâchement qui s'y était introduit, s'en fit nommer administrateur général au temporel et au spirituel. Après plusieurs essais de réforme qui ne réussirent pas, il réunit enfin, en 1636, cette congrégation à celle de Saint-Maur, ce qui fut confirmé par lettres-patentes de Louis XIV de l'année 1650. Cinq abbayes de filles dépendaient ce cette congrégation, Saint-Laurent de Bourges, Saint-Piérre de Lyon, Notre-Dame de Nevers, Saint-Isaure de Moulins et l'abbaye de Charenton en Berri.

Les bâtiments de l'abbaye de Chezal-Benoît sont occupés aujourd'hui par un collége ou institution de garçons, moitié religieuse moitié laïque, qui fait, dit-on, de très-bonnes affaires.

ABBAYE DE LA PRÉE. — L'abbaye de la Prée, de l'ordre de Cîteaux, fille de Clervaux, située dans la paroisse de Ségry, à deux lieues d'Issoudun, fut fondée, en 1145, par Raoul II, seigneur d'Issoudun.

En 1190, Eudes III confirma à cette abbaye les dons qui lui avaient été faits par son aïeul.

Avant de partir pour la croisade contre les Albigeois, en 1211, Raoul III, du consentement de Marguerite de Courtenay, sa femme, concéda à l'abbaye de la Prée l'usage d'une charretée de bois, *par chaque jour*, à prendre dans sa forêt de Tournesol.

En 1247, furent transférées dans l'église de la Prée les reliques de Ste.-Fauste et de St.-Evilaze.

Sous le règne de Charles VI et de Charles VII, les anglais et autres soudards qui infestaient le Berri s'emparèrent de cette abbaye à diverses reprises et, non contents d'y installer leur séjour, ils y commirent toutes sortes de profanations, jusqu'à loger leurs chevaux dans l'église et les faire manger sur l'autel. Aussi, pour éviter le retour de pareilles calamités, les religieux sollicitèrent et obtinrent de Charles VII la permission de fortifier leur abbaye, suivant une charte de 1430, dont suit la teneur :

« Charles, par la grâce de Dieu, roy de France, sçavoir faisons, à tous présens et advenir : nous avons reçeu l'umble supplication des religieux, abbé et convent de l'église et abbaye de La Prée, en nostre chastellenie d'Yssoldun, en nostre païs de Berry, contenant que la dicte èglise est en plat païs loingtain de ville fermée et nuement soubz nous et nostre jurisdiction et justice de nostre dicte ville et chastellenie d'Yssoldun et que despuys le commencement des derrenieres et presentes guerres y ont continuellement logié et séjourné, logent et séjournent compaignies de gens de guerre, y ont mis et logié, mettent et logent leurs chevaulx jusques sur le grand autel de la dicte église, mengié et gasté et chascun jour gastent et destruisent les biens d'icelle abbaye et desquels selon lesdits suppliaus ont à soustenir leur vivre et estat et à continuer le divin service et semblablement le font aussy plusieurs gens de guerre estant en garnison en diverses places voisines de la dite abbaye, et tellement que les dicts religieux en sont comme du tout destruictz et que en la dicte église et abbaye ne se ose plus tenir homme, mais est en voye icelle abbaye d'estre et demourer du tout desolée et inhabitée. Et soit ainsy que pour obvier a ces choses les dicts supplians aient encommencé de faire en leur dicte abbaye et eglise certaine fortiffication, afin que ilz puissent avoir aulcuns seurs retraicte et refuge pour eulx et leurs officiers et serviteurs et les biens et choses de ladicte église et abbaye et que ledict divin service se y puisse continuer; laquelle fortiffication sans sur ce avoir nos congié et licence, ilz ne osent bonnement faire parachever ne parfournir; et se elle demeure imparfaicte pourra estre la totale destruction de leur dicte eglise, ainsi que ilz nous ont faict remonstrer, requerans umblement que comme icelle leur église et abbaye soient nuement en nostredicte jurisdiction et justice et loingtaine de toutes forteresses où ilz puissent avoir prest leur refuge, Nous, pour le bien et proffit public et particulier d'icelle église et en faveur du dict divin service, leur vueillons sur ce octroyer nos dits congié et licence. Pour ce est il que Nous, eu sur ce considération, desirant le bien et relievement des eglises de nostre royaulme et la continuation du divin service celebré en icelle et les préserver de dommaiges et inconveniens, avons à iceulx supplians, pour reverence de Dieu et dudict service divin, et en faveur de la continuation d'iceluy en ladicte église et pour aultres causes qui nous meuvent, octroyé et octroyons de grace spéciale par ces presentes congié et licence de icelle leur église et abbaye faire fortiffier et emparer de murs, fossez, tours et ponts leviz et de toutes aultres fortiffications quelsconques requises et appartenans a forteresses, et de la mettre et tenir dorés en advant a tousjours en estat de forteresse, pourveu que ilz seront tenus la faire garder bien et deuement et aussy que ce ne soit ou prejudice de aulcungs nos droicts. Sy donnons en mandement a nostre bailly de Berry, à nostre prevost d'Yssoldun et a tous nos aultres justiciers et officiers ou a leurs lieux tenans presens et advenir et a chascung d'eulx comme a luy appartendra que de nos presents grace et octroy, congié et licence facent, souffrent et laissent lesdicts supplians et leurs successeurs en temps advenir joyr et user plainement et paisiblement sans les faire ne souffrir travailler, molester ou empescher aulcunement, au contraire. Et afin que ce soit chose ferme et estable a tousjours, Nous avons faict mettre notre seel a ces presentes. Sauf en aultres choses nostre droict et l'aultruy en toutes. Donné à Jargeau ou moys de juing, l'an de grace mil CCCC et trente et de nostre regne le VIIIe. Seellé de nostre seel ordonné en l'absence du grand. »

Dès-lors, l'abbaye de la Prée devint une forteresse et une véritable place de guerre qui se défendit efficacement contre les bandes armées de tous partis et couleurs qui ravagèrent si longtemps la contrée. Au mois d'août 1589, elle soutint, pour le parti de la ligue, un siége vigoureux où fut tué Louis de Gaucourt, seigneur de Cluis, et le sieur de Gamaches, gouverneur d'Issoudun, fait prisonnier.

On voyait encore, il y a vingt ans, de belles ruines de son église, d'un charmant gothique du XIIe siècle, et bâtie toute en belle pierre de taille. Elle a été entièrement détruite, pour faire place à nous ne savons quelle spéculation industrielle.

PRIEURÉ D'ORSAN. — Quoique le prieuré d'Orsan fût assez éloigné d'Issoudun, nous avons cru devoir le mentionner comme ayant été souvent l'objet des libéralités des seigneurs de cette ville, ainsi qu'il résulte de chartes des années 1114, 1116 et 1120, et parce que les dames d'Orsan avaient à Issoudun des propriétés, ainsi que nous le verrons en parlant de l'hospice de l'Abeiller.

Le prieuré d'Orsan, monastère de femmes de l'ordre de Fontevrault, situé paroisse de la Maisonnais, à moitié chemin entre Linières et Château-Meillant, fut fondé vers 1100, par Léger, archevêque de Bourges, conjointement avec Alard ou Adelard, seigneur de Château-Meillant, et Alix, sa fille qui firent don à ce couvent des moulins de Parçay, Agnès, épouse d'Adelard, séparée de lui pour cause de parenté, fut la première prieure d'Orsan.

En 1113, une assemblée des barons du Bas-Berri, entre lesquels se distinguait Geoffroy, prince d'Issoudun, prirent le prieuré sous leur protection et ne cessèrent dans la suite de le combler de leurs libéralités.

En 1117, l'archevêque Léger y assistait le célèbre Robert d'Arbrissel, son ami, qui y mourut et dont le cœur y fut enseveli. Léger, lui-même choisit sa sépulture dans l'église d'Orsan, où son corps fut apporté le 31 mars 1120.

L'église et l'ancien monastère d'Orsan furent pillés et brûlés en 1569 par les reîtres allemands de l'armée du duc de Deux-Ponts; il n'en resta presque rien. Suivant la tradition du pays, plusieurs miracles avaient signalé ces dévastations sacriléges. Une statue de la Vierge tenant l'enfant Jésus aurait levé la main et le sang aurait jailli du poignet coupé du divin enfant. Vieille histoire renouvelée du miracle de Déols et qu'on retrouve dans un grand nombre de légendes.

CHAPITRE XVII.

Fondations Charitables.

L'Hôtel-Dieu. — Sa fondation. — Son organisation. — Sculptures. — Armoiries. — La Maladrerie ou hôpital St-Ladre. — Sa situation primitive. — Titres. — Croisades. — Lépreux. — Incurables. — Valétudinaire de la Madeleine. — Hospice et Chapelle de St.-Louis de l'Abeiller. — Dotation. — Réunion à l'Hôtel-Dieu et à St.-Cyr. — Prétentions de ce chapitre.

L'Hôtel-Dieu. — On ignore l'époque de la fondation de l'Hôtel-Dieu d'Issoudun. Il a sans doute la même origine que la généralité des établissements de même nature. Pendant le moyen-âge, période encore mal connue et mal appréciée, la foi, la charité n'étaient pas de vains mots et ne se traduisaient pas, comme on le croit encore, en vaines et inutiles pratiques. La superstition, née de l'ignorance, n'était que la fausse direction d'un zèle ardent, un excès de foi dans une autre vie sur laquelle on anticipait en quelque sorte par la pensée, tant on avait besoin de cet espoir pour supporter les tristes réalités de la vie terrestre. L'homme était trop misérable en ce monde pour ne pas croire en une rémunération céleste. La foi était vive et expansive; la charité se manifestait en actions; l'aumône était grande, efficace, ingénieuse, infatigable; on appliquait à la lettre les préceptes de l'Evangile : aime ton prochain comme toi-même; s'il a froid, donne-lui la moitié de ton manteau; s'il a faim, la moitié de ton pain! Chacun, selon la mesure de ses forces, concourait à enrichir les églises et à doter les pauvres. Il n'était pas rare de voir des fortunes entières employées en bonnes œuvres, et des hommes ou des femmes quitter les positions les plus élevées pour se consacrer au service des malheureux, des orphelins, des malades. Chaque église avait dans ses dépendances un refuge pour les pauvres valides, un dispensaire pour les infirmes, un asile pour les étrangers *(Xenodochion)* ; c'était ce qu'on appelait la *Maison-Dieu*.

Dès le VIIIe siècle, de simples particuliers, des bourgeois rivalisaient de zèle avec le clergé, et, à l'imitation de sainte Marthe, de sainte Madeleine et de saint Lazare, hôtes du Seigneur et des Apôtres, donnaient l'hospitalité aux pauvres et aux malheureux voyageurs qu'ils regardaient comme les membres vivants de Jésus-Christ, et surtout aux pèlerins qui ne craignaient pas d'entreprendre de lointains voyages, à pied, sans argent, sans autre équipage que leur bourdon, confiants dans la Providence et dans la fraternité chrétienne.

Cette charité finit par s'organiser, et des locaux spéciaux furent fondés à l'entrée des villes, par le concours des citoyens animés d'une sainte émulation. Selon leur position et leurs facultés, les uns donnaient la nourriture, les autres le chauffage, d'autres le linge et les vêtements, d'autres les médicaments, d'autres enfin donnaient leurs soins pour la guérison des maladies, et le pansement des plaies et des ulcères. Ce fut l'origine des hôpitaux, et il est probable que celui d'Issoudun a commencé ainsi.

Nous ne savons sur quel fondement M. d'Alphonse, dans sa statistique de l'Indre, fixe la fondation de l'Hôtel-Dieu à l'année 1144. En l'absence des documents qui n'existent plus, nous pensons qu'il faut en croire un homme qui paraît s'être consacré entièrement à l'illustration de l'Hôtel-Dieu, dont il fut le réparateur et le bienfaiteur, M. Pierre de La Chaise. En 1502, il provoqua une enquête au sujet de cet hospice et il rédigea à cette occasion un mémoire dans lequel il assure que les anciens titres de l'Hôtel-Dieu sont entre les mains de MM. de Saint-Cyr; mais que, du reste, cette maison était fondée *de telle ancienneté qu'il n'était mémoire de la date.*

La Thaumassière établit un rapprochement qui vient à l'appui de cette tradition. En parlant de l'ancien Hôtel-Dieu de Bourges, qui était bâti près de la cathédrale et dont la fondation était attribuée à Sulpice-Sévère, élu archevêque au VI° siècle, à la recommandation du roi Goutran (1), il dit qu'à côté de la principale porte d'entrée de cet établissement existait cette inscription : *Deum time, pauperes sustine, memento finis.* Il fait observer que la même inscription se voyait à la porte de l'Hôtel-Dieu d'Issoudun et qu'en 1746 on y lisait encore ces mots à demi-effacés : *Deum time.* D'où il semble inférer sinon une preuve du moins un indice d'antiquité non moins haute pour l'Hôtel-Dieu d'Issoudun que pour celui de Bourges.

Quoi qu'il en soit, grâce à la prétention de MM. de Saint-Cyr, qui voulaient s'arroger la suprématie sur l'Hôtel-Dieu, et qui en détenaient arbitrairement les titres, nous ne pouvons aujourd'hui obtenir de notions précises à ce sujet. Il paraît certain cependant que cet

---

(1) En 584. Greg. Tur. Hist. Lib. VI, c. 39.

établissement n'était soumis à aucune règle religieuse. Fondé par la charité des habitants et doté par la libéralité des princes et seigneurs qui furent maîtres d'Issoudun, il était desservi par des frères et des sœurs laïques et n'appartenant à aucune congrégation. Il resta toujours un établissement purement civil, indépendant de toute autorité étrangère, et se gouvernant par ses propres règles. Un grand nombre de prestations volontaires, de dons et de legs concoururent à l'augmentation de ses revenus.

Nous savons qu'en 1206, Raoul III, seigneur d'Issoudun, accorda à l'Hôtel-Dieu le droit d'une bûche par charroi de bois entrant par la porte de Villate. Ce privilége, rapporté tout au long dans une sentence de 1368, subsista jusqu'au xviie siècle. Il fut confirmé par le roi Charles VI, en 1421.

Toutefois le plus ancien titre qui fût au trésor était une charte contenant donation à l'Hôtel-Dieu d'Issoudun d'une portion de la dîme dans la paroisse de Condé; elle était datée de 1207.

Le même Raoul, en 1208, confère à cet établissement le droit de posséder des fiefs dans toute l'étendue de ses terres, et, pour commencer, il lui donne les prés qu'il possédait dans la paroisse de Saint-Valentin. Ce sont les marais de *Dornes*, autrefois *Dormes*. Bientôt d'autres dons se joignirent à ceux-ci, et l'Hôtel-Dieu devint propriétaire des moulins de Chambon, ainsi que des marais, prairies et hommes serfs de Saint-Aoustrille, avec les droits seigneuriaux et de justice sur ces deux paroisses. Ces diverses donations furent consenties par Marguerite de Courtenay, épouse de Raoul, par contrat du mois de septembre 1208.

Ce fut, sans doute, à la considération et à la demande de cette princesse que le pape Honorius III, qui, en 1217, couronna empereur de Constantinople, Pierre de Courtenay, père de notre Marguerite, prit sous sa protection les *Maître et frères de la Maison-Dieu* d'Issoudun, ainsi que tous leurs biens et dépendances. Ce bref, qui était au trésor de l'Hôtel-Dieu, était daté de la dernière année de son pontificat (1227).

En 1272, l'Hôtel-Dieu acquit d'un chanoine de Saint-Cyr, nommé Gigoisneau, une partie du grand bois dit de l'Hôpital. Ce bois renfermait les ruines d'un ermitage qui y avait jadis existé et près duquel on trouva en 1745 des monnaies romaines.

Il acquit encore, en 1284, de Jean de La Chapelle, chevalier, la terre de Saint-Valentin. Cette acquisition est faite par les maître, *frères et sœurs* de la Maison-Dieu. Ces sœurs, dont il est parlé pour la première fois, étaient sans doute d'institution récente.

Le plus ancien maître ou administrateur ecclésiastique de cet hospice, dont on retrouve le nom, est Jean Gouhaut, en 1349.

Il existait un acte de 1363, par lequel maître Jean Amignon, gouverneur de la Maison-Dieu et cinq frères *donnés* (1) de la dite maison baillent à ferme à Jean Estevenon, l'hôtel ou Maison-Dieu assis à Issoudun sur la rivière de Théols. Estevenon promet d'héberger audit hôtel les pauvres, nourrices, orphelins, de les nourrir,

---

(1) On appelait frères *donnés (dati, oblati, donati)* des séculiers qui se mettaient en retraite dans les couvents ou les hôpitaux, pour y vivre paisiblement et donner gratuitement leurs soins, soit aux religieux, soit aux malades.

vêtir, etc., et les maître et frères s'engagent à donner à Estevenon certaine quantité de blé, vin, laines, fromage, ainsi que la jouissance de quelques terres et vignes. Le bail est pour quinze ans.

De ces deux actes on peut conclure que la communauté des frères et sœurs de l'Hôtel-Dieu était une confrérie de personnes laïques, qui ne vivaient pas ensemble, mais prenaient seulement soin que les pauvres fussent soulagés, à peu près comme nos bureaux ou assemblées de charité.

En 1414, Jean, duc de Berri, confirma les priviléges et franchises de l'Hôtel-Dieu, et, en 1423, le pape Martin V, à l'imitation d'Honorius III, prit sous sa protection les maître et frères de cette maison. C'était l'époque où Charles VII habitait alternativement Bourges, Mehun et Issoudun, et où il reconnut pour seul pape Martin, ce qui termina le grand schisme qui avait divisé l'église pendant cinquante-un ans. Dans ce bref, qui est daté de Rome, le 7 avant les Ides d'Octobre, la sixième année de son pontificat, il n'est point fait mention de sœurs et il est dit, d'une manière expresse, que les frères de cette maison ne sont d'aucun ordre.

Cet établissement paraît avoir été négligé et abandonné pendant une certaine période; car, en 1488, maître Macé du Milieu, maître de l'enquête, fit constater par acte authentique que, depuis plus de douze ans, il n'y avait plus ni frères ni sœurs à l'Hôtel-Dieu.

En 1502, une nouvelle enquête fut faite à la diligence de M. Pierre de La Chaise, à qui l'on attribue la réédification des voûtes de la chapelle et de la salle des hommes. On croit même qu'il rebâtit la chapelle à ses frais et qu'il fit les dorures. En tout cas, cette reconstruction n'a pu être que partielle, attendu que plusieurs parties encore existantes accusent une date beaucoup plus ancienne, notamment les sculptures représentant deux arbres symboliques, qui se trouvent intérieurement, aux deux extrémités de l'un des côtés de la chapelle, et qu'il a du moins le mérite d'avoir conservées.

Ces sculptures extrêmement curieuses ont exercé la sagacité de nos antiquaires; mais nous ne sachions pas qu'elles aient été expliquées jusqu'ici. C'est ce qui deviendrait peut-être facile, si l'on parvenait à en déchiffrer les légendes rendues illisibles, soit par l'effet de mutilations, soit à cause de l'épaisse couche de badigeon dont elles ont été recouvertes.

Dans l'impossibilité d'en donner une explication satisfaisante, quant à présent, nous essaierons seulement de les décrire, en hasardant quelques hypothèses auxquelles nous ne désirons pas qu'on attache plus d'importance que nous n'y en mettons nous-mêmes. Ces deux sculptures, placées en regard dans deux encoignures à pan coupé, se composent chacune d'un socle en pierre de taille assez saillant, portant un rocher sous le poids duquel paraissent gémir des monstres fantastiques à demi écrasés. Sur chaque rocher est couchée l'effigie d'un homme à longue barbe et vêtu d'une robe traînante, au pied d'un arbre dont les rameaux s'étalent en espalier sur la muraille, de manière à former un carré régulier. Sur ces rameaux sont disposés à peu près symétriquement et sur cinq rangs en hauteur, des personnages de caractères et de postures diverses, tenant à la main chacun une banderole déployée, ayant tous le visage tourné vers un point central et paraissant animés d'un même esprit et d'une même intention. Voilà ce que les deux

21.

arbres ont de commun; ils diffèrent ensuite par les détails comme par l'exécution.

Le premier est surmonté d'un oiseau, le pélican sans doute, les ailes éployées, la tête levée comme aspirant au ciel, qui de son flanc déchiré laisse tomber la nourriture dont s'alimentent ses petits, emblème ingénieux de la charité chrétienne dans sa plus ardente et sa plus sublime expression. Le feuillage, qui est celui du chêne, est entremêlé d'énormes glands que plusieurs des figures placées sur l'arbre touchent ou indiquent de la main comme pour rappeler la première nourriture de l'homme et la bonté de la Providence. Tous ces personnages sont assis ou debout; tous sont vêtus de longues robes, à l'exception d'un seul qui porte une cotte de mailles. Un d'eux est couronné; plusieurs sont tête-nue, coiffés de mortiers ou encapuchonnés; plusieurs portent le turban, indice de la croisade ou du pèlerinage en Terre-Sainte; deux ou trois ont au cou une chaîne ou collier d'où pend une plaque. On distingue parmi eux une femme, dont la coiffure basse et carrée, laisse échapper un voile tombant jusqu'aux pieds. Elle porte une aumônière à sa ceinture. Trois ou quatre figures sont revêtues du costume religieux; l'une de celles-ci, assez ressemblante à Moïse, tient des tablettes ouvertes, peut-être une charte de fondation, tandis qu'une autre fait mine de compter sur ses doigts; une autre est coiffée de la mître d'évêque ou d'abbé et une autre portant la calotte et le camail, peut s'appliquer à un chanoine, à un cardinal ou même à un pape. Les branches de cet arbre brisées et interrompues à divers endroits, peut-être à dessein, semblent dénoter que ce n'est point ici un arbre généalogique et que ces figures n'ont entre elles aucun lien de parenté ou de solidarité, mais sont réunies dans une pensée de bienfaisance et de pieuse fondation, et, jusqu'à plus ample information, nous ne saurions y voir autre chose que les bienfaiteurs de l'Hôtel-Dieu. La plus apparente, qui est placée sur la tige même de l'arbre, à la naissance des branches, debout, les mains élevées, l'index de l'une tendu, dans l'attitude d'un homme qui fait une démonstration ou un discours, est peut-être la même que le personnage couché sur le rocher.

Cette figure couchée, d'une dimension beaucoup plus grande que celles qui sont sur l'arbre, est coiffée d'une sorte de bonnet pointu surmonté d'une petite boule d'où pendent des glands et orné d'une large pierre ou diamant sur le devant. Elle a sur les épaules une sorte de pèlerine ou large collet rabattu et par-dessus sa robe une tunique tombant au-dessous des genoux, richement brodée de pierreries. Sa taille est serrée par une ceinture formant un gros nœud et ses pieds sont chaussés de ces longs souliers pointus qu'on appelait *Poulaines*. De la main droite elle semble désigner l'arbre symbolique et de l'autre elle tient une banderole déroulée.

Les détails de tous ces costumes appartiennent au xiie siècle et peut-être devons-nous voir dans la figure principale celle de Raoul III, prince et seigneur d'Issoudun, confirmant et amplifiant tous les dons de ses prédécesseurs. C'est ce que feraient présumer divers attributs ou emblêmes en miniature disposés sur les accidents du rocher, à savoir : d'abord, une maison fortifiée sur une éminence à laquelle conduit un escalier rapide, symbole du droit de fief et de seigneurie concédé à l'hospice sur diverses terres et domaines; puis un moulin à eau; un pont; une hutte ou tourelle, peut-être un colombier;

une autre petite maisonnette, peut-être un four banal; une truie couchée, emblème d'une métairie ou d'un cheptel et enfin des plantes de marais, indiquant des pâturages, tous signes commémoratifs de donations faites à l'Hôtel-Dieu.

La seconde sculpture est le pendant de la première. Un socle semblable soutient également un rocher sous le poids duquel sont opprimés des monstres hideux, image probablement des démons vaincus par la bienfaisance et la piété, ou, si l'on veut, des forfaits compensés par de bonnes œuvres; car il ne faut pas oublier que, dans ces siècles de fer, un grand nombre de fondations pieuses étaient destinées à racheter des excès et des crimes.

La figure d'homme couché, moins splendidement ornée que celle de la première sculpture, est également vêtue d'une robe longue et ample attachée par une ceinture flottante, qui supporte une riche aumônière. C'est encore un homme à large barbe; il est coiffé d'une toque ou bonnet et chaussé de pantoufles dont le bout arrondi et bouffant appartient à la deuxième moitié du xiiie siècle. Sa tête appuyée sur sa main droite, repose sur un moëlleux oreiller, de dessous lequel s'échappe une banderole. Sa main gauche retombe à côté de lui. Des plantes et des fleurs sont éparses sur le rocher, et, dans le lointain, on aperçoit une simple maisonnette qu'on peut prendre pour une grange ou une chapelle.

L'arbre qui s'élève au-dessus ne descend pas jusqu'à terre et se trouve tranché net avant de toucher le corps de l'homme couché, sur la poitrine duquel sont épars des débris de racines. Cette interruption n'est-elle qu'accidentelle, ou a-t-on voulu exprimer par là que ce personnage n'est point à la hauteur de la noble lignée qui peuple les branches de l'arbre? C'est qu'en effet la plupart de ces figures portent le sceptre et la couronne.

Les sujets qui composent cette seconde exposition sont distribués à peu près de même que ceux de la première. Ils sont également au nombre de quinze, dont chacun est porté sur une espèce de rose ou de fleur épanouie. La plupart représentent des guerriers armés de pied en cap. Les uns sont barbus, d'autres imberbes; tous ont une couronne, soit sur la tête, soit déposée près d'eux ; plusieurs portent le sceptre. Ceux qui sont vêtus de longues robes, sont coiffés d'une sorte de turban ou bourrelet plus ou moins volumineux, avec ou sans garniture de perles, et surmonté d'une couronne.

Tous ces personnages, de même que les précédents, tiennent des banderoles déployées; tous sont agenouillés et tournés vers une figure centrale représentant la Vierge dans un cercle et entourée de rayons, au-dessus de laquelle planent deux petites formes d'anges qui soutiennent une couronne et paraissent descendre du ciel.

La plus remarquable de ces figures et la seule qui soit debout, représente un jeune homme imberbe, à la tête haute et fière, aux cheveux bouclés et flottants. Il porte sur son armure une tunique ou cotte d'armes qui lui descend jusqu'aux genoux, et sur ses épaules un manteau rejeté en arrière et retombant jusqu'à ses talons. A ses pieds est une couronne fermée, dont le cercle est entouré de trèfles ou de fleurs de lys.

Sa main droite est appuyée sur une longue épée et, de sa gauche s'échappe une banderole dont l'extrémité vient s'enrouler à un rameau près de la Vierge, à laquelle il semble adresser la parole.

Cette figure pleine de noblesse et de vie est posée et

drapée avec un agencement facile et naturel qui rappelle toute la grâce de l'antique. Il nous semble presque impossible que ce ne soit pas là l'image de Philippe-Auguste, ce jeune et bouillant prince dont l'ardeur guerrière devança les années, dont Issoudun vit les premiers exploits et qui attacha un si grand prix à la possession de cette ville. Sa position, seule debout au milieu de personnages agenouillés, nous paraît caractériser suffisamment le suzerain au milieu de ses vassaux.

De l'autre côté de la Vierge, à sa gauche, un personnage barbu, auquel il manque un bras, posé sur un genou et tenant sur l'autre une couronne fermée, représente peut-être Henri II, roi d'Angleterre. Au-dessous et tout près de cette figure, presque à la hauteur de Philippe-Auguste, se voit celle d'un guerrier, aussi imberbe, armé de pied en cap et les épaules couvertes d'un long manteau. Sa tête est armée d'un casque ou heaume dont la visière est relevée; sa main gauche s'appuie sur une large et formidable épée; il semble fléchir le genou avec peine et s'incline plutôt qu'il ne se prosterne. A ses pieds est une couronne de comte ou de duc, formée d'un simple cercle à fleurons. Cette image ne semble-t-elle pas répondre à l'idée que nous nous faisons du farouche comte de Poitiers, de Richard-Cœur-de-Lion, cet indomptable rival de Philippe-Auguste, qui ne tint pas moins que ce roi à la possession d'Issoudun. Ces trois princes et Richard surtout, qui y fit le plus long séjour, durent figurer au nombre des bienfaiteurs de l'Hôtel-Dieu, ce dernier, sinon par piété, peut-être par expiation, dans quelques-uns de ces accès de remords et de dévotion qui lui prenaient de temps en temps (1); et

---

(1) Étant en Palestine, au siège d'Acre, Richard fut tout-à-coup

l'écusson portant un lion et une rosace, qui se voit sculpté en plusieurs endroits à l'Hôtel-Dieu et qu'on a attribué à un problématique prince des Bretons, n'est peut-être autre chose que l'écusson de Richard.

Le sculpteur aurait pris ses personnages à l'époque où, Henri II vivant encore, Philippe quoique adolescent lui disputa si fougueusement les fiefs du Bas-Berri et, la paix faite, devint l'ami et le compagnon de Richard.

Le guerrier barbu qu'on voit au bas, à gauche, un genou en terre, un poing sur la hanche et l'autre main appuyée sur son écu, porte sur sa cotte de maille des armoiries qui paraissent présenter de l'analogie avec les *fusées* de Chauvigny. Ne serait-ce point là ce fameux André de Chauvigny, le vainqueur de Saladin, surnommé le *preux des preux*? ou au moins Guillaume, son fils, qui fut seigneur d'Issoudun?

Toutes ces figures portent des costumes du XIIIe siècle, époque où cette deuxième sculpture a sans doute été exécutée. Selon toute probabilité, ces deux arbres sont un hommage rendu à la mémoire des bienfaiteurs de l'Hôtel-Dieu par la reconnaissance des habitants, sous les auspices et avec l'autorisation du seigneur régnant, dont l'image aurait été placée comme figure prin-

---

saisi d'un accès de remords et voulut faire, devant les évêques assemblés, une confession publique de ses crimes. — *Richardus rex angliæ, divinâ inspirante gratiâ recordatus fœditatis vitæ suæ post contritionem cordis, convocatis in unum in capella Reginaldi de Moyac universis archiepiscopis et episcopis suis, qui cum eo erant apud Messanam, nudus procidens ad pedes eorum, vitæ suæ fœditatem coram illis deo confiteri non erubuit.*

(Rog. de Hoveden.)

cipale au pied de l'arbre. Ces doutes et ces questions seraient peut-être résolus par le déchiffrement des légendes.

Avant la révolution, le conseil d'administration de l'Hôtel-Dieu se composait d'un ecclésiastique et de quatre laïques. Les assemblées générales étaient présidées par les corps judiciaires. L'hospice était desservi par des hospitalières qui ne participaient pas à l'administration. Ce système a duré jusqu'à la loi du 26 vendémiaire an V, qui l'a réuni avec l'hospice des incurables et a déterminé l'organisation actuelle.

L'hôpital d'Issoudun est le plus important du département, soit par l'étendue, soit par les revenus qui lui restent. Il a quarante lits et est desservi par douze employés.

Aux termes des statuts, les sœurs de l'Hôtel-Dieu et des Incurables doivent être de famille issoldunoise et être nées dans la ville même. Aucun étranger ou étrangère ne peut être admis au service de ces établissements.

La Maladrerie. — Les Incurables. — Le moyen-âge fut affligé d'un horrible fléau, la lèpre, atroce maladie contre laquelle on ne connaissait pas de remède et qui rendait hideux ceux qui en étaient atteints. Elle était déjà connue en France au VIIIe siècle, puisqu'un capitulaire de l'an 757 la déclare une cause légitime de dissolution du mariage. Cette maladie avait été apportée par les pèlerins de l'Orient, où elle était en quelque sorte endémique; cependant c'était encore en France une affection rare et exceptionnelle. Mais, au XIe et au XIIe siècle, les armées de croisés qui envahirent la Palestine en revinrent plus ou moins imprégnées de cette peste qui se communiquait au contact. Une partie de la population en fut infectée.

On eut d'abord recours aux prières, aux jeûnes, aux pénitences publiques. On invoqua sainte Marie-Madeleine et surtout saint Lazare, en mémoire de ses souffrances, et on leur éleva des chapelles et des oratoires. Mais, rien ne désarmant la colère céleste, ces chapelles, autour desquelles les lépreux se pressaient en foule, devinrent des lieux de refuge, des asiles pour les pestiférés repoussés de tout le monde et qui ne comptaient plus ni parens ni amis. La seule barrière qu'on put opposer au fléau, ce fut de séquestrer les malheureux qui en étaient atteints, de les parquer dans des enclos spéciaux, situés à quelque distance des villes et d'où, une fois entrés, il ne leur était plus permis de sortir. Ces enclos prirent le nom de *léproseries, ladreries* ou *maladreries*, et furent placés sous la protection de saint Lazare ou saint Ladre, qui lui-même avait été lépreux.

A mesure que le mal s'accroissait, ces maisons se multiplièrent, au point que, suivant Mathieu Pâris, on en comptait dix-neuf mille dans la chrétienté. En France seulement, il en existait deux mille, à chacune desquelles Louis VII, dans son testament, légua cent sous (environ 82 fr. de notre monnaie actuelle).

La maladrerie d'Issoudun fut fondée près de la chapelle dédiée à sainte Madeleine et saint Lazare, hors des murs, on ne sait pas précisément à quelle date. En 1670, un sieur Rasle s'était fait pourvoir de cette maladrerie par nomination du roi et provisions du grand-aumônier, comme si c'eût été un bénéfice. Il fit à cette occasion signifier un acte qu'il prétendît être celui de la fondation de cette maison. Cet acte était daté de 1196; il y était dit que Philippe-Auguste était le fondateur de la léproserie d'Issoudun et qu'il l'avait dotée de 500 livres de rentes à prendre sur son domaine de la ville d'Issoudun, pour la construction de la chapelle et des bâtiments. La copie que signifiait le sieur Rasle était si corrompue qu'on ne put la lire. Le maire et les échevins, ses parties adverses, soutinrent que la pièce était fausse et on n'y eut aucun égard dans l'arrêt du grand conseil du 28 février 1670, qui débouta le dit Rasle de ses prétentions.

Ce qui prouve que cette pièce était supposée, c'est que, dans un inventaire des titres de l'hôpital Saint-Lazare, du 9 décembre 1561, étaient relatées deux lettres en parchemin, dont l'une, datée de 1169, faisait mention de trois septiers de froment et trois septiers d'orge, dûs sur les dîmes de Saint-Cierge aux frères et sœurs dudit hôpital, qui, comme on le voit, était administré, de même que l'Hôtel-Dieu, par des frères et des sœurs en même temps.

Quoiqu'il en soit, la maladrerie ne tarda pas à être richement dotée par la piété alors si libérale des habitants et elle acquit de grands biens. Elle possédait entre autres les moulins situés sur la Théols, au-delà de Saint-Denis, et qui portent encore aujourd'hui le nom de moulins de Saint-Ladre.

En 1181, Barthélemy, chanoine de Saint-Cyr, donne à l'église et l'hôpital de Sainte-Madeleine et de Saint-Lazare, le droit qu'il avait sur la dîme de Villefavant, à la charge de deux messes.

En 1244, Geoffroy, prieur de Saint-Cyr, donne à la chapelle de la Madeleine la grange de Sermelles et dépendances, situées dans la paroisse de Lazenay, à la charge d'un anniversaire le jour de son décès et d'une messe de *Requiem* tous les lundis.

Un certain chevalier ayant affranchi un nommé Chauveau, qui était du fief du Roi, un arrêt du parlement de la Saint-Martin de l'an 1257, décrète que ledit Chauveau, sa femme *et eorum nepos* resteront serfs du roi, comme ayant été affranchis sans sa permission. Cependant le seigneur roi les donne à la maison des lépreux d'Issoudun, *s'ils consentent à y demeurer*.

En 1310, Jean Pomères, Pommereau ou Pommier, était maître ou recteur de la maison de Saint-Ladre. Il y avait avec lui deux frères *donnés*, qui étaient prêtres et qui sont nommés et douze autres frères, aussi nommés, lesquels stipulent tant pour eux que *pour les autres frères de ladite maison*. Dans un autre acte, daté du lundi après la Saint-Hilaire de l'année 1311, ledit Pommereau transige et avec lui sont nommés 18 frères *donnés*, qui stipulent tant en leur nom qu'en celui *des autres frères de la maison*, ce qui prouverait qu'à cette époque le personnel de cet établissement était nombreux.

En 1348, Pierre Vijon, dit Blanchonnet, prêtre et vicaire perpétuel de Saint-Cyr, lègue 15 sols tournois à la *chapelle de la Madeleine*, et aux vicaires et bacheliers de Saint-Cyr, les appentis sis à Issoudun, *derrière la léproserie de Saint-Lazare*. Nous ne pensons pas qu'il faille admettre dans cette énonciation deux établissements différents, puisque nous avons vu ci-dessus ces deux noms réunis. Sans doute, en désignant la chapelle, on disait plus volontiers *la Madeleine*, et *Saint-Lazare*, en parlant de l'hôpital.

Nous voyons, en 1355, maître Jean de Fromères, prêtre, porter le titre de prieur et chapelain de la *chapelle Ste.-Marie-Madeleine* d'Issoudun. Mais ce que nous ne pouvons comprendre, ce sont les termes des provisions de l'archevêque de Bourges de l'an 1361, relatées dans un arrêt du conseil privé, du 22 janvier 1694. Ces provisions sont en faveur de maître Martin Clissy, prêtre du *prieuré ou chapelle de Sainte-Marie-Madeleine* d'Issoudun, auprès de laquelle, est-il dit, *il a été nouvellement construit un valétudinaire, sous l'invocation de Saint-Lazare,* pour les maladies incurables dudit Issoudun.

On ne pouvait pas dire, à la fin du XIVe siècle, qu'un établissement datant du commencement du XIIe *fut nouvellement construit.* Il doit nécessairement s'agir ici d'une *reconstruction.* Peut-être l'hôpital avait-il été détruit, soit par incendie, soit autrement, ou peut-être tombait-il de vétusté et l'aura-t-on rétabli, mais sur des proportions bien *moindres* qu'auparavant, en raison sans doute de la diminution du nombre des lépreux; c'est ce que nous semble impliquer l'expression de *valétudinaire*, qui n'est point encore passé dans la langue avec cette acception.

Cette explication nous paraît confirmée par ce passage de Chaumeau. « Dans le faubourg qui est à l'Orient, y « a encore un *petit receptacle* pour recevoir ceux qui « sont infectez de lèpre, qu'on appelle *l'hospital des* « *ladres* : auquel, ajoute-t-il, y a une chapelle appelée « la *Chapelle à la Beilher.* » Mais ici Chaumeau fait confusion de la chapelle Sainte-Madeleine avec celle de l'Abeiller, située, comme nous le verrons, dans le faubourg de Villate. En sorte que nous ne pouvons pas savoir au juste laquelle de ces deux chapelles a été de son temps détruite par un ouragan.

En 1380, Jean, duc de Berri, avait pourvu de la maîtrise, rectorerie et gouvernement de l'hôpital Saint-Ladre le nommé Nicolas Foynat, son sommelier. Les prieur et chanoines de Saint-Cyr adressèrent à ce sujet leurs représentations au duc, qui confirma ce chapitre dans le droit qu'il réclamait de nommer l'administrateur dudit hôpital, en s'adjoignant quatre prud'hommes, et ce, par arrêt solennel du 15 mars de la même année.

On ne recevait pas de lépreux à la maladrerie qu'il ne fût natif de la ville et franchise d'Issoudun, qu'il ne donnât son bien audit hôpital et qu'il n'eût été au préalable déclaré véritablement malade de la lèpre par l'official de Bourges, sur le rapport des médecins et chirurgiens. Dans la suite, ces places s'accordaient aux descendants ou parents des lépreux; on les briguait, à ce qu'il paraît, comme un droit et une faveur.

D'après d'anciens statuts, dit M. d'Alphonse, on ne devait y admettre que des personnes issues d'un mariage légitime; elles devaient donner à la maison tous leurs biens, si elles n'étaient pas mariées, moitié, si elles étaient mariées et sans enfants, et le quart seulement, si elles avaient des enfants. Lors de l'admission de ces malades, on leur faisait des espèces de funérailles.

Dans les derniers temps, deux laïques, choisis par le corps de la commune, exerçaient l'administration; des sœurs hospitalières les aidaient.

Lorsque la lèpre eût entièrement disparu, cet hôpital fut consacré à toutes sortes d'infirmités et maladies incurables et exclusivement affecté d'abord aux personnes originaires d'Issoudun et résidant dans cette ville depuis dix ans au moins. Le nouvel hospice a été établi sur son emplacement actuel, dans le faubourg de Rome, à l'époque où l'ancien fut converti en monastère pour les dames de la Visitation, c'est-à-dire vers 1640.

L'administration départementale, par arrêt du 20 août 1793, a changé cette affectation exclusive et déclaré cet hospice commun à tout le département; d'après la loi du 20 vendémiaire an V, son administration a été réunie à celle de l'hospice des malades. Il possède cinquante lits, dont vingt-cinq pour les hommes et vingt-cinq pour les femmes. Il est desservi par sept employés.

CHAPELLE ET HOSPICE DE L'ABEILLER. — Ainsi que nous le disions plus haut, au moyen-âge, la piété se traduisait fort souvent en œuvres méritoires, en fondations charitables, et cette charité était inépuisable, heureuse compensation des misères sans nombre qui affligeaient alors les populations.

En 1318, un bourgeois d'Issoudun, nommé Jean l'Abeiller ou l'Habillier, fonda un oratoire dans le faubourg de Villate, en l'honneur de la Vierge et de saint Louis. Il y annexa ensuite un hôpital pour les pauvres malades et, la munificence des habitants s'unissant à la sienne, cette fondation acquit de grandes richesses. Jean l'Abeiller la dota encore d'une rente d'un muid de blé en mourant.

A une époque que nous ne pouvons préciser, mais que nous estimons être vers le commencement du XVIIe siècle, car La Thaumassière ne fait aucune mention de cette chapelle ni de cet hôpital, ce double établissement tomba en dissolution. Une partie de sa riche dotation passa au chapitre de Saint-Cyr, en vertu du pouvoir discrétionnaire que celui-ci s'était arrogé. Il fut en conséquence fondé dans l'église Saint-Cyr une chapelle sous le nom de Saint-Louis de l'Abeiller (aujourd'hui la chapelle Saint-Louis), au service de laquelle fut affecté un vicaire ou chapelain. Le reste, avec le mobilier de l'hôpital, fut annexé à l'Hôtel-Dieu.

Il ne subsiste aucun vestige de l'hôpital ni de la chapelle; mais une circonstance pourrait nous aider peut-être à déterminer approximativement la place qu'ils occupaient. Il est dit dans une ancienne note qu'ils étaient situés près du puits de Villate et du cellier des dames d'Orsan. La rue des *Nonnettes* qui se trouve dans ce quartier n'indiquerait-elle point l'ancienne situation de la propriété de ces religieuses? L'hôpital de l'Abeiller pourrait donc avoir été situé près du fossé de Villate, vers la rue de la Porte-aux-Bœufs.

CHAPITRE XVIII.

Personnages célèbres nés à Issoudun.— François Habert, *poëte.* — Denis Du Jon, *escrimeur et diplomate.*— Pierre Guenois, *jurisconsulte.* — Gilles Heurtault, *médecin, professeur.* — Michel Baron, *comédien.*— Cyr Contancin, *jésuite et missionnaire.*— Pierre Arthuis, *jésuite et historien.*— François Berthier, *jésuite, critique, historien, journaliste.* — Luneau de Boisjermain, *grammairien.* — Joseph Renaudon, *aventurier, avocat et publiciste.* — Girard-Villesaison, *avocat.* — Philippe Dumas, *professeur.*— Jean et Mathurin Pigneau, *docteurs en médecine, professeurs.* — Jacques Gilet, *idem.*

Nous ne croirions pas avoir rempli notre tâche, si nous ne rappelions la mémoire des hommes qui, par leur renom et leurs talents, ont, dans leur temps, jeté quelque éclat sur notre ville. Quoiqu'un peu affaiblis par le temps, ces souvenirs n'en seront pas moins chers aux enfants du pays, et il ne sera pas sans charme pour nousmême d'exhumer, autant qu'il se pourra, leurs actions et leurs œuvres, afin d'orner d'un plus grand nombre de fleurons la couronne que nous essayons de tresser à la mère-patrie.

FRANÇOIS HABERT. — Le premier, par ordre de date, qui s'offre à notre examen est François Habert, poëte, né à Issoudun de 1515 à 1520 et mort en 1574. D'une famille honnête mais modeste, il commença ses études à Paris et il y prit de bonne heure, à ce qu'il dit, du goût pour la poésie française. Il alla ensuite étudier le droit à l'université de Toulouse, où brillait le célèbre Cujas, qui depuis illustra l'université de Bourges. Mais, le père de Habert étant venu à mourir en lui laissant peu de bien, le fils fut obligé de quitter Toulouse et de renoncer à l'étude du droit. Il chercha alors une ressource pour subsister, en mettant sa plume à la solde de quelque prélat ou seigneur puissant. Il servit ainsi plusieurs évêques et finit par devenir secrétaire du duc de Nevers, François de Clèves. Claude Habert, son frère, fut greffier à Buzançais.

C'était l'usage des poètes du temps de se donner un pseudonyme. François Habert, n'ayant pas débuté heureusement dans le monde, adopta pour surnom celui *du Banny de Liesse* qu'il prend dans la plupart de ses ouvrages. Il en donne ainsi la raison :

« *Puisque fortune incessamment me blesse,*
Nommé je suis le Banny de Liesse. »

Cet auteur appartient au deuxième âge de notre poésie et il paraît avoir pris pour guide et pour maître le célèbre Clément Marot qu'il appelle le Prince des Poètes, mais, pour être sincère, nous devons dire qu'il resta bien en arrière de son modèle.

Habert naquit au milieu de ce mouvement littéraire que nous avons signalé dans notre dixième chapitre et qui se manifesta spécialement à Issoudun par les causes et dans les circonstances déjà indiquées. Les velléités littéraires s'étaient allumées de toutes parts au flambeau de l'émulation que nos deux belles duchesses avaient fait naître. Si nous en jugeons par ce que laisse apercevoir notre poète dans ses nombreux opuscules, parmi les nobles habitants du château d'Issoudun bien peu auraient résisté au torrent poétique qui déborda sous les règnes de François Ier et de ses successeurs de la maison de

Valois. Tous ceux à qui Habert adresse ses *épîtres*, ses *étrennes* ou *ses épigrammes* sont ses amis, ses protecteurs ou ses confrères *en Apollo*, et il les félicite lui-même sur leur esprit, sur leur goût ou sur leurs talents littéraires. La plupart ne sont point en reste avec lui et il nous livre quelquefois ces réponses comme un échantillon de la facture contemporaine. Le plus ardent et le plus exact de tous est le seigneur de Quantilly (1) qui riposte strophe pour strophe, vers pour vers, et qui se plaint à lui, comme Horace à Virgile, de ne point posséder son Habert sous ses poétiques ombrages de Quantilly.

Maître Habert paraît avoir été goûté de son temps, et peut-être était-ce autant pour son bon naturel, aimant et sincère, que pour son mérite d'écrivain. Il fut comblé de bontés par François Ier et par Henri II, par Catherine de Médicis et par les deux duchesses, et en grande vogue auprès de tous les notables d'Issoudun qui, dans ce temps-là, avaient à cœur tout ce qui tendait à l'illustration de leur cité. Il était avec eux en échange habituel de petits vers et de coquetteries épistolaires. Qu'on nous permette, en faveur d'un compatriote, quelques citations qui, si elles n'ont plus de sel pour notre goût blasé par les chefs-d'œuvre des siècles postérieurs, auront du moins cet attrait indéfinissable d'un ancien produit du sol, à peu près, si l'on nous passe la comparaison, comme notre vin vieux d'Issoudun, que nous buvons encore par respect, lorsqu'au bout de cent ans il n'a plus ni saveur ni couleur.

L'une de ses pièces est adressée à M. de Théry, d'Issoudun, dont tout le monde a connu le dernier descendant, qui vivait encore il y a vingt-cinq ou trente ans :

---

(1) Jacques Thiboust, seigneur de Quantilly, secrétaire du Roi.

Si de mes vers le lac estoit tary,
Pour te rescrire, ô Monsieur de Thery,
Je men iroys plus tôt puiser de l'unde
Jusques au fons de la grand mer profunde,
Que par escript ne te fisse sçavoir
Combien me plaist ta grace et ton sçavoir,
Veu que tu es l'honneur de nostre ville
Et l'entretien d'honnesteté civile,
Soubz qui Minerve est tres bien asseurée
De publier sa louange honnorée;
Car de tout temps on te congnoist celluy
Soubz qui ont pris les lettres leur appuy,
En employant ta tant noble nature
Aux clairs ruisseaux de la literature.
Dont en grand heur je puis dire Yssoudun
D'un homme tel, d'un grand Poete, et d'un
Sage orateur : qui encor qu'il mourra
Aux successeurs son nom demourera,
Car la Mort n'est assez puissante et forte
Qu'avec ton corps la mémoire elle emporte
De ton renom, et de l'esprit bien né
De hault scavoir et grand environné,
Tant que sera nostre ville habitée
QUI DE SAVOIR N'EST POINT DESHERITÉE,
Tant que justice en elle regnera,
Tant qu'en ce lieu vertu dominera,
Je n'ay pas peur que par ingrate audace
Postérité ton beau renom efface.
Et cependant te plaise seur tenir
Que ne perdrai jamais le souvenir
De toy, Thery, noble sans vitupère
Qui m'as tousjours presté faveur de père.

Ailleurs, il adresse une exhortation sur l'art poétique à Robert Corbin d'Yssoudun, *seigneur du Boycereau*, et à Pierre Aimery, *seigneur de Romesac*, amateurs de poésie :

> *Nobles esprits dont le savoir s'applique*
> *Aux clairs ruisseaux de source poétique*
> . . . .
> *La poésie à vous se recommande*
> *Et vostre nom un jour resplendira*
> *A Yssouldun qui par vous florira.*

Malheureusement cette prophétie ne s'est pas accomplie ; la réputation de ces poètes n'a pas survécu à leurs œuvres ; mais on voit que le goût des lettres était alors général à Issoudun et que les plus *gros bonnets* ne dédaignaient pas le métier d'écrivain.

La terre du Boissereau était alors le foyer de l'art, le rendez-vous des beaux esprits, *le séjour des Muses*, comme dit Habert, qui avait composé en l'honneur de ce lieu une pièce de vers intitulée :

BALLADE DU BOYCEREAU PRÈS YSSOULDUN,

à Robert Corbin seigneur dudit lieu.

laquelle se termine ainsi :

> *Prince du ciel qui generalement*
> *A conserver tes humbles serfs t'amuses,*
> *Mène Corbin et Habert doulcement*
> *Au Boycereau lieu sacré pour les Muses.*

Dans sa verve inépuisable, Habert expédie par douzaines, poèmes, épîtres, *bucoliques*, épigrammes, sonnets, rondeaux, etc., à l'adresse du Roi, de la Reine, du Dauphin, de la Dauphine, des duchesses de Berri, des princes et princesses et même des *Petits ducs* ou des

Petits comtes, ieurs enfants encore au maillot, et il ne laisse échapper aucune occasion de naissance, baptême, *espousailles*, fête ou anniversaire sans y mêler les accords de sa lyre, qui, s'ils n'attiraient pas, comme les accents d'Orphée, les bêtes et les pierres, devaient faire venir tout au moins quelques piles de testons et d'écus au soleil.

Cependant, chose surprenante, il n'était pas riche, soit que la Cour le payât en compliments, monnaie qu'on a si caractéristiquement nommée *eau bénite de Cour*, soit qu'il fût d'un naturel peu économe, soit enfin qu'il eût éprouvé quelques revers de fortune ou quelque disgrâce, ce que feraient présumer les vers suivants, adressés au *pourvoyeur* de M. de Nevers :

> *Prenant repos yssu d'une contraincte*
> *Et voluuté de durs regrets estraincte,*
> *J'ai longuement mes labeurs intermis* (interrompus)
> *Pour m'esjouir avec bien peu d'amis*
> *De ce pays de Berry où fortune*
> *(Comme tu scais) m'a esté importune.*

Il se plaint encore en plusieurs endroits de sa pauvreté :

> *Offre te fais de ceste espistre icy*
> *Pour t'estrener ce premier jour de l'an*
> *Non pas du grand revenu de Milan* (1)
> *Non des thresors de Crassus ou Luculle*
> CAR DE L'EFFECT DE SEIGNEUR M'EN RECULE,
> *Mais seulement d'un souhaict bien heureux,* etc.

---

(1) Le duché de Milan pour lequel Louis XII et François Ier dépensèrent tant d'argent et versèrent tant de sang, était alors le type des conquêtes enviables, c'était la toison d'or ou les mines du Potose.

Aussi a-t-il soin de se tenir toujours en bons termes avec les *thrésoriers*, maîtres d'hôtel, receveurs, gentilshommes, secrétaires, *fourriers*, barbiers et *pourvoyeurs* des rois et des princes : il s'adresse surtout à leurs favoris, tels que Jean David, *joueur de flustes du Roy de Navarre, le plus excellent de ce temps;* il n'oublie même pas Michelle, *lingère de la Court,* espérant obtenir, par ces canaux secondaires, des effets plus positifs et plus prompts de la mémoire distraite et oublieuse des princes; encore qu'il sache bien étudier le faible de ceux-ci, car il envoie à M. le dauphin (Henri II) une pièce de vers *sur les chiens qui lui furent présentés à Tours.* Il se hasarde parfois à demander directement ce qu'on ne songe pas ou ce qu'on ne se presse pas de lui accorder. Il écrit à Madame Marguerite, sœur du roi Henri II, depuis duchesse de Berri :

> *Fille de Roy, de Roy unique sœur,*
> *Fleur de grand pris en la France semée,*
> *Par ta promesse, il me faut tenir seur*
> *Que ma langueur sera tost consumée,*
> *Qui se fera si ta prudence aymée*
> *Daigne pour moi solliciter Henry*
> *Qui ce matin disne soubz la ramée,*
> *Pour advancer son Habert de Berry.*

Néanmoins, il avait la Cour en souverain mépris; le dégoût que lui inspirent tous les vices et toutes les bassesses dont il est témoin perce malgré lui. Dans une épitre à maître Rollet, son ami, il le détourne d'aller à la Cour, lui disant qu'il est trop pur et trop honnête pour y vivre. Il lui en fait, à la manière de Martial, une peinture qui ne manque pas d'énergie :

Amy Rollet, dou te vient ceste envye
D'aller en court faire ta demourance,
Puisque tu es pauvre et de bonne vie,
Vray en parolle et loing de decevance?
Là tu ne peux asservir ta constance
Pour m....reau et flatteur devenir, etc.

Aussi revient-il souvent à Issoudun se reposer de la vie du grand monde et se retremper, en quelque sorte, au sein de l'amitié, qui fut le charme de son existence, dans son pays natal, l'objet constant de sa prédilection. Il y vient aussi se remettre en verve et méditer en paix une nouvelle provision de poèmes pour la ville et la Cour. Dans une pièce adressée à M. F. Régnier, lieutenant-général d'Issoudun, il s'exprime ainsi :

Depuis long temps que de la Court venu
Œuvres royaulx m'ont icy detenu,
Le plus grand heur de joye bien choisie
Qui s'est meslé avec ma poesie
C'est de congnoistre un si bon lieutenant
En équité si bien la main tenant
Que pour parler de ta judicature
Dieu te debvait par sa saincte escripture
A Yssouldun, nostre ville petite,
Qui de sçavoir plus grand qu'elle despite, etc. (1).

Il dit encore, en terminant une épître à Mlle de Rosay, fille de M. de Quantilly :

Si finira ceste lettre présente
Que d'Yssouldun je t'envoys et presente. etc.

---

(1) Nous l'avons déjà dit, Issoudun possédait une société composée d'hommes vraiment remarquables et qui inspirait de la jalousie non seulement aux petites villes des environs, mais à la ville de Bourges elle-même.

Il faut lui rendre justice ; si la nécessité l'oblige par fois à fabriquer des rimes intéressées, c'est aux gens de lettres, aux confrères en poésie qu'il écrit le plus volontiers et le mieux ou le moins mal. Ses nombreux *envois* à divers, nous révèlent l'existence d'une foule de poètes et versificateurs que le temps a ensevelis dans le plus parfait oubli et dont les productions informes ont péri dans le cahos de cette enfance de l'art, bien que plusieurs noms célèbres se rencontrent aussi sous sa plume. Il a même élevé un monument spécial à ses relations littéraires, intitulé :

Les Epigrammes

Addressez par l'autheur à plusieurs nobles et vertueux personnaiges portans faveur et dilection aux lettres.

Parmi ces personnages on remarque le célèbre de Ste-Marthe, *poète françoys*, l'illustre président de Harlay, *demourant à Paris*, l'avocat Du Vair, le conseiller de Sancy, l'historien de Thou et de Loménie, *secrétaire du Roy*.

Mais c'est surtout pour ses bons amis d'Issoudun et du Berri que *le lac de ses vers* est intarissable. Nous ne pouvons donner toutes les pièces qu'il a composées à l'intention de ses compatriotes, mais nous citerons seulement quelques adresses de ces pièces parmi lesquelles plusieurs de nos contemporains pourront reconnaître les noms de leurs ancêtres.

A Monsieur de l'Hospital, lieutenant particulier à Bourges.

A Madame Loyse Jacob, femme de M. le lieutenant particulier à Issoudun.

A un sien amy, nommé Obey.

A Ma Damoyselle de Plancy.

A Maistre Gamaliel, son amy, à Bourges.

A M. Du Vergier le jeune, advocat du Roy à Bourges.

A Catherine Rousset.

A M. Jan Baillon, *bien mérité* des lettres.

A M. F. de l'Aubespine, lieutenant général à Bourges.

A M. Claude de La Cube, à Yssouldun.

A M. Claude Girard, dudit lieu d'Yssouldun (avec qui il avait été étudié à Poitiers. Il lui reproche de ne pas le reconnaître.)

A M. Claude Dorleans, esleu en Berry.

A très noble et scientifique personne Claude de Maupas, abbé de Lan en Lannois (Laon). (La famille de Maupas était du Berri.)

A Mme Anne Bisoton, de Loches.

Aux Basochiens d'Yssouldun. (Il les engage à cultiver les Muses.)

A un sien amy, nommé Dudanjon, d'Yssouldun. (Il lui demande du *cheneveu*, six boisseaux seulement pour ses petits oiseaux et lui promet en revanche que, si jamais il possède le jardin des Hespérides ou le beau pommier d'Atlas, il lui permettra d'en user à discrétion :

Bref si j'avais les jardins de hault pris
De Pomona, Dudanjon bien apris,
Pour toy serait mainte greine cueillie
Et ta personne en tout temps recueillie
Par ton Habert qui te fait assavoir
Que fort lui plaist ton sens et ton scavoir.

A Guillaume Bignon de Saint Agnan en Berry.

A Nicolas Compain, de Bourges.

A M. Bastard, maistre des enfants de la Saincte Chapelle de Bourges.

A Jehan Demonmerault, appotiquaire à Yssouldun, *Excellant en son art.*

A Claude Prevost, Prieur de Saint Ladre d'Yssouldun.

A Mery Fournier, fourier de la Royne.

A M. Dorsaine, lieutenant particulier d'Yssouldun en Berry.

A Maistre Jacques Touselle, advocat à Yssouldun.

A Claude Mabonneau, lieutenant du Bour de dieux.

A Jehan Gregoire, advocat de Chasteauroux.

A Monsieur Meusnier, enquesteur d'Yssouldun :

Meusnier de nom, blanchi d'une farine
Qui ne se peut au molin rencontrer,
C'est assavoir de science divine, etc.

Nous accordons à l'abbé de Marolles que la versification de François Habert est en général plate et monotone, défaut qu'il faut reprocher à son temps plutôt qu'à lui-même, car elle se distingue encore des nombreuses et insipides productions des poètes contemporains; mais du moins le zèle et la bonne volonté ne lui manquent pas; il cherche les difficultés pour les vaincre et il secoue autant qu'il le peut cette langue encore raide et guindée, pour la façonner et l'assouplir. Il ne se contente pas de la rime ordinaire, il veut faire consonner des membres de phrase et pour cela il a recours à des jeux de mots, à des tours de force aussi fatigants pour le lecteur qu'ils ont dû être pénibles pour l'auteur, comme dans l'exemple suivant :

Seigneur très cher, possesseur de VILAINES,
De mon vivant certes je ne VY LAINES
Ne fil de soye aussi fin que la grace
De ton esprit.... etc.

et encore le suivant, sur Guillaume Chappuset d'Yssouldun :

> *Si Chappuset estoit en sepulture*
> *Tout Yssouldun demourroit* LANGUISSANT,
> *Car il est de tant gentille nature*
> *Que tout propos plait de sa* LANGUE YSSANT (sortant).

Il ne craint pas de faire des poèmes entiers de ce style qu'on peut appeler, à bon droit, tiré par les cheveux. Mais quelquefois aussi il ne manque pas d'une certaine grâce qui ferait honneur à des poètes de tous les temps ; c'est ainsi qu'il écrit

A Madame Des Eaux à Bourges :

> *Au temps passé qui n'avoit vu Corinthe*
> *Où la beauté de Lays estoit peincte*
> *N'avoit rien veu, car sa riche beaulté*
> *A ce pays donnoit grand nouveaulté.*
> *Aussi celuy qui n'a veu tes yeulx beaulx*
> *Et ton maintien, ô Madame des Eaux,*
> *Rien ne luy sert si Bourges il a veu*
> *Puisqu'il s'en va de ce don despourveu.*

François Habert fut un poète d'une fécondité excessive ; il est fâcheux qu'il n'ait pas tenu plutôt à la qualité qu'à la quantité ; mais il fut estimé de son temps, ce qui est beaucoup, et de ses concitoyens, ce qui ne vaut pas moins. Il eut ce bonheur, presque sans exemple, qu'il fut *prophète en son pays*. Le célèbre Sainte-Marthe n'hésita pas à lui adresser une épître, sans le connaître, sur sa seule renommée.

D'après ce qu'on peut voir par ses œuvres, ce fut un honnête homme ; ses écrits respirent la droiture et la générosité. Il cultiva surtout la reconnaissance, vertu des âmes nobles, et paraît avoir été constant en amitié. Au fond de sa poésie on retrouve toujours une moralité qui satisfait. S'il céda à la licence de son temps dans ses *Epistres Cupidiniques*, il fit preuve d'une religion profonde et vraie dans ses *Cantiques*. Il n'est pas le seul poète qui ait ainsi allié la licence à la religion et Jean-Baptiste Rousseau est un exemple éminent en ce genre.

Habert céda encore à une autre manie de son époque; il eut la faiblesse de croire à la pierre philosophale et il traduisit plusieurs ouvrages sur cette matière, entre autres la *Chrysopée* de Jean Augurelle de Rimini, les *Divins Oracles de Zoroastre*, etc. Il fut en rapport avec le fameux Corneille Agrippa, alchimiste et astrologue, que consultaient les princes et les rois.

Il traduisit une partie des œuvres d'Horace, *arrangea* les *Métamorphoses* d'Ovide, et fit de nombreuses imitations de Martial, de Lucrèce, etc. Il est auteur d'une comédie fort curieuse, intitulée le *Monarque*, en vers de cinq pieds, avec un prologue, sans distinction d'actes ni de scènes (1) et d'une tragédie de *Sophonisba*, en prose, avec des intermèdes rimés, qui fut jouée à Blois devant la Cour. Son poème le plus estimé est celui des *Trois Déesses* (Junon, Minerve et Vénus), dans lequel il entreprend de faire triompher la sagesse et la vertu (Minerve) sur l'orgueil et le vice.

Mais François Habert eut un mérite particulier, c'est qu'il fut le premier en France qui cultiva la fable; il

---

(1) Les personnages sont le *Monarque*, *Pasiphile*, flatteur, *Bon Zèle*, précepteur du Monarque, *Sappho*, femme impudique, *Bachus*, *Vérité*, *Atropos*. C'est une comédie morale et certainement l'un des premiers, sinon le premier essai classique de notre théâtre depuis la renaissance.

nous en reste de lui quelques-unes dont la morale est juste et ingénieuse. Il fut donc le précurseur de notre grand La Fontaine et, à ce titre, il a droit à la reconnaissance des lettres.

On a encore de lui :

Le jardin de félicité par le Banny de Lyesse.

La jeunesse du Banny de Lyesse.

La suite du Banny de Lyesse.

Combat de Cupido et de la Mort.

Le Songe de Pantagruel.

Le voyage de l'homme riche.

Les Trois Nouvelles Déesses.

Le Temple de Chasteté.

Les dicts des Sept Sages de la Grèce, mis en rimes françoises.

Les Epistres Héroïdes.

L'Excellence de Poésie.

Le Miroir de Vertu et Chemin de bien vivre.

L'Histoire de Titus et Gisippus, et autres petites œuvres de Beroalde, de latin interprétées en rime françoise.

Et une multitude d'opuscules.

Denis Du Jon. — Parmi les familles que les troubles politiques et religieux ont extirpées de la ville d'Issoudun, l'une des plus remarquables par les hommes distingués qu'elle a produits est sans contredit celle des Du Jon.

Nous n'aurons à nous occuper ici, d'une manière détaillée, que d'un seul, dont la vie semée d'incidents singuliers, tient plus particulièrement à l'histoire de notre ville. Nous nous contenterons de mentionner les autres, qui, ayant embrassé la religion protestante, vécurent plus ou moins étrangers à la localité, berceau de leur famille.

Le chef de cette maison fut Guillaume Du Jon, seigneur de la Boiffarderie ou Baffarderie, qui fit partie de la maison du roi Louis XII, et servit en Espagne, dans la guerre de Navarre, où il se comporta si vaillamment, qu'en récompense de sa conduite le roi lui conféra la noblesse héréditaire. François Du Jon, son petit-fils, qui a laissé sa propre biographie en latin, dit avoir vu dans son enfance les trophées des victoires de son aïeul, que celui-ci avait déposés solennellement dans l'église de Saint-Cyr.

Guillaume Du Jon eut trois fils et deux filles. Nous ignorons quel fut le sort de ces dernières. Jean, l'aîné des fils, embrassa l'état militaire et quitta de bonne heure Issoudun; nous en dirons un mot ci-après; François, le deuxième, entra dans les ordres; et le troisième, Denis Du Jon, l'objet de cette notice, s'appliqua à l'étude des lettres et de la politique.

Son père, qui fondait les plus hautes espérances sur les dispositions qu'il avait remarquées en lui, l'envoya étudier le droit successivement dans les universités de Bourges, de Poitiers et de Toulouse. Mais malheureusement, partout le tempérament de Denis et ses qualités physiques nuisirent au succès de ses études; la volonté ne lui manquait pas, mais la fatalité semblait s'appliquer à paralyser ses bonnes intentions. D'une intrépidité héroïque, d'une force de corps prodigieuse, d'une adresse sans égale au maniement des armes, il n'y avait pas une querelle, une dispute, une bagarre où il ne fût appelé à prendre part en quelque sorte malgré lui; c'était à qui le désignerait comme second, comme parrain, ou au moins comme juge du combat, et il n'y avait pas de jour où il ne fût obligé d'aller sur le terrain pour le compte d'autrui. L'absurde point d'honneur de l'époque lui en faisait une loi et lui-même gémissait de cette injustice de son étoile. Aussi, son père, par une plaisanterie qui n'était pas sans amertume, lui écrivait-il, *à mon fils Denis, si non étudiant, du moins envoyé pour étudier à l'université de....*

Néanmoins, Denis Du Jon finit par obtenir le grade de licencié à la faculté de Toulouse. Il revint alors au foyer paternel, dans sa ville natale, où le sort lui réservait les dangereux honneurs de la couronne civique. Nous allons voir à quelle occasion.

Nous avons dit ailleurs que la reine de Navarre, duchesse de Berri, s'était laissée séduire quelque temps par les idées de la réformation, mais cependant sans avoir arboré ouvertement le drapeau du protestantisme. C'en fut assez pour qu'elle encourût l'anathème du clergé et l'élévation de son rang ne la mit pas à l'abri des déclamations furibondes de quelques prédicateurs de l'ordre monastique, dont l'existence et les abus étaient un des principaux textes des réformateurs.

Le couvent des Cordeliers d'Issoudun était gouverné par un père gardien nommé frère Toussaint, homme, si l'on en croit François Du Jon, vicieux et corrompu de langage autant que de mœurs. Ce moine ne craignit pas de prêcher ouvertement contre la reine Marguerite, la traitant de luthérienne, et disant, entre autres aménités, qu'elle méritait d'être enfermée dans un sac et jetée à la rivière. Comme, malgré les avertissements réitérés qu'il avait reçus, le P. gardien des Cordeliers continuait journellement ses injures et ses scandaleuses déclamations, force fut aux magistrats de procéder contre lui. Une enquête fut faite, des témoins entendus et le procès-verbal adressé au roi. Dans son indignation, François Ier s'empressa d'ordonner qu'on saisît le moine et qu'on lui infligeât le supplice qu'il avait si gratuitement adjugé à sa sœur, c'est-à-dire qu'on le jetât à l'eau lié dans un sac. Mais la reine de Navarre intercéda pour son détracteur et obtint pour lui une sentence moins sévère.

Il ne s'agissait plus que d'appréhender le franciscain et de l'arracher de son cloître; mais il ne se trouva personne qui osât se charger d'une si périlleuse entreprise, en présence d'une populace ameutée et furieuse, qui applaudissait le moine et se déclarait hautement en sa faveur. Les magistrats, sommés par leurs supérieurs de faire exécuter les ordres du roi, avaient vainement lancé plusieurs mandats d'amener; les gardes royaux hésitant demandaient quelqu'un pour les commander.

Denis Du Jon, nouvellement sorti des écoles, qui n'avait oublié ni ses nombreuses prouesses, ni sa réputation de *la meilleure lame de France*, avertit en confidence les gardes royaux qu'il se chargerait volontiers de l'expédition, si la commission lui en était nominativement adressée. Sur le rapport qui fut fait de cette offre, l'ordre royal fut immédiatement expédié à Issoudun au nom de Du Jon, et, dès le lendemain, le couvent des Cordeliers était forcé, frère Toussaint saisi, emmené malgré les efforts et les cris de la populace et envoyé aux galères de la Méditerranée où il devait ramer deux ans aux termes du décret.

Telle fut la première action qui valut à Denis du Jon les bonnes grâces de François 1er et de la reine, sa sœur; mais elle lui attira en revanche l'animadversion de la plèbe des faubourgs, qui ne parlait que de le lapider, et surtout la haine irréconciliable des Franciscains, qui ne lui épargnèrent dans la suite ni les menaces, ni les calomnies, ni les attentats de toute espèce jusqu'au lâche assassinat qui termina ses jours. Après cette expédition, les notables de la ville et la reine de Navarre elle-même conseillèrent unanimement à Du Jon de quitter Issoudun et de s'expatrier au moins pour quelque temps; mais il était dans sa nature de mépriser le danger.

Denis Du Jon prit pour épouse Jacqueline Hugalde ou Jugand, jeune fille d'une famille honorable et d'un caractère doux et pacifique, dont il eut neuf enfants, quatre fils et cinq filles. Son second enfant n'était pas encore né, qu'il recueillait déjà des fruits amers de son imprudente audace. Les intrigues des Franciscains parvinrent à le faire accuser de luthéranisme; une servante, qui avait servi chez lui, et qu'on avait subornée, déclara qu'elle lui avait vu manger de la chair les jours défendus. Denis fut obligé de fuir pour se soustraire aux persécutions dont il était menacé, car il ne voyait plus autour de lui que des ennemis; il vécut ainsi pendant un an loin de sa famille et soutenu par la reine de Navarre. Pendant ce temps, il ne revint qu'une seule fois et en secret voir sa femme qu'il laissa enceinte.

De son côté, le gardien des Cordeliers, ayant subi sa peine, rentra triomphant à Issoudun, où il fut reçu aux grands applaudissements de son ordre et aux acclamations de la populace, qui s'attroupa tumultueusement devant la maison de Du Jon, criant : *que le saint homme était revenu et que le diable avait emporté les scélérats qui étaient contre lui!* On alla jusqu'à répandre les soupçons les plus injurieux sur sa malheureuse épouse dont la grossesse fut incriminée.

Mais enfin, grâce à l'intercession de la reine de Navarre auprès de François Ier, les affaires de Du Jon s'arrangèrent. Absous de l'accusation qui pesait sur lui, il revint à Issoudun, et, après avoir réglé ses intérêts dans cette ville, il la quitta pour aller se fixer à Bourges, dont on lui donna le commandement militaire avec le titre de conseiller du roi, qu'il conserva jusqu'à la fin de ses jours. Il fut depuis employé par la cour dans une foule de missions délicates et d'expéditions hardies auxquelles sa capacité, son sang-froid et son intrépidité le rendaient particulièrement propre. La dernière lui coûta la vie, qu'il devait perdre au lieu même où il l'avait reçue.

Nous avons dit comment le temple des protestants, situé à Villate, dans la rue qui prit depuis le nom *des Capucins*, ayant été détruit le jour de la Fête-Dieu par une émeute populaire, Denis Du Jon fut envoyé pour informer sur ces faits et en faire son rapport. Voulant agir avec prudence et éviter l'éclat, il crut à propos d'arriver à Issoudun sans se faire annoncer, et laissant son escorte à quelque distance de la ville, il y entra seul et vint avec deux ou trois personnes seulement se loger dans une hôtellerie. Mais on s'attendait, dans Issoudun, à une manifestation du pouvoir royal ; on était à l'affût de tout ce qui entrait et sortait ; on eut bientôt vent de l'arrivée de Du Jon, contre lequel existaient d'anciennes animosités qui se réveillèrent avec fureur. La populace, excitée par les moines et par une partie des bourgeois, ne tarda pas à s'ameuter, et l'émeute se changea en une véritable sédition. Les révoltés se rendirent maîtres de l'hôtel-de-ville, des places publiques et des portes de la cité. L'hôtellerie où était descendu Du Jon fut mise en état de siége et résista assez bien ; mais, le troisième jour, des sicaires s'y étant introduits sous prétexte de parlementer, se jetèrent sur Du Jon, qui fut impitoyablement égorgé. Son cadavre jeté par la fenêtre fut traîné par toutes les rues et donné en pâture aux chiens. Ses misérables restes demeurèrent sur la voie publique, avec défense de les inhumer, jusqu'à ce qu'une femme pieuse, comme au temps des martyrs, affrontant le danger, eut le courage de les recueillir pendant la nuit et leur donna la sépulture dans un caveau que sa famille possédait au cimetière des Cordeliers.

Nous avons dit comment la colère du roi ayant été appaisée, la mort de Du Jon resta sans vengeance. Sa veuve, réduite à en poursuivre la répression devant le conseil du roi, y dépensa inutilement le peu que les troubles, les rapines et le pillage ne lui avaient pas enlevé.

La haine des catholiques contre Du Jon fut d'autant plus singulière, qu'il fut presque le seul de sa famille qui ne professa pas le calvinisme.

Jean Du Jon, sieur de la Baffarderie, son frère aîné, qui continua le nom, embrassa la religion nouvelle. Il fut obligé de quitter le Berri et de se réfugier en Allemagne près du prince Palatin, qui le fit entrer dans son conseil et le chargea de diverses ambassades dont il s'acquitta dignement. Il avait épousé à Issoudun, en 1529, Renée de Mesnard, dont il eut :

Louis Du Jon, sieur de la Baffarderie, qui revint en Berri après la mort de son père, et épousa, le 12 avril 1566, Antoinette Denis d'Issoudun. Celui-ci eut pour successeur :

Jean Du Jon, 2ᵉ du nom, qui posséda plusieurs charges importantes sous Henri IV, telles que celles de trésorier-général de la cavalerie légère de France, d'écuyer de la grande écurie du roi, etc.

François Du Jon, dit *Junius*, fils de Denis, né à Bourges en 1545, embrassa la religion réformée malgré son père et se retira à Genève où il étudia les langues et la théologie. Il fut ministre du culte à Anvers, à Gand, à Bruges, à Limbourg. Il professa la théologie à Heidelberg et à Leyde, où il mourut le 13 octobre 1602, âgé de 57 ans. Il traduisit la Bible d'hébreu en latin, composa des commentaires sur la Genèse, sur les Psaumes, sur Ézéchiel, sur saint Mathieu, et fit un livre contre le pape Grégoire XIII et un contre le cardinal Bellarmin. Il écrivit aussi sa vie en latin, qui fut éditée par Paul Mérula et dont nous avons extrait les éléments de cette notice.

Son fils, Jean-Casimir Junius, quitta les lettres pour les armes, mais il donna le jour à François Junius 3me, qui fut professeur de droit à Groningue.

François Du Jon 1er eut d'un troisième lit un autre fils appelé aussi François Junius, 2me du nom, l'un des hommes les plus savants de son temps, principalement dans les langues orientales et septentrionales. Né en 1589 à Heidelberg, il passa en Angleterre en 1620, et y resta 30 ans chez le comte d'Arundell, où il prit le goût des idiômes du nord. Il se passionna tellement pour cette étude, qu'ayant su qu'il y avait en Frise quelques villages où l'ancienne langue des Saxons s'était conservée, il y alla demeurer deux ans. Revenu en Angleterre en 1675, il passa deux années à l'université d'Oxford et se retira chez Isaac Vossius, son neveu, où il mourut en 1678, âgé de 89 ans. En mourant, François Junius légua ses manuscrits à l'université d'Oxford, qui lui a élevé un monument de reconnaissance. C'était un homme sans vices, sans passions, si ce n'est celle de la science, et il était arrivé à une érudition prodigieuse. Ne songeant ni aux biens, ni aux dignités de la terre, ses livres étaient son unique préoccupation, son seul bonheur; jamais homme peut-être n'a autant étudié que lui sans compromettre sa santé. Il a laissé un traité *De Picturâ Veterum*, qui a joui d'une grande célébrité et qui est ce qu'on a écrit de plus complet sur la peinture antique. Cet ouvrage a eu plusieurs éditions. F. Junius a encore publié des remarques sur la paraphrase du Cantique des Cantiques, composée en langue franque par l'abbé Willeram. Il a fait paraître aussi la paraphrase gothique des quatre évangiles, d'après le manuscrit dit d'*argent*. C'est tout ce qui a été imprimé de ses travaux; mais il a laissé un bien plus grand nombre d'ouvrages manuscrits, entre autres son *Glossaire* en cinq langues, où il recherche et explique l'origine des langues septentrionales, et qui comprend à lui seul onze volumes. Son commentaire sur l'*Harmonie des quatre évangiles*, de Tatien, est également fort volumineux. Le nombre des livres sur lesquels il a écrit des notes est immense.

Tels sont les principaux membres dont nous ayons retrouvé la trace de cette famille Du Jon que les troubles religieux ont éteinte ou disséminée à l'étranger. Sans cette déplorable révolution religieuse, qui jeta de si profondes divisions dans la grande famille chrétienne et qui fut en particulier si désastreuse pour Issoudun, quel lustre des hommes de cette trempe n'eussent-ils pas jeté sur la ville qui fut le berceau de leur race!

PIERRE GUENOIS. — Vers la même époque florissait encore Pierre Guenois, né à Issoudun en 1520. Il paraît s'être élevé par son propre mérite et fut d'abord précepteur des enfants du sieur De la Chastre de la Maisonfort, depuis maréchal de France, qui par son crédit le poussa jusqu'à la charge de lieutenant particulier au bailliage d'Issoudun. Pierre Guenois fut un magistrat recommandable par ses vertus autant que par son savoir. Il eut le tort d'embrasser le parti de la Ligue; mais on ne peut tout-à-fait le condamner d'avoir été fidèle à la reconnaissance envers son bienfaiteur. En politique, il faut souvent des causes beaucoup moins déterminantes pour décider de la couleur d'un drapeau, et les vertus privées sont indépendantes des opinions. De même que son patron, il rentra en grâce à l'avènement d'Henri IV. Homme laborieux et profond, d'une érudition immense, il honora par ses travaux l'université de Bourges, qui le compta au nombre de ses membres, et fut un des plus savants jurisconsultes de la France. Collaborateur de l'illustre Cujas, il est auteur des *Chronologies* qui sont à la suite du code Théodosien et du code Justinien, publiés par ce célèbre juriste. Il est encore auteur de la *Conférence des Coutumes* et de la *Conférence des Ordonnances*.

GILLES HEURTAULT. — Gilles Heurtault, docteur de la faculté de Montpellier, reçu professeur à Bourges, le 16 janvier 1618, était natif d'Issoudun. Il mourut le 10 avril 1646. Son tombeau était dans l'église Ste.-Marie du Fourchaud, à Bourges.

La famille Heurtault, l'une des plus anciennes d'Issoudun, compte plusieurs hommes remarquables, particulièrement dans la médecine.

En 1739, M. Heurtault Du Mez, chevalier des ordres du Mont-Carmel et de Saint-Lazare, fut chargé de porter à Rome les procès-verbaux relatifs à sainte Jeanne de l'Annonciade (Jeanne de France), afin d'obtenir la canonisation de cette princesse.

Michel Baron. — L'homme dont notre ville s'est toujours le plus glorifiée, et la seule illustration que lui accordent ordinairement les géographies, c'est le fameux acteur Michel Baron. Il faut cependant faire observer qu'il y a ici une confusion de noms. Il y a eu deux Baron, tous deux nommés Michel, tous deux comédiens, tous deux célèbres; c'étaient le père et le fils; mais celui qui a porté le plus haut la gloire de ce nom, n'est point le Baron né à Issoudun, quoique à bon droit la ville puisse le revendiquer comme sien, par droit de suite.

Baron (Michel), le premier, dont le vrai nom était *Boyron*, était fils d'un marchand mercier d'Issoudun. Son père l'envoya une fois avec une pacotille de marchandises à la foire de Bourges. Il y avait alors dans cette ville une troupe de comédiens dont le jeune Baron suivit avidement les représentations; il trouva tant de charmes à ce spectacle et fut si enthousiasmé de l'art théâtral, qu'il sentit s'éveiller en lui une vocation irrésistible. Il supplia les comédiens de le recevoir parmi eux, et, laissant là les marchandises, l'étalage et les intérêts paternels, il s'enrôla immédiatement sous la bannière de Thalie et suivit la troupe à Paris.

L'histoire ne nous dit pas comment le mercier d'Issoudun prit l'escapade de son fils; mais peut-être fut-il réduit au silence par la voix puissante de la Renommée qui ne tarda pas à proclamer le nom de Michel Baron, dont le succès avait couronné la témérité. Il n'avait pas tardé à se faire remarquer dans les premiers rôles de la comédie et surtout de la tragédie, et il était devenu l'aigle de la troupe qui l'avait adopté. Sa réputation s'accrut bientôt au point que tout Paris se pressait à ses représentations et que le roi Louis XIII voulut le voir.

Ce fut dans cette entrevue qu'il changea son nom de Boyron ; le roi ne le nomma que Baron et répéta ce nom à plusieurs reprises. C'en fut assez pour que les courtisans ne l'appelassent plus autrement et il accepta cette transformation, dont, sans sa profession, il eût pu se faire un titre de noblesse, de même qu'un célèbre auteur de nos jours qui profita ainsi d'une méprise de Louis XVIII, pour prendre le titre de vicomte.

Depuis lors, Baron fréquenta assidûment et familièrement la cour. Il avait épousé une comédienne d'un médiocre talent, mais d'une beauté si achevée, que les dames de la reine redoutaient de se trouver en sa présence. Anne d'Autriche s'amusait à leur en faire un épouvantail. Quand la comédienne allait voir la reine à sa toilette, celle-ci s'écriait à haute voix : « Voilà la Baron ! » et aussitôt toutes ses dames prenaient la fuite. Comblée des générosités de cette princesse, Mme Baron, qui était avare, s'était formé un riche magot des présens qu'elle avait reçus, et elle mourut de saisissement en apprenant qu'on venait de lui voler sa cassette et ses bijoux.

Quant à Baron, il périt victime de son art. Un jour qu'il jouait, dans la tragédie du *Cid*, le rôle du comte de Gormès, en voulant repousser du pied l'épée de Don Diègue qu'il avait jetée à terre, il s'en fit entrer la pointe dans la jambe. Il ne fit d'abord aucune attention à cette blessure qui lui parut légère ; mais le mal empira, au point que bientôt l'amputation devint nécessaire. Baron n'y voulut jamais consentir : « Il ferait beau voir, disait-il, un roi de théâtre avec une jambe de bois ! » Il préféra mourir, et termina ainsi sa carrière en 1655, dans la plénitude de sa gloire, gloire beaucoup plus éclatante, si elle n'avait dû être éclipsée par celle de son fils.

Michel Baron, fils, avait hérité de la beauté de sa mère en même temps que des talents de son père. Né à Paris, sur la paroisse de Saint-Sauveur, et élevé dans les coulisses, il commença, pour ainsi dire, en naissant sa carrière théâtrale. Un de ses oncles, demeurant à Villejuif, le voyant orphelin, s'était chargé de son éducation et l'avait retiré chez lui; mais il n'y resta pas longtemps. Sa vocation le poussait; à huit ans, il faisait déjà partie de la troupe d'enfants connue sous le nom de *comédiens de M. le Dauphin*, et dirigée par la demoiselle Raisin. Le petit Baron y fit merveilles; on courait le voir comme un prodige. Molière, frappé de ses dispositions, fit tout ce qu'il put pour l'attirer à lui. Mais Baron avait l'humeur aventureuse, et il quitta bientôt la troupe de Molière pour parcourir la France avec des comédiens ambulans. Las de cette vie nomade, il revint auprès de Molière; son talent avait grandi à mesure que ses facultés s'étaient développées: figure noble et expressive, taille imposante, voix sonore, geste naturel, intelligence supérieure, Baron possédait tout, et il ne réussissait pas moins bien dans le comique que dans le tragique. Il devint le type sur lequel tous les comédiens d'alors essayèrent de se modeler, le maître dont on recherchait avidement les leçons. Malheureusement son amour-propre avait pris des proportions en rapport avec ses succès; il était devenu colossal. Notre comédien se regardait comme un demi-dieu : « Tous les cent ans, disait-il, on peut voir un César; mais il en faut dix mille pour produire un Baron. » Il se considérait comme supérieur à tout ce qui l'approchait, et cette orgueilleuse suffisance lui valut plus d'un affront. Un jour qu'il assistait à la lecture d'une tragédie de Racine, il voulut faire des observations qui déplurent à l'auteur. Il n'y a qu'une vanité de poète pour mater une vanité de comédien. « Monsieur Baron, lui dit sèchement Racine, je vous ai fait venir pour prendre un rôle dans ma pièce et non pour me donner des avis. » Mais Racine reconnut bientôt sa faute et il chercha l'occasion de la réparer. Après avoir donné à tous les autres acteurs les instructions les plus détaillées sur la manière de prendre leurs rôles : « Pour vous, Monsieur Baron, ajouta-t-il en s'adressant au grand tragédien, je vous livre à vous-même; votre cœur vous en apprendra plus que mes leçons. » Ce mot les reconcilia; mais Baron ne fut pas corrigé. Admis dans l'intimité des plus hauts personnages, il se donnait souvent avec eux des airs de familiarité qui allaient jusqu'à l'impudence. Jouant aux cartes avec le prince de Conti : « Mons de Conti, dit-il, je vous fais cent louis. — Tope à Britannicus ! » répartit le prince sans s'émouvoir. Une autrefois il se plaignait au marquis de Biron, en lui disant avec affectation : « Vos gens ont battu les miens. — Que veux-tu que je te dise, mon pauvre Baron, répondit le marquis, pourquoi diable as-tu des gens ! » Il est vrai qu'il s'en vengea plus d'une fois. S'étant un jour fait annoncer chez une certaine marquise, qui dans ce moment avait du monde : « Monsieur Baron, lui dit-elle avec hauteur, que venez-vous chercher ici ? — Mon bonnet de nuit, répondit-il. » On rit beaucoup de l'aventure, mais on s'étonna que le héros en eût été quitte à si bon compte.

Baron avait l'esprit élevé, et il était parfois humilié de sa profession ; les sentiments religieux venaient aussi quelquefois l'assaillir ; il sentait en lui l'étoffe d'un homme supérieur et pensait amèrement qu'il aurait pu être autre chose qu'un histrion. Ces idées l'obsédaient, elles finirent par triompher. Tout-à-coup, en 1691, à la fleur de son âge, au milieu de ses plus grands succès, il fit annoncer sa retraite au public stupéfait. Satisfait d'une pension de 3,000 livres que le roi venait de lui faire, il se retira à la campagne et vécut pendant près de trente ans en homme privé. Puis, un jour, alors qu'on y songeait le moins et qu'on le croyait le plus occupé de son salut, par une résolution non moins soudaine et non moins extraordinaire que la première, il fit annoncer sa rentrée au théâtre. Ce fut un évènement. Tous ceux qui ne connaissaient que sa réputation éprouvaient un désir immodéré de le voir, et ceux qui l'avaient déjà vu n'étaient pas moins curieux d'établir une comparaison entre ce qu'il avait été et ce qu'il était encore.

Baron reparut sur la scène en 1720; il avait alors 68 ans. Ses succès furent encore prodigieux. Mais quelquefois aussi on lui fit sentir la décadence de ses moyens et il dut regretter souvent d'avoir quitté si tard sa retraite. « Ingrat parterre, disait-il, si tu as du goût, c'est moi qui te l'ai donné, et tu le tournes contre moi ! » Une fois, on lui cria : « Plus haut ! — Et vous, plus bas ! répliqua-t-il. » Il fut obligé de faire des excuses au public et commença ainsi : « Messieurs, je n'ai jamais senti avec plus d'amertume qu'en ce moment la bassesse de mon état.... » Les applaudissements l'empêchèrent de continuer et le public voulut bien se contenter de cette orgueilleuse réparation.

Atteint d'un asthme violent et des autres infirmités de la vieillesse, Baron voulait en quelque sorte se survivre à lui-même; il avait conservé encore presque tout le feu de son débit et la grâce de ses gestes; mais il avait perdu la souplesse de ses membres. Un jour, il s'était jeté avec assez d'aisance aux pieds de Chimène ; mais comme cette posture se prolongeait indéfiniment, on s'aperçut qu'il ne pouvait plus se relever. Il fallut que deux valets de théâtre vinssent prendre sous les bras et remettre sur pied le bouillant Rodrigue. Il avait une première fois quitté le théâtre, ce fut le théâtre qui le quitta à son tour. A la persistance qu'il mettait à rester sur les planches, on eût dit que son existence y était attachée. En effet, forcé de garder la chambre au mois de septembre 1729, il ne vécut que jusqu'au 22 décembre suivant. Il s'éteignit âgé de 77 ans, après avoir reçu la veille les derniers sacrements, et il fut inhumé dans l'église St.-Benoît.

Baron cultivait les lettres. Il était versé dans les auteurs anciens. Il a imité en vers une satire et dix odes d'Horace. Il est auteur d'un grand nombre de pièces de théâtre dont la paternité lui a été contestée; mais comme elles ont été imprimées de son temps et sous son nom, sans que jamais aucune réclamation se soit élevée à ce sujet, nous devons croire qu'elles lui appartiennent légitimement. Parmi ces pièces, on cite l'*homme à bonnes fortunes*, comédie en prose et en vers, représentée en 1686, dans laquelle on dit qu'il s'est peint lui-même; — *La Coquette et la Fausse Prude*, en prose 1687; — *L'Andrienne*, en vers, imitée de Térence, en 1704; elle est restée au répertoire jusqu'à ces derniers temps; — Les *Enlèvements*, en prose; — Le *Rendez-vous des Thuileries*; — Les *Adelphes*, de Térence; — Le *Jaloux* et l'*Ecole des Pères*. Il a fait en outre quelques poésies diverses, empreintes d'une délicatesse particulière et dans lesquelles on trouve le cachet d'un véritable talent. Ses œuvres ont été éditées à Paris, en 1736, en 2 vol. in 12, sous ce titre : *Le Théâtre de Monsieur Baron, augmenté de deux pièces qui n'avaient point encore été imprimées et de diverses poésies du même auteur.*

Michel Baron fut un homme hors ligne et le plus grand acteur des temps modernes. Il n'avait ni la laideur de Lekain ni les petits défauts de Talma. On peut dire qu'il toucha à la perfection, s'il ne la réalisa pas. Elève et ami de l'immortel Molière, il fut surnommé le Roscius de son siècle et mérita cette inscription que J.-B. Rousseau fit pour son portrait :

Du vrai, du pathétique il a donné le ton ;
De son art enchanteur l'illusion divine
Prêtait un nouveau lustre aux beautés de Racine,
Un voile aux défauts de Pradon.

(V. la Biographie Universelle.)

CYR CONTANCIN. — La ville d'Issoudun vit naître en 1670 le P. Contancin, de la Société de Jésus, l'un des missionnaires qui se dévouèrent à la propagation de la foi en Chine, où il demeura trente-un ans. Il mourut en mer, dans la traversée, lorsqu'il y retournait avec le titre de supérieur-général des Missions.

La ville de Bourges avait toujours été réputée pour avoir donné naissance au P. Contancin, mais M. Thabaud-Linetière, député d'Issoudun, a retrouvé sur les registres de la paroisse de Saint-Cyr, de cette dernière ville, l'acte de naissance du célèbre missionnaire, qui ne laisse plus de doute sur sa véritable origine. Cet acte est ainsi conçu :

« L'an mil six cent soixante dix, le 25ᵉ jour du mois de may, a été baptisé Cyr, fils de M. Jean Contancin, docteur en médecine, et de demoiselle Marie Lanjon, son épouse. Son parrain a été discrète personne, M. Claude de La Chastre, chanoine de Saint-Cyr et la marraine demoiselle Madelaine Chauveton. — Le registre est signé : DE LA CHASTRE, M. CHAUVETON et DUMONT, vicaire. »

PIERRE ARTHUIS. — Pierre-Joseph Arthuis, de la Société de Jésus, continuateur de l'*Histoire des Révolutions d'Espagne* et auteur de plusieurs mélanges, naquit à Issoudun en 1682, d'une des premières familles de cette ville.

FRANÇOIS BERTHIER. — Issoudun a encore donné naissance à un autre Jésuite, qui se rendit fameux par ses lumières, ses travaux et sa polémique avec les sommités philosophiques et littéraires de son temps, le célèbre Père Berthier, qui a laissé son nom à une des rues de cette ville.

Guillaume-François Berthier naquit le 7 avril 1704. On ignore les détails relatifs à son enfance ; mais il est certain qu'il étudia chez les Jésuites de Bourges, qui l'envoyèrent professer les humanités à Blois ; il professa ensuite la philosophie à Rennes et à Rouen et la théologie à Paris.

En 1742, ses talents littéraires le firent choisir pour remplacer le P. Brumoy dans la continuation de l'*Histoire de l'Eglise Gallicane*. Il en publia cinq volumes où il inséra des dissertations remarquables sur divers points de la discipline ecclésiastique. Le style du P. Berthier se distingue par la logique, la netteté et la précision, autant que par la simplicité et la modération ; mais il manque de mouvement et de vivacité.

En 1745, il fut chargé de la direction du *Journal de Trévoux*, qu'il rédigea jusqu'à l'époque de la destruction de son ordre. Pendant cette période, il fut souvent en butte aux attaques des littérateurs du dix-huitième siècle, contre lesquelles il se défendit avec une extrême modération, mais sans reculer d'un pas.

Champion inébranlable des doctrines de l'Eglise et de celles de sa Société, il livra une guerre inflexible aux idées de la philosophie moderne et ne craignit pas d'attaquer Voltaire lui-même, le plus rude joûteur de l'époque. Il fit une critique sévère du *Panégyrique de Louis XV*, de Voltaire; à quoi l'auteur fit une de ces réponses de fiel et d'acide qui coulaient de source sous sa plume mordante. L'affectation que mit le P. Berthier à ne point reconnaître les titres de Voltaire aux suffrages de son siècle, jeta le poète dans une irritation qui s'accrut encore par la manière dont le journaliste fit ressortir les défauts de l'*Essai sur l'Histoire Générale*. Dès ce moment, le jésuite fut immolé en toute occasion à la mauvaise humeur du philosophe.

Le P. Berthier n'eut pas plus de ménagements pour les auteurs de l'Encyclopédie dont il sapa le prospectus et releva impitoyablement les nombreuses erreurs. Aussi se fit-il une foule d'ennemis dont les traits acérés plurent sur lui comme la grêle, sans parvenir à entamer sa cuirasse de constance et de sang-froid. Ni les épigrammes de Diderot, ni les sarcasmes de Dalembert, ni les bouffonneries de Voltaire, dans sa facétie sur *la maladie, la confession, la mort et l'apparition du Jésuite Berthier*, ne réussirent à l'émouvoir, ni à lui faire prendre une allure plus vive et plus animée. Rien ne put le faire sortir de son calme, de sa modération et de son inflexibilité.

La réputation du P. Berthier ne fit que grandir sous ces attaques, d'autant qu'il ne fut pas plus sensible aux douceurs de la flatterie qu'aux aigreurs de la critique. Helvétius s'étant targué de l'approbation du P. Berthier pour son livre sur l'*Esprit*, celui-ci s'empressa de le démentir et fit ressortir, dans une série d'articles, tout ce qu'il trouvait de faux, d'erroné et de dangereux dans ce livre. Il combattit avec la même vigueur les opinions des PP. Hardouin et Berruyer, ses confrères.

Après l'abolition de la Société de Jésus, le P. Berthier voulait aller finir ses jours à la Trappe; mais ses supérieurs l'en détournèrent en lui représentant qu'il n'avait pas le droit d'enfouir dans un cloître des talents qu'il pourrait encore, disaient-ils, utiliser au service de la religion. Le chancelier de Lamoignon lui offrit de continuer le *Journal de Trévoux* avec un traitement de 1,500 livres et un logement à la bibliothèque du roi; mais il refusa.

Le dauphin, père des rois Louis XVI, Louis XVIII et Charles X, l'attacha à l'éducation de ses enfants, avec assignation de 4,000 livres de pension sur l'abbaye de Molesmes, et lui procura l'emploi de garde de la bibliothèque du roi avec 1,200 livres d'appointements.

Lorsque, en 1764, les ex-jésuites furent bannis, il se retira au-delà du Rhin et se fixa à Offenbourg. L'impératrice d'Autriche voulut l'appeler à sa cour; on lui offrit la place de bibliothécaire à Milan; mais rien ne put lui faire quitter sa retraite. Après dix années d'exil, le P. Berthier obtint la permission d'aller demeurer à Bourges où il avait un frère et un neveu chanoines. Il y passa ses dernières années, partageant son temps entre la prière et l'étude et y mourut des suites d'une chute, le 15 décembre 1782, au moment où le clergé de France venait de lui accorder une pension de 1,000 livres.

Le P. Berthier a laissé un excellent *Commentaire sur les Psaumes et sur Isaïe*, en 15 vol. in-12, résultat de longues années d'étude et de recherches critiques sur la langue hébraïque et d'une connaissance approfondie des textes. On a encore de lui des *OEuvres spirituelles*, en 5 vol. in-12, réimprimés à Paris, en 1811, et une *Réfutation du Contrat Social*, 1789, 1 vol. in-12.

Il est fâcheux que le P. Berthier eût sucé dès son jeune âge le lait de doctrines et de préjugés qui devinrent pour lui des convictions indestructibles, et surtout qu'il ait appartenu à un ordre qui assuma tant d'impopularité et de haines. Avec la portée de son esprit et la trempe de son caractère, placé dans d'autres conditions et dans une sphère d'idées moins étroite, il eût pu rendre de très-grands services à la société et à sa patrie. Il y avait chez lui l'étoffe d'un grand homme.

(Voir la *Biographie Universelle*).

LUNEAU DE BOISJERMAIN. — Voici encore un compatriote dont la destinée eut d'étranges vicissitudes et qui ne manqua ni de courage ni de cœur. Luneau de Boisjermain (Pierre-Joseph-François), né à Issoudun en 1732, était un de ces hommes à conception vive, à imagination ardente, dont l'esprit dévore l'espace, dont les vues sont plus grandes que les forces, et qui embrassent à la fois trop de choses pour atteindre la supériorité dans aucune.

Après qu'il eut terminé ses études au collège de Bourges, dirigé alors par les Jésuites, ses maîtres, qui avaient reconnu ses heureuses dispositions, l'admirent dans leur société et le firent régent des basses classes. Mais la vivacité de son caractère et l'activité de son imagination inquiète étaient incompatibles avec la vie uniforme et monotone qu'il venait d'embrasser. Il sentit qu'il n'était pas né pour le froc, fit ses adieux aux Jésuites et vint s'établir à Paris où il ouvrit des cours de grammaire, d'histoire et de géographie. Il fut l'un des premiers qui entreprirent d'améliorer les méthodes jusque-là si lentes et si obtuses de l'enseignement. Les ouvrages élémentaires qu'il publia eurent le plus grand succès, et il se fit bientôt une réputation.

Malheureusement l'idée lui vint de donner au public une nouvelle édition des œuvres de Racine, accompagnée de commentaires pour lesquels il s'adjoignit quelques littérateurs. L'édition qu'il publia est encore recherchée aujourd'hui. Comme il ne voulait pas se mettre à la discrétion des libraires, il entreprit de l'éditer et de la vendre par lui-même. C'était alors le temps des corporations et des priviléges. Les syndics de la librairie lui intentèrent un procès qu'il soutint pour l'honneur de la propriété littéraire et de la liberté commerciale. La loi était contre lui, il succomba.

Luneau n'en resta pas là. Les libraires avaient des droits qu'ils avaient fait valoir; mais ils avaient aussi des devoirs qu'il voulut les obliger à remplir. Les éditeurs de l'*Encyclopédie* n'avaient pas tenu les engagements de leur prospectus; il les attaqua et demanda qu'ils fussent condamnés à 500 livres de dommages-intérêts envers chaque souscripteur.

Cette affaire touchait à de nombreux intérêts et fit beaucoup de bruit. Luneau obtint de plaider lui-même sa cause devant le Parlement. Il avait affaire à forte partie, s'étant attaqué à une corporation riche et puissante; cependant il y eut partage dans les opinions et la cause fut renvoyée devant la chambre des Enquêtes. Les procédures employérent neuf années, durant lesquelles Luneau fut constamment sur la brèche, mais pendant ce temps ses adversaires avaient intrigué auprès d'une magistrature alors vénale, et, malgré la justice de sa cause, il fut condamné à l'amende et au paiement des frais dont le chiffre énorme engloutit la totalité de son avoir.

Après cet échec, toujours préoccupé de ses idées en matière de librairie, Luneau établit un bureau de commission par l'intermédiaire duquel les amateurs de tous les points de la France pouvaient obtenir les articles de la librairie ancienne et moderne aux prix de Paris. C'était ruiner les libraires de la Province. Son entreprise eut d'abord un grand succès, mais qui dura peu. Soit qu'il fût dégoûté des spéculations commerciales, soit qu'il ne se sentît pas né pour les affaires, Luneau revint à ses premiers goûts et il se mit à faire, d'après la méthode de Dumarsais, des traductions interlinéaires d'ouvrages en diverses langues, propres à en faciliter l'étude. Ces traductions, qui sont la première idée de la méthode Jacotot, sont encore employées aujourd'hui.

Luneau ne se fit point remarquer pendant la Révolution, et il resta étranger à tous les excès qui se commirent autour de lui. Son caractère obligeant, l'excellence de son cœur et ses vertus privées lui valurent de vrais et solides amis. L'un d'eux, qui a gardé l'anonyme, a publié son éloge dans une lettre à Millin, insérée dans le *Magasin Encyclopédique*.

On a de lui, outre son édition de Racine, les ouvrages suivants dont la liste suffit pour montrer la diversité de ses aptitudes et ses tendances intellectuelles :

Les vrais principes de la lecture, de l'orthographe et de la prononciation, etc. — Paris, 1759, in-8°.

Discours sur une nouvelle manière d'enseigner et d'apprendre la géographie, d'après une suite d'opérations typographiques, Paris, 1759. — in-12.

Cours d'Histoire Universelle, petits éléments, Paris, 1768, 2 vol. in-8° avec Atlas historique.

Recueil de Mémoires contre les libraires associés à l'Encyclopédie, Paris, 1771-72, in-4°.

L'Almanach musical, Paris, 1781-85, 5 vol. in-12.

Cours de langue italienne, Paris, 1783 et 1798, 3 vol. in-8° et 1 vol. in-4°. C'est une version interlinéaire de la *Jérusalem délivrée*.

Cours de langue anglaise, Paris, 1787-1800, 2 vol. in-8° et un vol. in-4°. Même méthode, le *Paradis Perdu*.

Cours de langue latine, Paris, 1787-89, 5 vol. in-8°. Même méthode, *Enéide* et *Commentaires de César*.

Ces Cours eurent beaucoup de succès; ceux des langues latine et italienne sont encore très-recherchés.

Cours de bibliographie, ou Nouvelles productions des sciences, de la littérature et des arts, Paris, 1788, in-8°. Il n'en a paru que six cahiers.

Observations sur l'amélioration du service des Postes, Paris, 1793, in-8°.

De l'éducation des lapins, 1798, in-8°.

Idées et vues sur l'usage que le Gouvernement de la France peut faire du château de Versailles, Paris, 1798, in-8°.

Description des aimants artificiels de Lenoble, Paris, 1801, in-18.

Mémoire pour les Imprimeurs et Libraires de Paris, Paris, 1801, in-4°.

On a encore de Luneau une brochure in-12, intitulée: *Zinzolin, jeu frivole et moral* (publié sous le nom de Toustain, marquis de Limery).

Il est l'éditeur de l'*Elite des Poésies fugitives*, Londres (Paris), 1769, 5 vol. in-12. Recueil assez bien fait.

Enfin il a eu part au *Dictionnaire du vieux langage*.

(Voir la *Biographie Universelle*).

JOSEPH RENAUDON. — La plus étrange, la plus bizarre, la plus aventureuse de toutes les existences dont nous avons à rappeler le souvenir, c'est, sans contredit, celle de Joseph Renaudon, né à Issoudun en 1709.

Nous manquons de renseignements sur sa famille ainsi que sur ses premières années. Il y a apparence qu'il avait reçu une éducation soignée; mais il dut avoir une jeunesse extrêmement orageuse. On le voit d'abord, par nous ne savons quel caprice du sort, mener l'existence d'un bandit et marcher en qualité de *Grand Couêtre* ou *Grand Couard*, à la tête des truands qui ont longtemps rançonné l'Italie. A partir de cette époque, il va rentrer par degrés dans les conditions d'une position normale et monter pas à pas les échelons de la vie sociale. Il devient tour-à-tour capucin, génovéfin, soldat, page de la marquise de Romagnési, instituteur des enfants del signor Broccalio, greffier de l'hôtel à Versailles, garde-magasin des vivres, puis enfin, de retour dans sa ville natale, après une longue absence, il s'attache au barreau d'Issoudun, où il plaide pendant quelque temps, et se retire ensuite pour se livrer entièrement au travail de cabinet.

On a de ce singulier personnage :

1° *Un traité historique et pratique des droits seigneuriaux*, Paris, 1765;

2° *Un Dictionnaire des Fiefs*, le plus complet en ce genre ;

3° *Des Observations sur le Franc-Alleu de Berry ;*

4° *Le Tableau Général du commerce de l'Europe avec l'Afrique, les Indes-Occidentales et l'Amérique, fondé sur les traités de 1763 et 1783.*

Son style est ferme et précis, et déjà il respire cet esprit de critique positive et d'examen rationaliste qui fut celui des écrivains de la fin du dix-huitième siècle. Renaudon mourut à Issoudun, nous ignorons en quelle année; mais, d'après les dates ci-dessus, on voit que ce fut dans un âge fort avancé et vers l'époque où éclata la Révolution.

Girard de Villesaison. — Philippe Girard de Villesaison, avocat remarquable au parlement de Paris, auteur d'un *Commentaire sur la Coutume de Berry*, du commencement de l'*Histoire du Droit Français*, dont il a composé six volumes, naquit à Issoudun en 1733. Il fut l'un des commissaires de la Noblesse pour la rédaction des cahiers, lors de la Convocation des Etats-Généraux, en 1789.

Cette famille, l'une des plus honorables d'Issoudun, a compté plusieurs membres distingués.

Philippe Dumas. — Issoudun a encore vu naître, en 1738, Philippe Dumas, qui fut attaché au collège de Navarre, appelé au collège de la Flèche, pour y enseigner la rhétorique, porté ensuite à la chaire d'éloquence de l'Université de Toulouse. Il est auteur d'une traduction des *Colloques d'Erasme*, d'une traduction de l'*Economique de Xénophon* et d'un *Traité des revenus de la Grèce*.

La ville d'Issoudun a aussi donné plusieurs professeurs distingués à la faculté de médecine de l'université de Bourges, parmi lesquels on remarque:

Jean Pigneau, créé docteur le 15 mai 1481;

Mathurin Pigneau, fils de Jean sus-nommé, docteur en 1535;

Jean Pigneau, fils du précédent, nommé professeur en 1555;

Et Jacques Gilet, docteur en 1638.

TABLE CHRONOLOGIQUE

Des Faits, Actes et Circonstances relatifs à l'Histoire d'Issoudun.

Ans de J.-C.

252 — Le Christianisme est prêché dans le Berri par saint Ursin.— Léocade, sénateur romain, gouverneur de la Première Aquitaine, sous le consulat de Décius et Gratus, avait sa résidence officielle à Bourges et faisait son séjour ordinaire à Déols. Il fait l'abandon d'une maison qu'il possédait à Bourges, pour y établir la première église, et se convertit au Christianisme.

260 — Décès de Léocade.—Il est enseveli à Déols, ainsi que saint Ludre ou Lusor, son fils, dont le tombeau se voit encore dans l'église du Bourg-Dieu.

262 à 272 — Le Berri est envahi et inondé par des hordes d'Allemands.

300 à 350 — Dans cette période dut avoir lieu à Issoudun le martyre de saint Thalase et saint Baïe.

400 — Vers cette époque, les Bituriges révoltés contre le joug des Romains, sont vaincus et écrasés.

Ans de J.-C.

412 — Le Berri est envahi par les Goths et les Huns, qui pillent Bourges.

435 — Le code Théodosien est adopté en Berri.

443 — Invasion des Burgondes.

455 — Invasion des Wisigoths qui chassent les Romains du Berri. — Rentré au pouvoir de Clovis après la bataille de Vouillé, le Berri faisait partie du royaume d'Orléans.

480 — La loi des Wisigoths remplace le code Théodosien en Aquitaine.

506 — Restauration du code Théodosien interpolé par Anien, d'après les ordres d'Alaric, roi des Wisigoths et souverain d'Aquitaine. — Alaric est vaincu par Clovis et toute la Gaule est soumise à la domination de ce dernier.

550 — Décès ou nativité de saint Paterne, évêque de Vannes en Bretagne, qui devint dans la suite patron d'un faubourg d'Issoudun.

554 — Martyre de saint Laurian, à Vatan.

563 — Révolte des Berruyers. — Ils sont exterminés par les généraux de Chilpéric et le Berri est dévasté. Issoudun dut être détruit à cette époque.

570 — Bourges pillé par Chilpéric Ier.

583 — Bourges brûlé par Didier, général de Chilpéric.

612 — Bourges brûlé de nouveau.

620 — Dagobert Ier donne Reuilly à l'abbaye de Saint-Denis, près Paris.

Ans de J.C.

762 — Humbert, comte de Bourges, attaché aux intérêts de Waïfer ou Gaïfre, duc d'Aquitaine, s'étant rendu indépendant de l'autorité des Francs, Pépin-le-Bref vient assiéger Bourges et s'en empare après une vigoureuse résistance. — Les Francs mettent tout à feu et à sang en Berri, brûlant arbres et maisons.

763 — Pépin s'empare d'*Hisando* qu'on a pris à tort pour Issoudun.

767 — Assemblée d'évêques à Bourges, tenue par Pépin pour les affaires du royaume et particulièrement au sujet de Gaïfre, duc d'Aquitaine.

800 — Erection du royaume d'Aquitaine dont Bourges devient la capitale.

— Vers cette date existait Lambert, seigneur de Déols.

814 — Il est fait mention de l'abbaye de Massay, qui existait dès le VIIIe siècle.

815 — Capitulaires de Louis, roi d'Aquitaine.

860 — Invasion des Normands en Berri. — On attribue à cette époque la fondation du chapitre de Saint-Cyr d'Issoudun par l'empereur Charles-*le-Chauve*.

867 — Bourges saccagé par les Marcomans qui ravagent le Berri jusqu'en 873.

868 — Bourges pillé par les Normands.

873 — L'abbaye de Massay ruinée par les Marcomans.

877 — Décès de Charles-*le-Chauve*.

ANS DE J.-C.

915 — Ebbes ou Ebbon, fonde l'abbaye de Déols et celle de Saint-Gildas. Cette fondation est confirmée par Guillaume Ier, duc d'Aquitaine, qui s'intitule aussi comte de de.Bourges et d'Auvergne.

916 — Bourges brûlé.

917 — Testament d'Ebbes ordonnant l'achèvement de l'abbaye de Déols.

926 — Le roi Raoul décrète que les seigneurs de Déols, vassaux des ducs d'Aquitaine, relèveront directement de la couronne. Cette ordonnance n'est point observée. Le Bas-Berri reste Aquitain jusqu'à Philippe-Auguste.

935 — Le Berri est envahi par les Hongres et par les Normands. Ebbes les défait à Châtillon-sur-Indre et les refoule jusqu'à la Loire.

— Ebbes de Déols blessé dans la guerre contre les Hongres, meurt à Orléans.

— Raoul Ier, dit le *Large*, lui succède. Il achève l'église de Déols et fonde le Château-Raoul.

941 — Nouvelle invasion des Hongres.

947 — Raoul-*le-Large* tranfère à Issoudun les reliques de saint Paterne, saint Patrice et sainte Brigitte, à la demande de Laune, son oncle, archidiacre de Bourges. Ces reliques sont déposées au prieuré de saint Martin, qui prend le nom de St. Paterne.

948 — Décès de Géronce, archevêque de Bourges. On croit qu'il fut inhumé à Issoudun.

Ans de J.-C.

952 — Décès de Raoul, dit *le Large*, fondateur de Châteauroux.

982 — Ansgarde, femme d'Hatton, seigneur de Vierzon, donne le lieu nommé *Fontanus* au monastère de Saint-Pierre de cette ville et à l'abbaye d'Issoudun.

— La Thaumassière attribue à cette date la translation dans le château d'Issoudun de l'abbaye de Notre-Dame presque entièrement ruinée par les guerres.

984 — Emenon, prince d'Issoudun, Adhenaure, sa femme, et Foulques, leur fils, donnent à l'abbé et aux religieux de Notre-Dame d'Issoudun les droits de justice et de seigneurie sur le bourg de Saint-Martin, aujourd'hui Saint-Paterne.

986 — Aetherius, abbé d'Issoudun.

992 — L'église de Déols entièrement reconstruite.

1000 — Décès de Mocius, Abbé d'Issoudun.

— Testament d'Ebrard, dit *Du Four*, seigneur d'Issoudun, qui institue Ebrard, son 3me fils, chanoine de Saint-Cyr.

— Translation de l'abbaye et des reliques de Saint-Paterne dans une maison de la ville dite *le Pignon l'abbé* et de là dans le château, (*d'après une note manuscrite.*)

1001 — Grande famine en Berri.

1002 — Fondation du chapitre de Notre-Dame de Graçay, par Regnaud II, seigneur de cette ville.

1004 — Le chapitre de Saint-Cyr affranchit le pri-

Ans de J.-C.

euré de Chezal-Malin des droits parroissiaux envers l'église de Dampierre, moyennant 5 sols de cens et demi-livre d'encens à son profit.

1007 — Charte d'Ebrard *Du Four*, prince d'Issoudun.

1012 — Mort de Raoul-*le-Chauve*, baron de Châteauroux.

1014 — Fondation du chapitre de Saint-Sylvain de Levroux, par Eudes *l'ancien*, baron de Châteauroux et d'Issoudun.

1018 — Eudes l'*Ancien* donne à l'abbaye Notre-Dame les droits de franc-alleu et de seigneurie dans tous ses domaines et leur concède l'usage de ses forêts, une foire annuelle le jour de la Saint-Paterne, la franchise de leur bourg de Saint-Paterne et le droit de sépulture exclusive des habitans du dit bourg.

1020 — Grande famine en Berri.

1021 — Donation d'Eudes en faveur des chanoines de Saint-Cyr.

— Dédicace de l'église de Déols, le 24 janvier.

1027 — Eudes l'*Ancien*, baron de Châteauroux, se croise avec Richard, abbé de Déols, et se rend à Jérusalem.

1028 — Ymon, Ymené ou Yves, abbé d'Issoudun.

1029 — Ebrard, seigneur d'Issoudun, rétablit l'abbaye de Dèvre et y installe les religieux présentés par Martin, abbé de Vierzon.

1031 — Concile provincial à Bourges.

Ans de J.-C.

1034 — Ymon, abbé d'Issoudun, assiste au synode convoqué pour le rétablissement de l'abbaye de Saint-Satur, fondée au Ve siècle.

1035 — Concile à Bourges.

1037 — Guerre entre Geoffroy-*le-Noble*, vicomte de Bourges et Aymon de Bourbon, archevêque, d'une part, et, de l'autre, Eudes l'*Ancien* de Déols, qui défait le vicomte et l'archevêque à la bataille de Château-Neuf-sur-Cher, où son fils est tué. Raoul III, fils d'Ebbes, s'empare de Château-Neuf pour venger la mort de son frère.

1040 — Concile à Bourges.
— Charte d'Eudes III de Déols, prince d'Issoudun, conjointement avec son fils.

1042 — Grande famine en Berri. Elle dura sept ans.

1045 — Concile à Bourges.

1052 — Déols brûlé.
— Mort de Raoul-*le-Prudent*, baron de Châteauroux.

1081 — Concile à Issoudun, présidé par Hugues de Die, légat du Saint-Siége.

1082 — Deuxième concile à Issoudun, présidé par Hugues de Die et Amat ou Aimé, évêque d'Oleron, légats, dans lequel Hugues de Die sacre Robert, évêque de Meaux, au mépris des droits de l'archevêque de Sens.

1085 — Décès d'Eudes, fils de Raoul-*le-Prudent*, seigneur d'Issoudun.

1088 — Châteauroux est presqu'entièrement détruit par un incendie.

Ans de J.-C.

1092 — Décès de Raoul Ier, seigneur d'Issoudun.

1093 — Erection du prieuré de Chezal-Malin en abbaye de Chezal-Benoît (Bénédictins) par Geoffroy, seigneur d'Issoudun, concurremment avec le chapitre de St.-Cyr. — Construction de l'église.

1094 — Grande mortalité en Berri.

1095 — Eudes Herpin, comte de Bourges, vend sa comté au roi Philippe Ier et part pour la croisade.

1099 — A cette époque, un nommé Alard de Guillebaud, seigneur de Châteaumeillant, commandait à Issoudun (*Soldunis regebat.*)

1100 — Giraud, abbé d'Issoudun. (Entre Ymon et Giraud peuvent être placés les abbés Daniel, Jean et Gaubert.)

1104 — Geoffroy, seigneur d'Issoudun.
— Léger, archevêque de Bourges, consacre l'église de Chezal-Benoît et la dédie à la Sainte-Vierge et aux apôtres Pierre et Paul. Il absout les religieux du péché de simonie.

1106 — Charte de Geoffroy, seigneur d'Issoudun, qui donne à l'abbaye de Chezal-Benoît, du consentement d'Adélaïde, sa femme, la moitié des droits établis sur le sel dans la ville d'Issoudun.

1107 — Consécration de l'église de Déols par le pape Pascal II.

1113 — Geoffroy, seigneur d'Issoudun, avec Raoul

Ans de J.-C.

de Déols, Jean, seigneur de Linières, et autres, assiste à l'inauguration du prieuré d'Orsan et fait remise des droits qui lui appartenaient sur les hommes et les biens de ce monastère.

1115 — Bulle de Pascal II, mentionnant le don fait par ce Pontife du monastère d'Issoudun à Emenon et Arbert, abbés de Déols.

1116 — Geoffroy, seigneur d'Issoudun, permet aux moines de l'abbaye Notre-Dame de convertir en moulin à tan le moulin de *Martinet* qu'il leur avait donné. Il leur donne, la même année, conjointement avec Raoul, son frère, le four banal du bourg de St.-Paterne.

1118 — Contestation entre le chapitre de Saint-Cyr et l'abbaye d'Issoudun, au sujet des limites de la paroisse de Saint-Cyr et de la possession de diverses églises. Elle est soumise à l'arbitrage de l'archevêque de Bourges, mais sans résultat.

1120 — Lettre de S. Bernard au seigneur de Diors, par laquelle il promet à celui-ci une place au ciel d'autant d'arpens qu'il en donnera à l'ordre de Clervaux.

1122 — Transaction entre le chapitre de Saint-Cyr et l'abbaye Notre-Dame, en présence de l'archevêque et du légat, sur les contestations qui les divisaient.

— Letherius était abbé.

Ans de J.-C.

1125 — Mort de Geoffroy, seigneur d'Issoudun.
1128 — L'abbaye de Massay incendiée.
1130 — Raoul II, fils de Geoffroy, prince d'Issoudun, confirme au chapitre de Saint-Cyr la possession d'une grange près du château et de quelques étaux au marché d'Issoudun.
1134 — Raoul permet aux religieux de Notre-Dame de transporter leur abbaye du château en la paroisse de Saint-Denis, au lieu appelé *Circiac*.
— Raoul, du consentement de sa mère et de ses frères, avant de partir pour la Terre-Sainte, donne à l'abbaye de la Prée la rente de sel qu'il avait sur Issoudun.
1135 — La ville d'Issoudun est presque entièrement détruite par un incendie. D'après la chronique de Vierzon, il n'y aurait eu que le château et l'abbaye : *Castrum Issoldunense cum abbatiâ incensum*.
1137 — Albéric, archevêque de Bourges, permet aux religieux de Notre-Dame, transférés à Saint-Denis, de rentrer dans le château d'Issoudun.
— Louis-le-Gros marie Louis-le-Jeune, son fils, à Eléonor, héritière de la Guienne et de l'Aquitaine, dont Issoudun faisait partie.
1138 — Raoul II confirme les droits et possessions du chapitre de Saint-Cyr.
1139 — Raoul accorde au chapitre de Saint-Cyr le privilége du change des monnaies à Issoudun.

Ans de J.-C.

— Un nommé Godefroy Chandereaux donne à l'église de Saint-Jean-des-Champs le droit de boucherie.

1141 — Raoul confirme les possessions et priviléges des chanoines de Saint-Cyr et y ajoute, avec le consentement d'Arengarde, sa mère, l'autorisation de construire des étaux dans leur cimetière pour la vente des marchandises. Il leur donne en outre les droits de foire et de marché.

— Baro Lesderius, prévôt d'Issoudun.

1142 — Raoul permet aux chanoines de Saint-Cyr de faire de nouveaux étaux dans leur cimetière.

1144 — M. d'Alphonse, dans sa statistique de l'Indre, place à cette date, mais à tort, la fondation de l'Hôtel-Dieu d'Issoudun.

— Louis VII, roi de France, est sacré à Bourges.

1145 — Raoul II fonde l'abbaye de la Prée pour des religieux de l'ordre de Citeaux.

1147 — Adoption de l'usage des armoiries par Louis VII.

1149 — Raoul, avant d'entreprendre son deuxième voyage en Palestine, donne trente sols de rente sur les droits qu'il levait au marché d'Issoudun, au monastère de Notre-Dame de Sales de Bourges, pour la pitance des religieuses le jour de Pâques.

1152 — Le 18 mars, Louis VII répudie Éléonor d'Aquitaine.

ANS DE J.-C.	
	— Le 18 mai, Eléonor épouse Henri Plantagenêt, comte d'Anjou, héritier présomptif de la couronne d'Angleterre.
1154	— L'archevêque de Bourges termine le différend qui existait entre Raoul, seigneur d'Issoudun, et le chapitre de St-Etienne de Bourges, à raison de l'oppression exercée par les hommes d'armes du château de Paudy, appartenant au premier, sur les serfs que le chapitre possédait dans le voisinage de ce château.
	— Au moment d'entreprendre son troisième voyage en Terre-Sainte, Raoul II reconnaît aux religieux de Chezal-Benoît le droit de prendre sur les coutumes et revenus d'Issoudun 600 sols *monnaie du lieu*, leur donne quelques hommes serfs et leur permet d'avoir dans la châtellenie d'Issoudun un sergent avec les mêmes priviléges dont jouissait le sergent de l'abbaye d'Issoudun.
	— Donation du même au prieuré d'Orsan.
	— Raoul, abbé d'Issoudun, succède à Giraud.
1158.	— Raoul II, prince d'Issoudun, assiste à l'accommodement fait par Pierre de La Châtre, archevêque, entre le comte de Sancerre et l'église de Bourges.
1162.	— Le pape Alexandre III vient à l'abbaye de Déols et y séjourne quelque temps avant de se rendre à Tours.
1163	— Raoul II fait remise au chapitre Saint-

ANS DE J.-C.

Etienne de Bourges des droits et coutumes qu'il possédait sur la terre de Vouet.

1164. — Raoul plaide avec l'abbaye d'Issoudun pour la possession des moulins d'Arthery. L'archevêque de Bourges, pris pour arbitre, le déboute de ses prétentions.

— Mort de Raoul II.

— Eudes II, son successeur, confirme l'accommodement fait par son père avec l'abbaye d'Issoudun.

— Raoul était abbé d'Issoudun.

1165 — Transaction par laquelle le chapitre de Saint-Cyr délaisse à l'abbaye de Chezal-Benoît les églises de Dampierre et de Pruniers, moyennant 40 sols de cens, par la médiation de l'archevêque.

1167 — Mort d'Eudes II.

1168 — Eudes III, son fils, confirme à l'abbaye d'Issoudun la propriété des moulins d'Arthery.

1169 — M. d'Alphouse place à cette date la fondation de la maladrerie d'Issoudun, mais sans fondement.

— Une lettre en parchemin de cette date mentionne seulement trois septiers de froment et trois septiers d'orge dûs aux frères et sœurs de cet hôpital sur les dîmes de Saint-Cierge.

1172 — Eudes III fait remise de divers droits au prieur de Semur.

Ans de J.-C.

1174 — Henri II, roi d'Angleterre, se saisit d'Issoudun et de Châteauroux.
— Il conclut une trêve avec Louis VII, roi de France.

1176 — Pierre de Flandres, troisième époux de Mahaud de Bourgogne, comtesse de Tonnerre, veuve en premières noces d'Eudes II d'Issoudun, meurt dans cette ville et y est enterré. On croit qu'il fut empoisonné par sa femme.
— Après son décès, Henri II, roi d'Angleterre, à la demande des bourgeois d'Issoudun, qui avaient chassé Mahaud, prend sous sa garde le château d'Issoudun, en l'absence du jeune Eudes III, que le duc de Bourgogne, son oncle, avait emmené à sa cour pour y être élevé.
— Mort de Raoul VI, baron de Châteauroux, à Ranagune en Romanie, au retour de la Croisade.

1177 — Henri II, brouillé avec ses enfants, s'empare d'Issoudun et de Châteauroux, qui étaient du fief de Richard Cœur-de-Lion, son fils, comte de Poitou.
— Eudes III fait divers dons au prieuré d'Orsan.

1178 — Nouvelles donations d'Eudes au même prieuré.

1180 — Avénement de Philippe-Auguste.

1181 — Barthélemi, chanoine de Saint-Cyr, donne à l'église et hôpital de Sainte-Madeleine et de Saint-Lazare d'Issoudun, le droit

Ans de J.-C.

qu'il avait sur la dîme de Villefavant, à la charge de deux messes.

1182 — Bannissement des Juifs.

1184 — Miracle de Déols. Suivant la légende, un soldat ivre, qui jouait aux dés et perdait, s'en prit à la statue de la Vierge tenant l'enfant Jésus, placée au-dessus du portail de l'église de Déols. Il rompit un bras de l'enfant dont aussitôt le sang jaillit. Frappé de terreur, le soudard tomba dans les convulsions et ne tarda pas à expirer.

1185 — Giraud La Fuile, abbé de Notre-Dame, institue le chapitre de Saint-Denis lez-Issoudun et lui concède tous les droits seigneuriaux que les religieux possédaient dans cette paroisse.

1186 — Les papes Urbain III et Grégoire VIII confirment la charte de fondation du chapitre de St-Denis.

— Giraud La Fuile, abbé de Notre-Dame, ouvre la châsse de Saint-Paterne.

— Mort de l'abbé Giraud.

— Archambaud lui succède.

— Eudes III d'Issoudun, confirme tous les dons et priviléges accordés à l'abbaye par ses prédécesseurs.

1187 — Philippe-Auguste s'empare d'Issoudun qui lui est attribué par le traité de paix.

1188 — Richard Cœur-de-Lion, au mépris des traités, ayant envahi les terres du comte de Saint-Gilles, Philippe-Auguste s'em-

ANS DE J.-C.

parc de Châteauroux, Buzançais, Argenton, Levroux et Montrichard.

— Miracle de Levroux. Philippe-Auguste, à sa prière, voit jaillir de terre une source d'eau pour désaltérer ses soldats mourants de soif.

— Nouvelle trêve par laquelle Philippe rend au roi d'Angleterre Issoudun et Châteauroux.

— Les habitants de Bourges exterminent 7,000 Cottereaux ou Routiers.

1189 — Mort de Henri II, roi d'Angleterre.

— Traité de paix entre Richard, son fils, et Philippe-Auguste. Par ce traité, Richard abandonne à Philippe la ville d'Issoudun et ses dépendances.

— Philippe-Auguste concède la collation d'une chapelle par lui fondée dans la Grosse-Tour de Bourges, qu'il appelle sa Tour Neuve : *Capellam quam ædificavimus in turre nostra bituricensi novâ.*

1190 — Confirmation de la paix garantie par le serment des évêques et des seigneurs, en vue de la Croisade.

— Eudes III, seigneur d'Issoudun, fait des donations considérables au chapitre de Saint-Denis.

— Avant de partir pour la Croisade, il accorde à ses hommes d'Issoudun plusieurs droits et priviléges, entre autres la faculté de disposer de leurs biens par testament et le droit de succession.

ANS DE J.-C.
— Il confirme les dons faits par son aïeul à l'abbaye de la Prée.
— Arbert, prévôt d'Issoudun.

1192 — Philippe-Auguste quitte la Terre-Sainte pour revenir en France. Il profite de l'absence de Richard pour s'emparer de la Normandie.

1194 — Retour de Richard, après deux ans de captivité en Allemagne.

1195 — Le basque Marchader, chef des Cottereaux, s'empare d'Issoudun qu'il fortifie au nom de Richard Cœur-de-Lion.
— Epoque présumée de la fondation de la tour d'Issoudun.
— Philippe-Auguste reprend la ville et assiége le château.
— Richard accourt au secours du château et force Philippe à la retraite.
— Rencontre des deux rois, suivie d'un traité de paix entre Issoudun et Châteauroux. Par ce traité, Issoudun est abandonné à perpétuité à Richard Cœur-de-Lion, ainsi que les fiefs en dépendant, Graçay, La Châtre, Saint-Chartier, Châtillon-sur-Indre, Châteaumeillant, etc.
— A cette époque, une affreuse famine désolait le Berry.

1196 — Colloque de Louviers, dans lequel Issoudun est attribué au roi de France et à ses héritiers.
— Au mépris de cette convention, Richard

ANS DE J.-C.

retient Issoudun et fait sommer Hervé, seigneur de Vierzon, de venir dans cette première ville lui faire hommage de son fief. Sur le refus d'Hervé de reconnaître la suzeraineté de Richard, celui-ci court sur Vierzon qu'il détruit de fond en comble.

— Guillaume de l'Etang, Henri et Hugues de Ferrières, tous trois d'Issoudun, prennent part à la ligue formée par Richard Cœur-de-Lion et Baudouin, comte de Flandres, contre Philippe-Auguste.

— Guillaume de l'Etang fait partie des représentants du roi d'Angleterre, envoyés en Flandres pour recevoir le serment des confédérés.

— Robert, comte de Dreux, quatrième époux de Mahaud de Bourgogne, fait hommage au roi de France pour le fief d'Issoudun, en l'absence d'Eudes III, son beau-fils.

1197 — Reprise des hostilités entre les deux rois, au sujet de la châtellenie de Vierzon.

1198 — Renouvellement des trêves par la médiation des légats du pape.

1199 — Nouveau traité conclu par les rois de France et d'Angleterre, entre Issoudun et Châ- rost, par lequel Philippe-Auguste donne l'archevêché de Tours en échange du château de Gisors et où sont posés les premiers préliminaires du mariage de Louis VIII avec Blanche de Castille.

ANS DE J.-C.
— A cette conférence, Richard ayant tiré son épée sous prétexte de tuer un serpent, les deux armées sont sur le point d'en venir aux mains.
— Richard Cœur-de-Lion est tué au siège de Chalus en Limousin.
— Mort d'Eudes III, seigneur d'Issoudun.
— Raoul III lui succède.

1200 — Traité de paix entre Philippe-Auguste et Jean-Sans-Terre, roi d'Angleterre.
— Mariage de Louis, fils du roi de France, avec Blanche de Castille, nièce de Jean-Sans-Terre. Elle apporte en dot les fiefs d'Issoudun, Graçay, etc.
— La ville de Bourges est pavée au commencement de ce siècle.

1201 — Mort d'Arnolphe, abbé d'Issoudun.
— Etienne lui succède.

1202 — L'archiprévéré d'Issoudun est uni au grand archidiaconé de Bourges, par saint Guillaume, archevêque.
— Les travaux de la Tour d'Issoudun se continuent de la part de Blanche de Castille, dont elle conservera le nom, et sont dirigés par le châtelain de Bourges, aux frais du trésor royal. Mille quarante livres de plomb et deux cents livres d'étain sont employés à la couverture de cet édifice.
— Mort d'André de Chauvigny, baron de Châteauroux.

1204 — Raoul III, seigneur d'Issoudun, confirme

Ans de J.-C.

tous les droits, priviléges et aumônes faits et concédés par ses prédécesseurs à l'abbaye Notre-Dame.

1206 — Raoul accorde à l'hôtel-Dieu d'Issoudun le droit de prendre une bûche par charroi de bois entrant par la porte de Villate.

1207 — Il fait don à l'Hôtel-Dieu d'une portion de la dîme qu'il levait dans Condé.

1208 — Raoul III, seigneur d'Issoudun, et Marguerite de Courtenay, sa femme, accordent aux frères et sœurs de la Maison-Dieu la possession, à titre de fiefs, des moulins de Chambon, des marais, prairies et hommes serfs de la paroisse de Saint-Aoustrille et des marais de Dormes, commune de Saint-Valentin, avec droit de justice sur ces deux paroisses.

1210 — Charte de Raoul en faveur du prieuré d'Orsan.

— Chute du clocher de Déols.

1211 — Raoul se croise avec sa femme contre les Albigeois. Avant de partir, ils accordent à l'abbaye de la Prée l'usage d'une charretée de bois *par chaque jour* dans la forêt de Tournesol.

1212 — Mort de Raoul III. — Par son testament, il ratifie tous les dons et priviléges accordés par ses prédécesseurs à l'abbaye d'Issoudun.

— Guillaume de Chauvigny devient seigneur d'Issoudun par son mariage avec Ma-

ANS DE J.-C.

haud, héritière de Raoul. Dans l'acte de foi et hommage qu'il fait envers Philippe-Auguste, il promet de ne point fortifier la ville d'Issoudun sans le consentement du roi, auquel il laisse la possession de la Grosse Tour en garantie. Il s'oblige en outre à payer au roi la somme annuelle de 100 livres pour l'entretien de la garnison que celui-ci voudrait y entretenir.

1214 — Trève conclue entre Philippe-Auguste et Jean-Sans-Terre. Des arbitres sont nommés pour le maintien de la paix dans le Berry, la Marche, le Limousin et l'Auvergne.

— Le ban et l'arrière-ban sont convoqués pour marcher en Flandres. Le seigneur d'Issoudun se rend à l'appel du roi avec son contingent.

1216 — Guillaume de Chauvigny et Mahaud d'Issoudun, son épouse, confirment les dons faits par leurs prédécesseurs à l'abbaye d'Issoudun.

1217 — La prévôté d'Issoudun est séparée de celle de Bourges par suite d'arrangements conclus avec Etienne de Saint-Palais et Hélie de Culant, héritiers de Mahaud d'Issoudun.

1218 — Etienne, abbé de Notre-Dame, obtient une composition pour les serfs du roi et du seigneur d'Issoudun habitant le bourg de

Ans de J.-C.

Saint-Paterne, dont la seigneurie appartenait à l'abbaye.

— Par lettres du mois de mai, Philippe-Auguste confirme tous les dons faits à l'abbaye Notre-Dame par les anciens princes et seigneur de Déols et d'Issoudun.

1220 — Par un acte signé à Paris, Philippe-Auguste traite avec Etienne de Saint-Palais, pour la portion à lui afférente dans la propriété de la ville d'Issoudun.

1221 — Philippe-Auguste acquiert la portion du château d'Issoudun appartenant aux héritiers de Renoul de Culant. Le traité est daté de Saint-Germain-en-Laye.

1223 — Mort de Philippe-Auguste.

— Guillaume de Chauvigny jure, avec les autres barons et grands du royaume, de garder l'ordonnance du feu roi contre les Juifs.

1224 — Une ordonnance de Louis VIII, datée de Lorris, déclare que les tenanciers du fief d'Issoudun sont sujets comme les autres au serment de commune et de trève.

— Blanche de Castille, régente de France, défait la ligue des grands vassaux formée contre elle et son fils, Louis IX. Le comte de la Marche, intimidé par ses succès, lui livre les places d'Issoudun et de Langeais. (Il s'agit sans doute ici d'Issoudun en Marche).

Ans de J.-C.

— Naissance de Guillaume II de Chauvigny, prince du Bas-Berri.

1226 — Concile à Bourges où est décrétée une nouvelle croisade contre les Albigeois. Louis VIII part de cette ville à la tête des contingents du Berri et prend d'assaut la ville d'Avignon.

1227 — Le pape Honorius III prend sous sa protection les maître et frères de la Maison-Dieu d'Issoudun ainsi que tous leurs biens, par un bref daté de cette année.

— La ville d'Issoudun est détruite par un incendie.

1228 — Concile à Bourges au sujet de la primatie des Aquitaines contestée à nos archevêques par ceux de Bordeaux.

1236 — La reine Blanche fait bâtir une halle à Issoudun, sur laquelle elle assigne une rente de 10 liv. tournois en faveur de la Maison-Dieu de Dun-le-Roi.

— Raoul était abbé de Notre-Dame et doyen de St.-Denis.

1239 — Blanche de Castille acquiert, moyennant 60 livres parisis, la propriété de diverses maisons sises à Issoudun près de la place du Prieur.

1240 — Blanche de Castille abandonne à Saint-Louis, son fils, la mouvance d'Issoudun, et de ses autres fiefs du Berri, moyennant 4,500 liv. parisis de revenu et d'autres terres en compensation.

Ans de J.-C.

— Issoudun est définitivement acquis à la couronne.

1243 — Selon l'abbé de Longuerue, Alphonse, petit-fils d'André de Chauvigny, ayant eu la ville d'Issoudun en partage, acquit les droits de ceux de la maison de Rochefort sur cette ville et, Alphonse étant mort en 1243, Issoudun fut réuni au Berri et au domaine royal. Nous ignorons sur quoi cette version est fondée.

— Jean, abbé d'Issoudun, ouvre le sépulcre de saint Paterne et en tire la tête de ce saint pour être exposée à la vénération du peuple, à la mi-carême.

1244 — Geoffroy, doyen de Saint-Cyr, donne à la chapelle de la Madeleine la grange de Sermelles et dépendances, situées paroisse de Lazenay.

1247 — Contrat du mois d'avril entre les doyen et chanoines de Saint-Denis et frère Gervais, maître de l'hôtel des Templiers d'Issoudun, contenant échange d'une pièce de terre située près des jardins de l'ordre et de la croix du pont de Saint-Denis, appelé dans cet acte le *Pont-Neuf*.

1250 — Les Cordeliers étaient déjà établis à Issoudun.

1251 — Les habitants du Berri exterminent les Pastoureaux.

1252 — La ville de Bourges est presqu'entièrement détruite par un incendie.

Ans de J.-C.

1253 — Le ban et l'arrière-ban de la province est convoqué à Issoudun.

1257 — Un certain chevalier ayant affranchi un nommé Chauveau, qui était serf du roi, le parlement annulle l'affranchissement et le roi donne ledit Chauveau et sa famille à la maison des lépreux d'Issoudun.

1268 — Fondation du prieuré de Linières par Guillaume III, seigneur du lieu.

1270 — Les habitants d'Issoudun protestent contre la double taille qui leur est imposée à l'occasion de l'admission de Philippe, fils du roi, à l'ordre de chevalerie et du mariage de sa sœur Elisabeth avec Thibaud, roi de Navarre. Le parlement les condamne à payer 300 livres de subsides.

— Guillaume II de Chauvigny meurt à Palerme le 5 janvier.

1272 — Dom Gigoisneau, chanoine de Saint-Cyr, vend à l'Hôtel-Dieu d'Issoudun une partie du grand bois appelé le *Bois de l'Hôpital*.

1275 — Etienne Maréchal était prévôt d'Issoudun.

— Arrêt du parlement relatif à Guillaume III de Chauvigny, dit *Dent de Mai*, qui avait été longtemps prisonnier dans le château d'Issoudun.

1276 — Concile de Bourges touchant l'élection des évêques, présidé par Simon de Brie, légat.

1280 — Concile à Bourges concernant la réforme des ecclésiastiques, présidé par Guy de Selles.

Ans de J.-C.

1282 — Pierre de Villaumes, prévôt d'Issoudun et garde du scel.

1283 — Philippe-le-Hardi, étant à Issoudun, le 2 décembre, donne acte à l'archevêque de Bourges de ce que celui-ci avait donné à son bailly 50 livres en pur don et de ce qu'il n'en devait pas être tiré conséquence pour l'avenir.

1284 — La Maison-Dieu d'Issoudun acquiert de Jean de la Chapelle, chevalier, la terre de St.-Valentin.

1285 — Guillaume Braulis, prévôt d'Issoudun.

1286 — Concile provincial à Bourges, présidé par Simon de Beaujeu, le 19 septembre.

1290 — Pierre, abbé d'Issoudun, meurt le 23 janvier.
— Etienne lui succède.

1293 — Girard Borlandi, prévôt.

1297 — Robert de Villefranche, garde du scel et procureur du roi.

1298 — Jean Barbarin, prévôt.
— Provisions du gouverneur d'Issoudun, concernant Enguerrand de Marigny.

1302 — Guillaume III de Chauvigny souscrit la lettre adressée par les grands barons de France aux cardinaux, touchant le différend de Boniface VIII et de Philippe-le-Bel.

1304 — Persécution contre les Juifs.—Date des inscriptions hébraïques de la tour d'Issoudun.

1306 — Le pape Clément V vient à Bourges, et de

Ans de J.-C.

là à l'abbaye de Déols où il va loger avec onze cardinaux.

— Il concerte avec Philippe-le-Bel la perte des Templiers.

1307 — Hugues Joham, bailly de Berri, reçoit commission d'informer contre les Templiers. Ils sont tous arrêtés le 13 octobre de la même année.

1308 — Pierre Prévôt, abbé d'Issoudun, jusqu'en 1340.

1310 — Jean de Pomères ou Pommier, maître de la maison de Saint-Ladre, stipule au nom de ses *frères*.

— Louis Hutin confirme la charte d'affranchissement des Bourgeois d'Issoudun.

1311 — Nouveau contrat passé par Jean de Pomères au nom des *frères* de St. Ladre.

— Jean Barmond, garde du scel à Issoudun.

1317 — Philippe-le-Long, roi de France, accorde à l'Hôtel-Dieu d'Issoudun le droit de prendre un charroi de bois dans la forêt de Cheure.

— Régnaud Baudet, prévôt d'Issoudun et garde du scel.

1318 — Jean l'Abeiller ou l'Habillier, bourgeois d'Issoudun, fonde un hôpital et une chapelle en l'honneur de la Ste.-Vierge et de saint Louis, au faubourg de Villate.

1323 — Charte de Charles-le-Bel, portant concession dans la forêt de Cheure, en faveur de l'abbaye d'Issoudun.

ANS DE J.-C.

1324 — Marie de Luxembourg, épouse de Charles-le-Bel, roi de France, meurt en couches à Issoudun. Suivant les uns, elle est enterrée avec son enfant à l'abbaye d'Issoudun; selon d'autres, son corps est transporté à Montargis.

1326 — André II de Chauvigny est poursuivi devant le parlement, pour le paiement de l'amende due par son père.

1329 — Guillaume l'Orfèvre, prévôt d'Issoudun.

1331 — Jean Henriet, prévôt.

1332 — Jean Bouillaud, prévôt.
— Mort de Guillaume III de Chauvigny, dit *Dent de Mai*.

1333 — Giry Chapelle, prévôt.

1334 — Guy de Châlons, prévôt.

1336 — Concile provincial à Bourges.

1338 — Jean Arthuis, lieutenant du sénéchal, du maître des fiefs et des mortailles.

1342 — Jean l'Orfèvre, prévôt.

1343 — Jean Masselin, prévôt.

1347 — La cure de St.-Cyr est annexée au chapitre.

1348 — Une peste effroyable désole la ville d'Issoudun. Elle dure plusieurs années.
- Pierre Blanchonnet, prêtre et vicaire perpétuel de Saint-Cyr, lègue aux vicaires et bacheliers de son église les appentis sis à Issoudun, derrière la léproserie de Saint-Lazare et 15 sols tournois à la chapelle de la Madeleine.
— Jean Gouhaut, maître de l'Hôtel-Dieu.

Ans de J.-C.

1350 — Louis Desjardins, garde du scel jusqu'en 1587.

1352 — Décès de Geoffroy Millesent, abbé d'Issoudun.

1353 — Jean de Fromères, prêtre, prieur et chapelain de la chapelle Sainte-Marie-Madeleine d'Issoudun.

— Bourges est réduit en cendre.

1356 — Le prince de Galles ravage les faubourgs de Bourges, vient assiéger Issoudun par la porte aux Bœufs, brûle une partie de la ville et le faubourg de Saint-Paterne avec l'église.

— Mort d'André II de Chauvigny, dit *le sourd*.

— André III, son fils, est tué à la bataille de Poitiers.

1358 — Nouvel incendie. Une partie de l'église St.-Cyr est détruite.

— Réunion des notables habitans dans le cloître de l'abbaye pour aviser aux réparations des fortifications. On impose à cet effet une taxe de six deniers par livre sur toutes les denrées « qui seront vendues en la ville et Chastel » et dans les faubourgs Saint-Paterne et Saint-Denis.

1360 — Jean Ier est fait duc de Berri.

— Un nommé Jacquemin Coran se présente devant le bailly d'Issoudun et demande à être déchargé de la redevance qu'il payait à l'abbaye Notre-Dame, sur une maison qu'il occupait à la porte aux

ANS DE J.-C.

Bœufs et qui avait été détruite par les Anglais. Défense est faite aux moines de plus le molester à l'avenir.

1361 — Provisions de l'archevêque de Bourges en faveur de M⁰ Martin Clissy, prêtre du prieuré ou chapelle de Sainte-Marie-Madeleine d'Issoudun.

1362 — Guy II de Chauvigny est fait chevalier par Bertrand du Guesclin.

— Robert de la Tour, prévôt d'Issoudun.

1363 — Jean III de Châlons, comte d'Auxerre, obtient lettres du mois de janvier, portant que les villes de Saint-Aignan, Celles-sur-Cher et Valençay, qui étaient du bailliage d'Issoudun, ressortiront dorénavant du bailliage de Chartres.

— Frère Guillaume de Celles, abbé d'Issoudun.

1365 — Par lettres du 5 septembre, Jean, duc de Berri, donne à la cathédrale de Bourges cent livres de rente à prendre sur la prévôté de la ville, château et ressort d'Issoudun, moyennant la célébration annuelle de douze messes au grand autel pour le salut de son âme. Il retira depuis cette rente et donna en échange au chapitre la terre et seigneurie de Lury.

1366 — Guillaume de la Tour, prévôt d'Issoudun.

1368 — Par un acte à cette date, maître Jean Amignon, gouverneur de la Maison-Dieu d'Issoudun et cinq frères *donnés*, baillent à ferme pour quinze ans, à Jean Estevenon

Ans de J.-C.

ledit Hôtel ou Maison, à la charge d'y héberger les pauvres, nourrices, orphelins, les nourrir, vêtir, etc., moyennant quelques prestations en nature.

1370 — Le duc de Berri fait poursuivre à Issoudun Hélie Tranchecerf et ses complices qui, par l'ordre de Régnault de Graçay, avaient assassiné Guillaume de Gizay, sur la route de Vatan. Les complices sont exécutés sur le lieu même du crime, à la *Croix des Etêtés*.

— Décès de Licerius, abbé d'Issoudun.

— Hugues de La Lande lui succède.

— Jean Amignon, prévôt.

— Yves Arthuis, lieutenant du sénéchal.

1374 — Louis de Courtille, lieutenant du sénéchal.

1375 — Exemption des tailles accordée par Charles V à la ville d'Issoudun.

1376 — La cour des *Grands Jours* du duché de Berri décide que le chapitre de Bourges pourra suivre ou réclamer ses hommes serfs *jusque dans le château d'Issoudun* (1) *qui estoit alors tenu et réputé pour ville*, car, à cause des guerres, *les bonnes gens qui souloient demeurer en la ville et chas-*

---

(1) Nous avons vu que la ville avait été en grande partie détruite par les incendies et les ravages des hordes à la solde de l'Angleterre. Elle fut longtemps inhabitable. Le château reçut tout ce qu'il put contenir d'habitants ; c'est ce qui lui fit perdre pendant un temps son droit de *franchise et d'asile* et le fit assimiler à la ville où toutes poursuites s'exerçaient librement.

ANS DE J.-C.

tellenie, s'étaient pour la plupart réfugiés dans l'intérieur du château.

1380 — Sur les remontrances du chapitre de Saint-Cyr, qui prétendait avoir seul le droit de nommer le maître ou administrateur de Saint-Ladre, le duc Jean, qui avait pourvu de cet office Nicolas Foynat, son sommelier, révoque cette nomination et confirme par arrêt solennel le droit du chapitre.

— Jacquelin de Blet, lieutenant-général du bailliage à Issoudun.

— Guillaume Lamerson, procureur du roi.

1389 — On disait la messe dans la chapelle de Cléry, toutes les semaines, de temps immémorial.

— Jean de Chârost, prévôt d'Issoudun.

1391 — Guy de Chauvigny vend ses joyaux à Jean, duc de Berri.

— Pierre Amignon, garde du scel à Issoudun.

1397 — Pierre Beaufrère, garde du scel jusqu'en 1422.

1404 — Le duc Jean de Berri, étant gravement malade, fait présent à l'église Notre-Dame d'Issoudun d'une croix toute couverte de pierreries.

— Frère Gatien Tabou était abbé.

— Pierre Beaufrère, lieutenant du sénéchal.

1405 — Etienne Laridon, prévôt d'Issoudun. Il a laissé son nom à une rue de la ville.

1406 — Guillaume de Blet, lieutenant-général du bailliage.

Ans de J.-C.

1412 — Les habitants d'Issoudun envoient assurer de leur fidélité le roi Charles VI, qui venait assiéger dans Bourges le duc de Berri, son oncle, chef de la faction des Armagnacs.
— Peste en Berri.
— Frère Louis Martyres, abbé d'Issoudun.

1413 — Accord passé entre Philippe, seigneur de Linières et l'abbaye d'Issoudun.

1414 — Jean, duc de Berri, confirme les priviléges et franchises de l'Hôtel-Dieu d'Issoudun.

1419 — Décès de frère Jacques de La Chastre, abbé d'Issoudun.

1420 — Peste en France.

1422 — Issoudun incendié.
— Mort de Guy II de Chauvigny en son château de Cluis-dessous.

1423 — Charles VII fait remise aux habitants d'Issoudun du droit de mortaille, moyennant 2,000 livres.
— Le pape Martin V prend sous sa protection les maître et frères de l'Hôtel-Dieu d'Issoudun.

1426 — Au mois de janvier, Charles VII étant à Issoudun, le comte de Richemont, connétable de France, le sire de la Trémouille et le sire d'Albret viennent en cette ville pendant la nuit, enlèvent le sire de Giac, argentier et favori du roi, et le conduisent à Dun-le-Roi où ils le font noyer.

1429 — Jacques Belon, prévôt d'Issoudun.

Ans de J.-C.

1430 — Charles VII donne à André de Villequier la seigneurie d'Issoudun.

— Il permet aux religieux de la Prée de fortifier leur abbaye.

— Pierre Dubois, garde du scel à Issoudun jusqu'en 1470.

1432 — Charles de la Rivière, comte de Dammartin, meurt à Issoudun sans postérité.

— Assemblée du clergé de France à Bourges, au sujet du concile de Bâle.

1435 — A l'approche du fameux capitaine de Routiers, Rodrigue de Villandrado, les habitants d'Issoudun se présentent devant le prévôt pour réclamer des mesures de sûreté. On décide d'abattre les maisons extérieures avoisinant les murs de la ville jusqu'à 40 toises (1).

1438 — Assemblée du clergé de France à Bourges, sous la présidence du roi, où est décrétée la *Pragmatique-Sanction*.

1440 — Charles VII, étant à Bourges, donne à Salazar, capitaine biscayen, la châtellenie d'Issoudun en garantie d'une somme de 6,000 livres qu'il lui avait promise.

1447 — Charles VII permet aux habitants d'Issoudun de combler le fossé qui était entre la ville et le château, à la condition de n'y point bâtir.

— Par lettres données à Issoudun, Charles VII

---

(1) On se souvenait de ce qui était arrivé à la *Porte aux Bœufs*, lors de la venue du Prince Noir.

Ans de J.-C.

confirme la donation de la châtellenie de Vierzon faite par Renaud de Chartres à sa mère.

1450 — Première distraction du bailliage d'Issoudun pour l'érection du comté de Blois, en faveur de Charles, duc d'Orléans et de Milan, père de Louis XII, par arrêt du parlement du 10 avril.
— Jean Dorsanne, prévôt d'Issoudun.
— Jean Bombarrault ou Barrault était maître de l'enquête. Il est remplacé par M° Macé du Milieu.

1461 — Louis XI conserve à la ville d'Issoudun la perception de 12 deniers qui remplaçait la taille pour les villes franches les plus importantes.
— Nicolas Bouffet, seigneur de Thizay, fonde en l'église de Saint-Cyr la chapelle et vicairie de Saint-Gatien.
— Frère Etienne Diebles, abbé d'Issoudun. Ce fut le dernier abbé élu par les moines.
— Guillaume Grosse-Tête, prévôt.

1464 — Louis XI vient à Issoudun avec une armée. Il y fait un assez long séjour et, après s'être assuré de la fidélité des habitans, il se rend en Bourbonnais, en évitant la ville de Bourges déclarée contre lui.
— Guillaume Prévôt, lieutenant du sénéchal.

1465 — Louis XI octroie aux habitans d'Issoudun sept foires franches par lettres données à Amboise le 26 avril.

Ans de J.-C.

1467 — La ville d'Issoudun envoie trois députés aux Etats-Généraux tenus à Tours, un ecclésiastique et deux laïques.

1469 — Jean Girard, prévôt d'Issoudun.

1470 — Guillaume Grosse-Tête, procureur du roi.

1471 — Louis XI, étant à Issoudun, accorde à cette ville une huitième foire franche, dite la foire de Saint-Paul.

1475 — Charles Mesnart, écuyer, seigneur de la Chaumière, garde du scel à Issoudun.

1477 — Louis XI, ayant envoyé commission pour lever 40,000 livres en Berri, y mit cette clause : *à l'exception de nos villes de Bourges et d'Issoudun qui sont franches.*

1480 — Le roi Louis XI fait don à Frédéric d'Aragon, prince de Tarente, de la *capitainerie* et du revenu de la ville d'Issoudun.

— Anne de Savoye, épouse de Frédéric d'Aragon, meurt au château de Paudy et est enterrée au charnier de l'abbaye d'Issoudun.

— Jean Amignon, prévôt d'Issoudun.

1482 — Mort de Guillaume III de Chauvigny, baron de Châteauroux.

— Jacques de Castelnau, abbé commendataire de l'abbaye d'Issoudun.

1483 — Les habitants d'Issoudun se pourvoient, pour le maintien de leurs franchises, près du roi Charles VIII, qui les déclare exempts de tailles pour l'avenir.

1486 — Cyr Rouliet, garde du scel à Issoudun.

Ans de J.-C.

- 1487 — Bourges brûlé le 17 juillet.
- 1488 — Macé du Milieu, maître de l'enquête, fait constater que, depuis 12 ans, il n'y avait plus ni frères ni sœurs à l'Hôtel-Dieu d'Issoudun.
  — Il y avait alors à Sainte-Lizaigne deux vicaires *(firmarii)* dont l'un était chanoine de Linières.
  — Louis, duc d'Orléans, depuis Louis XII, qu'on conduisait prisonnier à la Grosse-Tour de Bourges, est amené à Issoudun.
- 1489 — Jean Estevenard, prévôt d'Issoudun.
- 1492 — Charles VIII, ajoute deux gouverneurs aux deux que les habitans d'Issoudun avaient l'habitude d'élire annuellement.
  — La ville d'Issoudun fournit cent hommes pour la guerre, tandis que la ville de Paris en fournit mille.
- 1497 — Une épidémie cruelle afflige la ville d'Issoudun et ses environs. Les habitants se dispersent de tous côtés. Trois mille personnes sont emportées dans la ville seule.
- 1498 — Louis XII, à son avénement, confirme aux habitans d'Issoudun l'exemption des tailles.
  — Il fait don de la ville d'Issoudun au trop célèbre César Borgia, duc de Valentinois.
- 1499 — Pierre Beaufrère, prévôt d'Issoudun.
- 1500 — Frère Jean Barchet, abbé d'Issoudun, de Vierzon et d'Olivet.
- 1501 — Acte de foi et hommage d'André IV de Chauvigny à la duchesse de Berri.

Ans de J.-C.

1502 — Pierre de la Chaise, maître de l'enquête, fait reconstruire à neuf la voûte de la salle des hommes et celle de la chapelle de l'Hôtel-Dieu. Il fait faire les dorures.

— Mort d'André IV de Chauvigny.

1504 — Un incendie se déclare à la maison d'un citoyen d'Issoudun, nommé Marc Avignon, et consume plus de 200 maisons.

1510 — Jean de Touzelles, lieutenant du sénéchal à Issoudun.

1513 — L'évêque d'Albi, étant à Issoudun, dresse, à la prière de Pierre Guillemet, prieur claustral de l'abbaye, un procès-verbal constatant l'existence des reliques de St-Paterne dans son église.

1515 — Le roi François Ier confirme les franchises de la ville d'Issoudun par lettres données à Amboise, au mois de juin.

1516 — Mathurin de Chauvigny est nommé abbé de Sainte-Marie d'Issoudun.

1517 — Les commissaires du roi viennent prendre possession de la ville, châtel, châtellenie et juridiction d'Issoudun, au nom de Mme Marguerite, reine de Navarre, sœur de François Ier, nommée duchesse de Berri.

— Les officiers d'Issoudun adressent au roi des remontrances contre la juridiction des *Grands Jours*.

— Denis Audoux, lieutenant du sénéchal à Issoudun.

Ans de J.-C.

— Pierre Bondux, Boudin ou Bondoin, procureur du roi.

1520 — Macé Viroys, libraire à Issoudun, fait imprimer le style particulier du bailliage à la suite de la coutume d'Issoudun.

1525 — Jean de Moussy, écuyer, sieur de la Mothe-Fleury, maître d'hôtel du roi et de la reine de Navarre, est nommé *capitaine* d'Issoudun.

— François de Touzelles, lieutenant du sénéchal.

1533 — Jean Des Fosses, lieutenant du Sénéchal.

1534 — La juridiction des *Grands-Jours* est abolie à Issoudun, par lettres du roi du 3 août.

1535 — Représentation à Issoudun du *Mystère de la Passion*, dans un amphithéâtre construit pour la circonstance.

1538 — La reine de Navarre, duchesse de Berri, fait réformer l'abbaye d'Issoudun par lettres du roi du 25 mars.

— La ville d'Issoudun proteste contre le logement des gens de guerre.

1539 — Jean Arthuis, procureur du roi à Issoudun.

— Jean Des Fosses, lieutenant du sénéchal à Issoudun, assiste à la rédaction de la coutume de Berri.

1541 — Arrêt du parlement de Paris qui déclare les villes de Bourges et Issoudun exemptes de garnisons et logement des gens de guerre.

1547 — Confirmation des franchises d'Issoudun par

Ans de J.-C.

lettres de Henri II, données à Fontainebleau au mois de mars.

1552 — Peste cruelle en Berri.
— Tenue des *Grands-Jours* à Bourges.

1555 — Antoine Dorsanne, lieutenant du sénéchal à Issoudun.

1559 — Confirmation des franchises d'Issoudun par lettres de François II, datées de Blois.
— François Régnier, lieutenant du sénéchal.

1561 — Inventaire des titres de l'hôpital Saint-Ladre, le 9 décembre.

1562 — Edit de janvier en faveur des protestants.
— Bourges est pillé par les protestants.
— Le roi Charles IX vient à Bourges au mois de septembre.
— Siége d'Isssoudun, par les protestants, sous les ordres du capitaine d'Ivoy.
— Charles de Barbançois, seigneur de Sarzay, se jette dans Issoudun avec quelques gentilshommes, au secours des catholiques.
— D'Ivoy lève le siège en apprenant l'arrivée du maréchal Saint-André avec l'avant garde de l'armée des Guise.
— Les troupes de Saint-André commettent toutes sortes d'excès à Issoudun.
— Dorsanne, ami de Cujas, lieutenant-général à Issoudun.

1567 — Destruction de l'église de l'abbaye de Déols.

1568 — Charles de Barbançois de Sarzay était gouverneur d'Issoudun.

Ans de J.-C.

— G. Robert, G. Carcat, Yv. Audoux et J. Cougny, échevins.

— Les habitans donnent le nom de *Tour de Sarzay*, à une tour nouvellement reconstruite.

— Remontrances des catholiques d'Issoudun au roi, tendant à obtenir des sûretés contre les protestants, et demandant que le sieur de Sarzay leur soit conservé comme gouverneur.

— Fonte de canons à Issoudun pour la défense de la ville.

1569 — Les catholiques d'Issoudun détruisent de fond en comble le temple des protestants.

— Denis Du Jon, natif d'Issoudun, conseiller du roi et commandant de la maréchaussée, envoyé à Issoudun pour informer sur ces faits, est assassiné par la populace et son cadavre traîné par les rues.

1570 — Charles IX ordonne en conseil que la ville d'Issoudun sera rasée et *convertie en village*. Heureusement cette sentence n'est point exécutée.

1573 — François de Valenciennes, lieutenant du sénéchal à Issoudun.

1574 — Henri III confirme tous les priviléges des habitants d'Issoudun et y ajoute l'exemption perpétuelle du *taillon*, du ban, de l'arrière-ban, des droits de francs-fiefs et nouveaux acquêts.

Ans de J.-C.

1576 — Formation de la Ligue. Issoudun se déclare contre elle.

1578 — François Arthuis, procureur du roi à Issoudun.

1583 — Restauration de la porte du château, aujourd'hui la prison, par l'ordre de François, duc d'Alençon et de Berri, frère du roi.

— Claude Dorsanne, lieutenant du bailliage.

1584 — Mort de François, duc de Berri et d'Alençon.

1587 — Georges de Gamaches, chambellan du roi Henri III, est fait gouverneur d'Issoudun.

— Issoudun ferme ses portes au sieur de la Châtre de la Maisonfort, gouverneur du Berri pour la Ligue, et tient presque seule pour le parti du roi.

— Le sieur d'Arquien, commandant-général des forces du roi en Berri, établit son quartier général à Issoudun.

1589 — Le sieur de la Châtre parvient à se rendre maître d'Issoudun au moyen des intelligences qu'il avait dans la ville. Il en bannit les principaux chefs du parti royaliste.

— Le sieur de Matheflon est institué gouverneur d'Issoudun pour la Ligue.

— Conjuration de Marandé. Les ligueurs sont chassés de la ville le 14 juillet. Le souvenir de cette délivrance était célébré chaque année par des réjouissances publiques.

Ans de J.-C.

— Le sieur de Gamaches est fait prisonnier, le 5 août, par les ligueurs, au combat de la Prée.

— Chârost et mis à sac par les ligueurs au mois d'octobre.

— Florimond Du Puy, seigneur de Vatan, bat une compagnie de la cavalerie de Bourges près de Graçay, lui prend 22 chevaux et amène ses prisonniers à Issoudun.

— D'Arquien s'empare de Lury et de Reuilly. Ceux d'Issoudun prennent les châteaux de Mareuil et de la Creusette.

— Les sieurs d'Arquien, de Vatan et de Beaupré tirent d'Issoudun 600 hommes et deux pièces de canon, réduisent les châteaux de Brives, Bouges, la Berthenoux, Pruniers, Rozay et La Beuvrière et ramènent leurs prisonniers à Issoudun.

1590 — Le sieur de La Châtre essaie de surprendre Issoudun; mais il est repoussé.

— D'Arquien, poursuivi par le capitaine Prosper supérieur en forces, vient se réfugier à Issoudun.

— Le 8 septembre, ceux d'Issoudun surprennent le château de Saint-Florent et font prisonnier le sieur de Moulin-Neuf qui est aussitôt délivré par le sieur de Richemont, lieutenant de La Châtre.

1591 — Au mois de juillet, d'Arquien est débusqué du château de la Ferté appartenant au sieur de La Châtre.

Ans de J.-C.

— Le 15 décembre, il reprend par escalade la ville de Chârost. Le capitaine Prosper, qui y commandait, est amené à Issoudun et condamné à être pendu.

1592 — Au mois de mars, le capitaine Chevalier, d'Orléans, est également amené à Issoudun et pendu.

— François Carcat était procureur du roi.

1598 — Le roi Henri IV, par lettres du 4 février, confirme les priviléges des habitants d'Issoudun et les affranchit expressément de toutes contributions, sauf la *subvention*.

1611 — Confirmation des franchises et priviléges de la ville d'Issoudun, par lettres de Louis XIII du 25 janvier.

1616 — Démembrement de l'ancien ressort d'Issoudun pour la formation de celui de Châteauroux, érigé en duché-pairie par Louis XIII, en faveur du prince de Condé.

— Opposition des officiers du bailliage d'Issoudun au démembrement du bailliage et pourvoi en Parlement. Cette affaire dure 14 ans.

1620 — François Carcat, procureur du roi.

1626 — La châsse de Saint-Paterne est ouverte pour la troisième fois par messire Roland Hébert, en présence de Dom Touchet, abbé de Notre-Dame.

— René Dorsanne, seigneur de Thizay et de

Ans de J.-C.

Janvarennes, procureur général à Issoudun.

1627 — Arrêt du Parlement du 4 février, qui fixe la juridiction du duché-pairie de Châteauroux, et accorde une indemnité aux officiers du bailliage d'Issoudun, ainsi qu'au Maréchal de la Châtre, comme propriétaire par engagement des greffes d'Issoudun. La plupart des officiers refusent cette indemnité.

1630 — Antoine Dorsanne, procureur du roi.

1632 — Au mois de mars, on trouve un grand nombre d'urnes cinéraires romaines dans un champ, derrière le monastère des Cordeliers d'Issoudun.

— Le célèbre président de Mesme, qui, à cette époque, était relégué à Issoudun, fait faire, mais en vain, de nouvelles fouilles, dans l'espoir de trouver d'autres antiquités.

1643 — Louis XIV confirme les franchises et priviléges de la ville d'Issoudun, par lettres données à Paris, au mois de septembre.

1645 — Jean Brossard, procureur du roi.

1651 — Pendant les troubles de la Fronde, le jour de la saint Mathieu, éclate à Issoudun, à sept heures du soir, un terrible incendie qui dévore, les uns disent six cents maisons, les autres douze cents. Il y périt plus de soixante personnes.

— Quelque temps après, la cour étant venue à

Ans de J.C.

Issoudun, Louis XIV, ému du spectacle de la ville en ruines, accorde aux habitants, comme compensation, le privilége de noblesse pour leur maire, l'augmentation du nombre des échevins porté à quatre, un avocat, un procureur et trente-deux conseillers. La ville est exemptée pour toujours de la subsistance et du logement des gens de guerre.

1660 — Synode protestant tenu à Issoudun.
— René Dorsanne, seigneur de Sarragosse, lieutenant du bailliage.
— Jacques de l'Etang, seigneur de Montaboulin, procureur du roi.

1666 — René Dorsanne, lieutenant du bailliage.

1670 — Un sieur Rasle, qui s'était fait pourvoir de la maladrerie d'Issoudun comme d'un bénéfice à la nomination du roi, est débouté de ses prétentions à la requête des maire et échevins de la ville, par arrêt du conseil du 28 février qui met cette nomination au néant.

1685 — Révocation de l'édit de Nantes. La population industrielle déserte Issoudun.

1687 — Jacques de l'Etang, fils du précédent, procureur du roi.

1778 — Arrêt du conseil, en date du 12 juillet, portant établissement d'une administration provinciale modèle dans le Berri. La ville d'Issoudun se fait représenter

Ans de J.-C.

>par M. Robert, pour le Tiers-Etat et l'abbé de l'Etang, pour le Clergé.

1788 — Grande disette en Berri.

1789 — M. Poya de l'Herbé, lieutenant particulier à Issoudun. Il est nommé député du Tiers à l'assemblée bailliagère du Berry, ainsi que M. Baucheron, avocat à Issoudun. M. Gaigneau Sainsoin, est nommé député suppléant.

1790 — Nouvelle circonscription territoriale de la France. On agite la question de savoir si le chef-lieu du district de l'Indre sera placé à Issoudun, comme ville principale du Bas-Berri, ou à Châteauroux comme point plus central.—Châteauroux l'emporte. — Issoudun est à jamais sacrifié.

TABLEAU GÉNÉALOGIQUE ET CHRONOLOGIQUE

Des Princes de Déols.

LÉOCADE, — Sénateur romain, gouverneur de la première Aquitaine, avait un palais à Bourges et séjournait à Déols; — Vivait au 3e siècle.

On ignore quelle fut la suite des princes ou gouverneurs du Bas-Berri, jusqu'à

LAMBERT, — Incertain, — Présumé descendant du sang de Léocade, — Contemporain de Charlemagne et de Louis-le-Débonnaire.

Il fit la guerre aux Sarrasins et battit les comtes de Blois et d'Orléans, partisans des fils de Louis, qui avaient déposé leur père; — Repoussa les invasions des Normands; — Vivait au 9e siècle.

EBBES ou EBBON, — Selon quelques-uns, appelé aussi *Odoard*, et frère puîné de Guillaume, duc d'Aquitaine et d'Auvergne et comte de Bourges, aurait été aussi comte de Bourges après la mort de son frère, — Contemporain de Charles-le-Simple; — Ordonna par son testament la fondation de l'abbaye de Déols, qu'il fit commencer en 917. — On connaît de lui une charte de 927. — Il vainquit les Normands à Châtillon-sur-Indre, — Fut blessé dans la guerre contre les Hongres et mourut à Orléans, où il fut enterré dans l'église Saint-Aignan, en 935; — Eut pour épouse Hildegarde.

Raoul Ier, dit le *large* ou le *généreux*, — Fils du précédent, — Ainsi surnommé à cause de sa libéralité envers les églises ; — Acheva l'église de Déols et fonda le Château-Raoul, qui devint le noyau de la ville de Châteauroux ; — Transporta à Issoudun les reliques de saint Paterne, sainte Brigitte et saint Patrice en 947 ; — Rebâtit l'église de Saint-Martin qui prit le nom de Saint-Paterne ; — Eut pour épouse Duode ; — Mourut en 952.

Raoul II dit le *Grand* ou le *Chauve*, — Fils du précédent, — Baron du Château-Raoul ; — Mort en 1012 ; — Eut pour épouse Ade ou Adèle.

Eudes ou Odon dit *l'Ancien*, — Fils du précédent, — Prince du Château-Raoul et d'Issoudun. — On connaît de lui des chartes de 1018 et 1034. — Il se croisa avec Richard, abbé de Déols, et arriva à Jérusalem en 1027 ; — Fit la guerre au roi Robert ; — Prit Argenton et en chassa le seigneur ; — Bâtit un château près de Massay ; — Fit la guerre au vicomte et à l'archevêque de Bourges et les défit près de Châteauneuf-sur-Cher, en 1037.

Fulbert, évêque de Chartres, dans sa 123e épître, loue la prudence d'Eudes. — On ne connaît pas son épouse, ni la date de sa mort.

Raoul III dit le *Prudent*, — Fils du précédent, — Baron de Châteauroux, — Pour venger la mort de son frère, s'empare de Châteauneuf-sur-Cher appartenant au vicomte de Bourges ; — Mort en 1052.

Raoul IV dit *Thibaud*, — Fils puîné du précédent, — Baron de Châteauroux, — Entreprend un voyage en Terre-Sainte et meurt à Antioche. — Châteauroux brûle sous son règne, en 1088.

Raoul V dit le *Vieux*, — Fils du précédent, — Baron de Châteauroux, prince du Bas-Berri, seigneur de La Châtre, Saint-Chartier, Cluis, Argenton, Aigurande, Le Châtelet, etc. — Charte de 1113. — Il réunit une grande assemblée de seigneurs, de prélats et d'abbés pour l'inauguration de l'église de Saint-Gildas, qui fut consacrée par Vulgrin, archevêque de Bourges. — On ignore l'époque de sa mort et s'il fut marié.

Ebbes II, — Baron de Châteauroux, prince de la Terre déoloise, seigneur d'Argenton, Cluis, Saint-Chartier, La Châtre, etc. — Charte en faveur du prieuré de Villedieu. — Il eut pour épouse, Denise d'Amboise. — On ignore l'époque de sa mort.

Raoul VI, — Baron de Châteauroux, prince de Déols, entreprend le voyage de Jérusalem; — Meurt au retour, à Ranagune en Romanie, en 1176. — Charte de la même année où il se qualifie *par la Grâce de Dieu, Prince de Déols*. — Ses deux fils s'étant noyés ensemble, l'un voulant secourir l'autre, en lui finit sa race. — Il eut pour épouse, Adeline de Sully.

Maison de Chauvigny.

André Ier de Chauvigny, dit le *Preux des Preux*, — Prince de Déols, à cause de Denise, son épouse, héritière de cette seigneurie. — Charte de 1197. — Mort en 1202.

Guillaume Ier, — Fils du précédent, baron de Châteauroux, prince de la Terre déoloise, seigneur d'Issoudun par sa femme. — Chartes de 1213, 1214, 1218, 1220, 1227, 1228, 1230, 1231, 1233. — Il eut pour épouses : 1° Mahaud d'Issoudun; 2° Blanche N...

Guillaume II, — Fils du précédent, baron de Châteauroux, prince du Bas-Berri, seigneur de La Châtre, Argenton, Cluis, Aigurande, le Châtelet, etc., — Fit deux fois le voyage d'outremer. — Chartes de 1248, 1261 et 1262. — Dans celle de 1261, il se qualifie *Nobilis vir Willelmus de Calviniaco, Dominus castri Radulfi.* — Mort à Palerme, le 5 janvier 1270, selon le nécrologe des cordeliers de Châteauroux, et, selon la chronique de Déols, en 1271. — Il eut pour épouses : 1° Agnès de Vierzon, 2° Agathe de Lusignan.

GUILLAUME III, dit *Dent de mai*, — Fils du précédent, baron de Châteauroux, prince de la Terre déoloise, — Eut un procès avec l'abbaye de Déols, en 1275 ; — Fut longtemps prisonnier dans le château d'Issoudun ; — Souscrivit la lettre des seigneurs au concile de Bâle, en 1302. — Chartes de 1294, 1313 et 1316. — Mort le 2 mai 1332. — Il eut pour épouses : 1° Jeanne de Châtillon, 2° Jeanne de Vendôme.

ANDRÉ II dit le *Sourd*, — Fils du précédent, baron de Châteauroux, prince du Bas-Berri, — Fut poursuivi devant le Parlement, en paiement d'une amende encourue par son père en 1326. — Procès avec Marie de Chauvigny, dame de Beaujeu, en 1343. — Il partage ses biens entre ses enfants en 1350 ; — Meurt en 1356 ; — Eut pour épouse, Jeanne, vicomtesse de Brosse.

ANDRÉ III, — Fils du précédent, baron de Châteauroux, vicomte de Brosse, sire du Châtelet. — Charte de 1317. — Fut tué à la bataille de Poitiers, le 18 septembre 1356; — Eut pour épouse Alix d'Harcourt.

GUY Ier, — Dernier des enfants d'André *le Sourd*, — Fait prisonnier et rançonné par les Anglais, — Eut pour épouse Blanche de Brosse.

GUY II, — Vicomte de Brosse, baron de Châteauroux, armé chevalier par Duguesclin, l'aide à chasser les Anglais de la Guienne ; — Vend ses joyaux à Jean, duc de Berri, en 1391. — Charte de 1362. — Mort en son château de Cluis-Dessous, en 1422. — Il eut pour épouses : 1° Jeanne de Beaufort, en 1374 ; 2° Antoinette de Cousan, en 1404.

Guy III, — Fils du précédent, baron de Châteauroux vicomte de Brosse et de Dun-le-Palleteau. — Charte de 1423. — Après la mort de sa femme, Catherine de Montfort-Laval, il ne s'occupa plus que d'exercices de piété et de fondations religieuses. — Mort en 1482.

André IV, — Baron de Châteauroux, de Rais et de Briolay, vicomte de Brosse, seigneur de Chauvigny, de la Suze, d'Argenton, de la Motte-Achard, de la Châtre, Cluis, Neuvy-Saint-Sépulcre, Aigurande, le Châtelet, Dun-le-Palleteau et autres lieux, prince du Bas-Berri, — Suivit Charles VIII à la conquête de Naples et se signala à la bataille de Fornoue. — Charte de 1490. — Acte de foi et hommage envers la duchesse de Berri, en 1501. — Testament du 3 janvier 1502. — Mort sans enfants le 4 du même mois. — Il eut pour épouses : 1° Anne d'Orléans, fille du comte de Dunois ; 2° Louise de Bourbon de Montpensier. — Après sa mort, sa succession fut partagée entre divers collatéraux.

Ainsi finit la principauté de Déols et du Bas-Berri.

TABLEAU GÉNÉALOGIQUE ET CHRONOLOGIQUE

Des Princes et Seigneurs d'Issoudun.

Première Maison.

Roger dit *Taillefer*, — Prince d'Issoudun, — Vivait dans la première moitié du Xe siècle. — Il est mentionné dans une charte de donation en faveur de l'abbaye d'Issoudun.

Emenon ou Hemenon, — Fils du précédent, — Contemporain du roi Lothaire. — Il figure dans une charte de 984, portant donation à l'abbaye d'Issoudun des droits de justice et seigneurie sur le bourg de Saint-Paterne. Cette charte est souscrite par Adhenaure, sa femme, et Foulques, son fils; ils s'y qualifient : *Par la Grâce de Dieu, princes du château d'Issoudun.* — On suppose ce prince fondateur du château de Castelnau, autrefois nommé *Broulhamenon*, corruption de *Breuil-Hemenon*.

Foulques, — Fils du précédent, prince d'Issoudun, figure, comme associé à son père, dans la charte ci-dessus citée. On ne sait rien de plus à son sujet.

Ebrard dit *Du Four*, — Prince d'Issoudun, seigneur de Vatan, de Romorantin et de Celles, — contemporain du roi Robert. — On a de lui une charte de 1007. — Il se fit religieux à l'abbaye de la Vernusse et partagea ses biens entre ses enfants, — Eut pour épouse Sybille, dont la maison est inconnue.

Eudes, — Fils du précédent, porta néanmoins comme

son père les titres de prince d'Issoudun, seigneur de Vatan, de Romorantin et de Celles-sur-Cher. — On ignore s'il fut marié, s'il eut des enfants et comment la principauté d'Issoudun passa à son successeur et rentra dans la maison de Déols.

Deuxième Maison d'Issoudun.

Eudes dit l'*Ancien*, — Prince de Déols, de Châteauroux et d'Issoudun.

(Voir aux princes de Déols.)

Eudes dit *de Déols*, — Fils puîné de Raoul *le Prudent* et frère du précédent, — Prince d'Issoudun. — Charte de l'an 14 du roi Henri Ier (1040). — Mort en 1085. — Il eut pour épouse Béatrix, maison inconnue.

Raoul Ier, — Fils du précédent, seigneur d'Issoudun, Vatan, Mareuil et Châteauneuf-sur-Cher. — Charte souscrite avec son père en 1040. — Mort sans enfants en 1092. — (L'abbé de Longuerue prétend qu'il était de la maison de Lusignan et qu'il devint seigneur d'Issoudun par son mariage avec Alix, héritière de ce fief.)

Geoffroy, — Deuxième fils d'Eudes de Déols et frère du précédent, seigneur d'Issoudun, Vatan, Mareuil et Châteauneuf-sur-Cher. — Chartes de 1106, 1113 et 1116. — Mort en 1127. — Il eut pour épouses : 1° Adélaïde N...; 2° Arengarde, qui épousa depuis Arnould Couderans.

Raoul II, — Fils du précédent et d'Arengarde, seigneur d'Issoudun, Mareuil et Châteauneuf-sur-Cher. — Chartes de 1130, 1134, 1138, 1142, 1149, 1153, 1154 et 1164. — Il fit plusieurs voyages en Terre-Sainte; — Mourut en 1164.

Eudes II, — Fils du précédent, seigneur d'Issoudun, de

Mareuil et de Châteauneuf-sur-Cher. — Chartes de 1164, 1165 et 1167. — Mort en 1167. — Il eut pour épouse Mahaud, comtesse de Grignon et de Tonnerre, fille de Raymond de Bourgogne.

(Cette Mahaud de Bourgogne épousa depuis en deuxièmes noces, Guy Ier, comte de Nevers et d'Auxerre, en troisièmes, Pierre de Flandres, qui mourut à Issoudun en 1176 et qu'on l'accusa d'avoir empoisonné. Chassée par les habitants d'Issoudun, elle prit pour quatrième mari, Robert, comte de Dreux, dont elle se sépara et finit par mourir religieuse à l'abbaye de Fontevrault.)

Eudes III, — Comte de Grignon, seigneur d'Issoudun, Vatan, Mareuil et Châteauneuf-sur-Cher, — Fut élevé à la cour d'Hugues III, duc de Bourgogne, son parent, qui réclama sa tutelle; — Fit le voyage de Palestine, en 1190; — Mourut en 1199; — Eut pour épouse, Alix N....

Raoul III, — Seigneur d'Issoudun, Vatan, Mareuil et Châteauneuf, — Suivit avec sa femme la croisade contre les Albigeois, en 1211. — Mort sans postérité en 1212. — Il eut pour épouse Marguerite, fille aînée de Pierre de Courtenay, comte d'Auxerre, qui devint empereur de Constantinople.

Troisième Maison.

Guillaume Ier de Chauvigny, — Baron de Châteauroux, prince de la Terre déoloise, fils d'André et de Denise de Déols, épouse Mahaud, sans doute sœur de Raoul III, héritière d'Issoudun, et, à cause d'elle, est seigneur de cette principauté. — Il prête serment de fidélité à Philippe-Auguste en cette qualité, au mois de mars 1212; — Renouvelle ce serment en 1216.

Mahaud étant décédée sans enfants, sa succession est déférée à des héritiers collatéraux de qui Philippe-Auguste racheta, en 1220 et 1221, Issoudun qui fut ensuite définitivement réunie à la couronne, sous le règne de saint Louis en 1240.

Ainsi finit la principauté d'Issoudun.

DE L'ANCIEN RESSORT D'ISSOUDUN.

Justices comprises sous la chatelenie d'Issoudun.

Issoudun.	Charots.	La Vesure.
St-Patier.	Chouday	Chezal-Benoît.
Vœu.	Brouillamenon	Condé.
Vouët.	*maintenant* Cas-	St. Legier.
Paudy.	telnau.	La Gravolle.
L'Ormetiau.	Marüeil.	Brives.
Reüilly.	St-Ambroise.	St-Valentin.
La Ferté-Gilbert.	La Creuzette.	Millandres.
Chery.	Le Grand Mal-	
Poisieux.	leray.	

Baronies du ressort d'Issoudun.

Chasteau-Roux	Linières.	Fins.
maintenant Du-	Graçay.	La Maison-Fort.
ché-Pairie.	Ste-Sevère.	

Les Villes, Bourgs, Villages et Paroisses selon les Archipreverez.

Archipreveré d'Issoudun.

Issoudun.	Dames-Saintes.	Brives.
Marüeil.	Chezal-Benoît.	Tizay.
Ste-Lizaigne.	St-Aubin.	St-Paterne.

St-Georges-sur-Arnon.
St-Ambroise-sur-Arnon.
Gouëre.
Segry.
Condé.
St-Aoustrille.
Civray.
Migny.
Lizeray.
Charots.
Dampierre.
Chouday.
Saint-Jean-des-Chaumes.
St.-Valentin.

Archipreveré de Vierzon.

La Chapelle Moine Martin.
St-Julien-sous-Vierzon.
Parpeçay.

Archipreveré de Graçay.

Graçay.
Paudy.
Aise.
Munet.
Maray-sur-Cher.
Dun-le-Poislier.
Saint-Martin-le-Court.
Diou.
Chery.
Nohan.
Saint-Aoustrille-près-Graçay.
Saint-Hilaire-le-Court.
Ste-Cécile.
Rebourcin.
Douçay.
Saint-Loup-sur-Cher.
Baigneux.
Massay.
Girou.
Dampierre.
St-Phalier.
Coulon.
St-Vincent-de-Guy.
Poulaine.
Lucé-le-Chetif.
St-Georges-sur-la-Prée.
Anjoinct.
Sambleçay.
St-Pierre-de-Jars.
Lazenay.
Genouilli.
Orville.
Avexy.
St-Christophe-en-Barzelle.

Archipreveré de Château-Neuf.

Linières.
Touché.
Condé-lez-Linières.
Chambon.
St-Hilaire-en-Chateau-Neuf.
Primelles.
Yds.
La Celle.
Lunery.

— 437 —

Archipreveré de Dun-le-Roy.

Tercillac.
Morlac.
Ardenay.
Marçay.
La Cellette.

Archipreveré de La Châtre.

La Châtre.
Saint-Christophe-Bouchery.
Saint-Julien-de-Thevet.
Mers.
Sarzay.
Crevant.
Briante.
Fuzine.
Château-Meillan.
Thevet.
La Berthenoüe.
Vic sur St-Chartier.
Le Lis St-Georges
Le Magnet.
Larez.
Nerets.
Ursiers.
Verneuïl.
Vic-Exemplay.
St-Martin de Thevet.
Montier-Pouret.
Transault.
Chassignol.
Montlevy.
La Motte-Feully.
La Rougière.
Louroy.
Maugivray.
St-Chartier.
Vigeon.
St-Prejet-la-Marche.
Sidiaille.
Bede.
Mongenou.
St-Martin-de-Poligny.
Sazeray.
Perassay.
Préveranges.
Reigny.
St-Janurin.
Le Châtelet-Puy-Ferrand.
Nouhan.
Vigolan.
Linerolle.
St-Sornin.
St-Maure de Chavroche.
Maisonnais.
St-Pierre-le-Bois.

Archipreveré d'Argenton et villes foraines.

Argenton.
La Bucerette.
Gargilesse.
Jarige.
St-Silvain de Ballerot.
St-Pierre de Bosc.
Boussac.
Celon.
La Chapelle St-Gilles.
Pradeaux.
Clugnac.
Neuvy St-Sépulcre.
Ouches.
Saint-Georges de Ciron.

St-Gaultier   Paisac.
Chassignolles.   Cluys-Dessous.

Fougerolles.   St-Marceau.   Fontangiers.
Montchevrier.   Malicornet.   Rivarennes.
Dampierres.   Beteste.   Nuré-le-Féron.
Ruffec.   Jouhay.   Chavin.
Champeaux.   Orsanne.   Gournay.
Lessac.   Cusion.   Nozerines.
Barzelle.   Bussières St-Geor-   Crozon.
Vigoux.   ges.   Poumiers.
St-Silvain-sous-   La Vau Franche.   Ceaumont.
  Tous.   Belle-Faye.   St-Marian.
St-Silvain.   Bazege-en-Tau-   Tour.
Mouës.   pins.   Luzeray
St-Nazere.   Chazelet.   Jallesche.
Paiset.   Domerot.   Mailler.
Chitret.   Sacierge   Cluys-Dessus.
Tenay.   Le Grand-Ajou.   Viviers.

Archipreveré de Chasteauroux.

Chasteauroux.   Estrechy.   Saint-Août.
Luan.   Bomiers.   Villers.
Sainte-Fauste.   Vineuil.   Meobec.
Brion.   Neufville.   St-Gildas.
Pruniers.   Meun-sur-Indre.   Tandu.
Villedieu.   St-Paul.   Ambrault.
Bazagette.   La Perouïlle.   Diors.
Maron.   Sacierge.   Nau.
Montier-Chaume.   Bouësse.   Bussière-d'Aillac.
Déols.   Arton.   Louroir.

Nierne.
St-Maur.
Monnay.
Vouïllon.

Neufvy-Pailloux.
Coings.
Jeu.
Ardente.

Planche.
Villegongis.
Surin.

Abbayes étant dans le ressort d'Issoudun.

D'Issoudun.
De Déols.
De la Prée.
De Chezal-Benoît.
De Massay.

De la Vernusse.
D'Olivet.
De Meobec.
De St-Gildas.
De Varennes.

De Puy-Ferrand.
De Barzelle.
De Pierres.
D'Orsan.
De Longe-Fonts.

Prieurez.

St-Paterne.
Charots.
Semur.
St-Georges de Vigou.
St-Nicolas-lez-Argenton.
Grandmont.
St-Gaultier.
St-Marcel.
Rivarennes.
Fougerolles.
Migny.
St-Maurice à Graçay.
St-Chartier.
Mont-Girault.

Rueïlly.
Pradeaux.
La Mazere.
Thou.
Chezelle.
Munet.
Touché.
Ste-Catherine-de-Coings.
Coulommiers.
Manzay.
Ville-Dieu.
Ardenay.
De la Chaume.
St-Etienne-lez-Argenton.
Lieu-Dieu.

Gouttenoire.
Cluys-Dessus.
Cluys-Dessous.
St-Hilaire-près-Linières.
St-Blaise-près-Linières.
Ste-Sevère.
Vouïllon.
Ruffec.
Crozon.
Vigolant.
Château-Meillant.
La Cellette.
Maillet.
Chambon.

Le ressort d'ssoudun était encore autrefois |de plus grande étendue et comprenait les terres et seigneuries de

Celles en Berry, St.-Aignan, Valençay, Levroux, Bouge, la moitié de la Rüe-d'Indre, Vatan, Buxeuïl, Villeneuve-sur-Barillon, Menetou-sur-Cher, La Fert'mbault, Soesme, Salbris et Teniou, qui en ont été distraites et jointes au comté de Blois, par arrêt de la Cour rendu au profit du Duc d'Orléans et de Valois, comte de Blois et de Beaumont, du 10 avril 1450.

(La Thaumassière.)

TABLE DES MATIÈRES.

CHAPITRE Ier.

PAGE

Mystère historique. — Point de départ. — Origine des villes. — Dénominations. — Le Dun *gaulois. — Etymologies. — Opinions diverses. — Armoiries. — Isis.*   11

CHAPITRE II.

Fouilles au pied de la tour d'Issoudun. — Découvertes qui en sont résultées. — Temple chrétien. — Ruines romaines. — Inscription.   26

CHAPITRE III.

Que pouvait-être Issoudun dans la période gauloise? — Silence de César. — Villes brûlées par les Gaulois. — Station romaine. — Vestiges d'antiquité. — Faubourg de Rome. — Tombeaux et vases funéraires des Cordeliers.   39

CHAPITRE IV.

Ere chrétienne. — IVe et Ve siècles. — Issoudun aurait été déjà considérable. — Sur quels indices. — Silence de Grégoire de Tours. — Premiers temples chrétiens. — Reclus. — Tradition de l'abbaye. — Saint Thalaze et saint Baïe. — Martyrologe. — Destruction d'Issoudun.   47

CHAPITRE V.

Régime féodal. — IXe, X^e et XIe siècles. — Princes de Déols. — Princes et seigneurs d'Issoudun. — Pacte d'affranchissement. — Le seigneur de Chârost. — Richesse et piété des seigneurs d'Issoudun. — Croisades. — Conciles.   65

CHAPITRE VI.

XIIe siècle. — Guerres avec les Anglais. — Louis VII. — Henri Plantagenet. — Eléonor d'Aquitaine. — Philippe-Auguste. — Richard Cœur-de-Lion. — Marchader. — Guerres et traités concernant la ville d'Issoudun. — Mort de Richard.   81

CHAPITRE VII.

PAGE

XIIIe siècle. — Jean-Sans-Terre. — Blanche de Castille. — Acquisition d'Issoudun et réunion à la couronne. — Vicomtes d'Issoudun. — Commune. — Officiers royaux. — Blanche, dame d'Issoudun. — Etablissements. — Ligue des grands vassaux. — Cession d'Issoudun à saint Louis. — Pastoureaux. — Marigny.   109

CHAPITRE VIII.

XIVe siècle. — Philippe-le-Bel. — Juifs. — Templiers. — Charles-le-Bel. — Marie de Luxembourg. — Le roi Jean. — Guerres avec l'Angleterre. — Le Prince Noir. — Issoudun brûlé. — La Porte aux Bœufs. — Jacquemin Coran. — Fortifications. — Imposition. — Charles VI. — Le duc Jean. — Meurtre de Gizay. — La Croix des Etêtés.   125

CHAPITRE IX.

XVe siècle. — Charles VII. — Affranchissement. — Mortaille. — Issoudun en gage. — Le comte de Sancerre. — André de Villequier. — Villandrado. — Salazar. — Giac. — Agnès Sorel. — Louis XI. — Bailliage, première distraction. — Foires franches. — Charles VIII. — Echevinage. — Peste. — Population. — Louis XII. — César Borgia.   135

CHAPITRE X.

XVIe siècle. — Incendie. — François Ier. — Les deux Marguerite. — Période littéraire. — Beau langage. — Les glorieux d'Issoudun. — Abolition des Grands Jours. — Mystère de la Passion. — Réforme de l'abbaye. — Le Gardien des Cordeliers. — Exemption de garnisons. — Arrêt du Parlement. — Etats-Généraux. — Jean de Touzelles. — Protestants d'Issoudun. — La populace. — Montgommery. — D'Ivoy. — Sarzay. — Siége d'Issoudun. — Guerres de religion. — Charles IX. — Jean et François Arthuis. — Remontrances des catholiques d'Issoudun. — Destruction du temple protestant. — Meurtre de Du Jon. — La Saint-Barthélemy.   159

CHAPITRE XI.

Fin du XVIe siècle. — Commencement du XVIIe. — Henri III. — La Ligue. — Issoudun fidèle au parti national.

— 443 —

PAGE

— Gamaches, gouverneur d'Issoudun. — Mort d'Henri III.
— Claude de La Chastre. — D'Arquien. — Guerres et désordres. — Sancerre. — La Chastre s'empare d'Issoudun.
— Conspiration de Marandé. — Les ligueurs chassés. —
Fête du 14 juillet. — Assassinat de François Arthuis. —
Gamaches fait prisonnier. — Sac de Chârost. — Siége et
prise de divers châteaux. — Excommunication d'Henri IV.
— Pendaisons à Issoudun. — Pacification générale. — Louise
de Lorraine. 183

CHAPITRE XII.

XVIIe et XVIIIe siècles. — Louis XIII. — Ressort du
bailliage d'Issoudun. — Deuxième démembrement. — Pourvoi en Parlement. — Sentence. — Indemnité. — Louis XIV.
— Minorité. — La Fronde. — Incendie. — La Cour à Issoudun. — Mairie. — Privilége de noblesse. — Le prince de
Condé. — Sang royal. — Organisation communale. 197

CHAPITRE XIII.

Révocation de l'édit de Nantes. — Ses effets. — La Régence.
— Louis XV. — Cause célèbre. — Louis XVI. — Assemblée
provinciale. — Révolution française. — Circonscriptions
départementales. — Issoudun sacrifié. 211

CHAPITRE XIV.

Résumé des phases historiques de la ville d'Issoudun. —
Description de la ville. — Indices de son importance à
diverses époques. — Population. — Etats-Généraux. —
Coutume locale et style particulier. — Monnaie. — Canons.
— Sa richesse. — Son industrie et son commerce. — Sa physionomie actuelle. — Ses habitants. 221

CHAPITRE XV.

La Tour d'Issoudun. — Sa fondation. — Traditions. —
Rapprochements historiques. — Richard Cœur-de-Lion. —
Blanche. — Circonstances et détails de sa construction. —
Grosse-Tour. — Gouverneurs. — Prisonniers. — Inscriptions. — Juifs et Templiers. 243

CHAPITRE XVI.

Fondations Religieuses.

Eglises d'Issoudun. — La petite basilique. — Saint-Cyr.

— *Son chapitre.* — *Saint-Paterne.* — *Saint-Etienne.* — *Saint-Jean.* — *Chapelle des Templiers.* — *Collégiale de Saint-Denis.* — *Chapelle Sainte-Marie.* — *Chapelle de l'Abeiller.* — *Chapelle du Pont.* — *Chapelle de Cléry.* — Monastères. — *L'abbaye Notre-Dame.* — *Les Cordeliers.* — *Les Capucins.* — *Les Minimes.* — *La Visitation.* — *Les Ursulines.* — Monastères extérieurs. — *Abbaye de Chezal-Benoit.* — *Abbaye de la Prée.* — *Prieuré d'Orsan.* 269

CHAPITRE XVII.

Fondations Charitables.

L'Hôtel-Dieu. — *Sa fondation.* — *Son organisation.* — *Sculptures.* — *Armoiries.* — *La Maladrerie ou hôpital Saint-Ladre.* — *Sa situation primitive.* — *Titres.* — *Croisades.* — *Lépreux.* — *Incurables.* — *Valétudinaire de la Madeleine.* — *Hospice et Chapelle de Saint-Louis de l'Abeiller.* — *Dotation.* — *Réunion à l'Hôtel-Dieu et à Saint-Cyr.* — *Prétentions de ce chapitre.* 315

CHAPITRE XVIII.

Personnages célèbres nés a Issoudun. — *François Habert*, poète. — *Denis Du Jon*, escrimeur et diplomate. — *Pierre Guenois*, jurisconsulte. — *Gilles Heurtault*, médecin, professeur. — *Michel Baron*, comédien. — *Cyr Contancin*, jésuite et missionnaire. — *Pierre Arthuis*, jésuite et historien. — *François Berthier*, jésuite, critique, historien, journaliste. — *Luneau de Boisjermain*, grammairien. *Joseph Renaudon*, aventurier, avocat et publiciste. — *Girard-Villesaison*, avocat. — *Philippe Dumas*, professeur. — *Jean et Mathurin Pigneau*, docteurs en médecine, professeurs. — *Jacques Gilet*, idem. 337

Table chronologique *des faits, actes et circonstances relatifs à l'histoire d'Issoudun.* 377

Tableau généalogique et chronologique *des princes de Déols.* 425

Tableau généalogique el chronologique *des princes et seigneurs d'Issoudun.* 331

De l'ancien ressort d'Issoudun 435

ERRATA.

Indépendamment de l'insuffisance des matériaux, les occupations multipliées de l'auteur ne lui ont pas permis de donner la dernière main à ce livre qu'il n'entend d'ailleurs présenter que comme un simple recueil de notes; il n'a même pas eu le loisir d'en surveiller scrupuleusement l'impression, en sorte qu'il s'est glissé dans le texte un grand nombre de fautes dont nous relevons ici les principales.

PAGE	26	— lig.	1	— *Découverter*; lisez : *Découvertes*.
»	id.	— »	2	— *Ruines ramaines* ; lisez : *romaines*.
»	31	— »	11	— une niche carrée 10 ; lisez : 11
»	35	— »	13	— un établissement ; lisez : un de ces établissements.
»	39	— »	13	— une *nation* de Xoldunenses ; lisez : des Xoldunenses.
»	65	— »	2	— *Pact* ; lisez : *Pacte*.
»	69	— »	25	— id. id. id.
»	70	— »	20	— id. id. id.
»	73	— »	3	— id. id. id.
»	75	— »	39	— Prier claustral; lisez : Prieur claustral.
»	83	— »	12	— nombeuses ; lisez : nombreuses.
»	84	— »	14	— du pays des Galles; lisez: de Galles.
»	85	— »	24	— leur jeune seigueur, mineur ; lisez : leur jeune seigneur mineur.
»	116	— »	7	— de Raoul ; lisez : Renoul.
»	149	— »	28	— de Nemours ; lisez : des Nemours.
»	174	— »	19	— En 1168 ; lisez en 1568.
»	183	— »	23	— établit ; lisez : établi.
»	193	— »	24	— les châteaux de Brives, Bourges ; lisez : Bouges.
»	205	— »	26	— de l'incendie spectacle ; lisez : de l'incendie, spectacle.

— 446 —

»	246 —	»	28 —	prêté à cette date; lisez : prêté en 1212.
»	252 —	»	27 —	se laissa tomber de la tour; lisez : du haut de la tour.
»	255 —	»	9 —	cabinet bas et voûté 2; lisez : 12.
»	257 —	»	35 —	remplis par la machine; lisez : rempli.
»	259 —	»	7 —	crenaux; lisez : creneaux.
»	273 —	»	1 —	En 1188; lisez : En 1118.
»	274 —	»	6 —	et avait à sa tête; lisez : qui avait.
»	275 —	»	11 —	MONETA SANCIT; lisez : SANCTI.
»	276 —	»	24 —	de Chanderaux; lisez : ce Chanderaux.
»	288 —	»	35 —	*Boitagium*; lisez : *Bottagium*.
»	290 —	»	4 —	la translations; lisez : la translation.
»	296 —	»	4 —	les droit; lisez : les droits.
»	298 —	dern. lig. —		M. Roget; lisez : M. Royet, chef du secrétariat de la Mairie.
»	302 —	»	33 —	*Aliis nobis*; lisez : *nostris*.
»	309 —	»	8 —	sous prétexte de relâchement; lisez : du relâchement.
»	329 —	»	29 —	qu'il prétendît; lisez : qu'il prétendit.
»	333 —	»	25 —	lorsque la lèpre eût; lisez : eut.
»	352 —	»	13 —	s'était laissée séduire; lisez : s'était laissé.
»	397 —	»	9 —	voudrait y entretenir; lisez : maintenir.

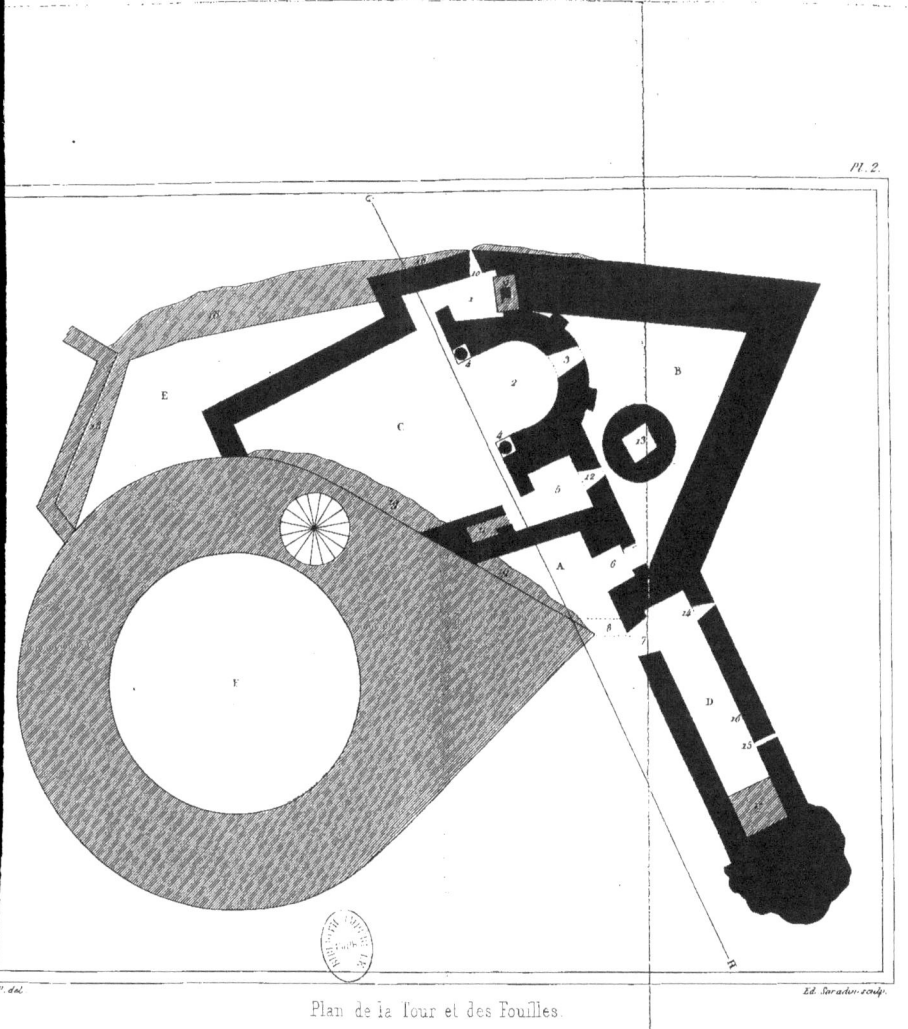

Plan de la Tour et des Fouilles.

Pl. 3.

Élévation suivant la ligne G-H, Pl. 2.

fig. 1

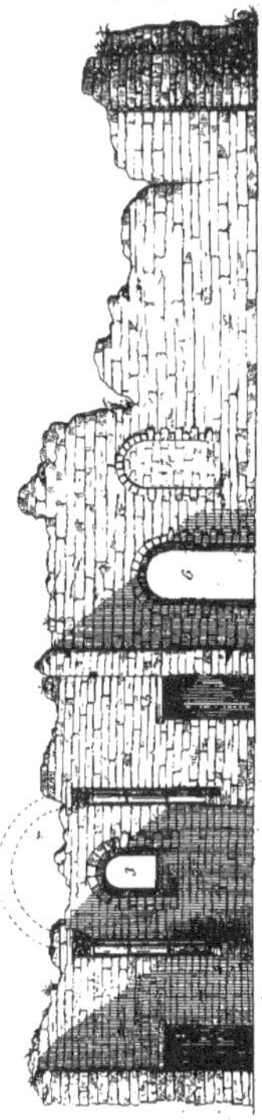

Coupe verticale de la Tour.

fig. 2

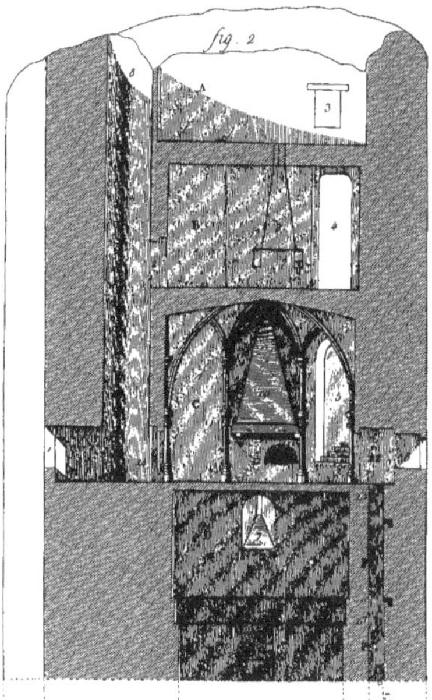

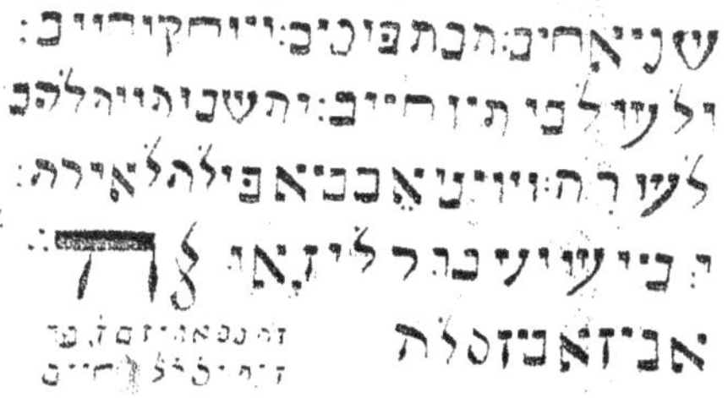

Pl. 4.

Fig. 1.

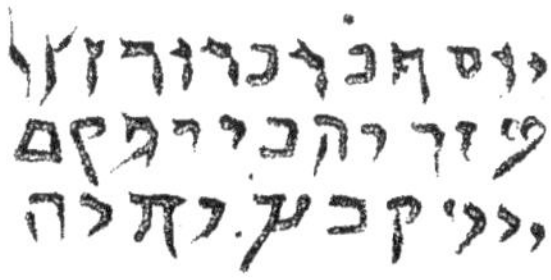

שני ארינ: תכת פינכ: יירחקירוינ:
יל שילתי תיזחיינ: יתשנו ה ויה לכב
לשר ח וויצ אבגא פי להלאירה
י בי שיש נר ל ינאי צד
אנ זאנ ז ס לה

Fig. 2.

יוס חכי כרורז ו
עיז ר יהכיי מ קם
יי י ק בע. י ת ל ה

Fig. 3.

יצחק

Fig. 4.

Fig. 6.

Fig. 5.

www.ingramcontent.com/pod-product-compliance
Lightning Source LLC
Chambersburg PA
CBHW070333240426
43665CB00045B/1851